中国戏剧的现代形象

——欧阳予倩 130 周年诞辰纪念文集

高音　主编

中国戏剧出版社
CHINA THEATRE PRESS

图书在版编目（CIP）数据

中国戏剧的现代形象 ：欧阳予倩 130 周年诞辰纪念文集 / 高音主编 . — 北京 ：中国戏剧出版社，2021.5

ISBN 978-7-104-05045-2

Ⅰ．①中… Ⅱ．①高… Ⅲ．①欧阳予倩（1889-1962）—纪念文集 Ⅳ．① K825.78-53

中国版本图书馆 CIP 数据核字（2020）第 222763 号

中国戏剧的现代形象：欧阳予倩 130 周年诞辰纪念文集

责任编辑：肖　楠
项目统筹：李　静
责任印制：冯志强

出版发行：中国戏剧出版社
出 版 人：樊国宾
社　　址：北京市西城区天宁寺前街 2 号国家音乐产业基地 L 座
邮　　编：100055
网　　址：www.theatrebook.cn
电　　话：010-63385980（总编室）
传　　真：010-63383910（发行部）

读者服务：010-63381560
邮购地址：北京市西城区天宁寺前街 2 号国家音乐产业基地 L 座

印　　刷：鑫海达（天津）印务有限公司
开　　本：787mm×1092mm　1/16
印　　张：26.5
字　　数：440 千
版　　次：2021 年 5 月　北京第 1 版第 1 次印刷
书　　号：ISBN 978-7-104-05045-2
定　　价：158.00 元

欧阳予倩（1889-1962）

致　辞

中国戏剧的现代形象

——欧阳予倩 130 周年诞辰学术研讨会

郝　戎*

尊敬的各位老师、各位前辈、专家、学者、同学们、朋友们：

欢迎大家来到中央戏剧学院，来到中央戏剧学院宏福新校区。今天是一次意义非凡的盛会，让我们共同以至高无上的学术的名义，纪念我们敬爱的老院长、中国话剧开天辟地的功臣、新中国戏剧教育的奠基人，在戏曲改革、电影创作和舞蹈研究方面都有卓越成就的欧阳予倩先生 130 周年诞辰。

欧阳予倩先生毕生从事戏剧实践和戏剧教育工作，是中国现代史极罕见的通才大家。对于学术研究而言，欧阳予倩先生以他一生的艺术实践和经验积淀，早已成为中国艺术研究巨大的文化存在和中国戏剧学学科建设的宝贵精神资源。

欧阳予倩先生是中国艺术研究身先士卒的开拓者和践行者。早在 1929 年，他就在广东戏剧研究所创办《戏剧》杂志，提出了关于戏剧的种种主张和理念；他在这本由他主编的《戏剧》杂志上连载的《自我演戏以来》，是他从 1907 年第一次登台到 1928 年脱离舞台生活为止的自述。从春柳社的开场到新剧同志会、社会教育团、文社、春柳剧场、作为京戏演员时期、南通三年、国民剧场的经过等，是中国现代戏剧研究的珍贵遗产和戏剧史的鲜活内容。身为戏剧实践者，欧阳予倩先生曾围绕剧本的改编与创作、演出法、表演术、乐曲四个层面对旧剧改革进行全面论述。抗战期间他编演的京剧《桃花扇》《梁红玉》《新玉堂春》，都从歌舞、动作、道白、音乐、布景等方面进行了一番建立在现代剧

---

*　中央戏剧学院院长。

场观念基础上的艺术创作。1940年代广西省立艺术馆时期，他积极参与田汉、夏衍等推动的关于戏剧的民族形式问题、历史剧问题的研讨和座谈。1952年新中国第一届戏曲观摩演出大会期间，他负责调查研究组的工作。身兼剧协戏曲与歌剧部部长的他还多次组织“戏曲的艺术改革问题座谈会”。1956年结集出版的《中国戏曲研究资料初辑》对京剧、汉剧、湘剧、粤剧等各剧种的源流、变迁、现状作了概略的介绍。欧阳予倩先生亲自撰写了其中的两篇长文《谈粤剧》和《京戏一知谈》。对传统戏曲遗产的收集和整理，直接推进了欧阳予倩先生融合古今的现代剧场观的确立。1955年他在为苏联科学院艺术史艺术理论研究所作的长篇论文《话剧、新歌剧与中国戏剧艺术传统》中，提出向传统学习的重要性。认为在中国舞台上表现中国人民，不能脱离中国戏剧艺术的传统，必须继承并发展这个传统。1956年，新中国“哲学社会科学十二年远景规划”明确了中国舞蹈史的研究为重点项目。在随后组建的“中国舞蹈史研究小组”中，他担任艺术指导，投入精力研究唐代舞蹈。1957年他与田汉、夏衍、阳翰笙一起发起举行话剧运动50年纪念及收集整理资料集的倡议。

欧阳予倩先生经历了五四以来话剧运动的所有过程，在他的戏剧实践中也不可避免地经历着话剧中国化的过程，即“中与西、创新与传统、艺术与政治任务之间的撞击和斗争”。“戏剧的民族形式问题”是欧阳予倩先生戏剧观的内核，我们的老院长欧阳予倩先生本身就是传统戏曲与现代话剧之间的一座金桥。他希望看到的是斯坦尼斯拉夫斯基体系和中国的艺术实践相结合，建立起以民族形式表现社会主义内容、为中国人民喜闻乐见的新的戏剧艺术。在纪念欧阳予倩130周年诞辰活动的发布会上，我们宣布：“戏剧的民族形式问题”将贯穿我们纪念活动的始终，作为我们对欧阳予倩先生这位中国戏剧的现代形象的精神响应。我们希望通过这次持久深入的纪念活动，进一步提升中央戏剧学院作为国家戏剧教育现场的文化影响力，沿着老院长开辟的道路继续走下去，在教学与艺术实践中不断地阐明和拓展戏剧的中国学派。

中央戏剧学院学报《戏剧》2011年第3期刊载过老院长一篇未被收入全集的佚文《随想所及》。这篇写于1949年的文字通过分析歌剧《白毛女》的成就，对中国新歌剧创作提出了一些非常有前瞻性的艺术见地。老院长强调：“唱中国歌必须明白唱出中国的字音、中国的语调、中国的表情。”我想，这句看似朴素的话语也是我们建设戏剧的中国学派应该恪守的道理。

2019年6月19日

目　录
Contents

致　辞

中国戏剧的现代形象
——欧阳予倩130周年诞辰学术研讨会……………………………………郝　戎 / 01

上编　缅怀与纪念

纪念我国戏剧革新先驱、戏剧教育奠基人——欧阳予倩
纪念欧阳予倩先生130周年诞辰………………………………徐晓钟 / 003
与梦想互动、时代共舞的欧阳予倩………………………………欧阳维 / 008
忆戏剧开拓先驱　建文艺发展桥梁
在纪念欧阳予倩130周年诞辰座谈会上的发言……………………李爱民 / 015
精心缔造中国演剧学派……………………………………………谭霈生 / 017
中戏建院初期的欧阳予倩老院长…………………………………蓝天野 / 020
缅怀老院长对我学习研究布莱希特戏剧的支持与勉励……………丁扬忠 / 022
记忆中的老院长，敬爱的欧阳予倩………………………………罗锦鳞 / 026
对欧阳予倩老院长的怀恋和感恩…………………………………马惠田 / 029
欧阳予倩与周贻白的戏剧情谊……………………………………周华斌 / 032
纪念欧阳予倩老院长………………………………………………梁伯龙 / 041
今天的叫座戏与不叫座戏…………………………………………林荫宇 / 046
致我们心中敬爱的老院长…………………………………………常　莉 / 050

他给中国戏剧界留下了宝贵的思想遗产
——纪念大戏剧家欧阳予倩先生 130 周年诞辰…………………… 郭　超 / 054
欧阳予倩与家乡浏阳……………………………………………… 刘正初 / 060

下编　研究与探讨

一、总论……………………………………………………………………………… 065

踏出中国现代戏剧的轨迹
——欧阳予倩的求索之路……………………………… 廖　奔　刘彦君 / 065
文化调适、性别表演与仪式展示
——从新文化史的角度看欧阳予倩的戏剧艺术成就……………… 胡志毅 / 077
欧阳予倩戏剧中的法国元素………………………………………… 宫宝荣 / 090
此行只为大事而来
——欧阳予倩的中国戏剧求索之路………………………………… 郭富民 / 097
欧阳予倩、田汉与中国戏剧现代化的张力………………………… 陈建军 / 107
中国戏剧的现代形象
——谈欧阳予倩戏剧生活与形象创造……………………………… 钟　鸣 / 116

二、戏剧教育………………………………………………………………………… 127

自学成才 VS 教人成才
——欧阳予倩现象与戏剧通才培养之道试探………………………… 孙惠柱 / 127
欧阳予倩戏剧教育理念及当代启示……………………… 胡智锋　何昶成 / 139
欧阳予倩谈戏剧教育………………………………………………… 陈　珂 / 150
欧阳予倩在上海剧校的戏剧教育实践……………………………… 顾振辉 / 164

三、戏曲改革与舞台形式…………………………………………………………………… 176

欧阳予倩：从京剧表演到戏曲研究……………………………………… 傅 谨 / 176
欧阳予倩“旧戏改革”的“目的”与“步骤” ……………………………… 赵建新 / 188
建立戏剧表现的新范式
——论欧阳予倩对戏剧形式美的追求……………………………… 王永恩 / 195
两栖兼通、西体中用
——欧阳予倩戏曲革新理论研究……………………………………… 刘衲屿 / 210

四、艺术理论与创作实践…………………………………………………………………… 232

读欧阳予倩的《谈幕表戏》 …………………………………………… 陈世雄 / 232
欧阳老与新中国舞蹈艺术……………………………………………… 金 浩 / 244
罪恶是自由的终局
——谈“托尔斯泰主义”与欧阳予倩的改编剧本《欲魔》……… 卢 暖 / 254
欧阳予倩与戏剧“间离” ……………………………………………… 贾力芳 / 272
浅谈欧阳予倩在舞台美术方面的贡献………………………………… 易 艳 / 283
欧阳予倩电影中的女性形象研究………………………………… 倪 骏 刘 婧 / 300

五、史料与文献研究………………………………………………………………………… 313

欧阳予倩赴香港时间辨正与佚文研究………………………………… 景李斌 / 313
欧阳予倩与广西省立艺术馆
——抗战桂林文化城系列论文之四………………………………… 黄伟林 / 329
欧阳予倩与《桃花扇》的多维演绎…………………………………… 臧 杰 / 343
欧阳予倩与广东戏剧研究所《戏剧》系列期刊研究………………… 李 歆 / 357
广东戏剧研究所大事简编…………………………………… 向 前 叶洁纯 / 366

附媒体报道…………………………………………………………………………… 390

"好比春风微雨精室温裘之中，做一个极甜酣的梦"
——欧阳予倩的戏剧人生……………《南方周末》记者 石岩 发自北京 / 390

后记 一部形象的中国戏剧史……………………………………………… 高 音 / 403

上编 缅怀与纪念

纪念我国戏剧革新先驱、戏剧教育奠基人——欧阳予倩

纪念欧阳予倩先生130周年诞辰

徐晓钟*

欧阳予倩老院长是我国著名的戏剧家、戏剧教育家，他曾任中国文联副主席、中国戏剧家协会副主席、中国舞蹈家协会主席，是中央戏剧学院奠基人、院长。

欧阳予倩先生，湖南浏阳人，自幼酷爱家乡的地方戏和京戏。1907年他参加了中国留日学生组织的新剧团体——春柳社，与中国话剧的前辈李叔同、曾孝谷、陆镜若等在东京本乡座演出话剧《黑奴吁天录》，他在《黑奴吁天录》中扮演角色，从此开始了他的戏剧人生。

我们都还记得：19世纪末，我国爱国知识青年为了表达他们对清朝腐败统治和帝国主义侵略的愤怒，唤起广大民众的觉醒，开始引进话剧形式，把它作为表达自己政治情感的武器。我们话剧史的学者们经过研究确认为：中国话剧，如果不算它的孕育和萌发时期，而是从1907年春柳社的话剧演出活动算起，到今年已是120年了！欧阳予倩先生正是中国话剧史的开创者和奠基人之一！

欧阳予倩先生于1911年与陆镜若等合作组织“新剧同志会”，在上海、江苏一带演出宣传革命、反对封建的新剧。1913年“新剧同志会”赴长沙，以“文社”名义演出，由于“文社”活动的进步性，遭到军阀的查封。欧阳予倩先生回到上海，与陆镜若组织了职业化的春柳剧场，演出深受大众欢迎。1934年秋，欧阳予倩先生参加有声电影的创作活动，《新桃花扇》是他创作的第一

---

* 中央戏剧学院教授。

部有声电影。

欧阳予倩先生从 1907 年加入春柳社到 1962 年离开我们的 55 年中，在中国戏剧史、戏剧教育史上作出了特殊的贡献。后人真诚地感谢他！

二

欧阳予倩先生一生 55 年的努力奋斗，为我们留下了宝贵的戏剧艺术财富和精神、人格财富。

第一，欧阳予倩先生一生 55 年投入时代的洪流，与时代脉搏紧紧相通。

欧阳予倩先生从事戏剧活动，并不只是他从幼挚爱戏剧，而是他怀着救国救民，启迪民智的目的。他新中国成立以前的大部分作品写的都是直接、间接地与民主、与抗战有关的主题。

新中国成立以后，欧阳予倩先生担任着文艺界、戏剧界的组织领导工作，为社会主义戏剧的繁荣，为戏剧教育的建设以及人才的培养不懈努力。欧阳予倩先生投入时代洪流，反封建，反帝国主义；热爱祖国，建设祖国的精神，永远值得我们学习。

第二，欧阳予倩先生和他同时代的前辈艺术家们一起，开创了我国戏剧革新的一代先河。

欧阳予倩先生和他同时代的前辈艺术家一起，怀着旺盛的创造力与锐意求新的精神，对戏曲艺术的革新和话剧的民族化作出了重要的贡献。

欧阳先生除演出传统剧目之外，还以极大的热情根据古典名著自己改编成京剧，而且还从事新编京剧的创作、演出活动，他新编了《人面桃花》《潘金莲》等。十分可贵的是：在他所处的时代，他努力使京剧具有新面貌。

他和梅兰芳先生南北呼应创作时装新戏——尝试用京剧形式表现现代的生活，创作了不少时装新戏，如《哀鸿泪》等。他自导自演，这可以视为京剧现代戏在我国早期极有意义的创举。

欧阳先生对于我们后人的一个重要的启迪是：重视京剧与话剧的传承、吸纳、发展与创造。

欧阳予倩先生一生创作、改编话剧四十余部，导演话剧五十余部，由于他对中国民族戏曲有很深的造诣，所以他导演的话剧都有浓郁的民族特色。而他导演的戏曲又吸收了话剧的某些特点，比如，重视演出的哲思，着力创造人物的个性，丰富演出的表现力。欧阳予倩先生艺术视野开阔，较早地介绍了西方和苏联的各种导演流派及不同的艺术观念，并善于汲取古今中外戏剧的精华。他努力追求在实践中创造中国民族的演剧艺术体系。1957年他为中央实验话剧院再次导演了他自己改编的《桃花扇》，非常鲜明地体现了他将话剧和民族传统戏曲的精华融为一体的思想，体现了他特别强调的“民族感情及民族感情的表达方式”，他以自己独特的民族风格为话剧民族化的探索作出了贡献。他在这方面给我们的许多财富，还需要我们认真地研究和继承。田汉先生曾称赞说：“欧阳予倩本身就是中国传统戏曲和现代话剧之间的一座典型的金桥。”

欧阳予倩先生之所以能够如此勇敢而卓有成效地进行戏剧的革新与新戏剧的创造，当然，首先是由于时代的需要，同时也因为他个人所具有的许多特点和优势有关：他学识渊博，有丰富的艺术实践，同时又致力于戏曲理论研究。他在话剧、戏曲、电影、舞蹈、音乐等方面都有很深的造诣。他既有从小接受的良好的古典文学营养，受家乡地方戏和京戏的熏陶，又具有学习话剧艺术，汲取其他新艺术、新思维的胸怀；善于博采众长，又具有独创精神。

二

欧阳予倩先生为戏剧艺术事业的发展培养人才奉献了一生！

为了京剧、桂剧的改革，他多次举办戏剧学校，培养他所期待的新的演员。1918年在南通创办“伶工学社”和建立“更俗剧场”，破除旧的科班制度，建立新的办学宗旨。1929年，在广州创办了广东戏剧研究所并附设戏剧学校和音乐学校。办学宗旨是为“创造适应时代，为民众的戏剧”而培养“学艺兼优，努力服务社会”的人才。

欧阳予倩先生为新中国戏剧教育奠基与开拓。

1950年起，欧阳予倩先生任中央戏剧学院院长。他亲自写信，请毛泽东主席为学院题写校牌。

欧阳予倩老院长和我国著名的戏剧专家、学者张庚、沙可夫、李伯钊、曹禺、光未然先生一起，为确立中央戏剧学院的办学方针、教学原则、科系建设、课程设置、教学体制、教学方法，为中央戏剧学院师资队伍的建设费尽心血；只要学养深厚、教学经验丰富的老师、学者，他都热情、诚恳地登门求贤，邀请来学校任教或讲学。老院长提倡戏曲和话剧互相学习，融会贯通。他把这个原则也用在戏剧教育上，他亲自出面邀请戏曲、曲艺界著名表演艺术家如侯永奎、马祥麟、侯宝林等先生都来给中央戏剧学院学生授课。同时，老院长也重视并邀请当时苏联的导演、表演和舞台美术专家来学校讲学。

老院长历来十分重视演员台词的基本功，为此自己亲自兼台词教研组组长，亲自给学生上台词课。

1950 年，为了探索教学与创作实践的结合，当时也为了响应“斯德哥尔摩和平大会”的号召，欧阳院长主持，与舞蹈家戴爱莲、吴晓邦、作曲家章彦等合作编导了芭蕾舞《和平鸽》，由中央戏剧学院舞蹈团演出。这是一次很有意义的艺术创作活动。当时，学院有话剧系、歌剧系及舞台美术系的三个干部本科班，这三个班的学员都是刚从部队、农村文工团调来深造的工农学员，他们中有些学员不了解老院长创作意图，看了演出以后就编了一个顺口溜在校内传颂：“《和平鸽》真正好，大腿满台飞，工农兵受不了！”当时，《黄河大合唱》的词作者光未然老师是学院的教育长，他理解老院长创造这台舞剧的意图，热情洋溢地向学员们呐喊：“同学们，我们要为 20 年后工农兵‘受得了’而奋斗！”曲折的历史终于证明，欧阳老院长及光未然老师是正确的！这是老院长、我们的老前辈们为贯彻教学方针所做努力的一段故事。

为给师生创造实验与实践的条件，在老院长的主持下建立了中央戏剧学院实验话剧院（后为“中央实验话剧院”）。这个剧院为中央戏剧学院教师与学生提供了实践的基地；也为我国话剧艺术的实验，为培养年轻的艺术人才作出了卓越的贡献，后来为改制的需要“中央实验话剧院”与“中国青年艺术剧院”合并为今天的“国家话剧院”。

老院长的一生，为新中国培养高规格的戏剧、影视艺术人才，为建立中国戏剧教育体系，呕心沥血，鞠躬尽瘁！ 1962 年，在他病倒前不久，他还在第一届中央戏剧学院团代会上向学生作《话剧演员的基本训练与文学修养》的学术报告，鼓励学生勤学苦练。正当人民期待他用他丰富的学识写出、导演出更多的好作品；当中央戏剧学院的老师和同学等待着他来检查教学，等待着他来讲课时，敬爱的老院长被病魔夺去了宝贵的生命！

三

欧阳予倩先生一生经历过追求新思想的艰苦曲折的磨难之途。他从一个旧民主主义者成为一个马克思主义者，终而成为党的战士。1955 年，年近古稀的欧阳予倩先生终于实现了自己的政治追求，加入了中国共产党。他从事戏剧运动，新中国成立前，一生过着颠沛流离的日子。这一方面固然和中国近代历史大难迭起，人民生活不安有关，但也和我们前辈这种锲而不舍的“戏剧为人民”的目的和为这个目的所作的艰苦奋斗有关。

北伐战争时期，欧阳先生演出了自己编导的《荆轲》，因触怒北洋军阀，开演第三天舞台上就被人扔了炸弹；在桂林因他和田汉先生举办的画展中有几幅画讽刺了法西斯，受到了美蒋的责难，当局甚至鼓动士兵流氓来打他；他多次受到日寇、汉奸和国民党反动派的威逼迫害，遭通缉。老院长一生追求真理，热爱祖国；他反对封建主义的精神枷锁；反对帝国主义者的侵略，不畏艰险，矢志不渝。欧阳老院长和我国戏剧前辈们这种一生清白的人格，多么值得今天的戏剧工作者尊敬与学习！

在 2014 年召开的文艺工作座谈会上习近平总书记提出：“文艺创作不仅要有当代生活的底蕴，而且要有文化传统的血脉。”他要求文艺工作者“加强对中华优秀传统文化的挖掘和阐发”。

我们今天在这里举行“欧阳予倩老院长 130 周年诞辰纪念”，实质上就是对欧阳老院长等先辈们为我们留下的戏剧与戏剧教育传统的挖掘和阐发！

同志们，让我们共同挖掘和阐发欧阳予倩老院长的戏剧艺术和戏剧教育的财富和他的精神、人格的财富，让我们立志图强，共同努力，把我国戏剧艺术、戏剧教育的革新与发展推向历史的新阶段！

欧阳老院长，谢谢您给中国戏剧，给您的学生们留下的戏剧艺术、戏剧教育的财富和您与前辈们的精神、人格财富，您的学生一定会一代一代地追求下去！传承下去！

此发言略作调整，原载《戏剧》2019 年第 3 期

与梦想互动、时代共舞的欧阳予倩

欧阳维 *

外公欧阳予倩是戏剧艺术家、戏剧教育家、戏曲艺术家和早期电影艺术家。他之所以能够始终如一地完成他的人生追求，为国为民作出重要贡献，他的价值观和艺术观在不同历史阶段对他的人生轨迹发生着根本性的影响；同时他的艺术和生活实践，又持续锻炼和塑造他对艺术和人生本质的认识。在他的生命中，这两条主线自始至终引导、驱动着他，使他能够成为德艺双馨的艺术大家，成为能够对人民和国家作出重要贡献的人。

幼年时期是启蒙期。在这个时期，他就受到祖父欧阳中鹄和谭嗣同、唐才常等至交的直接影响。中鹄先生家境贫寒，得书不易，靠苦学成才。他敬仰大思想家王夫之，深晓其朴素唯物主义思想和富贵不能淫的爱国情怀。他崇尚科学，倡导变法革新，全力支持谭嗣同在浏阳办“算学社”，大兴新学。外公回忆说：“那年，他（谭嗣同）的母亲、姊姊、大哥和其他亲属一家五六个人，同时染白喉症，死在北平的浏阳会馆。当时没有人敢去收殓，我祖父毅然带了人去一手把殡殓办妥。”①祖父欧阳中鹄还在谭嗣同被杀、很多人怕牵连把与谭嗣同来往的信件墨迹烧毁的时候，不畏风险，妥善保存了与谭嗣同来往的信函。后来欧阳予倩将祖父留下的这些宝贵书信随身携带，并收录到他亲自编纂的《谭嗣同书简》中。祖父欧阳中鹄对他的成长产生了重要影响，他在为祖父写的小传中说：“故府君卒以博学致闻达，为天下通儒。府君雅好蔡中郎文，善为碑铭，其于诗，远追元亮，近较船山……于己则谦而有礼，于人则和而不同。能察以济勇，能断以行仁，无偏嗜之私，无恩仇之累，邹鲁之遗风未泯，

---

* 国防大学教授。

① 《谭嗣同与维新派师友》，湖南大学出版社 2004 年 7 月版，第 96 页。

则府君其不朽乎！"[1]祖父这种身体力行的道德力量直接呈现在他的面前。谭嗣同、唐才常两位祖父的得意门生、自己的蒙师相继就义，给他以强烈刺激和震撼，"那时我虽是小孩子，当然也不能不受刺激；到了北京，又遇着吴樾之死，颇激起一腔的热气"[2]。在与祖父和谭嗣同、唐才常等先人的共同生活和接触中，欧阳予倩耳闻目睹，受到他们强烈的忧国忧民意识，变革图新创造意识和刚正不阿、不避劳怨品德的熏陶和启蒙。

青少年时期是萌芽期。在老师唐才常的引导下，欧阳予倩学习《四书五经》等国学经典，也读《铁函心史》《明夷待访录》《大义觉迷录》等具有民主思想、否定君主制度的"禁书"，还学习天文、地理、英文等新学。1901 年他随祖父到北京进了学堂，后在长沙的经正中学读书。在教员中同盟会员的推动下，他 14 岁出国到日本进了成城中学，成为当时少有的少年留学生。这个时期，他是"有吃有穿，有长辈痛惜"的小孩子，有随性使然的空间，在时代轮转间吸收了多种不同的知识，既有为了应试的经义策论之类，也有科举废除之后兴起的西洋之学，中国古典文化和新学知识同时在他的内心扎根。也正是在这个时期，艺术人生之路在他的脑海中开始形成，内心潜在的"热气"开始在浓厚兴致的助推下，与朦胧的艺术感结合。

青年时期是形成期。欧阳予倩 18 岁时与外婆刘韵秋结婚，在当时应是成人之举。之后他又入日本明治大学商科和早稻田大学文科学习。其间当他"看到春柳社演出法国小仲马的话剧《茶花女》，虽只演了第三幕（李叔同饰茶花女）看完感受很深，他很惊奇地说：'戏剧原来有这样一种表现办法！'"[3]之后他于 1907 年春在东京加入了春柳社，从此戏剧生涯一发而不可收。他参演《黑奴吁天录》，不经意间接受了反种族歧视和民族解放思想。参演《热血》，即经日本艺术家改编后的《托斯卡》，获得了同盟会成员的赞许。虽然欧阳予倩说那时是为了艺术而艺术，但演出本身在当时却多少带有民主主义思想和革命色彩。他说："我们在东京演戏，本没有什么预定的计划，也没有严密的组

① 《谭嗣同研究资料汇集》，政协长沙市委员会文史资料研究委员会等 1988 年 9 月编，第 169 页。

② 《欧阳予倩全集》第六卷，上海文艺出版社 1990 年版，第 5 页。

③ 同上书，第 7 页。

织，最初无所谓戏剧运动，主要出于爱好。但也认为戏剧是社会教育的工具，想借以做爱国的宣传。我因和镜若（注：陆镜若）最接近，就颇倾向于唯美主义，然而社会教育的想法始终没有抛弃。”①

辛亥革命爆发后，他在湖南看到好友焦达峰遇害，血淋淋的人头挂在长沙城东，这对他又是一次深刻痛楚的教育。夏衍说，20 世纪“二十年代在中国历史上是一个地覆天翻的时代，中国先进的知识分子几乎无一例外地都经历了一段苦闷、彷徨、探索和挫折的过程”②。面对这个时代，欧阳予倩表现出了同情被压迫者、同情穷苦人、鞭笞腐败、暴露社会黑暗的情怀。1913 年，他在长沙参加社会教育团，创作并演出了话剧《运动力》，把拉票贿选、暴富娶妾的贪官污吏“讥讽得一文不值”。在对艺术的追求上，他逐步形成了“挨一百个炸弹也不灰心”的坚定信念。在家人一致反对他搞戏，说“欧阳家从此完了”的情况下，坚决不考“洋进士”，毅然投身戏剧事业。如田汉所言：“他是世家子弟，留日学生，竟把戏剧当作光荣职业，在当时那样的半封建社会是要经过很多斗争、很多委屈的。”③ 在此期间，他一方面通过自学苦练，26 岁时成为职业京剧演员。他主演红楼戏，形成了独特的舞台表演风格，蜚声剧坛，曾与梅兰芳齐名获“南欧北梅”称赞。另一方面，他把戏剧与社会教育相结合的思想付诸实践，1919 年他在南通创办伶工学社，力图以新的模式，培养有新文化修养、有演戏精神的演员，以改革戏剧，推陈出新。经营更俗剧场办伶工学社，就是他的改革精神在戏剧领域的具体实践。在南国艺术学院，他总是极认真地任教，当时的学生唐叔明说：“欧阳先生讲到古典剧时，总是做着细腻的动作，教我们表演。”④“当时在上海的作家们，几乎都被请到我们学院来讲过学，这些先生和欧阳先生、徐（悲鸿）先生、洪（深）先生都是分文不要，连车钱都要自己付的。”⑤ 他为了艺术辗转南北，风餐露宿，备尝艺人的行路难和生活的艰辛。尽管如此，他却获得了丰富的演艺实践，以艺人之德，聚焦戏剧。他做到了祖

---

① 《欧阳予倩全集》第六卷，上海文艺出版社 1990 年版，第 21 页。
② 《欧阳予倩全集》第一卷，上海文艺出版社 1990 年版，第 2 页。
③ 《欧阳予倩全集》第六卷，上海文艺出版社 1990 年版，第 8 页。
④ 《中国话剧五十年史料集》第一辑，中国戏剧出版社 1958 年 2 月版，第 141 页。
⑤ 同上书，第 142 页。

父欧阳中鹄所期望的“子孙不致仰面求人”①，通过刻苦努力，“自食其力，绝不受家庭接济，没有干过任何其他谋利的事”②。

壮年时期是成熟期。1927年冬天，他与田汉、徐悲鸿合作，任南国艺术学院戏剧系主任。在这个时期，他自编自演了《潘金莲》，把潘金莲作为封建势力下被牺牲者加以同情。很快，1929年，他又以创造“适时代为民众的新剧”为宗旨，在广州创办了“广东戏剧研究所”。在他的长文《戏剧改革之理论与实际》中一开始就问道：“戏剧对于社会，对于人生，有什么价值？”可以看出，他在发问的同时，也在深入思考他从事戏剧事业的价值。对于戏剧的价值，他认为：“戏剧是社会的反映，从这反映所得到的经过一种新的组织再放射出来，便能很鲜明地使人们认识人生，认识自己，能给人类新力量，而助其发展，这才是戏剧的真使命”③。随后，他的戏剧与人生和梦想互动，与时代共舞。

北伐时期，他在南京组织国民剧场，在兵荒马乱的年代仍然做着国家剧场和地方剧场的梦。经过多年的艺术生涯和生活历练，他不断理清对事业和人生的认识。他说：“未来的事，要看自己的才能和努力如何，有一分努力，便无论成败，无论别人知道不知道，总有一份成绩……窃以为人生重要的部分，只在日用寻常之中；宗教、哲学、科学、艺术，离开了日用寻常平凡之事，便都无从成立。或者越伟大越平凡，不平凡的只有天上的神仙……”④

这个时期的另一项收获是走出了一条电影创作的跨界之路。从开始做话剧、做专业京剧演员，再初试身手于崭新的电影领域里驰骋。他从最开始拍默片，过渡到有声片，到后来能够比较娴熟地用电影语汇表达他所理解的人物和社会，塑造他心目当中的银幕形象，这点在当时的艺术家中还是比较少见的，留下了一批珍贵的电影艺术遗产。他对电影的艺术追求是“宗旨务求其纯正，出品务求其优美”⑤。在他的电影语汇中，反映了丰富的人性特征与社会生活，不仅表现出人类高尚、坦诚、热情、坚韧、忠诚、友爱的特性，也表现了人性

① 《欧阳予倩全集》第六卷，上海文艺出版社1990年版，第62页。
② 同上书，第415页。
③ 《欧阳予倩全集》第四卷，上海文艺出版社1990年版，第22页。
④ 欧阳予倩：《自我演戏以来》，上海三联书店2014年版，第190页。
⑤ 欧阳敬如：《父亲欧阳予倩》，中国戏剧出版社2005年版，第49页。

的贪婪、阴险、叛逆、懦弱、愚蠢和自私。他的一个具有重要意义的实践，就是在戏剧、戏曲、电影和戏剧教育中跨界，以获得艺术创新和交融。划分学科方向是人为的，但艺术的现实却是交叉融合的。从外公的从影历程看，他了解不同艺术范畴的区别，但能大胆突破常规在艺术实践中融合多种艺术手段，为艺术创新和高质量艺术发展作出了成功的探索。田汉说："予倩和梅兰芳同志一样都对中国戏剧艺术作出了辉煌贡献。但他们始终认为自己是'笨人'，而不是欢喜偷巧的所谓'聪明人'。"[①] 他们的"知识技能都是通过一点一滴的'笨工'才掌握到的。"对他来说，天才就是强烈的兴趣，就是近乎"愚笨"的执着和积累。在这个时期，欧阳予倩逐步把握了艺术类别之间的关系，艺术与客观实际的关系，平凡与伟大的关系，日积月累和艺术素养之间的关系，他的艺术人生逐步走向成熟。

"九一八"事变后，欧阳予倩的爱国情怀和艺术造诣得到了突出的体现。从他写抨击不抵抗政策，反映民众强烈抗日热情的十六景话剧《不要忘了》开始，在整个抗日战争时期，连续创作和演出了反映抗金女杰的《梁红玉》，歌颂民族气节、讽刺知识分子软弱动摇甚至卖国求荣、攻击勇于内战暗中勾结敌人汉奸的《桃花扇》，鼓舞了民众的抗日热情。另外，他嫉恶如仇，对国内军阀官商不顾民族危亡，民生疾苦，只顾发国难财十分痛恨，写了《越打越肥》《忠王李秀成》，对这些内鬼以深刻的讽刺和鞭笞。在这个时期，他坚定地站在民族抗战的阵营，坚拒汪精卫"很客气"的邀请，参加福建"人民政府"，积极组织在"孤岛"的抗日救亡活动，筹建广西艺术馆，与田汉、瞿白音等发起和主持西南剧展，集中了西南八省三十多个戏剧团队，一千多名文化工作者参加，历时三个多月，成为抗战文化史和中国戏剧史的重要事件。欧阳予倩说："在总的方向上我没有妥协过……在广西我所排的戏完全为了抗战，我自己写的戏，也是为了抗战。"新中国成立前，他的大部分作品都与民主、抗战的主题有关。民主和民族精神，是欧阳予倩自幼年开始孕育、生根和发芽的重要精神内涵。

---

① 田汉:《他为中国戏剧运动奋斗了一生》，《戏剧艺术论丛》（第三辑），人民文学出版社 1980 年 10 月。本文为田汉生前未曾发表的选稿，题目为《论丛》编者所加。

老年时期是收获期。抗战胜利后，欧阳予倩经狄超白和张锡昌建议加入了民盟，积极参加民主运动和进步文化活动。他和张锡昌、千家驹等共同主办《广西日报》(昭平版)，重返桂林后恢复了被日军焚毁的广西省立艺术馆，与《新中国剧社》赴台湾演出《郑成功》，在香港导演了影片《野火春风》和《恋爱之道》，“迎接人民的新中国”。1949 年春天，欧阳予倩应中国共产党邀请，赴北京参加中国人民政治协商会议，当选为中国文联常委、中华全国戏曲改进委员会筹务委员会主任、中华全国戏剧工作者协会常务理事，开始筹建国立戏剧学院，并被任命为院长。在新政协会议上，他担任了第六小组成员，负责国旗、国徽、国歌的确定，并被推选为郭沫若、田汉、沈雁冰、钱三强、欧阳予倩五人组成的国歌词、谱初选委员会。[①] 9 月 26 日，他出席了委员会全体大会，举手同意通过《义勇军进行曲》为国歌。1956 年，他亲自带领研究小组进行中国舞蹈史的资料整理和研究，“1958 年他完成了《唐代舞蹈》的初稿，这是我国历史上首次出现的一本舞蹈史”[②]。他认为：“有些人以为中国没有舞蹈艺术，我们要大声地告诉这些人：中国在一千多年以前，就已经有了十分优秀、极为丰富的舞蹈艺术。”[③]

从春柳社、南社、上海大舞台、伶工学社、影片公司、南国社、广东戏剧研究所、广西省立艺术馆到中央戏剧学院，一路走来，不断升华、融合、创造。他自问道：“我是一个什么人呢？我是一个戏剧运动的积极分子。尽管犯过错误，走过弯路，但我是彻头彻尾的积极分子。我自己肯定我一直为此奋斗了一生。我当过演员，当过导演，写过剧本，搞过研究工作，搞过话剧、歌剧、地方戏，这一切都是为了运动。”[④] 这里所说的“运动”，就是中华民族的艺术事业。

从个体对艺术的追求，发展到对民族艺术事业的追求，不断地创造和贡献，是欧阳予倩人生价值观、艺术观的体现。在他的一生中，体现了“挨一百

---

① 郭超：《国歌历程》，中国国际广播出版社 2002 年版，第 4 页。

② 欧阳予倩主编：《唐代舞蹈》，上海文艺出版社 1980 年版，第 7 页。

③ 同上书，第 13 页。

④ 田汉：《他为中国戏剧运动奋斗了一生》，《戏剧艺术论丛》(第三辑)，人民文学出版社 1980 年 10 月。

个炸弹也不灰心”的对艺术追求的坚定信念；展现了“戏剧是社会的反映”的戏剧观；形成了戏剧与社会教育相结合的教育观；锻造了融合影视、戏剧、戏曲元素的电影观；养成了水滴石穿的艺术实践观，逐步把握了艺术与客观实际的关系、平凡与伟大的关系、日积月累和艺术素养之间的关系。他的价值观和艺术观成为互相作用的两条主线，支撑和成就了他的艺术人生。

忆戏剧开拓先驱　建文艺发展桥梁

在纪念欧阳予倩130周年诞辰座谈会上的发言

李爱民*

尊敬的各位领导、各位来宾、各位专家：

受浏阳市委、市政府及149万浏阳人民的委托，今天我们非常荣幸来到中央戏剧学院参加欧阳予倩先生130周年诞辰纪念活动，缅怀欧阳予倩先生的艺术人生和卓越贡献，追思他的艺术理想和崇高风范。在此，我谨代表家乡人民，对欧阳予倩130周年诞辰纪念活动的成功举办表示热烈的祝贺，向一直以来关心支持浏阳文艺事业发展的各位领导、各位专家表示衷心的感谢！

一河诗画，满城烟花。欧阳予倩先生的家乡——湖南浏阳，人文资源丰富、文化底蕴深厚，享有“千年古县”“诗词之乡”“将军之乡”“烟花之乡”等美誉，是全国先进文化县市。在这块充满热情与活力的土地上，走出了一大批艺术大家，欧阳予倩先生就是其中最为杰出的代表。1889年，欧阳予倩先生出生于浏阳的一个仕宦家庭，启蒙于维新志士唐才常，他先后入明治大学、早稻田大学就读，留学期间与话剧结缘，最终成长为著名的戏剧艺术家、戏剧教育家。欧阳予倩先生毕生对新中国的戏剧教育事业呕心沥血，编写话剧四十余部，导演话剧五十余出，创作、改编、修改戏曲剧本近五十部，编、导影片十三部。此外，先生对京剧、楚剧、川剧、粤剧、汉戏、湘戏、桂戏、秦腔等多个剧种和古典舞蹈都有深入研究，是新中国戏剧教育的奠基人，是中国戏剧史上难得的全才大家。浏阳孕育了像欧阳予倩先生这样杰出的、人民深爱的艺术大师，更是我们的荣耀。

---

* 中共浏阳市委常委，宣传部部长。

家乡的山水养育了欧阳予倩先生，先生也始终没有忘记生养他的家乡，在他红遍江南之时，也始终不忘桑梓之情，多次帮助家乡人民与天灾人祸搏斗。1921 年浏阳遭受天灾，欧阳予倩先生率领南通伶工学社学员，顶风冒雪到武汉进行义演，筹得巨款寄回浏阳，第二年又邀集当时的京剧名角到长沙演出，并亲自登场，为家乡赈灾筹集资金。先生是浏阳人民的骄傲，也是发扬“敢为人先、自强不息”浏阳精神的楷模。

欧阳予倩卓越的艺术成就，给了家乡人民莫大的鼓舞。欧阳予倩大剧院入选湖南省重点文化地标；欧阳予倩故居列入湖南省级文物保护单位；予倩路成为市民畅享文化大餐、参与文化活动的标志地段。浏阳这座城市因为走出了欧阳予倩大师，彰显了更加坚定的文化自信和文化自觉。

近年来，浏阳牢牢把握“在区域谋发展、在全国争地位、在全球引资源”的基本方略，经济社会持续快速发展，去年全市实现地区生产总值 1342.1 亿元，一般公共预算收入 113.3 亿元，县域经济与县域综合发展全国百强排名跃居第 13 位。同时，我们秉承发扬欧阳予倩艺术精神，推动我市文化艺术事业快速发展，涌现出现代花鼓戏《耀邦兄弟》《胡子将军》《甜甜的梦》《屋场里的环保经》等一批有影响力、有感染力的优秀剧目，打造了“欢乐浏阳河”“十九大光辉照乡村”等系列特色文化品牌活动。另外，我市已成功举办五届欧阳予倩艺术节，成为享誉全省的文化品牌，为浏阳人民献上了丰富的文化艺术大餐。其中，第五届欧阳予倩艺术节共吸引了八千余名观众现场看戏，200 万人次通过网络直播线上看戏，进一步扩大了欧阳予倩先生和浏阳文化的影响力，实现了文化与经济发展的同频共振。

大师虽去，风范永存。不忘初心、牢记使命、继续前行是我们对大师最好的纪念。欧阳予倩先生扎根群众、锐意进取、开拓创新的艺术精神始终激励着家乡人民，我们将通过纪念欧阳予倩先生，进一步凝聚人心、鼓舞士气，加快推进全面建设现代化浏阳的宏伟征程。最后，诚挚拜请各位领导、各位朋友能一如既往地关心支持浏阳的发展。祝大家身体健康，工作顺利，万事如意！谢谢！

精心缔造中国演剧学派

谭霈生*

欧阳予倩老院长逝世前曾经说过，“我是戏剧运动的积极分子”，“我当过演员、导演，写过剧本，搞过研究工作，搞过话剧、歌剧、地方戏，这一切都是为了运动”。田汉为老院长的文集写序时，题目就是“他为中国戏剧运动奋斗了一生”。当时，针对“戏剧运动”一词，在个人的心目中可能有不同的内涵。现在看来，说得全面些，应该是“老院长为中国戏剧艺术奋斗了一生，为戏剧教育奋斗了一生”。在这两方面，他都有杰出的、特殊的贡献。欧阳予倩是中央戏剧学院的创建者、主持者。在他主持下，中央戏剧学院处于初创期，就被尊为全国戏剧最高学府，享有很高的声誉。欧阳予倩作为艺术家与教育家合璧，具有特殊的感染力、亲和力。我作为一个中戏人，曾经有一种自豪感。

夏衍在为欧阳予倩的文集写序时，特别指出：中国话剧有三位杰出的开山祖，这就是欧阳予倩、洪深和田汉。他在比较三位的不同时认为，“予倩强调艺术，强调基本功”。一般来说，一位大艺术家本人具有坚实的基本功是理所当然的。不过，针对欧阳予倩说来，“强调基本功”却有着特殊的意义。其一，要学生苦练基本功，作为老院长主持教学的一项基本举措，对后世高校学科建设具有重要的启示意义。在急功近利思潮的冲击下，忽视基础的积累对学科建设和专业创作都起着负面的影响。其二，苦练基本功的要求，正是为实现“在传统的基础上创造最新最美的戏剧艺术”的理想，为此在为提高演员的能力进行准备。在此时期，与欧阳予倩持有类似主张者，还有北京人民艺术剧院的导演艺术家焦菊隐、上海人民艺术剧院的导演艺术家黄佐临等。他们都曾提出“吸收戏曲中的演剧元素，改革话剧演剧方法”的主张。其中，关于焦菊隐

---

* 中央戏剧学院教授。

进行的实验性探索，已有评论专著，将之称为“中国演剧学派”。我认同这一称谓，但是，所谓“中国演剧学派”应该有更大的包容量。在我看来，如果把欧阳予倩关于“在传统的基础上创造最新最美的戏剧”的实验性探索，也称为“中国演剧学派”，相比较而言，欧阳予倩在探索的方面又有自己的选择。

欧阳予倩的演剧观是开放性的。话剧是从西方引入的戏剧形式，原初就具有某种演剧方法。在这个意义上，欧阳予倩强调“要注意研究世界各国的先进的演剧传统与经验”。在当时斯坦尼斯拉夫斯基就成为关注研究的重心。欧阳予倩说，他接触斯氏体系始于 20 世纪三十年代，新中国成立后比较系统地进行了学习。他认识到，斯氏体系“继承了优秀的传统经验，科学地研究了演剧规律”，“这是前所未有的创造”，“对演剧艺术贡献很大”。他重视这一演剧体系，但是对演剧观念、演剧方法，还有他自己的追求，这就是“继承中国戏曲的传统”。20 世纪五六十年代，他主持中央戏剧学院时，多次强调这一话题。在当时，反复强调这一方向性策略会引出很多问题，如话剧怎么继承中国戏曲的传统，等等。

欧阳予倩对话剧戏曲的关系是清醒的：它们“各有不同的形式、特点和规律”，它们“可以互相影响、互相渗透、互相学习，但彼此不能代替”。“不顾到每个剧种的特点，而相互硬套，是绝对行不通的”。他认为，要真正搞清两者的关系，进一步从戏曲中汲取某些元素，“就必须要深入研究，把自己变成内行”。在戏剧界，对戏曲和话剧都有深入研究，并通过实践得出丰富经验者，欧阳予倩是少见的专家。由他主持这项实验性的探索，是历史的必然。

欧阳予倩对戏剧的表现手段有自己的想法：话剧有两根大柱子，就是台词和形体动作。他反复强调苦练基本功，也正是集中于这两根大柱子。作为这两项基本功，在吸收国外提供的基本科目之外，又有补充。在台词方面，他强调，“大鼓、单弦、相声的发声吐字是最适宜话剧演员学习的”，“还有戏曲的念白，无论是韵白、京白都能供我们参考”。在形体训练方面，他强调学习戏曲中的身段、舞蹈，包括武术等。这样进行形体训练和台词训练，在进入剧目排练时，就可以按照他的期望对演员进行要求。他的要求是：关于台词，“不仅要让观众听得见、听得懂，还要让人家听后觉得好听、爱听，听了要受感动”。关于形体训练，可以“使我们抬手动脚灵活、准确”，“学习身段、学习舞蹈为的是形体动作准确，使形象美化”。欧阳予倩曾强调：“有人以为把戏曲的表演程式随便往话剧一搬，就算接受了传统，其实是错误。”[①] 戏曲与话剧毕竟是两种不同的演剧形式。如果说，在戏曲中，唱、念、做、打均有一套完整严格的程式，在某种意义上，话剧是排斥程式化的。欧阳予倩对台词和形体动作的期望，是在即兴的基础上，经过选择，使手段（台词、形体动作）节奏鲜明、形象美化，更有表现力。我们不妨把这种元素称为范式化。与程式化相比，范式化是有更多选择自由，更个性化的。在《桃花扇》的排演过程中，欧阳予倩对每一个细节都经过认真、反复的磨炼，正是为了寻找、确定这种节奏鲜明、优美而更有表现力的元素。

“在传统的基础上创造最新最美的戏剧艺术”，作为欧阳予倩这一辈戏剧人的共同理想，在中国恐怕是靠几代人的继承、创造才能实现的。令我高兴的是，欧阳予倩和焦菊隐缔造的中国演剧学派，在进入新时期以后，已经得到有志之士的继承、发扬。可以说，中国演剧学派在行进中。当然，我所说的“中国演剧学派”，也只能是中国演剧形式的线路之一，探索、创新之路是广阔的。虽然演剧方法是重要的，但是更重要的在于原创剧目出现真正的精品，对此我期待着。

发言全文载《文艺报》2019 年 6 月 24 日

---

① 《欧阳予倩全集》第四卷，上海文艺出版社 1990 年版，第 321 页。

中戏建院初期的欧阳予倩老院长

蓝天野*

各位专家，各位老师，各位校友：

大家好，今天我发言的题目是“中戏建院初期的欧阳予倩老院长”。

欧阳予倩先生参加了全国第一次政治协商会议，我记得欧阳老参加的是国歌和国旗的组。在中戏建院之前，欧阳老曾经跟毛主席写了一封信，这个信就是说戏剧学院要成立了，请毛主席为学院写一个招牌，毛主席在这封信的右上角写了一句话，照写如另纸，于是拿着另外一张纸，毛主席写了两个校名，当时我记得不是叫中央戏剧学院，叫国立戏剧学院。我很有幸，欧阳老的这封信和毛主席写的这个校名，我都亲眼看到了。

我们都知道欧阳予倩先生是中国话剧的创始人之一，其实欧阳老在很多艺术部门都是大家，比如说京剧。当时有一个说法叫“南欧北梅”，是和梅兰芳先生并称的，而且欧阳老和梅兰芳生前他们的友谊是很深的。我记得在 1956 年，梅兰芳先生又一次率领京剧团到日本访问演出。梅先生是团长，欧阳老是艺术总监，也是这次演出团的艺术总监。

另外，刚才有专家说了，欧阳老还是电影的编剧、导演，我也有幸曾经在 1947 年至 1948 年看过欧阳予倩先生执导的电影。我的印象中，当时这部电影叫“弱者，你的名字叫女人”，是后来我们北京人艺的女演员朱琳主演的。

1949 年，中央戏剧学院建院的时候最初只有三个团，也就是中戏的歌剧团、话剧团和舞蹈团，我就是当时中戏话剧团的演员，一个年轻的演员。我记得建院后不久，欧阳老编导了新中国的第一部，也可以说是中国第一部中国舞剧，那就是《和平鸽》。当时《和平鸽》的演出还有一位报幕员，这位报幕员

---

* 北京人民艺术剧院表导演艺术家。

就是我的夫人狄辛。我也参加了《和平鸽》的演出，但我不是跳舞，因为《和平鸽》这部戏中有几个比较有特色的人物，比如说有山姆大叔，还有一个女魔，因为需要造型，那么我就参加了《和平鸽》的人物造型设计。那一年我跟狄辛都是22岁，老院长曾经给狄辛指导怎么报幕、怎么跟观众说话、站姿应该怎么样、怎么向观众行礼、行礼鞠躬的角度是多少，很认真也很和蔼地指导。

因为在1949年，建院之前，我们中央戏剧学院的话剧团就已经住在东棉花胡同的宿舍，就是中戏在东棉花胡同的大门临街的那个楼，现在已经没有了。我参加开国大典就是从东棉花胡同中戏宿舍走路去的。

有一件事情，我至今印象很深，大约是在中戏建院成立一周年的时候，有一个庆祝活动，这个庆祝活动包括至少有歌剧团、话剧团、舞蹈团，都在中戏东棉花胡同宿舍的院子里面分成三摊儿在那儿表演，其中最难的就是话剧团。因为歌剧团能唱，舞蹈团能跳，话剧在这些方面没什么特殊的技艺，但也设了一个位置，尽量想一些办法吧。当时苏民说了一个绕口令，那个绕口令大致就是苹果葡萄李子栗子梨，欧阳予倩老院长就是因为听了苏民的这个绕口令，后来才决定聘请苏民兼任中央戏剧学院的台词教员，而且因为我们能够表演的节目很少，有的时候就空场了，于是欧阳予倩老院长正好走在我们设的那个场地，救场如救火，“我来了！”于是欧阳予倩老院长就唱了一段京剧。以前我只知道京剧是“南欧北梅”，欧阳予倩老院长在京剧方面也是大家，我真是有幸能够在1950年亲耳听到欧阳予倩老院长唱的京剧唱段。

当时我们几个团，包括歌剧团、话剧团、舞蹈团的节目都有几位院长、副院长、教务长来审查。我记得在审查我们话剧团的时候，老院长曾经跟我们提过一个问题，就是你们要注意加强台词的功底，你们可以借鉴戏曲，也可以借鉴曲艺台词训练的方法，借鉴他们的功夫：第一，台词要清楚；第二，要把台词说得让人明白；第三，要把台词说得有韵味。几十年来，我们全国很多演员都是在这方面受教很多，在这方面进行了探索，下了很多功夫，虽然直到现在，我们包括北京人艺在台词上应该说还没有完全过关，还没有达到70年前老院长提出的要求，还需要在这方面继续下功夫，继续努力。

缅怀老院长对我学习研究布莱希特戏剧的支持与勉励

丁扬忠 *

我于 1953 年中央戏剧学院正式成为新中国戏剧教育学府的时候，进入中央戏剧学院戏剧文学系第一届本科班学习。两年后，国家选派我留学苏联，在北京外语学院留苏预备部学习一年俄语后，中央文化部决定改派我留学民主德国（以下简称民德）。在莱比锡留学生学院学习一年德语，1957 年秋进入戏剧学院戏剧学系攻读德国戏剧和欧洲戏剧。我师从著名戏剧家阿格库可夫教授，其时他是戏剧学系主任，一年后，他晋升院长。我四年专业学习，由他计划安排。在开学第一周，他和我进行了一次长时间谈话，内容就是他如何安排我整个学习计划。

教授将我的学习分为在学院学习德国、欧洲戏剧史论、剧作家、名著选读和在德国剧院实习，了解参与剧院艺术生产，舞台艺术实践过程两大部分。前者，在学院学的是戏剧文学；后者，在剧院实习，学习舞台艺术实践，学的是戏剧艺术生产过程二者有机结合，才构成整体戏剧艺术的学习。贯彻这种办学思想，将来戏剧学系的毕业生才能胜任剧院戏剧顾问（剧评）工作。教授说，整个教学方法对德国学生同样适用，但对我更为重要，将来我回国工作很难再有机会到一个德国剧院深入了解艺术生产情况。四年的实习都安排在寒假进行。

民德剧院实行“戏剧演出季”制度，每年 9 月 1 日至翌年 6 月末为一个“戏剧演出季”。七月、八月两个月剧院停演、休假，人员可以自由流动。新演出季开始排演新剧目，补充、调整原上演剧目。整个艺术生产由三个制度保证艺术质量：剧目排演制度、戏剧顾问制度、剧目上演轮换制度。重点介绍戏剧

---

* 中央戏剧学院教授。

顾问制度，这就是戏剧学院戏剧学系学生未来工作的机构。它的主要任务如下：选择一批新剧目供院长挑选决定新演出季上演剧目。然后，戏剧顾问们分工负责各个剧目的相关材料，如果是古典名著，要将剧作家的时代背景，人文思潮，艺术特点，今天上演此剧的现实意义，提出作为戏剧顾问的建议，供导演参考。剧目开排后，戏剧顾问要全程陪同排演，可随时提出不同舞台处理意见。但取舍由导演决定，戏剧顾问另一项重要工作，编写一份详细的演出说明书（一本小册子）相当于一份通俗戏剧读物，有的剧院甚至将上演的古典剧本的删节本影印发售给观众，这对普及丰富观众的戏剧文化知识、提高民众的戏剧艺术欣赏水平起到积极作用。剧目演出后，戏剧顾问要在演出休息时间听取观众反映，召集观众座谈会，收集观众意见。约请评论家撰写剧评。戏剧顾问自撰剧评。最后，戏剧顾问将整个剧目上演过程全部资料汇总，归档保存。我认为，德国剧院的戏剧顾问制度可供我们中国剧院参考借鉴。

德国现代戏剧教育的戏剧学专业和剧院的戏剧顾问制度，源自 18 世纪德国杰出的启蒙思想家、戏剧家、美学理论家莱辛（1729—1781）在担任当时汉堡民族剧院戏剧顾问期间撰写的 104 篇剧评结集而成的戏剧理论名著《汉堡剧评》，历史悠久，传统深厚、世人公认，戏剧顾问制度确保德国剧院高水平演出产生重要作用。

1958 年 10 月间，我给欧阳予倩老院长写了一封长信汇报我的学习情况。首先将库可夫教授为我制定的学习计划告诉他，还告诉他，我自己选定莱辛、歌德、席勒、布莱希特四位戏剧家作为我学习研究的重点。告诉老院长，在教授亲自安排下，1957 年寒假我曾到民德一个县（诺尔特豪森）剧院实习。按教授原定计划，我的实习从县剧院开始，然后是专区剧院，最后是首都东柏林的大剧院。教授认为实习从小剧院到大剧院，循序渐进，有利我逐步深入了解掌握德国戏剧艺术生产的全貌。当时这个剧院正在排演莎士比亚《哈姆雷特》，我很惊讶，一个县级剧院居然上演一部难度很大的世界经典名剧。剧院有现代化转台，各种设施齐备。观众是县城市民和农民。演出休息时，我和观众交谈，他们告诉我，每年新剧目演出，他们都来观看，远地农民，自己开车全家一起来看。他们说，很多德国和欧洲古时的剧目故事、人物都熟悉，和欢喜观看剧院演出这些剧目。这一方面说明德国戏剧的普及程度，同时也表明德国民众具有相当高的文化水平。第一次德国剧院实习给我留下了美好的印象。

这一封信发出一个多月后，我收到了欧阳老院长的复信。我喜出望外，十分感动。这样一位德高望重的中国话剧先驱、现代戏剧教育奠基人给他的一位普通学生写回信，这是我根本不曾想到的。信两页，是用毛笔书写的，字迹工整清秀，信的末尾盖着欧阳老院长的蓝色名章。我猜测这封信可能是老院长口授，由他的秘书董锡玖代笔。

老院长在信中说，看了我的信很高兴。导师对我的学习计划安排得很好。我选择的四位作为学习重点也很合适。他说，德国文学、戏剧有悠久丰富的传统，歌德、席勒对中国五四新文化运动，对郭沫若、田汉都有深刻影响。我国戏剧界迫切需要了解布莱希特。我们只知道他创立了一个新的戏剧流派，对欧洲影响很大，国内也有一些介绍，但实情和真正内容知之甚少。我现在有机会亲自接触，一定要好好学习。如果有可能，让我选择一个适当时机，回学院试讲一次。老院长的亲切叮咛，给我很大的鼓舞力量。

这封信清楚地表明欧阳老院长对德国历史文化十分了解，知识渊博，视野开阔。他作为新中国话剧教育奠基人，能够兼收并蓄，海纳百川，一切从发展我国话剧教育事业考虑，没有狭隘的门户之见，表现出大家风范。须知，当时的中央戏剧学院就是苏联导表演专家在中国传授斯坦尼体系的重要阵地。但我想，欧阳老院长内心想的是“百家争鸣”比“一花独放”强，布莱希特演剧方法与斯坦尼体系各有特点并行不悖，它们都可以为中国戏剧教育事业和发展中国戏剧作出自己的贡献。

但十分遗憾的是，欧阳老院长写给我的这封信丢失了。这是怎么回事呢？因为我住的房间很小，一些中外文专业书籍放在办公楼外国戏剧教研室的书柜里，书中夹着我珍藏保存的几封重要信件，其中就有欧阳老写给我的那封信，还有日本友人、著名布莱希特戏剧研究家、日本现代话剧运动先驱者千田是也先生写给我的两封信。其间这个房间变成了红卫兵造反司令部。“文化大革命”后，我发现书柜里被弄得乱七八糟，丢失了不少书籍，那几封珍贵信函不翼而飞。

1960 年，中苏两党关系破裂，公开展开论争。是年夏天，中央决定将我国派往各个社会主义国家的留学生调回北京。中央首长在中南海接见了我们。外交部长陈毅在怀仁堂给我们作政治报告，阐明中苏两党这场争论的起因和意义，以及党中央的政策精神，要求我们留学生配合做好人民外交工作。趁着这次回国的机会，我回到中戏，到铁狮子胡同欧阳院长家中客厅当面向他老人家汇报我的学习情况。董锡玖在座。这时我已学习三年，大部分课程已经学完，曾到三个学院实习。看了不少德国及欧洲剧目演出，其中包括布莱希特三个剧本《潘提拉先生和他的男仆马狄》《四川好人》《大胆妈妈和她的孩子们》的演出。我们的话题就集中在布莱希特戏剧上面。欧阳老院长最感兴趣的是布莱希特戏剧演出的情况，他的剧本演出有什么特点，和一般戏剧演出相比有什么不同，我的直接感受是什么，观众反应如何，德国和欧洲戏剧界对这个流派怎么评论，我都一一做了汇报。老院长听得非常认真，有时他插话提问，我便补充介绍。汇报完毕后，我们亲切地交谈了一段时间。老院长问我，我在德国剧院实习是怎样进行的。我告诉他，教授要求我要全面了解剧院艺术生产情况。每天上午观看排演，每晚观摩演出。平时多与导演、演员、戏剧顾问和观众交谈，多方面多角度了解艺术生产情况和舞台艺术，勤做笔记，记录个人感受和认识。每次实习结束，向教授做一次口头总结汇报，提交几篇剧评，听取教授的意见。我觉得实习对我研究德国戏剧非常重要，加深了我对德国戏剧的全面了解和认识，同时让我对戏剧舞台艺术生产获得丰富的感性认识，这对我今后的戏剧研究和教学工作大有裨益。

我告诉老院长，按照教学计划，今年冬天我要去东柏林布莱希特和他的夫人、著名演员魏格尔创建的柏林剧院（通称柏林剧团）实习。老院长听到这个消息，非常高兴地说："这个机会太难得啦，中国戏剧界至今还没有人到这个剧院观看演出，你是第一人。你要好好学习研究，搜集资料，将来回国介绍布莱希特戏剧。"他又一次嘱咐我，让我牢记自己肩负的重任。老院长的谆谆告诫，关怀与勉励，是我走上学习研究布莱希特戏剧道路的强劲动力。

岁月匆匆，抚今追昔，思绪万千。转瞬间，60个春秋过去了，往事如烟。然而，欧阳予倩老院长的音容笑貌，慈祥高雅的学者风范，依然清晰地浮现在我的脑海中。

记忆中的老院长，敬爱的欧阳予倩

罗锦鳞 *

我是 1956 年考入学院导演系本科学习，1961 年毕业留校任教，2002 年退休返聘，至今还在学院任博士生导师的老校友了。在老院长诞生 130 周年的时日，回忆老院长，继承老院长，让我们心情激动，久久不能平静……因为我们是接受过他老人家亲自教诲过的学生。

我们刚刚入学不久，老院长给我们班讲课时的情境历历在目，记忆犹新，并影响了我的一生。他语重心长地对我们说："你们到中央戏剧学院来学习导演，你们将来就是中国的导演。你们要知道作为一名中国导演，如果你们不懂得中国的戏曲艺术，那你们就没有资格叫作中国导演。"当时，我们的直接反应是不大理解，我们到中戏来学习的是话剧导演，与戏曲有什么关系。老院长一看就明白了，于是就给我们分析了中国戏曲的艺术和学术价值，戏曲艺术是中国戏剧最好的代表。他继续说："你们刚入学，对戏曲艺术并不了解。西方传入中国的话剧，要得到真正的发展，必须吸取戏曲的营养和美学，以建立我们中华民族的话剧艺术，符合中国观众的审美和欣赏习惯。你们作中国的导演，对中国戏剧的代表艺术不了解，怎么能成为一个合格的中国导演呢！""你们必须认真对待民族的戏剧。学校会给你们安排有关的中国戏曲课程，让你们对中国戏曲有所认知和了解，才能让你们成才！"

在他老人家的亲自安排下，学校请来了北京昆曲剧院的侯永奎和马祥麟二位艺术家专门为我们授课。侯永奎教我们班的身段课，专门教四功五法的手眼身法步。马祥麟教我们折子戏《抢伞》。除此之外还专门请了中国京剧院退休的老艺人来教我们识别"工尺谱"和"文武场"。我学习的是小锣和京胡。

---

* 中央戏剧学院教授。

最初，我们对老院长的要求和安排并没有完全理解。毕业留校工作后，老院长要求系里专门安排我们每个青年教师到一个戏曲院团见习，继续了解戏曲艺术。有的分配在北京京剧团，有的分配在中国京剧院，我被分配在北京青年河北梆子剧团。后来，我们从学习和创作中才真正理解了老院长的精心用意。

的确，中国戏曲美学“虚拟、象征、写意”和艺术手段“四功五法”的表现力的鲜明和强大生命力，对我们导演话剧时的影响很深，加之焦菊隐所提出的“话剧民族化”的课题，经过实践，才真正明白了老院长的用心。我本人在涉及戏曲导演创作时，更得益于老院长对我们的戏曲教育。这让我在东西方戏剧交融中大胆地进行了创作，并取得了中外观众和学界的认可。

老院长是集话剧、戏曲和电影艺术为一身的中国少有的艺术家，他在主持中戏的教学上所做的一切，让我们受益匪浅，并形成了中戏教学的传统。

中戏，当时是以话剧专业为主的高等学府，因此，老院长还特别重视话剧的语言艺术，从 1956 年开始，他亲自主抓台词教学，并领导改进台词的教学工作。非常幸运的是我所在的导演系 56 班成为试点班，由他亲自为我们授课。除了每周到他家为我们讲授大课外，他还请来了北京人艺著名的表演艺术家刁光覃、朱琳、郑榕、董行佶等名师为我们上小课。老院长认为，台词必须有小课，才能真正让学生掌握语言技巧。他规定每位教师只带三个学生。我台词课的小课老师是郑榕老师。每周两次课，每次两个学时。通过两个学年的台词大课和小课，我们掌握了话剧的台词基本功和规律，受益终生。

除了课堂教学之外，老院长还特别注重学生的观摩课，规定学生每月必须有两次观摩戏剧演出的机会，因为这也是学习的必修课题。非常幸运的是，老院长与北京人艺协调，我们导演系的学生可以用学生证，免费到首都剧场看演出。

我们班更是幸运，老院长经常带领我们去观摩四大名旦梅尚程荀和许多京剧名家的演出，散戏后还专门带我们到后台化妆间聆听他们的讲述。这些对我们的影响极其深远和难忘。

欧阳老院长带我们班观摩《姚期》后，到后台拜见老艺术家裘盛荣，裘盛荣还对我们讲了许多表演的经验。他本人个头不高，总是扮演身份高贵的达官贵人。他非常风趣地告诉我们，他从登场开始就用了些手段。一出出场门，他略弯双腿，曲步走向台口，把身体再降矮些，到台口亮相时，突然将双腿伸直，立起高靴，身体上仰，再加上心理的感觉，这个亮相就会给观众高大的印象。再者，与对手配戏时，如果对方比自己高，那眼神不要总是仰望，眼神最好是从对方眼睛开始，最后把眼光留在对方胸前，抬头斜视看对方，把对方看矮些。如果在舞台上要横穿台面，调度过长，那就要中间断开一或两次，做个小停顿，再继续前行，并要小变节奏，这叫"逢长必断"。

在观摩荀慧生先生的演出后，也是在后台，荀先生直言，他身体已有些肥胖了。于是，他说，在舞台上站立，不要侧体对观众，那样就暴露肚子了。最好是 45 度斜面对观众，正面也会显得胖。一个站像，一个角度，有那么大的学问。他说这叫"藏拙"。还风趣地告诉我们：满台的演员几乎没有苗条的，如果有了，就会暴露自己呀！

看似一些小经验，但那里面却有大道理，凸显了"对比""反衬"等艺术辩证法。几十年前，后台的短暂面授，我至今记忆犹新，受益一生。在导演艺术中，太有美学意义了！戏曲艺术家们的经验真够我们学习一生的。戏曲美学中的辩证法就是我们的宝贵财富，各位要善于观察、总结和归纳。我们的老艺人浑身是宝！

老院长对我们的培养和教诲让我们对自己民族戏剧有切身的体会和认识，让我们终生受用。

中央戏剧学院今天已发展成为享誉世界的高等戏剧学府，是老院长最大的期望。没有老院长就没有我们中戏。我们必须继承老院长的期望，将他老人家的事业继承与发扬光大。

对欧阳予倩老院长的怀恋和感恩

马惠田*

老院长在艺术领域上的辉煌业绩和在人才培养方面的成就论述很多，我只想从一个学生的角度谈老院长对学生们的关心和爱护以及学生对老院长的爱戴和尊重的一点感受。

我是 1953 年从一个中学生步入中戏导演系的学生，入学后不久，就由苏联专家列斯里教授我们导表演专业的课程。

列斯里当时是文化部苏联专家组组长，也是我们学院的顾问，他在导表演教学方面的权威和对学生的严厉要求是大家所公认的。

我们导演系 53 班刚入学时是 25 个学生，第一学年就淘汰了 8 个学生，第二学年第一学期又淘汰了三四个学生，到毕业时还剩下 13 个学生。

当时在课堂只要说经过这段时期的考察，你不适合学导演专业就得退学离开学院。当时被淘汰的同学那种伤心难过的情景我至今还记忆犹新。一个被淘汰的女同学当天没吃晚饭，夜里很晚也没回宿舍，我们到处找也找不到她，大家担心会出什么事。后来有个同学在小礼堂后台堆积景片的道具里听到了隐隐的抽气声，搬开景片后，才发现是她，这时她在里面已待了几个小时了。

在课堂上我们能听懂专家的俄文词汇就两个，一个是“好鲁稍”（好），另一个是“杜拉克”（笨蛋）。每当专家大声说“杜拉克”时，那位年轻的翻译也大声地像骂人似的说“笨蛋”！

当时我们的小品作业，一次通不过再补交，再通不过再补交。连续通不过就是零分，没有成绩。所以我们的精神压力越来越大，一般晚上很少 12 点之前睡觉，有时两三点才回到宿舍。那时真是一天到晚晕晕乎乎，有的同学在操

* 中央戏剧学院教授。

场走过时，旁人见了就说“简直像个幽灵”。

同学们感到受不了了，大家一致提出：给院领导写份报告，要求专家减轻专业课的负担，减轻一些精神压力。我当时是班长，就由我起草，全班通过后就交到了院长办公室。过了两天上导演课时，按惯例同学们两排坐好，等专家来上课。结果那天最先走进教室的是欧阳老院长、曹禺副院长、沙可夫书记和李伯钊副书记等院领导，而且都很严肃，一句话也不说。同学们都感到很意外，像是有什么重要事情。

一会儿，列斯里专家走进来，他和翻译坐在老院长旁边，坐下后，他第一句话就大声说：“你们控告我！”大家吓了一跳。“控告书是谁写的？坐到中间来！”他说的控告书当然是那份报告，同学们眼睛都看我，我紧张得一塌糊涂，就搬着椅子坐到了中间。接着列斯里就非常激动地说道：“今天我把你们院领导都请到课堂，现在要说清楚，你们对教学有意见可以直接和我谈，为什么背着我写报告书？”又说：“我严格要求你们，是希望你们早日成材，毕业时成为一个称职导演……”说了很多，我当时都听不进去。后来当他说：“你们说构思小品多么困难，有什么困难的？像这样的小品我几分钟就能构思出来……”这时，坐在他旁边的老院长突然插话了。开始在他身边轻声说：“他们不能和你比，你是有多年经验的专家，他们还是初学的学生。”接着老院长就说：“那封信事先没有和专家谈，可能原因很多，也会有语言上的障碍。但有一点是肯定的，他们对专家一直都非常尊重，希望专家能理解他们。”老院长又说：“对这个班的教学，我们平时也有所了解，学生们为了完成专家留的作业，确实很努力很刻苦，但交上来的作业，让专家满意的不多，常常被否定通不过！为此他们很苦恼，精神压力很大，再加上其他课程也要时间去复习，一段时期以来他们睡眠时间都很少，吃饭也不规律，这样下去我真担心他们的身体承受不了。”还说：“如果他们对专家留的作业不重视，不用功，不认真地准备，一定要严厉地批评他们！但现在他们确实很努力了，而且到了废寝忘食的程度，所以我希望专家减轻他们一些负担，不要让他们精神压力太大，因为他们终究还是年轻的学生，我们应该多关心他们一些……”老院长还说了一些，但上面这些话我至今还铭刻在心。老院长讲完之后，列斯里立刻态度就转变了，说话的语气也柔和多了。他说：“院长既然这样说了，我们就按院长说的去做！但是如果你们不努力，我还要严厉批评的！”接着就站起说：“今天的课到此结束，现在下课！”最后玩笑性地说了一句，“从下周起你们的作业要加倍！”下课以后同学们真是激动极了，有的说：“老院长的话太让我感动了。”有的说：“如果不是老院长，今天的课不知会怎么样！”还有的同学说：“老院长说我们吃不好睡不好时我眼泪都止不住了。”

我自己激动的内心里确实有种对老院长的感恩之情。

这之后我们导表演课精神压力减轻了，“杜拉克”也很少听到了。这里我要补充一句，对列斯里专家我们也是怀有感激之情的，是他为我们导表演课打下了比较扎实的基础！

后来我们还有幸由老院长直接教授过台词课。在课堂也展现出老一辈对晚辈的亲和风度。他总是让我们围坐在他身旁，柔声细语地指出我们的缺点和不足！有一次课，老院长身体不舒服，特意叫我们到张自忠路他的住址去上课。那天老师母还特意把水杯放在我们面前。老院长对晚辈的关怀爱护，也使学生们发自内心地爱戴和尊重。

有些小事我很记忆犹新。记得1957年“反右”运动时，操场上贴满了大字报，有一天老院长和沙可夫书记来看大字报，有些同学都随着一起看。其中有一张比较尖锐地指责院领导的大字报。快到这张大字报前面，有两个学生就用身体挡住，其他同学就围着两位院领导往前走，最后劝老院长和沙书记回办公室去休息。

还有一次，一天召开全院师生大会，老院长要到学生宿舍楼四楼去做报告，他拄着拐杖走来时，学生们要搀扶着上楼，这时我记得是表演系55班的赵健，他大声说：“等一等，等一等，我马上就回来。”不一会儿他和另一位同学不知从何处搬来一把藤椅，还有绳子。我们硬把老院长抬上了四楼。这些都是小事，但看得出学生们对老院长由衷的爱戴和尊重。多少年过去了，每当我想起老院长，我都有一种怀恋和感恩的心情。

欧阳予倩与周贻白的戏剧情谊

周华斌*

先父周贻白（1900—1977）作为中国戏剧史家、戏剧理论家、戏剧电影作家，与欧阳予倩（1889—1962）、田汉（1898—1968）都是湖南人，是戏剧界的挚友。他们都经历了20世纪前期的新剧创造、旧剧改良和文明戏、话剧、电影的开拓。1948年，欧阳予倩和周贻白应聘到香港永华电影公司担任电影编导，欧阳予倩在香港写了几首《赠贻白》诗，其中一首写道：

《赠贻白》

曾磨铁砚点铅黄，击楫临风意气扬。
毡垫何曾因自暖，钳锤亦复为人忙。
择仁不为严刑改，嫉俗翻惊恶梦长。
只有坚贞堪自傲，湘山湘水意偏长。
桃花不疑庵主（欧阳予倩）哼哼韵

欧阳予倩逝于1962年，周贻白撰写了长文《一笛秋风唱尾声》加以悼念。[①]先父逝于1977年，我将欧阳予倩的《赠贻白》诗镌刻在周贻白的墓碑上。[②]尽管这首诗是写给周贻白的，却也寓有20世纪前半叶湖南戏剧人的共同经历。值此欧阳予倩130周年诞辰之际，特记述欧阳予倩与周贻白的戏剧情谊，以怀念欧阳予倩、田汉等前辈戏剧人。

---

* 中国传媒大学教授。

① 见《周贻白戏剧论文选》，湖南人民出版社 1985 年版。

② 见北京长城脚下“凤凰山陵园”的周贻白墓碑。

南国电影剧社的《荆轲》

年轻时的欧阳予倩

年轻时的周贻白

北伐战争中的1926年底，田汉在上海创办了南国电影剧社。国民革命军将其纳入南京总司令部的政治宣传处，田汉任上校衔的电影顾问兼电影股长，欧阳予倩任上校衔的戏剧顾问，唐槐秋任中校衔的戏剧股长。1927年夏天，周贻白随田汉来到南京，在电影股任准尉司书。

周贻白比欧阳予倩小11岁，就此结识了戏剧股的欧阳予倩。当时欧阳予倩在戏剧界已很有名气。从日本留学回国后，主要从事新剧、京剧表演，并且在南通创办过“伶工学社”。北伐前后，湖南盛行无政府主义，欧阳予倩在戏剧股招收了一批演剧宣传队队员，以义士荆轲刺杀暴虐的秦王为题材，自编自导，创作了五幕歌剧《荆轲》。《荆轲》的思想宗旨是舍生取义、为民除暴，是欧阳予倩早期代表作之一。[①] 由于周贻白有演戏经历，经唐槐秋推荐，欧阳予倩同意，在《荆轲》中扮演了一个次要角色——荆轲的市井朋友、杀狗的屠夫。

《荆轲》属于新剧，有幕景装置。欧阳予倩强调幕场的动态画面、静态画面和人物的情感表现，常常为演员做示范。如一开场，荆轲与市井朋友在酒家

① 话剧《荆轲》原载于广东戏剧研究所1929年7月《戏剧》第1卷第2期，收入《欧阳予倩文集》，中国戏剧出版社1980年版。

饮酒，推杯换盏，形成一种气氛。主角荆轲或安排在众人前面，或安排在众人中间，只要求画面动态和静态的总体气氛，不强调主角必须位居舞台中央的重要位置。《荆轲》在南京国民剧场的排演前后不到十天，体现着新剧对旧剧程式的突破。

欧阳予倩演了 5 年话剧，演了 15 年京剧，被称作京剧旦角的“自然派”。该说法有赞誉之意，意味着其旦角表演本身就含有“真实自然”的生活化因素，体现了欧阳予倩新剧与旧剧兼容的戏剧观。它潜移默化地影响了周贻白“场上重于案头”的戏剧史观。

20 世纪 20 年代末社会动乱，1927 年底大革命失败，田汉倾向于左翼文艺，南国电影剧社就此解散。周贻白回到长沙，随即被军阀政府逮捕。1928 年初，北伐军西征军打到长沙，周贻白乘机从监狱中跑了出来，到福建泉州黎明学园和西隅师范讲授国文，同时举办文明戏和新剧讲座。

《桃花扇》与《李香君》

1937 年全面抗战初期，欧阳予倩与周贻白一起在上海搞救亡京剧团，一边宣传抗战，一边从事京剧改良。这期间，欧阳予倩创作和编导了《渔夫恨》《梁红玉》《桃花扇》等，周贻白创作了岳飞抗击金兵题材的《朱仙镇》，署为“改良平剧”[①]。

他们都钟情于中国戏剧史上的名著《桃花扇》。1937 年秋末冬初，欧阳予倩在上海更新舞台排练他改编的京剧《桃花扇》，周贻白经常和他在一起商讨剧本、布景草图和场面调度。

欧阳予倩抗战时期在戏剧形态上对《桃花扇》的改编，对大敌当前形势下知识分子的软弱敲了警钟，共有三次：

第一次是 1937 年，在上海改编为京剧。尽管观众反应强烈，但是仅演出两场就被勒令停演。

---

① “改良平剧”《朱仙镇》，原载于 1937 年《文献》杂志。1940 年上海剧艺出版社独幕剧创作月刊第一卷第二期、第三期连载，有印行本。

第二次是 1939 年，在抗战大后方的桂林改编为桂剧。轰动一时后，亦被禁演。

第三次是 1947 年，为 1941 年在桂林成立的“新中国剧社”改编为五场话剧。演出了四场。

京剧、桂剧、话剧的改编都强调朝廷兴亡时期的国民气节，没有完全脱离原作者孔尚任的宗旨：“借离合之情，写兴亡之感。”剧中关键性改变，是全剧的悲剧结尾：秦淮佳丽李香君一向敬爱与南明王朝权奸阮大铖水火不容的复社文人、东林党人侯朝宗（侯方域，字朝宗）。清兵南下时生灵涂炭，入关后掌握政权，开科取士。侯朝宗变节应试，中了副榜。当他企图鸳梦重温，到尼姑庵中接娶李香君时，钟情守节的李香君痛不欲生，触阶而死。

1939 年底，唐槐秋的“中国旅行剧团”到各地巡回演出回到上海，周贻白为“重整中旅”编写了话剧《李香君》。该剧 1940 年 7 月在上海璇宫剧院首演，10 月份由“金星影业公司”摄为电影，由卜万仓导演。①

周贻白和欧阳予倩在改编《桃花扇》上存在着默契。周贻白的话剧和电影《李香君》同样将抗清志士史可法与清代入仕的复社文人侯方域加以对比，借侯方域与李香君的男女离合之情，写国难的兴亡之痛，由此颂扬平民女子李香君忠贞守节的品格。

当时有署名“邹啸”的论者在《〈李香君〉的编制》一文中称：

> 昨晚到璇宫剧院看周贻白先生所编的《李香君》的演出，客满加凳，盛况空前。此剧以前曾有孔尚任的《桃花扇》传奇、欧阳予倩的《桃花扇》平剧……贻白只择出十人左右的重要角色来登台，既不太多，又不太少，做到了“省头绪”的好处……结构也极清楚，差不多完全以阮大铖、李香君、侯朝宗这三个人的葛藤作为戏剧的中心……并且，因为不掩饰侯朝宗短处的缘故，使得第五幕（结尾）特别精彩，或为诸家未到之笔，尤其值得称赞。②

又有记者在《大众影讯》上称：

---

① 话剧剧本 1940 年 10 月由上海国民书店出版发行，现存。

② 《申报》1940 年 7 月 23 日。

予倩写《桃花扇》时，他们（欧阳予倩与周贻白）就曾研究过怎样将这一历史故事作一新的介绍……显然他（周贻白）对历史考证上曾是有过一番研究的功夫。①

周贻白同时还撰写了弹词开篇《李香君》，概括剧情：

秦淮佳丽夙知名，旧院风流说胜明。
倡女尚能持气节，令人长忆李香君。
侯方域，空有才名无骨气，乍逢美色便忘形。
帮闲全仗杨龙友，
还有那，代付缠头（的）阮大铖，暗加笼络具深心。
俏佳人，问明来历花容变，立即裙钗换布荆。
休道我，烟花贱质专为利，
奴家是，红粉怜才一片心，肯令权奸辱此身？

宫车出，庙社倾，半壁江山委劫尘。
王气将终歌玉树，又看《燕子》与《春灯》。
熙朝贵倖推田仰，得意新将漕抚升。
强致聘金三百两，
杨龙友，觍颜再度作媒人，要娶香君备后人。
好一个烈性倡门女，她情愿，碎首阶前不允婚。
只落得，血溅宫纱污扇面，
这才使，阿娘代嫁得完贞。
齐纨一柄堪千古，几笔桃花点缀新，
两朝应举愧侯生。②

1963 年，西安电影制片厂将《桃花扇》改编为黑白故事片，李香君由著名演员王丹凤饰演。在“文化大革命”前夕形而上学的文艺形势下，该片只作内

① 1940 年第 10 期《大众影讯》。
② 1940 年 5 月 29 日《申报》副刊“春秋”，署“周贻白作，谢小天唱”。

部放映，未能公映。“造反有理”和“评法批儒”的造反派甚至以明末清初的李自成农民起义与南明王朝的覆灭比附，认为电影《桃花扇》宣扬儒家观念，是“反革命毒草影片”。但其时欧阳予倩业已去世，未罹其难。

“拂袖还家”

前文已提及：1948年1月，经卜万仓介绍，欧阳予倩、顾仲彝、周贻白被聘为香港永华电影公司“编导员”，同赴香港。

欧阳予倩在1962出版的《电影半路出家记》中做以下回忆：

香港永华公司的老板是李祖永，据说他是在重庆买卖黄金、搞投机生意发了国难财的。他把大部分的钱套汇到香港……办电影公司也是带着几分投机性质的……听说也还召了若干股份，可是从来没见开过股东会，一切都是李祖永个人发号施令，独断专行。李祖永，就他的生活来看，就是个不成器的大少爷，在香港有好几所新房子，几位姨太太，抽大烟，赌钱，无一不爱……后来又听说香港当局要收回，建兵营，就把摄影棚给拆了。李祖永的投机生意也很不随意，不记得是1956年，还是1957年，李祖永全部破产，不久就死了。①

但这个公司摄影场的设备比较完善，摄影机、洗印机、录音机和照明器材都是新的，从美国订购的。因此欧阳予倩说参加永华的人“都想拍出一点比较好的片子。它初期所出的影片有的也还过得去，一直也没有拍过什么露骨的反动戏”。欧阳予倩、周贻白、顾仲彝当时已有进步的民主思想，不肯按老板的意图编写忠孝节义、儿女风情之类古装片，于是所写题材均遭冷遇。

欧阳予倩说：

我在那里写过两个故事，顾仲彝、周贻白也都写了，据说这些故事都经公司的某些人传观过了，可是用与不用，很长时间以来渺无消息。贻白常说：“剧本在游街呢”。游来游去，没有下落。②

---

① 欧阳予倩：《电影半路出家记》，中国电影出版社1962年版，第46—48页。

② 同上。

寓居香港期间，欧阳予倩除了写过《赠贻白》之外，还为周贻白写了一首“无题四绝”：

《无题四绝呈姬公华裔》

作品游街理太差，随时拂袖好还家。
长沙老儿由来硬，走遍江湖不信邪。
话该懒问短和长，老子当场有主张。
国士无双如不识，耶和子夜管他娘。[①]
帽子横飞不用慌，先生尔已设重防。
寄情千载分前后，大胆摊书尽古装。
余子纷纭不搭山，大江高唱入云间。
浮生万事聊从俗，鸥鹭何曾一日闲。

在香港不到两年，他们已有了“拂袖还家”的准备。欧阳予倩率先辞职回到上海，1949 年北平解放后离沪进京。当年年底，欧阳予倩和田汉函召周贻白回京，周贻白换上中山装，剪了个工人式的平头，在香港的大厦顶上双手抱臂、踌躇满志地照了张留影，于 1950 年 1 月回到了无锡家中。

2 月中旬，欧阳予倩在北京又给周贻白写了封信：

贻白兄：

弟有两电拍到香港，促兄归国。顷奉手教，不意兄已抵家，闻之快慰。寿昌（按：田汉）兄长戏曲改进局亦盼兄即入都。

春节兄必在家团聚，俟驾于灯节前五重后如何？敬盼惠复，当先为准备住处。

可告嫂夫人，北来较香港电影公司为更可放心。

从此“耶和”和“子夜”之歌永成绝响，代之以“咱们工人有力量”矣！

敬请

双安

---

① 耶和、子夜，劳动和爱情之歌。“耶和”即“邪许”，劳动呼声；“子夜”指“子夜歌”，汉乐府之吴歌，相传为晋代女子子夜所作，泛指爱情歌曲。

弟予倩手上

问秋同此

二月十四日

接信后，周贻白连灯节（元宵节）都没有在家过，立即到北京参加了欧阳予倩任院长的中央戏剧学院和田汉任局长的“戏曲改进局”的筹建工作。欧阳予倩和田汉的推荐，是周贻白从事新中国戏剧戏曲事业的直接缘由。1957 年 7 月，周贻白在“自传”手稿里写了这样一段话：

这一时期，我已读得毛主席的《新民主主义论》，已认识到中国革命欲达到共产主义社会，必须经过新民主主义革命阶段……

我本出身小手工业，后又成为江湖流浪者，两年所受欺凌与侮辱，早已含恨在心。此后虽成为知识分子，亦不过做做小职员或教员之类，一切听命于人。

在香港，我目睹英帝国主义对殖民地所施一切压迫，同时又亲身体验了永华公司老板大资本家的那种气焰，深感非从事革命不能挽救中国的危亡及拯救中国人民于水火。

余　话

欧阳予倩在信中所说的“戏曲改进局”，即“戏曲改进委员会”，委员还包括欧阳予倩、王瑶卿、梅兰芳、曹禺等。20 世纪 50 年代初在戏曲改进委员会的讨论会上，欧阳予倩准备修改新中国成立前演出过的《同命鸳鸯》，与王瑶卿演出过的《孔雀东南飞》是同一题材，具有反封建意义。讨论时，欧阳予倩强调文学性；王瑶卿主张剧中人刘兰芝投水自尽可以“翻抢背”，强调技术性。周贻白对此都表示支持。

新中国成立初，话剧界以苏联斯坦尼斯拉夫斯基体系为样版。1954 年春，斯坦尼的弟子列斯里应邀到中央戏剧学院传经送宝，除了示范导演苏联话剧《柳鲍夫雅罗娃娅》、意大利话剧《一仆二主》外，准备导演一部中国话剧，选择了欧阳予倩的话剧《桃花扇》。

该年秋天，配合《桃花扇》的导演，周贻白用两个多月写了近两万字的讲义——《选授〈桃花扇〉传奇纲要》。其中详细考证了康熙年间孔尚任《桃花扇》的历史背景、创作思想、结构安排、人物性格刻画、语言使用，选授其中的六出："却奁""修礼""投辕""守楼""寄扇""题画"[①]。他认为："虽然《桃花扇》作者的本意或者是想以'倡优下贱'的能讲忠义，反映出当时大多数的士大夫们不知忠义，从而讥愧他们。但由此一写，却透出了历史的真实。"而且，该作品"打破了以往一切传奇终场必为团圆的厌套"，这与抗战时期欧阳予倩和他改编的话剧《桃花扇》《李香君》同样有"推陈出新"的观念。

列斯里刚来北京的第一个晚上，就对前来欢迎他的中央戏剧学院全体师生说："我觉得你们对戏剧是无知的。"这使周贻白很伤民族自尊心。为了排演《桃花扇》，列斯里派他的老婆戈林娜向周贻白询问中国传统戏曲的表演手法，在周贻白看来，都是些不懂得中国戏曲表演的外行话。因此，他对列斯里不了解中国戏剧戏曲就居高临下、哇里哇啦自以为是的导演风格持保留态度。有一次，列斯里在排练《桃花扇》时不小心踩上布景的布条，摔坏了脚，按专家待遇被送进医院住院。周贻白说了风凉话："我们中国戏曲演员成天在前后台摸爬滚打，没那么娇气。"这件事体现了周贻白的个性，在 1957 年整风反右期间，因"反对苏联专家"而受到了批评。[②]

然而，欧阳予倩在 1957 年亲自为中央戏剧学院导演干部训练班导演了具有民族风格的三幕历史话剧《桃花扇》，并成功地由中央实验话剧院、黑龙江话剧团、沈阳话剧团、山西人民话剧团、成都话剧团、广州话剧团公演。

欧阳予倩作为全国政协委员，去世于 1962 年 9 月。1962 年春，周贻白也当选为北京市第三届政协委员，列席了全国政协三届三次全会。作为 20 世纪的戏剧人，欧阳予倩与周贻白在坎坷的人生道路上各尽所能，"毡垫何曾因自暖，钳锤亦复为人忙"，"代之以'咱们工人有力量'矣"，都发挥了民族戏剧的正能量。

---

① 见《周贻白戏剧论文选》，湖南人民出版社 1882 年版。

② 周贻白检查稿《我在中央戏剧学院十七年（1950—1977）》，见《场上案头一大家》，知识出版社 2000 年版。

纪念欧阳予倩老院长

梁伯龙*

我是1957年考进中央戏剧学院表演系的。有幸亲自聆听过欧阳予倩老院长的教诲。虽然当时自己是一个学生，后来成为留校的青年老师，不可能与欧阳老院长有更多的接触，但他那亲切的笑容、儒雅的风度、谦和的态度，从他的言谈举止中透露出对艺术无限热爱与执着形象，在我心中是永远也难以忘却的；在我的耳边至今也还会响着他在作报告时和在课堂上对我们谆谆的教导，从他那每一句话里都能感受到他对年轻一代的寄托与期望。

老院长不仅是中国话剧艺术的奠基人和开拓者，而且在话剧、戏曲、电影、音乐和舞蹈等方面都为我国的艺术事业作出过重要的贡献。而我感受最深的是老院长在戏剧艺术教育上所付出的心血。

从1919年老院长在南通创办伶工学社开始，就有志于为改进戏剧艺术教育和培养戏剧艺术人才作出贡献。老院长在南通创办伶工学社时，没有经费、师资缺少以及得不到支持等十分困难的情况下，他把自己的身心都献给了这棵刚刚出土的新苗。他苦心经营，而且还锐意求新，他明确地指出："伶工学社是为社会效力的艺术团体，不是私家歌僮养习所。""伶工学社是要造就改革戏剧的演员，不是科班。"他想要通过伶工学社"养成一班比较有知识的演员，去代替无知识的演员"。他说："伶工学社的学生，大半都是些平民子弟。伶工学社的办法第一是要求他们能读书识字。"于是老院长聘请了好的国文教师，同时让学生们注意社会常识，并且"把一切科班的方法打破，完全照学校的组织，用另外一种方法教授学生"。老院长还说："我不愿意我们的学生什么都不懂，所以买了许多新杂志和新小说等奖励他们看，如《新青年》《新潮》《建

* 中央戏剧学院教授。

设》等都抽空去讲解些。”他是要打破坚冰，是要开辟新路。但在那个时代，对于一个完全无助的艺术家来说，这是一条多么艰难的道路啊！他在当时“只落得人家几声冷笑”，结果他也只能叹息地说：“徒劳了！”① 即便这样，老院长还是在伶工学社不仅培养出了演员，同时培养出了一批音乐方面的人才。

新中国成立后，1950 年他被委任为中央戏剧学院第一任院长，他的愿望终于能够实现了。“国立戏剧学院”这几个大字，就是老院长亲自请毛主席题写的。他是一个把艺术视为生命的人，于是就把自己的心血全都浇灌在这片园地里。新中国成立之初，在缺乏经验，师资短缺，教材稀少种种困难的情况下，从最初的普通科，两年的专科，到 1953 年成为四年制的本科，老院长和学院的领导们呕心沥血地为中央学院成为正规的高等戏剧艺术学院打下了基础，并使之茁壮的成长。我在 1957 年报考中央戏剧学院前，就已经看到表演系四年制本科第一班同学们毕业演出的《上海屋檐下》和《洞箫横吹》了。这些剧目的演出显示出非常高的水平，中央戏剧学院已经成为所有期望献身于戏剧艺术事业的年轻人心目中的圣地。

我进入戏剧学院之后，尽管当时还有政治运动，但真的感觉是生活在艺术的氛围之中。首先是学院当时已经有了正规的、系统的教学计划，各门课程都有了完整的教学大纲。以表演系为例，从政治课到专业课、专业基础课、艺术理论课、戏剧史论课等，知识结构非常合理，丰富多彩，并且是循序渐进。当时表演系的学生除了要上政治课、专业课和专业基础课，以及化妆课，还要上美学课、戏剧理论课、中国话剧运动史、外国戏剧史、俄苏戏剧史。当时的学生除了有一部分是应届的高中毕业生之外，还有相当多的是从部队的文工团、队和地方的剧院、团来的。由于种种原因，像我们这样的学生在文化上和艺术理论方面都有所欠缺。这样的课程设置，对于培养出具有比较全面的文化艺术修养的演员是非常必要的，也为我们今后在事业上的发展打下了坚实的基础。

正因为当时学生的情况，老院长非常重视学生的文化知识，强调作为一个演员，一定要有文化，并且要求学院为我们指定了必读的书目。我记得当时规

① 以上均引自欧阳予倩《在南通住了三年》，《自我演戏以来》，上海三联出版社 2014 年版，第 115 页。

定一周内要读七份剧本，近代的剧本和一些翻译的剧本还容易读一些，到二年级上中国戏曲史时，像《窦娥冤》《西厢记》《牡丹》《浣沙记》《长生殿》这样的剧本，搬着字典一个星期也读不完一个。但是这种恶补，却使我们一生受用无穷，而且让我们养成了读书的习惯，对于这种要求，至今我依然满怀着无限的感激之情。

为了办好戏剧学院，老院长特别重视加强师资力量。我入学时，学院里已经有许多德高望重、学识渊博、经验丰富的老师。像沙可夫、孙家琇、周贻白、廖可兑、张君川、严正、洪涛、吴坚、刘露、钱辛稻、何之安、李畅、齐牧东等著名的老师，同时邀请田汉、曹禺、洪深、老舍、王朝闻等著名艺术家和戏剧界的老前辈来学院讲课，还邀请金山、欧阳山尊等著名的导演来为学生排戏。同时还从苏联请来专家举办师资进修班，培养出了许多中青年的老师，后来又从历届的毕业生中留下了一些青年老师，这些老师都逐渐成为教学的骨干力量，一直延续到20世纪90年代他们都为戏剧学院的发展贡献出了自己的力量。这都是因为老院长的远见卓识。我的一些老师和我同辈留校任教的老师们，他们也都为戏剧艺术教育贡献一生，这应该说是潜移默化地受到老院长忠诚于艺术教育事业的精神的影响。

老院长不仅指导学院的教学，而且还亲自出马给同学们讲课。他非常重视表演教学中台词课的教学，我记得他曾专门为我们讲了台词在表演中的重要性和应该如何学好台词。他1954年写作的论文《演员必须念好台词》就成为我们的教材。老院长对于台词重要性的论述，从吐字归音到语言重音、顿歇和节奏的处理，台词的贯串与交流，台词与动作表情的结合，以及挖掘潜台词和运用台词去创造出人物性格等方面的指导，都非常系统，而且紧密地联系着创作实际，使我们在台词课的学习中取得非常大的进步。为了搞好台词教学，老院长还聘请了北京人民艺术剧院刁光覃、朱琳、于是之、苏明、董行佶、梁菁等许多著名的表演艺术家来给我们上课，他们都有良好的基本功和艺术创作的丰富经验，让我们在学习上获益匪浅。

为了搞好台词课的教学，老院长又在1957年开始主持修订台词课的教学大纲，并且指出：“‘舞台语言——台词——是语言的典范。’我们应当把台词的地位提到这样的高度，然后才能使我们的舞台语言成为健康、纯洁、准确、优美的艺术语言。也必须这样，我们的演员才能真正把戏演好。"[①] 在修订台词课的教学大纲时，老院长不仅再一次提出台词教学要让同学们在舞台上的语言，要让人听得见，听得懂，能够揭示出角色的思想情感，有节奏，有美感，有魅力之外，还强调要重视向中国的传统艺术学习，特别是民间的曲艺演唱。于是我们在上学时，就请来了著名单弦演员谭凤元给我们上单弦课，还请来了京韵大鼓的名师骆玉笙来给我们讲课。此后，在老院长的主持下，又汇集了一些专家和一些刚刚毕业留校的青年教师到香山去编写教材。由此可见，老院长在教学上不仅总揽全局，而且在教学的重要环节上抓得非常具体，非常细致。2000年《演员艺术语言基本技巧》这一台词教材终于出版了。虽然这时老院长已经与世长辞，但这里面凝聚着老院长的多少心血啊！

我还想说的是在中央戏剧学院的毕业剧目上，一直有一个"三三制"的传统，那就是毕业剧目必须是一部现代戏、一部古代戏和一部外国戏，这里面也有着老院长的良苦用心。他重视戏剧必须反映时代和人民群众的生活，同时重视戏剧的发展必须要继承自己的民族传统，同时也要向国外学习。老院长的这种用心后来徐晓钟院长发展为：立足于现实主义的基础之上，一只手伸向我们的民族传统，一只手伸向世界（包括西方现代主义戏剧）的指导方针。

由于老院长在戏剧界有崇高的威望，当时外地来北京演出的话剧院团，只要有好的演出，老院长一请，他们都会到戏剧学院来展演，让学生观摩学习；在北京，凡是北京人民艺术剧院的演出，同学们都可以免费去看彩排。这都大大地开拓了同学们的眼界，使同学们了解全国话剧艺术发展的状况。北京和全国各地戏曲团体来京，也都会被请到戏剧学院来演出，京剧、川剧、昆曲、越剧、汉剧、秦腔、河北梆子等，真是琳琅满目。同时我们也就能够欣赏到梅兰芳、盖叫天、侯永奎、周企何、马连良、裴艳玲等戏曲表演大师们艺术上的风采。连周总理、朱德委员长和陈毅副总理，往往都是戏剧学院实验剧场中的座上客。当时国外很少有剧院来北京演出话剧，但是一些著名的剧团或者是芭蕾舞剧团来演出，学院也都会组织同学们坐着那解放战争中缴获来的"道奇"车

---

① 欧阳予倩:《台词教学大纲的说明》,《一得余抄》，作家出版社 1959 年版，第 147 页。

去观摩，同学们都兴奋地去享受艺术的盛宴，并且从中汲取养分，提高自己。

老院长为中国的艺术事业和戏剧艺术教育事业留下了太多的财富，我所能接触的只能是其中非常非常小的一部分，但就是这小小的一部分，如同甘泉滋养了我，使我的人生发生了变化，变得有了意义，有了价值，也有了一点点作为。他老人家是我在艺术上的引路人，是我的恩师！我永远也不会忘怀！

1962 年老院长走了，他是怀着对新中国戏剧艺术蓬勃发展的愿望走的。当时我们这些年轻的教师和一些同学们轮流去为他守灵，并且扶着他老人家的灵柩送上灵车。记得在灵堂里有郭沫若同志为他写的一副挽联："秋雨黄花，一窗秋雨；春风杨柳，万户春风。"今天，老院长在天堂上可以欣慰地看到，中国的艺术苑地里已经是万户春风。在您所开创的话剧舞台上更是百花争艳。我相信会有更多的后继者跟随着您的足迹，继续前进！

今天的叫座戏与不叫座戏

林荫宇 *

从某个角度讲，时间是个很无情的东西。三四年的时间不算长，但是就因为前面发言的梁伯龙、罗锦鳞比我早三四年入学，他们就聆听到了欧阳院长的教诲；而我 1960 年入学中戏，那时欧阳院长已经健康欠佳，我见到欧阳院长的第一面竟是他的遗像，听到的是对他的悼词和哀泣。

我只有通过读欧阳院长的书、文章，来学习、领教、继承欧阳院长的教导。

1990 年 9 月上海文艺出版社出版的《欧阳予倩全集》共有六卷，其中有不少文章写得非常风趣，那些短文简洁、幽默，不妨引读以对话形式写的几句：

（一）——我们到 A 戏院去看戏好不好?
——那里的戏不好。
——你看过了?
——没有。
——你怎么知道不好?
——听说很少人看，当然总是戏不好。
（二）——C 戏院我去看过，挤得水泄不通。
——戏怎么样?
——糟糕极了，真是不成东西!
（三）——Y 剧院的戏，广告吹得大得很，你看怎么样?
——完全失了信用，怪不得没人看，连我看了都讨厌！全部胡闹，

* 中国国家话剧院导演。

不能说是戏。

——可见要真艺术才能叫座。

——B戏院的戏，说是真艺术，一般人不能欣赏的，所以只要求少数人去看。

（四）——P戏院的戏，你以为怎么样？

——他们的戏很高尚，所以人家看不懂，怪不得不叫座。

——只求人懂，便是趋时徇俗的呢！

概括起来，四句话：

一、不叫座的戏一定不好；叫座的戏也很糟糕。

二、广告吹到了天上，也并非是好戏。

三、真艺术的戏不叫座。

四、高尚的戏让人看不懂；看得懂的戏是趋附时俗的。

欧阳老这篇短文，名《叫座的戏与不叫座的戏》，发表于1929年4月，刊登在广州的《民国日报》上，与今天戏剧演出界的情况何其相似乃尔！

今天在座的最年长者，大概是戏剧界老前辈蓝天野老师，现年92岁或93岁高龄，而在1929年，90年前，天野老师才不过是两三岁的幼儿。因此，我们在座的已无人知晓，更无人能够分析1929年时欧阳老所嗔怪的戏剧状况了。再者，缅怀前辈，读前辈的书是为了继承，是为了反观今日，抚躬自问。不妨看看今天叫座的戏与不叫座的戏。

几年前，有一位30岁上下的年轻朋友十分严厉地指责当时一些非常叫座的小剧场演出，如《有多少爱可以胡来》《剩女郎》《嫁给经济适用男》等，说它们没有任何艺术品位、低俗，没有深刻的意义。但是这位朋友承认这些戏上座率很高，而且，尽管他自己认为它们低俗，但每出戏他都去看了，为票房作了实实在在的贡献。在这位朋友眼中，这些戏是叫座不叫好；而在市民观众中间，它们叫好又叫座。

有一位研究生，是民营剧社的制作人，制作了几出戏，很有成就，很有才干。我给他们几个研究生上课。这位研究生的导演作业是呈现萨拉·凯恩的《4·48精神崩溃》。我问研究生，你想透过对该剧的呈现传递你的什么感受？现在看不懂你想表达什么。这位研究生劈头回答：我不需要观众懂什么，更不需要表达我的什么感受，我只要一挂牌子，说今天上演的是萨拉·凯恩的《4·48 精神崩溃》，马上就会票房爆满——这正是欧阳老在那篇短文里讲到的“徒以金钱为批评的标准”，欧阳老嗟叹道“那就糟了”！

随着改革开放的深入，与国外交流的增多，也随着世界戏剧的发展，戏剧呈现的舞台技法：象征、隐喻、变形、荒诞、间离、复调、拼贴、碎片化等，在近十来年的舞台演出中，已屡见不鲜。但在实际运用上，会出现种种令人不安的不辨菽麦。仅就设置或歌队、或叙述人、或歌队介入情节扮演、或叙述人兼角色扮演、或一角由多人扮演，这都属于或叙述视点或剧作结构的变化。但由于有些创作者只是知其然而不知其所以然，随心所欲地采用，造成语汇混乱，乃至语焉不详。这又应了欧阳老 1929 年诘责的那种“自鸣其伟大与高尚”，以难懂、以不叫座为标准。

两三年前来华演出的德国柏林剧院的《他她它》，是由肢体动作和无逻辑的台词构成的演出。介绍两小段台词：

鲁特：鸟尖叫终于光束耀眼顶点内衣把手象牙单调皮带人性光僵硬储备诅咒乖巧虎余下条纹测光信号灯灯信号灯信号灯信号灯信号灯种种身体的光溢出。

阿克塞尔：整个卡尔聚集在那里，卡尔带着卡尔包围卡尔和没有卡尔的卡尔或者卡尔然后除了卡尔还有卡尔站在卡尔旁边然后卡尔别名卡尔他站在卡尔旁边。卡尔曾这样站在卡尔前面在卡尔旁边曾站了卡尔。但现在卡尔站在卡尔后面而在卡尔旁边站着卡尔面前的卡尔。卡尔曾这样待在卡尔和卡尔旁边。而然后卡尔和卡尔把卡尔拿来交给卡尔他。卡尔呆在卡尔那里。但是卡尔还在那里。然后卡尔让卡尔躺下。卡尔让卡尔轻易躺在卡尔的卡尔上面。这样卡尔现在轻易地躺在卡尔的卡尔上面然后卡尔上那个带着卡尔在卡尔和卡尔那里充当卡尔他边上的卡尔的卡尔那里去。然后卡尔把卡尔边上的卡尔给卡尔边上的卡尔只有别名卡尔的卡尔不想知道卡尔的卡尔。现在在卡尔和卡尔之间卡尔升起。但是卡尔已经在卡尔他的中间然后卡尔把卡尔举起到卡尔他里面。于是让卡尔惊奇。卡尔和卡尔作为卡尔和卡尔上台。现在卡尔就又在卡尔他里面了。但是卡尔的卡尔和卡尔在哪里呢？

我无意评论这个作品，可以明确的是，《他她它》是一部带有明显后现代主义倾向的作品。而眼下，无论在欧美还是在我们这里，后现代主义几乎成了一个筐，什么都能往里装。

一些痴迷时尚的先锋编导者，盲目地模仿与追逐，不问青红皂白地对作品去中心、非逻辑、反本质、一味地解构……往往走向自己愿望的反面。

一些批评家也坠入了对这类作品的欣赏与推崇，致力于推介；因为难以了解产生这类作品的当代西方复杂的深远的特殊背景，难免会有些知其然而不知其所以然、导致张冠李戴的批评意见，要求其他流派的戏剧也处理成嗫嗫嚅嚅含含混混地不知所云。

欧阳老在这篇短文的最后，一针见血地指出："没有彻底的研究不能作戏，没有彻底的研究也不能评戏。""这个责任一半在戏剧家，一半在批评家。"

90 年过去了，欧阳老当年痛切指出的戏剧现象依然存在。

90 年前欧阳老指出的演剧人应努力的路径，也同样掷地有声，振聋发聩：

"怎样去认清努力的径路呢？"

"要明白世界戏剧的趋势。"

"要尊重时代的精神，又要有超时代的勇气。"

今天缅怀欧阳老，重读他的文章，不得不惊叹他的洞察力与远瞻性。

致我们心中敬爱的老院长

常　莉*

今日我们在这里相聚，共庆我们中央戏剧学院首任老院长欧阳予倩 130 周年诞辰的纪念日，祝生日快乐！敬爱的老院长，您永远活在我们心中！

我们的老院长是中国话剧运动的倡导人之一，中国戏剧当之无愧的元老，中国话剧开天辟地的功臣。我们的老院长说："革命事业何以成功，因为始终成一个运动。凡属要成为一个运动，务必有一个理想，有一个最后的目标，努力不断就形成坚定的信仰。戏剧运动，就是戏剧革新的运动，也就是戏剧艺术界的革命运动，我们认定戏剧是艺术，是我们努力奋斗的目标，是我们实现理想，信仰的使命，我们有无限努力的奋斗目标，为事业我们有无限的牺牲精神，所以形成这个革新的运动。"

那些年代，中国正处在半封建半殖民地的黑暗统治时期，官场腐败，民不聊生，爱国志士大声疾呼"外抗强权，内除国贼"。热血青年高呼"誓死力争，还我国门"。年轻的斗士战斗在为正义而战的最前线。前面有共同的理想，有共同的最终目标，心中有坚定的革命信仰，坚强的战斗意志，新的戏剧运动，精神上是人民大众的，是全世界人民的，也是全中国的。戏剧运动标志着新文化的转折，就在这国家的重要历史时期，我们的老院长，不畏艰险，停止了国外的一切活动，勇敢地回到了受难的孕育着革命风暴的祖国，树立了中国戏剧事业的新的里程碑！不论付出多大的代价，也要把这个艺术院校办成全国标准最高的、世界一流的艺术学院！

1949 年 11 月的冬天，阳光明媚，普照大地，中央戏剧学院筹委会成立，任命老院长为中央戏剧学院首任院长。

---

*　中央戏剧学院教授。

1950 年 4 月 2 日，中央戏剧学院正式成立，老院长邀请毛主席为学院题字，毛主席题“国立戏剧学院”，后正式名称为“中央戏剧学院”。

学校特别安排在东城区东棉花胡同内，非常安静幽雅的一条胡同里。原因很简单，国家的领导人觉得，艺术学院的师生社交活动多，接触各类专家学者多，还有晚上外出看戏次数多，才获此殊荣。学院不大，但却很安静，有一座非常好的办公楼，主席的题字，就明显地放在这个楼最突出的一面墙上，谁从外面进入学校都能第一眼看到这行醒目大字，让人心中油然起敬，涌出一股温暖。学校有很多教学用楼，有很好的上表演课的教室、形体课教室，还有一座很高的、空间很大的、玻璃的通透性很强的、留给舞台美术系做画室所用的。学生宿舍楼也很精彩，外面有一层厚厚的爬山虎罩得严严实实的，绿绿的非常漂亮且有艺术气质，同学们私下里称之为“明星的摇篮”。花园中间有一个精美别致的小花园，全院的师生员工都愿在此一聚，感觉像个艺术的小沙龙，不论事情的大小，大家不停地在这里谈艺术、谈构思、谈论自己的艺术理念，这四四方方的一块土地上便是教师学生的一块理想中的艺术天堂。所有的人必须付出自己的信念、理想、抱负，以致用自己的生命来报答国家交到我们手中来完成的这样珍贵的宝物，也是放到我们肩上的使命，要用生命甚至更重要的代价来完成的使命。

没有过多长的时间，学院就由欧阳予倩、张庚、曹禺、光未然、李伯钊组成了第一代的领导班子。很快苏联政府派出一个教学团队来中国，其中有导演、表演、戏剧理论的专家教授。苏联专家普・乌・列斯里开始传授斯坦尼斯拉夫斯基体系的理论与进行教学实践的工作，开始全方位地培养中央戏剧学院最年轻一代的师资队伍。

很快，学院根据高教部培养大学生的教学要求开始招收年轻的高中毕业生。我入学是 1961 年，18 岁。入学后就开始进行了非常严格的基本功训练，每天早上六点三十分，没有人迟到，学生非常自觉。早上随着万道霞光冲破那无数晨光的蓝色天空，同学们已经开始练功了，学校上空可以听到台词的吐字归音练习。圆音的辅音单声音母的发声此起彼伏，戏曲的清唱道白的练习，各种小段子的训练。几天的时间，就能听出学生的进步有多快，教学中最突出的一个字就是“严”。我记得学院专门从中国戏曲学校请来一位老师，专教基本功训练的一些非常难的段子，有一个练习的名称为“吹气化雪”。每当遇到化雪天，每个人都要找一块 10 厘米见方 3 厘米厚的一小块雪地，对着这小片白雪不停地吹气，动作刚慢一点，老师就在后面大声地点名说你做得不对，到八点钟了，雪依然纹丝不动，未达到要求的就不能去吃早饭，老师却一点都不同情。几次请求老师能否降低一些要求，别这样严格，都没有被通过，心里委屈得很。上了高年级以后，学院给我们请来了有名的京剧演员高玉倩，教女同学京剧《红灯记》中李奶奶最有名的道白段子“痛说家史”一段，还有风格完全不一样的京剧小花旦的小段儿《拾玉镯》，其中有“数鸡”“等情郎”。男同学请的是北方昆曲剧院的侯永奎老先生教授《林冲夜奔》。这些戏曲小段子从声音道白、唱段、身段、表演各方面要求的都很高，这些戏曲中的名曲小段，从戏曲演出角度的要求很锻炼人，老师都是有经验、有成就的著名演员，教学水平高，上课认真严肃，课上要求的唱段、身段你完不成，那是绝对不允许的。老师教得好，学生学得努力，我终生都不能忘记。老院长爱才，喜欢年轻人，为了培养出人才，他教学的要求极为严格。我们这些年轻人什么事情都不懂，都是老院长调教出来的。比如他亲自给高班排演的《桃花扇》就让我们这些太年轻太无知的学生看着这些成绩而受益匪浅。老院长早就提出过：“中国戏曲要推陈出新，中国戏剧的民族化问题。”我那时过于年轻，听这些话似懂非懂的，但后来我留在了学校教书，各级院里的、系里的领导总谈“中国戏剧的民族化问题”。老院长很小就受到艺术的熏陶，年轻时就参加中国古典京剧剧目的演出，他精通戏曲的表演、导演、剧本的创作。我在这一段的学习中，深受教育。扎扎实实地，认真地了解了老院长关于中国戏曲中各种流派作品及各种作品的精髓之处。我自己毕业之后，一方面我教授学生，开始与学生一起研究“中国戏剧的民族化问题”，尽自己的能力带动学生认真地读书，尽可能地实现老院长关于戏剧民族化的课题研究，进一步深入挖掘探索课题中的美学原理。我记得我们第一次尝试戏曲剧本的排演，就是老院长的剧本《潘金莲》，最后演出相当成功，得到院内外的一致好评。后来在其他班搞了《三岔口》的实验演出，还有《坐楼杀惜》等。就这样，戏剧学院的教学一步一步地提高。

中央戏剧学院在国家亲切的关怀及老院长认真办学的努力下，一天比一天好，为国家培养了许多有名的教师及科研人员，后来我也被派出英国、印度等国家做学者交流。我曾经看到过中国新剧《黑奴吁天录》的源头《汤姆叔叔的小屋》的演出，演员表演得生动活泼，我当时就想到原来戏也可以这样来演绎。后来我带了这个戏回到戏剧学院又得到了好评。这是我在老院长教导的思路下进入了一种完全正确的创作方法及创作方向中。

痛，忆我为欧阳老院长守灵

1962 年 9 月，“这位中国戏剧当之无愧的元老，中国开天辟地的功臣”因病在北京去世了。全国上下都在沉痛地哀悼他，我们心怀痛苦和遗憾，在沉痛中不能自拔。我们班上有 6 个大个子女生在为他守灵之际接到了一个通知，我们每个女孩子要和一个解放军战士两个人一组，二十分钟一班，轮换为他老人家守灵。当时来了好多国家领导人。我们在人艺的大礼堂布置的灵堂。因为有我们这 6 个女生和解放军战士共同守灵，显得那么庄重肃穆。他们都亲切的关心、安慰我们不要太难过，要我们一定要继承老院长的遗志，完成他未完成的事业、未完成的嘱托。我还清楚地记得有一个老者，我不认识他，他只是低声对我们说，别太难过，这是人生不可躲避的事情，你们慢慢就会懂得的。人世间的爱是伟大的，但你们要记住，这个爱在有的时候是“撕心裂肺的”，相信你们会记住的。只要你心中有你们的老院长，他会依然来见你们。我真相信他的话，可我既没有再见到老院长，老院长也没能来看我。但我记住了老人的那句话，“有时候爱是撕心裂肺的”。

老院长的遗志，“中国戏剧的民族化问题”就是我们肩上的使命。我和同学们共同排演了大戏《梁山伯与祝英台》。创作过程中，我们重要的修改是马文才这一角色，原剧本中马文才是一个丑角，我们给他改成一个富二代。他害了梁山伯，又害了祝英台，同时也害了他自己。在全剧开始时，舞台上一片白茫茫中只有马文才一身素白，痛苦地翻倒在地上，嘴里不停地说着“孤独泪，泪孤独”，感到自己人格的卑劣。由此戏剧的主题已不再是仅仅的爱情主题，而悲剧色彩的人性已显而易见。马惠田老师排演了《钗头凤》，演出十分成功。几乎两三个月，全院沉醉在“红酥手，黄藤酒，满城春色宫墙柳”的诗句中。接着，更年轻的学生又试着搞了大戏《荆轲刺秦》，也获得了很好的演出效果。我们这样的努力就是传承了老院长的遗志，就是老院长放在我们肩上的使命，愿老院长那慈祥的目光能再次出现在我们的面前，指导我们。中央戏剧学院必将办得越来越好。

他给中国戏剧界留下了宝贵的思想遗产

——纪念大戏剧家欧阳予倩先生 130 周年诞辰

郭　超*

今年是中国新文艺运动的先驱者欧阳予倩先生 130 周年诞辰，戏剧界、电影界、舞蹈界纷纷纪念和缅怀欧阳予倩，这样一位在中国近现代文艺史上最早跨越戏剧界、舞蹈界、电影界、艺术教育界，进行探索、实践、革新并均作出一流贡献的“大家”——他是戏曲界和话剧界跨越清末、民国、新中国三个不同历史时期的唯一一人，他是中国话剧艺术的奠基人，他是中国现代戏曲改革的先驱者，他是戏曲界、话剧界、电影界集演员、导演、编剧、舞美、理论研究、剧场管理、艺术教育于一身的“全才”，他是中国舞蹈史上深入研究唐代舞蹈理论与舞蹈艺术的“大家”，正是他的这一里程碑式的研究成果使得戏剧表演艺术更加完美，他是中国早期电影艺术的探索者和实践者；他是中国现代戏剧教育事业的开拓者和管理者。像欧阳予倩这样在中国近现代文艺史上为数不多的“全才”“大家”，是颇值得当代学者深入研究的。

笔者虽学识浅陋，但怀着一颗崇敬之心，试略述欧阳予倩先生为中国戏剧界留下的宝贵的思想遗产，以求教于各位方家。

笔者认为，在中国现代戏剧史上，能够称为“大戏剧家”的只有欧阳予倩和田汉二人！虽然在中国现代戏剧史这座巨大的艺术宝库里，群星璀璨，人才辈出，各领风骚——有梅兰芳、周信芳、马连良等众多戏曲表演艺术家，有郭沫若、老舍、曹禺等一大批戏剧文学家，有洪深、焦菊隐、孙维世等若干戏剧导演艺术家。然而真正能够同时统领戏剧运动，革新传统戏曲，探讨和建设有

* 田汉研究会副会长兼秘书长。

中国精神的戏剧理论学派，创作戏剧，改编历史剧，导表演戏剧，译介外国戏剧，探索剧场艺术，编辑出版戏剧刊物，以新思想和新形式从事戏剧艺术教育并培养出一大批戏剧人才，自觉地肩负起改造社会、服务时代和传承戏曲文化遗产的历史使命者，且半个多世纪为中国戏剧事业作出了一系列重要贡献，有些贡献堪称具有里程碑意义的、可称剧坛领袖级的大戏剧家唯有欧阳予倩和田汉二人！

欧阳予倩是公认的大戏剧家。在他生命历程的73年中，从18岁成年开始，从事戏剧事业长达55年，对中国近现代戏剧事业做出了多个里程碑式的贡献——1907年参与中国话剧首演，亲历了中国话剧的萌芽；1919年创办最早的中国现代戏剧教育学校：南通伶工学社；1919年主持建造了中国第一家现代剧场：南通更俗剧场；1927年与田汉、洪深共同命名“话剧”，成为中国话剧的三位奠基人之一；1928年与田汉、徐悲鸿共同创办南国艺术学院，并担任戏剧科主任；1929年创办广东戏剧研究所，进行戏曲改革和现代戏剧教育实践；1939年任广西艺术馆馆长，主持桂剧改革；1944年与田汉、瞿白音等组织举办了中国现代戏剧史上规模空前的“西南剧展”；1950年主持创办了中央戏剧学院任首任院长，一生创作戏剧剧本近百部，表演戏剧戏曲上百出，桃李遍天下。

欧阳予倩在他半个多世纪的文艺生涯中，之所以能够做到探索、改革、创新、实践从不间断，是因为他具有高度的社会责任感和历史使命感的文艺思想和实践精神使然。他自称是“伶工”“笨人”。但他55年的奋斗与实践历程使他的文艺思想形成了体系，并成为后辈文艺工作者特别是戏剧工作者需要认真学习和传承的宝贵的思想遗产。我们纪念和缅怀欧阳予倩，不仅要研究他的戏剧作品和电影作品以及舞蹈理论，而且还应该站在历史的高度，深入研究他的文艺思想及其对中国现代戏剧史的贡献和影响。

欧阳予倩的文艺思想具有理论探索性和社会实践性的高度统一。欧阳予倩的戏剧理论是从实践中得来的，经过探索、升华，又回到实践中去，指导实践并为实践所检验。欧阳予倩一生创作了近百部、演出了上百出戏剧作品和数十部电影作品，由普通演员到名角、名家，其文艺思想是通过作品的演出实践而得到提高和升华的，特别是他的戏曲改革思想来自坚实的戏曲演出的实践基础，因此每每言之中的，成为戏曲改革理论的重要组成部分。

欧阳予倩对戏剧理论的探索紧扣时代潮流，主张革新传统戏曲和建设新戏剧。为此他于辛亥革命时期，在长沙组织“文社”，演出新剧；于新文化运动时期，从事新戏的编创与演出，将《红楼梦》《潘金莲》搬上戏曲舞台；于抗日战争时期，编创演出了《梁红玉》《渔父恨》《桃花扇》《忠王李秀成》等历史戏；于1959年，创作演出话剧《黑奴恨》。

欧阳予倩认为戏剧是一个有机的大系统，由剧本、表演、导演、舞美、剧场、理论、教育等若干因素所组成。因此他对戏曲改革理论的探索以及在其指导下的戏曲改革实践活动持续了近半个世纪。他的戏剧实践活动多从传统戏曲和传统舞蹈上汲取精华，也适度借鉴西方表演艺术理论但不盲从，如在中央戏剧学院排演历史题材的话剧《桃花扇》时，就不同意采用苏联戏剧专家的意见。

欧阳予倩的文艺思想具有内容与形式唯美统一的精神内涵。“予倩同志从春柳社时代起一直是主张艺术为政治服务的”①，从辛亥革命时期在长沙组织“文社”演出的新剧，到抗战时在孤岛上海创作演出戏曲《梁红玉》，无不是为时代政治服务的。他在主张艺术为政治服务的同时，“总是要求戏剧以更高的艺术性来完成它的政治任务”②，他特别强调：“没有优美的形式，就不能够表达优美的内容”。③ 抗战时期在桂林，关于“磨光”与“突击”之争，就是在艺术上追求内容与形式有机统一的一次有益的探索。欧阳予倩主张借鉴外国戏剧艺术但不盲目照搬外国戏剧艺术的表现形式。他主张“我们的话剧应当在中国戏剧艺术的传统基础上创造出更新的表现形式”④。他和田汉都主张建立中国戏剧学派。他对艺术的精益求精的态度使得其能够探索到艺术的真谛。他对唐代舞蹈的研究，成为中国舞蹈史上的重大研究成果，亦为探讨戏剧表演美学提供

① 田汉：《悼念老战友欧阳予倩同志》，原载于1962年9月24日《人民日报》，收入《田汉全集》第17卷，花山文艺出版社2000年版，第564页。

② 同上书，第565页。

③ 同上。

④ 欧阳予倩：《一得余抄》，作家出版社1959年版，第47—48页，转引自田汉《悼念老战友欧阳予倩同志》，原载于1962年9月24日《人民日报》，收入《田汉全集》第17卷，花山文艺出版社2000年版，第565页。

了理论成果。他通过对话剧、戏曲、电影、舞蹈、音乐、舞美等多门类艺术的多年实践活动，实现了形式与内容的完美统一。

欧阳予倩的文艺思想具有博大的包容精神。凡是他认为有利于戏曲改革、戏剧研究、戏剧运动、戏剧人才培养的因素，他都能够接受。他作为非科班出身的演员，具备了汲取“百家”之长而又不唯“门户”所囿的思想因素。受新文化运动的影响，传统戏曲的存废与改革，成为戏剧界无法回避的课题。欧阳予倩主张戏曲改革，他是演员出身，从演出话剧到演出戏曲、电影，无不体现出他的学习和包容精神。从无名到出名到成为名角、名家，他一直秉持着谦虚的本色，凡是有利于戏剧艺术、戏剧运动和戏剧事业的人和剧，无论是戏曲界的还是话剧界的，他都持团结和支持的态度。他把戏剧事业看成国家的、政府的、民众的艺术事业，因此他愿意接受来自不同层面对戏剧事业的支持。1919年他应民族企业家张謇邀请赴南通创办“更俗剧场”和“伶工学社”，1927年应田汉邀请到南京主持“国民剧场”、到上海主持南国艺术学院的戏剧教学工作，1928年应李济深邀请到广州创办戏剧研究所，1938年应马君武邀请赴桂林改革桂剧，1939年应广西当局邀请再度赴桂林改革桂剧，1949年应中国共产党邀请从香港来北平参加新政协会议、参与戏曲改革工作并主持筹建中央戏剧学院。

欧阳予倩的文艺思想具有强烈的使命感和创新精神。他一直认为，一个戏剧工作者的奋斗不应该仅仅是为了自己成名成家，而应该是为了使戏剧艺术更好地服务社会、改造社会、反映时代发展潮流、承担传承戏剧文化遗产的使命。从清末参与演出新剧，到民国初年“红学”滥觞时期演出京剧“红楼戏”，与梅兰芳并称“南欧北梅”；从“笑舞台”到“新舞台”再到“大舞台”；从参加“戏剧协社”到“南国社”“南国艺术学院”，再到“中华京剧团”“中国旅行剧团”“中华艺术剧团”“新中国剧社”；欧阳予倩都是全副身心地投入戏剧运动中去，且不计个人名利。

在清末、民国时期，社会上对从事戏剧艺术的人有一种偏见，认为是“下九流”并贬称戏剧艺人为“戏子”。当时，学戏者一为世家，一为贫穷无生路者。而像欧阳予倩这样的官宦子弟学戏者实乃凤毛麟角，非有真爱不能为之，非有深思宏愿不能为之。欧阳予倩认为批判地继承传统戏曲文化遗产的使命绝非一人或哪个科班所能承担的，需要创造一种社会环境，一代一代地培养戏剧人才方能完成这一使命，为此他探索创办了现代戏剧教育事业并为之奋斗了近半个世纪。欧阳予倩为戏剧而生、为戏剧奋斗、为传承传统戏曲文化遗产和繁荣新戏剧事业而使尽浑身解数，在中国近现代戏剧发展史上，建立起多个里程碑。欧阳予倩是值得当代戏曲界、话剧界和戏剧教育界深入研究的大戏剧家。

欧阳予倩的文艺思想所具有的创新精神是独特而宝贵的。因为欧阳予倩是集演员、导演、编剧、舞美、理论、教育等多种戏剧因素于一身的大戏剧家，所以他在每一个戏剧领域里所表现出的创新精神就更有学习和继承的现实意义。他从 1907 年在日本演新剧开始，迷上戏剧，但他不为此而停步不前或像几位同仁那样退出戏剧演出，而是于 1913 年在长沙搞“文社”新剧的社会实践；他又于五四运动前后提出“予之中国戏剧之改良”的主张；他在上海演京剧“红楼戏”，与梅兰芳合称“南欧北梅”，社会声誉很高，但他在戏剧表演上不追求个人的名利，不追求像梅兰芳那样留下什么个人的“定型、定格、定品”[①]，而是首倡借鉴唐代舞蹈的表演动作，为京剧表演艺术探索出一条融合创新之路。欧阳予倩还认为，戏剧创新不是某个人能够单独完成的，需要尝试着用新的方法培养戏曲人才。于是他在新兴民族工业的领军人物张謇的邀请下，敢于放下自己在上海的演出活动，毅然到南通主持通俗剧场和伶工学社，继续他的戏剧创新的社会实践活动。

欧阳予倩给戏剧界留下的宝贵的思想遗产，不仅影响了几代戏剧人，而且在今天看来，仍然有着十分重要的现实意义——他以他 55 年的戏剧理论探索和艺术实践所结成的思想体系给戏剧后人留下了宝贵的启示：

第一，戏剧艺术的魂是什么？戏剧不应仅局限于“技”的层面上，还应该在“道”的层面上进行探索。戏剧的“道”，其艺术内涵功能应该具有：传承优良传统、反映时代精神、启蒙自由意识、揭示戏剧艺术发展规律，其社会内

① 京剧大师周信芳曾评论过梅兰芳和欧阳予倩的表演艺术特色，认为梅戏得传，是因为梅戏有“定型、定格、定品”；“有较为稳定的梅词、梅调、梅步、梅指、梅形、梅韵”。而欧戏不得传，是因为欧戏“不定型、不定格、不定品”；“一场一个样”。认为梅戏好学，印象深刻，学者遂众；欧戏只觉眼花缭乱，莫衷一是，捉不牢，很难学。归纳为“无格不成范，无范则无徒，所以欧派戏不传。”参见岫云《周信芳的“神龙见首不见尾”》一文有关内容，载《梨园杂志》。

涵功能应该具有：对人、对大自然、对真理、对公理和公德的敬畏意识，宣传真善美、鞭挞假恶丑。

第二，现代戏剧艺术的大厦应该怎样构建？戏剧不应仅是剧本和演员，还应有导演、舞美、理论批评、教育等若干因素共同构建起来的。因为单一的戏剧因素本身不能构成戏剧艺术的大厦——如同一个戏剧文学家、一个戏剧导演或一个戏剧演员不能笼统地称为戏剧家一样，从某种意义上说只有融会贯通戏剧所包含的各门类或多门类的艺术因素，加之以现代理论和实践，才能构建起有中国精神的新的戏剧艺术的大厦。

第三，戏剧人应该如何修身养性？戏剧人不仅应发挥一己、一家、一派之长，还应广泛借鉴、汲取国内外一切戏剧的精华；戏剧人应在不懈的社会实践中去探索、感悟和追求戏剧的真谛，应让戏剧引领社会进步，切忌脱离社会实践的闭门造车的被动地生产不为大众欢迎的戏剧；戏剧人应让话剧与戏曲相互借鉴，应在“专”的基础上，尽量做到“通”；戏剧人应谦虚，要有“小我”的精神境界，切忌颠倒个人和戏剧的关系。

我们在总结欧阳予倩留给戏剧界宝贵思想遗产的同时，鉴于欧阳予倩对中国现代戏剧事业所作出的独特的重大贡献，鉴于郭沫若、茅盾、田汉、陶行知、老舍等多位杰出的文学家、戏剧家、教育家均已成立了以个人名字命名的国家级的研究组织（如“中国郭沫若研究会”“中国茅盾研究会”“中国田汉研究会”“中国陶行知研究会”“中国老舍研究会”），切实推进了相关人物的学术研究。值此纪念欧阳予倩诞生 130 周年之际，我们倡议成立旨在“研究欧阳予倩的思想艺术遗产，促进新时代戏剧艺术发展和繁荣社会主义文艺事业”的“中国欧阳予倩研究会”，并建议由中央戏剧学院发起并牵头，将会址设在中央戏剧学院，这样可以有名有实地切实将欧阳予倩研究推进至一个新的阶段。

欧阳予倩与家乡浏阳

刘正初 *

欧阳予倩是从浏阳走出去的戏剧大师。他出生在浏阳，带着深深的浏阳印记走向世界，成为伟大的戏剧家。现就欧阳予倩与浏阳的渊源和对浏阳的影响，谈几点粗浅的看法。

一、家乡浏阳哺育了欧阳予倩

在欧阳予倩的人生旅途中，他多数时间都在外地求学、工作和生活，但是家乡浏阳对他的影响是巨大的。他出生在浏阳，在浏阳度过了青少年时代，浏阳书香门第的传统文化给了他最早的启蒙教育。欧阳家族是浏阳的文化世家。其远祖欧阳玄，是元朝著名的文史学家，曾主编宋、辽、金三史，著有《圭斋文集》15 卷遗世，至今浏阳市区有圭斋路、圭斋园和圭斋塑像作为纪念。欧阳予倩的祖父欧阳中鹄、外祖父刘人熙，均是谭嗣同、唐才常的老师，他们积极支持变法维新，为改变家乡和国家的面貌贡献了毕生的精力。家乡先贤对欧阳予倩的成长产生了很大的影响。欧阳予倩在回忆录中，描写了谭嗣同英武过人的形象，回忆了谭嗣同殉难之后噩耗传到浏阳家中的场景。欧阳予倩少年时代长期随祖父读书，并拜唐才常为启蒙老师。1906 年欧阳予倩与浏阳的大家闺秀刘韵秋结婚。刘韵秋以浏阳女性特有的牺牲和奉献，支持丈夫的事业。浏阳有唱戏酬神的风俗，自古以来就是湘赣边界有名的“戏窝子”，流传着皮影戏、木偶戏、花鼓戏、湘剧等多个地方剧种。尤其是欧阳家族的祖居地浏阳西乡的花鼓戏十分著名，有“西乡出小旦”的民谚流传。欧阳予倩在“戏窝子”的氛

---

* 浏阳市文联副主席。

围中出生、成长，从小就喜欢看戏，看戏回家之后就带着弟弟妹妹学着演起来。所以说，浏阳哺育了欧阳予倩。我们从欧阳予倩的戏剧艺术作品中，可以发现其中蕴藏着敢为人先、自强不息的“浏阳精神”。

二、欧阳予倩对浏阳有着深厚的感情

欧阳予倩长期生活在外地，把毕生的精力都献给了中国戏剧艺术事业，工作十分紧张和繁忙。但是他情系故土，对家乡浏阳有着深厚的感情。1921 年浏阳遭受天灾人祸，人民群众生活困苦。欧阳予倩率领南通伶工学社社员，顶风冒雪赶到武汉义演，筹得巨款寄回浏阳；翌年 3 月 6 日，他再次邀集当时的京剧名角，到长沙义演，亲自上台演出《百花献寿》，演出结束的时候他端出一盆花束义卖，快卖完时他又灵机一动，实行竞价拍卖，为家乡赈灾筹得了大笔资金。这件小事充分表现了他对家乡的一片深情。他对家乡人民的关怀和帮助，永远铭记在浏阳人民心中。

三、欧阳山尊继承了欧阳予倩的家乡情结

欧阳山尊是欧阳予倩的儿子，也是欧阳予倩戏剧艺术上的继承者和接班人。与欧阳予倩一样，欧阳山尊也有深厚的家乡情结。他生前多次回家乡探亲考察，多次接见家乡的干部群众，多次观看家乡剧团的演出，对家乡的各项工作给予了指导和帮助。1996 年浏阳开发大围山国家森林公园，他帮助家乡征集到了启功等书画名家的书画作品。2004 年他帮助家乡筹集资金建起了欧阳予倩大剧院。

四、欧阳予倩对浏阳产生了深远的影响

家乡人民一直为拥有欧阳予倩这样伟大的戏剧家感到骄傲和自豪。有关部门维修了欧阳予倩故居，现在故居已经被确定为湖南省省级文物保护单位；迁移和重建了欧阳中鹄墓，并正在计划维修刘人熙墓。作为湖南著名的“戏窝

子”，浏阳戏剧爱好者众多。最近连续举办了五届欧阳予倩艺术节，文化艺术与欧阳予倩的名字一起焕发异彩。浏阳市将充分发挥欧阳文化世家作为浏阳文化符号的作用，进一步打造欧阳予倩故里的文化品牌。

下编 研究与探讨

一、总论

踏出中国现代戏剧的轨迹
——欧阳予倩的求索之路

廖 奔 刘彦君*

一

中国现代戏剧史波澜壮阔。虽然最初步履蹒跚，充满了游移、彷徨与迷茫，左冲右突，苦苦摸索，常常失了轨道，话剧却从中夺路而出，戏曲也在挣扎和坚守中逐步改良，最终走出了自己的康庄大道。而这整个过程，如果用一个人的路径来代表，他就是欧阳予倩。欧阳予倩的求索与中国现代戏剧史同步，又涵盖了完整的戏剧领域，预示了中国现代戏剧的方向，因而具备鲜明的象征性。

欧阳予倩是中国现代戏剧史上的一个独特存在。他参演了被视为中国话剧起点的春柳社新派剧《黑奴吁天录》和众多文明新戏，他的理想目标、演出实践和教育活动为话剧成熟奠定了基础，人们因而说他是中国话剧之父。他的京剧旦角表演水准又与梅兰芳相抗衡，20 世纪 20 年代的京剧旦角艺术南派宗欧、北派宗梅，人称“南欧北梅”，他还在舞台上进行了持续的戏曲改良，意义重大。他又不仅仅是演员，还以编剧和导演的身份著称于世，有着众多的作品，

* 廖奔：中央戏剧学院客座研究员，中国作家协会名誉副主席。刘彦君：中央戏剧学院客座研究员，中国艺术研究院研究员。

他是中国现代戏剧史上唯一一个自编自导自演又为他人编导、编导演都达到很高成就的舞台实践家。他更有着清晰的戏剧观念底色和明确的戏剧美学追求，以此推动着他毕生的戏曲改革与话剧民族化实验。然而这还远远不足以囊括欧阳予倩，他还把同样的才华倾注到了电影的编剧与导演以及舞蹈探索之中，成为成功的跨界实践者。而这一切的积累，又不断汇聚为经验与凝思，提炼为他的戏剧教育思想传授于众，从南通伶工学社、广东戏剧研究所、广西艺术馆一直贯通到中央戏剧学院。欧阳予倩与中国现代戏剧相始终，他的踏勘与求索之路划出的，正是中国现代戏剧史的完整轨迹。

新时期以来，尤其欧阳予倩百年、百二十年纪念活动时，已经有了众多理论文章对其实践进行探讨。但是，我们注意到仍然有一个未被人正面触及与深入开掘的视角：欧阳予倩是怎样成为中国现代戏剧史上独特存在的？

二

1907 年欧阳予倩在东京参演《黑奴吁天录》，似乎只是一个偶然的行为。他自称是看了留学生同学演新派剧，受到强烈刺激，“戏剧原来有这样一个办法”①，但自己认为表演会比他们强，于是想办法靠近春柳社，终于得以参加演出。但这次偶然行动，却是冥冥中的命定，是时代思潮、家学熏陶、理想追寻与个人爱好集中为一点的燃爆。我们看他自己的说法：“我们在东京演戏，本没有什么预定的计划，也没有严密的组织，最初无所谓戏剧运动，主要出于爱好。但也认为戏剧是社会教育的工具，想借此以作爱国的宣传。我因和镜若最接近，就颇倾向于唯美主义，然而社会教育的想法始终没有抛弃。”② 这段话的信息含量很大，至少包含方三面内容：一、个人兴趣，二、用戏剧进行社会教育和爱国宣传的想法，三、实践唯美主义的理念。后两者又归结为社会思潮的影响与个人的理想追寻。而要阐释这些内涵，则需要了解欧阳予倩的成长经历与思想轨迹。

---

① 欧阳予倩:《自我演戏以来》,《欧阳予倩全集》第六卷，上海文艺出版社 1990 年版，第 7 页。

② 同上书，第 21 页。

自幼兴趣当然是欧阳予倩走上戏剧之路的基因。他出身书香世家，幼时看堂会染上戏瘾，在家里舞枪弄棒画花脸演给保姆、厨子看，还和堂姑、弟弟、妹妹一起扮戏玩耍，又学拉胡琴，并不遭到指责[①]。这当然是旧家庭的喜好，不以票戏为怪。祖父欧阳中鹄就爱看戏，欧阳予倩小时曾随祖父在北京看过谭鑫培的京戏、杨小朵的西梆子《翠屏山》，尤其爱听梆子戏，偶尔学两句杨小朵的念白受到侪辈惊叹，自觉嗓音比戏台上的花旦好得多。[②] 他还悄悄读过《西厢记》《茶花女》等剧本。但这些只是儿时的游戏，很快社会风潮就把他带到了另外一个方向。

欧阳予倩的家乡湖南是清末维新运动的活跃地，变法改革浪潮翻涌。欧阳中鹄更是推崇变革，曾发表《变法之论》，家乡的“浏阳二杰”谭嗣同、唐才常都是他的学生，唐才常又是欧阳予倩的蒙师，他们光绪二十三年（1897）在浏阳文庙后山奎文阁开办一所完全新型的学校、中国第一个数学馆——算学社，就是在欧阳中鹄家里筹划而成。这样一个成长环境，对欧阳予倩造成不可低估的影响。他后来回忆说：“那时候我专爱高谈革命：本来谭嗣同、唐才常两先生都是我祖父的门生，和我家关系最深，唐先生并是我的蒙师；我从小就知道有《铁函心史》《明夷待访录》《大义觉迷录》诸书。谭、唐相继就义，那时我虽是小孩子，当然也不能不受刺激。到了北京，又遇着吴樾之死，颇激起一腔的热气，所以没有成小戏迷。”[③] 处身于轰轰烈烈的反清革命氛围里，时常会受到时事和义士献身的刺激，谭嗣同、唐才常之死更是近在咫尺，读书的长沙经正中学、日本成城中学校教师里又有几位同盟会会员，欧阳予倩因此一心向往的是变法维新，留日也是想去读陆军学校，早把唱戏抛到了脑后。欧阳予倩长期的戏剧同道田汉后来回忆说，他们那时候都是“使酒纵马，豪气凌云，疾恶如仇，高喊‘炸弹、炸弹’的艺术青年”[④]。欧阳予倩甚至还身体力行，1913年受新剧同志会之托，一个人带手枪前去威胁杀过革命党的前衡州知府唐步

---

① 欧阳予倩：《自我演戏以来》，《欧阳予倩全集》第六卷，上海文艺出版社1990年版。

② 同上书，第34页。

③ 同上书，第5页。

④ 田汉序：《欧阳予倩全集》第一卷，上海文艺出版社1990年版，第9页。

瀛，人不在家放了几声空枪，吓得唐家赶紧给同志会捐款[①]。即使是演戏成名后的 1933 年底，政治热情又促使他从上海跑到福州，参与了十九路军反蒋抗日组建的“福建人民政府”，负责宣传工作 54 天，最终目睹了它的失败。[②]

因此，欧阳予倩最初是一个急欲改变中国落后面貌的热血青年，是变革现状的呼唤者和参与者。那他又是如何走上演剧之路的呢?

三

一个时代性机遇就是留学日本。那时，新派人士热衷于送子弟出国留学，学习欧美和日本列强的科技文化。欧阳予倩原本在家里学习经义策论准备走科举之途，但家里也请了英文教师曾宗巩教他英语，已经有了新派的影子。清廷废除科举的前一年（1904），15 岁的欧阳予倩前往日本东京成城中学校就读，意图很明确：放弃传统教育路径而研读新学。他后来进了明治大学读商科，但很快又根据爱好转早稻田大学文科。其时日本新派演剧之风甚盛，尤其早稻田大学是新剧之渊薮，日本戏剧前驱坪内逍遥（1859 ~ 1935）其时正在该校指导学生演剧。这对于中国留学生是一种刺激。一方面日本视演戏为高雅，学生热情投入实践。欧阳予倩曾见到贵族女森栗子演戏，他说：“森栗子为华族女学生，未来之伯爵夫人也。在今日之社会业女优，深为可怪。”[③]一方面新剧演时事和西洋戏，吸引了中国留学生的注意力，在他们看来，新剧代表新文化和新文艺，可以用于社会教育与宣传。风气使然、顺理成章，中国留日学生组建的春柳社应运而生，欧阳予倩也义无反顾地参加进去，并大获成功，成为其中坚分子。

春柳社成员先后回国，就把新剧艺术带回了中国。他们知道开启民智必须寻找到合适的方式，而他们选择了戏剧，用戏剧进行社会教育和爱国宣传。一

---

① 欧阳予倩：《自我演戏以来》，《欧阳予倩全集》第六卷，上海文艺出版社 1990 年版，第 34 页。

② 李景端：《欧阳予倩鲜为人知的一段经历》，《文汇报》2006 年 4 月 3 日。

③ 欧阳予倩：《归客闲谈》，《欧阳予倩全集》第五卷，上海文艺出版社 1990 年版，第 8 页。

些成员陆续组织了戏班，活跃在各个城市，如欧阳予倩、陆镜若、任天知、马绛士、吴我尊等，他们同声相求、彼此激励、互相提携、遥相呼应，掀起了文明新戏的演出高潮。欧阳予倩1913年写出了第一部新剧《运动力》讽刺革命党的腐败堕落，该剧与洪深《卖梨人》(1915)《贫民惨剧》(1916)都创作于五四运动之前，早于胡适《终身大事》四五年。他在长沙组织了文社剧团，顶着旧势力压力拆了府学明伦堂的屋顶改成戏台，演出了《热血》《运动力》《屏风后》《不如归》《猛回头》《社会钟》《鸳鸯剑》等新戏，他说自己“单凭醉心戏剧，便选定了自己的职业”①。与从日本留学回国的鲁迅、郭沫若等人一样，新剧人士成为新文化人、新文艺战士，而新剧演出受到民众的欢迎，反过来又鼓舞了他们的斗志：“最初因为所演的戏和日常生活接近，也代表着人民一部分的政治愿望，所以轰动一时，人们当演新戏的是志士，也就另眼相看。”②

四

然而欧阳予倩这样一个官宦出身的世家子弟、留日洋学生，票戏、玩戏可以，要在视戏子为低贱的社会里以演戏为职业，是要冲破极大阻力的。“在那个时期，上海的伶人已经把身份提得高些了，可是内地看伶人还是和妓女一样。”③欧阳予倩演戏从来不敢告诉家里。家里知道他演戏，“弄出了很大的风潮”，尤以外父祖刘艮生的责备为切④。欧阳予倩自己说：“我搞戏，家里人一致反对自不消说，亲戚朋友有的鄙视，有的发出慨叹，甚至于说欧阳家从此完了。我妻韵秋受了各方面的压力，写信劝我回家，我回信说挨一百个炸弹也

---

① 欧阳予倩:《我怎样学会了演京戏》,《欧阳予倩全集》第六卷，上海文艺出版社1990年版，第239页。

② 欧阳予倩:《谈粤剧》,《欧阳予倩全集》第五卷，上海文艺出版社1990年版，第73页。

③ 欧阳予倩:《自我演戏以来》,《欧阳予倩全集》第六卷，上海文艺出版社1990年版，第25页。

④ 同上书，第32页。

不灰心，她也就不再说什么。”[①] 当然，有文化修养的妻子韵秋还是委婉地叮嘱他：“找个机会多读些书，就是演戏也要和寻常的戏子学问人格有别才行。”[②] 仍然是时代风气和理想支持了欧阳予倩的选择，使他认定了这一条新文艺的道路，天分与勤奋也不断地用成功来鼓励他。他于是放开身份认真演戏、演什么像什么。他演《家庭恩怨记》里的妓女小桃红，效果不如吴惠仁演的，陆镜若的父亲陆纬士曾评价说：“惠仁表得出卑贱，予倩始终不失高贵气，所以不如惠仁。”欧阳予倩就认真揣摩下流女子的举止，等到再演时演得惟妙惟肖，居然引得有人在报纸上骂他：“予倩为学界中人，何以自贬而演此类角色？其饰小桃红也，烟视媚行居然一妓……”欧阳予倩说：“他这种批评当然出了戏剧范围以外，可是我以为我揣摩的苦心收了效果，非常得意。”[③]

不但如此，新派剧演员尤其是新文化人士是鄙视传统戏曲的，欧阳予倩却没有因为倡导新戏而贬低了戏曲，他甚至更加重视戏曲的影响力与表演吸引力，认为它“技术方面、表演样式的方面，有不可磨灭的优点”[④]。他一边演文明新戏，一边跟筱喜禄（陈祥云）、江梦花（江紫尘）、林绍琴、贾壁云学青衣戏，跟克秀山学花旦戏，跟周福喜学刀马旦戏，还跟薛瑶卿学昆曲。他每天清早起身，到上海味莼园（俗称张家花园）空旷处练嗓子，寒暑不辍。后来演了京剧《宇宙锋》大获成功，使他声名鹊起，也已经掌握了十几出青衣、花旦戏，他干脆搭班直接演起京剧来，前后做了 15 年职业京剧演员。这一次，连新派也反对了，他说：“及至我要‘下海’演京戏，就连平日同在一块儿演新戏的朋友也来反对。有一个同学拉住我的手说：‘予倩，你怎么搞的！你怎么得了！搞搞新戏嘛，还可以说是社会教育，搞旧戏这算什么呢！’”[⑤]

---

① 欧阳予倩：《我怎样学会了演京戏》，《欧阳予倩全集》第六卷，上海文艺出版社 1990 年版，第 240 页。

② 欧阳敬如：《回忆父亲欧阳予倩》，《文汇报》2003 年 7 月 24 日。

③ 欧阳予倩：《自我演戏以来》，《欧阳予倩全集》第六卷，上海文艺出版社 1990 年版，第 43 页。

④ 欧阳予倩：《明日的新歌剧》，《欧阳予倩全集》第五卷，上海文艺出版社 1990 年版，第 298 页。

⑤ 欧阳予倩：《我怎样学会了演京戏》，《欧阳予倩全集》第六卷，上海文艺出版社 1990 年版，第 240 页。

欧阳予倩从新剧跨越到旧剧，这不是逆新文化潮流而动吗？非也！他认为："倘若旧戏能把表演的技术活用而成为现代新思想的工具，那又何尝不可存在？"[①] 正是因为他看到了传统戏曲的重要性，才身体力行地进入其中实践。他演京剧不同于旧式艺人，他不是只按照传统方式一板一眼地演，而是带着新文艺的想法、用自己的办法去改造戏曲。例如他编演红楼戏，"虽然是照着二黄戏编的，却是照新戏分幕的方法来演，因为嫌旧戏的场子太碎，所以就把许多情节归纳为一幕来做，觉得紧凑些，而且好利用布景"，另外"非常注意配角"，"不专求一人出风头，要注意整个的平均"[②]。这就开启了他的戏曲改良之路，也引发了他后来对粤剧和桂剧的改造。比如在广西昭平他注意到农民爱看桂剧，于是联想："在这些区域里，如果能用桂戏作宣传，不也好吗？""如果能把新的知识、新的内容"注入进去，"一定能收相当好的效果"。[③] 因此，从一开始欧阳予倩就重视并亲身投入戏曲改良实践，这是其他新文艺人士所不及的。后来从延安到新中国成立后的戏曲改革，实从欧阳予倩发端。

五

其他新文艺人士所不及的还有欧阳予倩清晰而明确的戏剧观念，他一生都在这种观念支配下行动。初时演戏他坚持艺术至上，反对在商业社会中随波逐流。1914 年他在上海加入陆镜若的春柳社，"我们剧场虽陋，不专为商业也就不愿用任何手段去迁就观众。我们始终认定戏剧是神圣的，尤其演员要有人格。"[④] 这一点陆镜若与他看法一致，因而保证了春柳剧场的艺术质量。春柳剧

① 欧阳予倩：《明日的新歌剧》，《欧阳予倩全集》第五卷，上海文艺出版社 1990 年版，第 299 页。

② 欧阳予倩：《作京戏演员的时期》，《欧阳予倩全集》第六卷，上海文艺出版社 1990 年版，第 68 页。

③ 欧阳予倩：《关于旧形式的运用》，《欧阳予倩全集》第五卷，上海文艺出版社 1990 年版，第 45 页。

④ 欧阳予倩：《自我演戏以来》，《欧阳予倩全集》第六卷，上海文艺出版社 1990 年版，第 49 页。

场的戏表演整齐，“处处近人情、切事理”，“悲剧多于喜剧”，所以“名誉总算是很好”[①]。欧阳予倩本意想进一步促进话剧的正规化艺术化，但限于当时的历史条件与社会环境无法实现。他后来说：“我们只是想演正式的悲剧、正式的喜剧。依镜若的想法，把团体巩固起来，介绍一些世界名作，这不但在那个时候行不通，后来一直也没有行通。中国的话剧是按照另一条道路发展的，那就是利用新的戏剧艺术形式，结合中国社会发展的丰富内容，继承中国戏剧的优秀传统，因时因地，用各种不同的、生动活泼的方式推进运动，建立为中国广大群众所喜闻乐见的、为人民服务的话剧艺术。五十年来的经验证明了这一点，我们那时候不懂，也不可能懂。”[②] 1919 年在南通办第一所新型戏校——伶工学社，欧阳予倩就按照他对现代演员的理解设置课程，开启全面文化课，既教技术也启发思想。而在桂林搞戏时，欧阳予倩“用欧洲水平要求抗战戏剧和革命戏剧，强调正规训练，常常批评话剧演员不会说话”[③]。他因此经常与同道洪深、田汉“发生激烈争执”，争得面红耳赤，田汉强调要为革命和抗战任务而突击，欧阳予倩则强调艺术和基本功的“磨光”[④]，形成了“突击派”与“磨光派”的分歧。

欧阳予倩对戏剧有着清晰的理论认识。他认为戏剧是综合艺术，而以剧本为统领。“戏剧者，必综文学、美术、音乐及人身之语言动作，组织而成。有其所本焉，剧本是也。”[⑤]“演剧者，根据剧本，配饰以相当之美术品（如布景衣装等），疏荡以适宜之音乐，务使剧本与演者精神之一致表现于舞台之上，乃可利用于今日鱼龙曼衍之舞台也。”[⑥] 这就是他为什么要自己编剧的原因。当时演戏常常是幕表戏，没有剧本，而“春柳社的戏有剧本是人人知道的。有剧

---

① 欧阳予倩：《自我演戏以来》，《欧阳予倩全集》第六卷，上海文艺出版社 1990 年版，第 49 页。

② 同上书，第 184 页。

③ 夏衍序：《欧阳予倩全集》第一卷，上海文艺出版社 1990 年版，第 3 页。

④ 同上。

⑤ 欧阳予倩：《予之戏剧改良观》，《欧阳予倩全集》第五卷，上海文艺出版社 1990 年版，第 1 页。

⑥ 同上。

本台词不至散漫，动作也有规矩”[①] 他并且坚持一定要按照剧本演出，剧本跟不上就排半月演半月，决不为票房而放弃原则。待他有了编导演的全面经验后，还精辟地提出处理戏剧各部分关系的原则：“综合艺术第一个组织者就是剧本作家。其次，导演是实际的组织者。经过演出计划的规定，于是表演、音乐、布景、灯光种种部门，各以其所宜，集中力量于一点，以表现剧的内在精神，传播于观众，于是戏剧的作用完成。我们要依照这个原则去处理戏剧。”[②]

1918年欧阳予倩发表于《讼报》的文章《予之戏剧改良观》，充分体现了他的戏剧观定位。鉴于当时戏剧滑入低俗之谷的现状，他激愤地宣称“吾敢言中国无戏剧”，“何以言之？旧戏者一种之技艺，昆戏者曲也；新剧萌芽初出，即遭蹂躏，目下已如枯草败叶，不堪过问。是更何戏剧之可言！？”[③] 因为：“盖戏剧者，社会之雏形，而思想之影像也。”“一剧本之作用，必能代表一种之社会，或发挥一种理想，以解决人生之难问题，转移谬误之思潮。”[④] 很明显，他是从新文学的立场出发要求戏剧承担起社会责任，启迪民智、介入社会人生、升发理想，而这些都被戏剧丢弃了。那如何改变现状呢？他提出：“一须组织关于戏剧之文字，二须养成演剧之人才。”所谓“组织关于戏剧之文字”，他的解释是：一、编写“以浅显之文字，发挥优美之思想”的白话剧本，即话剧。二、开展真正而非捧角式的戏剧批评，即“必根据剧本，必根据人情事理以立论。剧评家必有社会心理学、伦理学、美学、剧本学之知识。剧评有监督剧场及俳优，启人猛省，促进改良之责，决不容率尔操觚、鲁莽从事也”[⑤] 。所谓“养成演剧之人才”，即用四五年时间办一个“俳优养成所”，培养一批既懂戏剧技巧又有新文艺知识与眼界的人才，以便使戏剧“绝非腐败之俳优所得

① 欧阳予倩：《自我演戏以来》，《欧阳予倩全集》第六卷，上海文艺出版社1990年版，第49页。

② 欧阳予倩：《再说旧戏的改革》，《欧阳予倩全集》第五卷，上海文艺出版社1990年版，第16页。

③ 欧阳予倩：《予之戏剧改良观》，《欧阳予倩全集》第五卷，上海文艺出版社1990年版，第1页。

④ 同上。

⑤ 同上书，第2页。

而左右”[①]。后者直接导致了他南通三年的办学实践和后续戏剧教育行动。

恰值被视为新文化号角的《新青年》杂志聚焦戏剧观，在刊发“易卜生专号”之后，又在第五卷第四期组织“戏剧改良专号”，刊登了胡适的《文学进化观念与戏剧改良》、傅斯年的《戏剧改良各面观》《再议戏剧改良》等文章，也收入了欧阳予倩的《予之戏剧改良观》，引发了社会对旧剧的声讨。但欧阳予倩却与胡适、傅斯年废除旧戏、用新剧取代旧戏的看法不同，他认为旧剧有着广泛的观众，应该对其进行改造以使之跟上时代，而不是简单地消灭之。他说：“有人以为要建设新的歌剧，必先摧毁旧剧——我以为不必。”[②]“旧剧还拥有广大的观众，即使用政治的力量，也不容易使其根本不存在，倘若真想取而代之，徒然利用批评和理论效力小，有时还容易引起反感，最好还是积极地建立起来，不断地实地表演，从旧剧场里把观众夺过来。”[③]他因此强调：“我们决不应当反对对落后农村做任何新形式的介绍，但也不宜在必要的阶段反对运用旧的形式。”[④]而“中国旧剧，非不可存，惟恶习惯太多，非汰洗净尽不可。”[⑤]既然旧剧在技术上、表演上“有不可磨灭的优点”，“我们不妨择其优点而利用之”[⑥]。“我们要从种种方面，用各样的方策，打破一切违反时代，阻遏人类进化的制度与习惯。所以要使二黄戏也成为有力的工具。”[⑦]

认识全面而符合实际，全力实践而坚持艺术理想，提倡改革而不激进，这

---

① 欧阳予倩:《予之戏剧改良观》,《欧阳予倩全集》第五卷，上海文艺出版社1990年版，第3页。

② 欧阳予倩:《明日的新歌剧》,《欧阳予倩全集》第五卷，上海文艺出版社1990年版，第298页。

③ 同上。

④ 欧阳予倩:《关于旧形式的运用》,《欧阳予倩全集》第五卷，上海文艺出版社1990年版，第45页。

⑤ 欧阳予倩:《予之戏剧改良观》,《欧阳予倩全集》第五卷，上海文艺出版社1990年版，第2页。

⑥ 欧阳予倩:《明日的新歌剧》,《欧阳予倩全集》第五卷，上海文艺出版社1990年版，第298页。

⑦ 欧阳予倩:《再说旧戏的改革》,《欧阳予倩全集》第五卷，上海文艺出版社1990年版，第20页。

些综合素质给欧阳予倩带来另外一个机遇：被电影界发现。这让他又有了一个新的才华展示平台。同样，他也确立起导演中心和谐统一的电影观。

六

欧阳予倩之所以能成就为编导演合一的跨界艺术大师，有着跨越中西的文化视界与广博的知识结构是根本原因。欧阳予倩的祖父欧阳中鹄是船山学者，最初让他受的是传统教育：读古书、作骈文、写律诗。他广读四书五经、先秦诸子，古诗文熟悉《文选》，喜欢建安七子、陶渊明、谢灵运、庾信、徐陵、杜甫、韩愈、明七子，自己也读《西厢记》《玉茗堂四梦》《石头记》。他说："我很想做个诗人，可是无论如何敌不过爱好戏剧之心，因此就放下了诗又去读词，常和我的妹妹、我妻韵秋比着记诵。可是那时候韵秋专爱读《老子》和《庄子》，我就拿《淮南子》《列子》《管子》去和她抵抗。我祖父本是船山学者，他教我读经，又说掌故非知道不可，于是我便去追求王船山，看些《四书训义》《读通鉴论》之类，掌故方面又胡乱翻一阵《东华录》《石渠余纪》之类的书。我读书的才能很差，用功又太杂，从来没有过系统：一边哼着《玉茗堂四梦》，一边谈着《宋明学案》；一边读着《管子》《商君书》，一边又背诵《石头记》……"① 这为他打下广博的传统文化根柢。例如他编演了众多的红楼戏，不能不说是熟读《石头记》的硕果。他1914年自编自演了尤三姐戏《鸳鸯剑》，一时轰动，遂一发而不可收，先后编演了《黛玉葬花》《晴雯补裘》《鸳鸯剪发》《王熙凤大闹宁国府》《宝蟾送酒》《馒头庵》《黛玉焚稿》《摔玉请罪》等有关剧目。梅兰芳以演红楼戏出名，但他说："我一共只排了三出红楼戏，欧阳先生排的红楼戏数量要比我多得多。"②

留学生涯又打开了欧阳予倩的眼界，填充了他的世界文艺知识。在日本他开始饱读易卜生、莫里哀、莎士比亚剧作，以及日本现代作家菊池宽、武者小

① 欧阳予倩：《自我演戏以来》，《欧阳予倩全集》第六卷，上海文艺出版社1990年版，第23页。

② 欧阳敬如：《回忆父亲欧阳予倩》，《文汇报》2003年7月24日。

路实笃等人的作品。他曾向以细腻表演著称的演员河合武雄学习演剧[①]，又曾与著名戏剧家小山内薰“相见长谈，多涉剧评及脚本作法，旁及中日新旧剧之沿革及改良之希望”[②]。他读过日译本《莫里哀全集》[③]，也读列夫·托尔斯泰《复活》、梅里美《卡门》、雨果《悲惨世界》、卢梭《忏悔录》等世界名作[④]。他与著名戏剧理论家、“世界三大戏剧藏书家”之一的北大教授宋春舫系好友，经常与之交流，宋春舫并介绍他与胡适、吴梅、张厚载等一时风云人物结识[⑤]，彼此来往探讨戏剧。欧阳予倩的一生爱好就是学戏、读书、写诗，这些促成了他的成就。

欧阳予倩所取得的艺术成就是全面的，在话剧、戏曲、电影、舞蹈、戏剧教育等领域都做出了卓越的贡献，除了他之外，没有第二个人能够取得类似的成绩。他一生创作、改编剧本 60 余部，演出、导演话剧、京剧、桂剧、无声和有声电影不计其数，他创立的中央戏剧学院早已经绿树成荫。欧阳予倩戏剧求索的路径也恰恰映现出中国现代戏剧史的发展路径，因而他一生的实践成为中国现代戏剧史上的独特存在。今天，中国戏剧和电影已经在欧阳予倩一辈人开创的康衢上行进了百余年，话剧和电影取得丰硕成果并融入了世界潮流，戏曲改革也取得累累实绩并一新舞台面貌。在欧阳予倩 130 周年诞辰这个时点上纪念最初的拓荒者，我们对其成就充满了崇敬。

略作调整，原载《艺术百家》2019 年第 6 期

---

① 欧阳敬如:《回忆父亲欧阳予倩》,《文汇报》2003 年 7 月 24 日。

② 欧阳予倩:《归客闲谈》,《欧阳予倩全集》第五卷，上海文艺出版社 1990 年版，第 8 页。

③ 欧阳予倩:《自我演戏以来》,《欧阳予倩全集》第六卷，上海文艺出版社 1990 年版，第 56 页。

④ 同上书，第 85 页。

⑤ 欧阳予倩:《归客闲谈》,《欧阳予倩全集》第五卷，上海文艺出版社 1990 年版，第 6 页。

文化调适、性别表演与仪式展示

——从新文化史的角度看欧阳予倩的戏剧艺术成就

胡志毅*

今年是欧阳予倩先生130周年诞辰，我们今天在中央戏剧学院来纪念这位被称之为“我们的老院长”的首任院长。欧阳予倩是戏剧通才，他集编剧、导演和表演于一身，将中国的戏剧观念与舞台实践、中国的话剧与戏曲、中国的戏剧运动与戏剧教育都结合起来，在通往神圣的戏剧殿堂的道路上，成为中国现代戏剧的集大成者。

美国新文化史的倡导者林・亨特（lynn Hunt）指出：“如果说新文化史有什么一以贯之的目标的话，那也许就是通过对各种文化体系的调查去研究话语、仪式、再现（representation）中权力运作的机制，所使用的技术手段以及所达到的成效，从而揭示权力是如何通过控制知识的生产来展开博弈的。”[①]在这里，话语、仪式、再现和权力运作、知识生产的控制联系起来，对于我们理解新文化史具有关键词的作用。新文化史往往从文化、性别和仪式等方式来揭示艺术史的现象。

本文采用新文化史的研究视角，从“话剧与戏曲：中国现代戏剧的文化调适”“‘北梅南欧’：中国现代戏剧的性别表演”“集大成者：中国现代戏剧的仪式展示”三个方面介绍欧阳予倩的戏剧艺术成就。

---

* 浙江大学教授，中国话剧理论与历史研究会会长。

① 姜进：《新文化史・总序》，林・亨特编《新文化史》，华东师范大学出版社2011年版，第7页。

一、话剧与戏曲：中国现代戏剧的文化调适

英国文化史家彼得·伯克指出，近来，“调适”一词再度流行。他们既用它来批评“文化吸纳”说（因为这意味着完全的改变），又用它来批评“统摄”说（因为这意味着蓄意的混杂）。这一术语的含义也在逐渐地改变，如今它包括了碰撞的双方，即“改宗者”和传教士。与以前相比，学者们更加努力地从双方的角度来研究这种宗教碰撞；与此同时，他们也越来越相信，碰撞之后产生的结果与其说是信仰改变，倒不如说是某种形式的杂交化。[①] 在这里，彼得·伯克说的是宗教史研究，在某种程度上也适用于艺术史或者戏剧史的研究。

在中国现代戏剧史的初期，话剧的舶来和戏曲的改良，是两种文化的冲突或者说碰撞。话剧和戏曲是不同的艺术形态，在五四新文化运动期间，曾经发生过激烈的争论。但是，因为有欧阳予倩这样的戏剧家，既是中国话剧的先驱者和探索者，又是戏曲的改良者，这种文化调适就变成了一种可能。

欧阳予倩在《新青年》中发表的《予之戏剧改良观》中是站在新剧的立场上发表他的“戏剧改良观”的。他说道：

> 试问今日中国之戏剧，在世界艺术界当占何等位置乎？吾敢言中国无戏剧，故不得其位置也。何以言之？旧戏者，一种之技艺。昆曲者，曲也。新戏萌芽初茁，即蹂躏，目下已如腐败草叶，不堪过问。[②]

这是欧阳予倩基于新剧的现状提出来的。但是实际上，欧阳予倩在京剧的实践上，达到了名家的程度。欧阳予倩在《我自排自演的京戏》一文中回忆说：

> 我自排自演的京戏一共 24 个。其中我自己编的 18 个：《晚霞》《宝蟾送酒》《馒头庵》《鸳鸯剑》《黛玉焚稿》《王熙凤大闹宁国府》《摔玉请罪》《鸳

① 彼得·伯克：《文化杂交》，杨元、蔡玉辉译，译林出版社 2016 年版，第 41 页。

② 欧阳予倩：《予之戏剧改良观》，《新青年》五卷四号。

鸯剪发》《卧薪尝胆》《青梅》《仇大娘》《嫦娥》《申屠氏》《人面桃花》《哀鸿泪》《杨贵妃》《潘金莲》《最后知侬心》。跟张冥飞、杨尘因合编的一个:《黛玉葬花》。此外根据陕西易俗社的剧本改编的两个:《阮玉屏》《是恩是爱》(又名《韩宝英》)。

这中间有9个是红楼戏，经历了长达16年的职业演员生涯，而且还参与陕西易俗社的剧本改编，对于地方戏曲的改良也予以了关注和支持。

欧阳予倩还说：

此外我还写了京戏本《荆轲》《梁红玉》《桃花扇》《木兰从军》《胜利年》《孔雀东南飞》，连改编的《玉堂春》《渔夫恨》共是8个。这七八个戏当时都是有为而作:《梁红玉》《桃花扇》《胜利年》《木兰从军》等都是为抗战作宣传;《渔夫恨》根据《打渔杀家》改编，加强了阶级仇恨的描写:《潘金莲》是我自编自演的最后一个戏。①

其实在这之前，欧阳予倩已是早期话剧的先驱。1907年，他在日本东京看到了春柳社演出的《茶花女》之后，他就参加了春柳社，参与了《黑奴吁天录》的演出，扮演小女黑奴丑，还扮演解而培的儿子小乔治。后又演出了两个独幕剧《生相莲》《画家与其妹》，在《画家与其妹》中，他扮演妹妹。在《鸣不平》中扮演西洋妇人。在《热泪》(原名《热血》《杜司克》)中，他扮演主角杜司克。他在演出这个剧之前，曾与吴我尊合演过一出《桑园会》，他扮演罗敷。这是他从事京剧表演的第一次实践。

1912年，他参加了新剧同志会，在上海大舞台演出的《家庭恩怨记》中，扮演小桃红，又演《社会钟》，扮演左巧官。他借着吴我尊的中介，向筱喜禄(陈祥云)、江紫晨(江梦花)学京剧的唱功和身段，学《金殿装疯》等，年底在张家花园演出《宇宙锋》，从此开始了职业京剧演员的生涯。因此，欧阳予倩在谈到话剧与戏曲的关系时说道：

春柳剧场的戏是先有了比较完整的话剧形式，逐渐同中国的戏剧传统接合

① 欧阳予倩:《我自排自演的京戏》,《欧阳予倩研究资料》，中国戏剧出版社1989年版，第73、86页。

起来的。但是上海的其他剧团，最初对话剧的形式并不熟悉，更不习惯。他们就按照从学校剧以来的经验，只在舞台前挂上一块幕就搞起来了。当时他们所能看到的只是京戏、昆戏；他们所能看到的剧本，大多数只是街上卖的唱本之类的东西；在表演方面，就他们所耳濡目染，不可能不从旧戏舞台上吸取传统的表演技术，至少是不可能不受影响。所以我想说，文明戏——也就是初期话剧——是用了外来的戏剧艺术形式，从自己的土地上长出来的东西。①

欧阳予倩自己编写了一个五幕剧《运动力》，这是他创作的第一个话剧剧本。同时也自编自演了《鸳鸯剑》。

五四戏剧先驱者，最初看到戏曲与话剧的区别，他们首先看到的戏曲是唱，新剧是对话，在这里有一种选择性接受，也就是说，中国新剧的先驱者，看到的是西方戏剧中的"白话"。其实，在中国传统戏曲中，也有念白的传统，甚至存在着只有念白的戏曲。在倡导白话文的同时，也就开始倡导有念白的戏剧。在西方戏剧（drama）的本质特征是动作，有人从中国的戏曲中，看到了哑剧的动作。

但是，对于戏剧新文化而言，新剧的倡导者，最先关注的不是动作，而是对话。也就是说，话剧和戏曲的最大差别是在唱、念，而不是做、打。

在这里有必要指出的是，中国的戏曲是从说书的传统而来，而西方的戏剧是从演说的传统而来的。如果把戏曲念白和话剧对话对应起来，也可以看作中国戏曲的"话剧"，但中国戏曲毕竟以唱为主，而话剧是以说为主。

欧阳予倩不仅是演员，还是剧作家，早在《予之戏剧改良观》中就已经意识到剧本的重要，他说道：

戏剧者，必综文学、美术、音乐及人身之语言动作，组织而成。有其所本焉，剧本是也……一剧本之作用，必能代表一种社会，或发挥一种理想，以解决人生之难问题，转移谬误之思潮。②

---

① 欧阳予倩:《谈文明戏》,《中国话剧运动五十年史料集》第一辑，中国戏剧出版社 1985 年版，第 50 页。

② 同上。

因此，他曾经致力于戏剧的剧本创作。早在1913年他就创作了《原动力》。1922年，创作了《泼妇》《回家之后》。《泼妇》，写“五四”后的一个新女性——于素心与丈夫纳妾行为进行斗争的故事。对被封建势力称为“泼妇”的女主角予以同情，赞扬她愤然离家出走的反抗精神。而他的《回家之后》是表现留美学生陆治平抛弃结发之妻而与女留学生恋爱的不道德行为。

1928年在广州筹建戏剧研究所，创作了《车夫之家》《买卖》《屏风后》《国粹》《小英姑娘》等剧本。其中如《屏风后》表现的是道德维持会会长举行一个聚会，大家都在等他，赵说他喜欢美人，因此经常受美人骗，艺晴说她被一个男人骗，而这个男人就是道德维持会的会长康正名。在剧中，欧阳予倩设置了一个屏风，既是道具，也是一个象征。

更重要的是，欧阳予倩是一个戏剧活动家：1912年，他参加春柳社的活动之后，硬要赴上海参加“新剧同志会”；1913年在湖南组织文社；1921年5月，与沈雁冰、熊佛西、郑振铎、陈大悲等组织“民众戏剧社”；1922年，加入“戏剧协社”；1928年在广州筹建戏剧研究所，也是在倡导话剧的同时，倡导戏曲化的歌剧。

欧阳予倩认为：

> 中国戏是歌舞剧，我们应当承认，改造中国戏剧是歌剧革新运动。至于话剧是另外一件事，要分开来讲，不能与中国旧剧混为一谈。他指出，我们的戏剧运动当然歌剧与话剧并重。……我们要建设的，是中国新歌剧，不过就目下而论，想拿皮黄戏来加以改造。①

中国的戏曲和舞蹈密不可分。欧阳予倩说：“在戏曲艺术当中保存着极为丰富的中国古代舞蹈艺术。②”欧阳予倩不仅创作过话剧、戏曲，也创作过歌舞剧《杨贵妃》及《恋爱学堂》《一场春梦》等。田汉也是如此，不仅在话剧创作上，而且在戏曲和歌剧的创作上，都在当时产生了影响。

---

① 欧阳予倩：《一得余抄》，作家出版社1959年版，第313页。

② 欧阳予倩：《一得余抄》，作家出版社1959年版，第313页。欧阳予倩在舞蹈上也有艺术成就，新中国成立后，他担任了第一届中国舞蹈艺术家协会主席，撰写了《唐代舞蹈》。从这个意义上说，他是真正的舞台艺术家，或者说舞台艺术的集大成者。

1927 年上海艺术大学的“艺术鱼龙会”就上演了欧阳予倩的“新歌剧”（一说京剧）《潘金莲》。1932 年创作了大型活报剧《不要忘了》和《同住三家人》。

1937 年演出了他编导的《梁红玉》《渔夫恨》《桃花扇》等京剧，还创作了《青纱帐里》《曙光》等话剧。

1939 年三度入桂，主持广西戏剧改进会，担任广西艺术馆馆长兼戏剧部主任，桂剧实验剧团团长，创作了《忠王李秀成》《越打越肥》《战地鸳鸯》《一刻千金》《旧家》等话剧剧本，把《桃花扇》《木兰从军》改编为桂剧，还创作了桂剧剧本《搜庙反正》《广西娘子军》《胜利年》。导演了 20 部左右的话剧。

1946 年 10 月在上海创作了京剧《孔雀东南飞》。12 月应台湾长官公署宣传委员会之邀，与新中国剧社共同赴台，协助该社排演了《郑成功》《日出》《桃花扇》。

欧阳予倩具有国际主义视野。新中国成立后，他不仅创作了舞蹈《和平鸽》，而且从他主演的第一个文明戏《黑奴吁天录》，到他创作的最后一个话剧《黑奴恨》，都是关注美国黑人的命运，他的一生都贯穿了文化调适的精神。

二、“北梅南欧”：中国现代戏剧的性别表演

美国女性主义理论家朱迪斯·巴特勒提出了“性别表演”的概念，她指出，我们应当如何看待这种身份认同？我并不认为存在着一种叫作“性”的东西，它存在于某种模糊不清的生理形式之中，它在某种程度上通过步态、姿势、手势表达出来，于是，某种性倾向就能够或者从性别的外观，或者从或多或少具有魔力的性上面表现出来。如果性别是一种装束，如果它是一种模仿，如果性别在有规律地制造它试图紧接近的理想，那么性别就是一种表演，它在制造着一种内在的性或者本质或者灵魂的性别内核的假象，它通过手势、动作和步态（可以被理解为性别表现的肉体舞台的一整套服装）在皮肤上制造出来，它是内心深处的假象。[①] 这个概念用于戏剧舞台上是适合的。

---

① 参见朱迪斯·巴特勒《模仿与性别反抗》，载葛尔·罗宾等著《酷儿理论》，李银河译，文化艺术出版社 2003 年版，第 347—349 页。“性别表演”，出自朱迪思·巴特勒的《性别麻烦：女性主义与身份的颠覆》，宋素凤译，上海三联书店 2009 年，又译“性别操演”。

中国话剧的表演最初是从春柳社“性别表演”开始的，即欧阳予倩的男扮女装，是继李叔同之后最重要的“性别表演”现象。欧阳予倩因为同时也是京剧演员，因此，他和李叔同的偶然扮演女角有着明显的差异。

文明戏是1907年中国留学生在日本东京骏河台中华基督教青年会的礼堂演出的《茶花女》开始的。但是，引人注目的是，它是以男主角反串或者说异装的形式出现的。李叔同所扮演的茶花女，就是男扮女装。

欧阳予倩在《回忆春柳》中说，日本老戏剧家松居松翁对李息霜的演技极为欣赏，他说：“他看了这个戏令他想起在法国蒙马得尔小剧场那个女优杜菲列所演的茶花女。”对这段话日本学者吉田登志子提出了疑问，因为松居松翁当时正在做市川左团次的向导视察巴黎戏剧界。但是吉田登志子又加进了藤泽浅次郎的评价，“李先生（注：李叔同）的戏演得好，犹如茶花女再现，像他那样的柔软是很难做到的”[①]。

欧阳予倩在《自我演戏以来》中回忆说：

> 只就茶花女而言，他的扮相并不好，他的声音也不甚美，表情动作也生硬些。他本来留着胡子的，那天还有王正廷君因为他牺牲了胡子，特意在台上报告给大众知道。我还记得他那天穿的是一件粉红的西装。
>
> 这一回的表演可说是中国人演话剧最初的一次。我当时所受的刺激是最深。我在北平时本曾读过茶花女的译本，……当时我惊奇，戏剧原来有这样一个办法！可是我心里想倘若叫我去演那女角，必然不会输给那位李先生。[②]

这一年的6月1日至3日，在东京本乡座剧场，演出由曾孝谷执笔的，根据美国皮丘·斯托夫人的小说《汤姆叔叔的小屋》改编《黑奴吁天录》。小说的译本是由林纾、魏易翻译的，由曾孝谷执笔改编成剧本，排练了三个多月。谢抗白扮演主角哲治（黑奴），曾孝谷扮演黑奴妻。其余女性角色都由男性担

---

① 《破天荒的演出活动，中国留学生演新剧》，《国民新闻》1907年5月29日，吉田登志子：《谈春柳社公演的〈茶花女〉》，《中国话剧研究》第五辑，文化艺术出版社1992年版。

② 欧阳予倩：《自我演戏以来》，《欧阳予倩全集》第六卷，上海文艺出版社1990年版，第7页。

任，如欧阳予倩扮演解尔培的儿子小乔治，此外还扮过一个舞队里的舞女。“我们一共舞的四个人一般儿高，不相上下的年纪，穿着一色的浅绯衣裙，头上披着长发，舞得也颇为整齐。”

但是在这个戏中，舞台服装的时代感是不统一的，欧阳予倩穿的是维多利亚时代的女装，陆镜若穿的是类似 19 世纪的男服，而他们的头套又像是莫里哀时代的长假发。就像欧阳予倩所说的：“至于布景、服装、化妆是不是完全合乎南北战争以前美国人的生活实际情形，我们没有加以考据，事实上不可能那样做……可能那时我们以为戏主要是求其情节动人，演得动人，布景、服装、化妆方面只要大体过得去也就行了。”[①]

1909 年初以申酉社的名义演出了根据法国作家沙陀（一译萨尔都）的剧本《女优托斯卡》改编的《热泪》。陆镜若根据日本新派剧家田口菊町的剧本译编的。陆镜若扮演画家露兰，欧阳予倩扮演女优托斯卡，谢抗白扮演革命党人亨利，吴我尊扮演警察总监保罗。欧阳予倩除了《热血》中的杜司克之外，还有《茶花女》中的马克、王熙凤、夏金桂、小桃红等，还有众多老妇的角色，《珊瑚》中之婆婆、《田七郎》中之田母、《爱晚亭》中之母亲等。

在这里，欧阳予倩是一个非常值得研究的人物，他在京剧和新剧之间穿梭，但是有一点确是相同的，那就是男扮女装。在京剧中，他后来可以和梅兰芳媲美，被誉为“北梅南欧”；在新剧中，他确是男扮演女装的典范。他回忆说：

我在春柳剧场，乱七八糟什么都演：有时演风流活泼的女子，就一直担任这类角色；有时饰泼妇，有时饰最坏最下流的女子，有时也演悲剧。[②]

欧阳予倩将自己和马绛士比较：

无论是悲剧是喜剧，温婉凄凉一点的角色总是绛士，活泼激昂一些的角色总是我。……人家说我哭不如绛士，我便一方面描摹绛士的哭，又自己努力去

---

① 欧阳予倩:《回忆春柳》,《中国话剧运动五十年史料集》第一辑，中国戏剧出版社 1985 年版，第 21 页。

② 欧阳予倩:《自我演戏以来》,《欧阳予倩全集》第六卷，第 42 页。

研究新哭法。可是绛士的嗓音天生悲苦，不假雕琢便自动人，加之他的身材面貌本来瘦弱，眉黛微颦，就如千愁万恨兜上心来。我呢，嗓音虽然脆亮而甜，无论如何出不了绛士那种沙音，面目的表情还在其次。[①]

有人认为，男扮女角，是“有悖于生活真实和历史发展方向的”[②]。实际上，文明戏的反串，也许因为中国的戏曲历来有“以男饰女”的传统。京剧中的四大名旦，都是男旦。梅兰芳扮演的旦角是一种典范，梅兰芳对于女性的梳头和服装的理解，似乎比女性本身的理解更出色、更细腻。

但是更直接的原因似乎是受了当时日本的新派剧的影响，日本新派剧中的“女形”，河合武雄、喜多村绿郎等，都是“立女形”（第一流的旦角），伊井蓉峰相貌清秀，但演技却没有特别之处，河合武雄“是一位艺风自然的‘女方’。他后来成为艺术院会员，被指定为国宝级的人物”。喜多村绿郎成为常磐座的“女方台柱”。[③] 春柳社的成员在日本演出，就是因袭了这种“女形”的表演方式。

梅兰芳和欧阳予倩当时被称为“北梅南欧”，这主要是指他们演出“红楼戏”而言，但也可见欧阳予倩在京剧表演上的地位。

1919 年欧阳予倩去南通建立更俗剧场，据苏关鑫《欧阳予倩年表（1889—1962）》记载，第二年的 1 月 12 日，梅兰芳到南通演出 10 天，盛况空前。张謇为此在更俗剧场前台特设一小厅，命名为“梅欧馆”，纪念梅欧两人的会合。[④]

1923 年，欧阳予倩创作了《泼妇》，由洪深导演，采用男女合演的做法。但是实际上，男扮女装，并没有在洪深之后彻底“寿终正寝”。

欧阳予倩的《潘金莲》在南国艺术学院的艺术鱼龙会上演出，由自己扮演潘金莲，也就是说欧阳予倩这样的“性别表演”依然存在。

---

① 欧阳予倩：《自我演戏以来》，《欧阳予倩全集》第六卷，第 43 页。

② 黄爱华：《中国早期话剧与日本》，岳麓书社 2001 年版，第 180 页。

③ 〔日〕河竹繁俊：《日本演剧史概论》，文化艺术出版社 2002 年版，第 312—313 页。

④ 苏关鑫：《欧阳予倩年表（1989—1962）》，《欧阳予倩研究资料》，中国戏剧出版社 1989 年版，第 23 页。

三、集大成者：中国现代戏剧的仪式展示

欧阳予倩除了在戏剧创作、戏剧表演等成就之外，在中国现代戏剧运动和戏剧教育等方面，也是功勋卓著，通过其一生的通往戏剧的神圣殿堂的仪式展示，成为中国现代戏剧的集大成者。

1919 年应张謇之邀，首先是创建南通伶工学社，任社主任，制定了学社的办学方针，授课并登台演出。据苏关鑫的《欧阳予倩年表（1989—1962）》介绍：

该社是当时国内最早以科学的方法培养戏剧人才的场所之一，招学生 50—60 名，不收学膳费，学习课程有音乐、戏曲、中外国文及科学社会常识，学制 5 年。①

其次是创建更俗剧场。苏关鑫说：

更俗剧场动工兴建，舞台的图样由欧阳予倩亲自审定，经过两个月的紧张施工，于 11 月 1 日落成。②

1927 年，在南国艺术大学举办的艺术鱼龙会上，与周信芳、高百岁、周五宝合演了自编京剧《潘金莲》。1928 初在田汉的南国艺术学院任戏剧系主任，亲自授课。

1928 年初，应李霁琛之邀，赴广州创建广东戏剧研究所，任所长。这个研究所是由李任潮等发起，约欧阳予倩到广东来创办的，经费由广东省政府拨给，即归广东省政府直接管辖。拖了将近两年，于 1929 年 2 月 16 日成立。戏剧研究所及演剧学校戏剧文学系是“以普及戏剧教育造就戏剧文艺专门人才促成戏剧运动为宗旨”③。

---

① 苏关鑫：《欧阳予倩年表（1989—1962）》，《欧阳予倩研究资料》，中国戏剧出版社 1989 年版，第 22 页。

② 同上书，第 23 页。

③ 阎折梧编：《中国现代戏剧教育史稿》，华东师范大学出版社 1986 年版，第 107—108、113 页。

这个研究所坐落“在广州永汉北路（现为北京路）财政厅附近两广交涉署右侧的一间楼房，后来搬到泰康路的回龙桥畔的回龙上街”。

欧阳予倩还创建附属戏剧学校、音乐学校和大、小剧场各一所。“演剧学校于1929年4月1日开学，学生约60人，分话剧、歌剧两个班，但开学不到一个月，第一期《戏剧》杂志刚刚出版，广东省政府便下令让研究所停办，剧校当然也跟着解散。”“同年九月，欧阳老多方设法，克服困难，终于把又把剧校回复过来……而继续留校和临时补充招考的为数仅三十余人。”[①]

洪深任校长，后洪深回上海，欧阳予倩代理。到1930年9月，已经一年了。1930年夏增设了戏剧文学系，又增加二十人。学生有聂耳、陈酉名、罗肇鉴等。经过考试录取了二十余名学生。学员有崔嵬、魏鹤龄、林松年、林伯年、马君介、郭建英、朱凤林等。

1944年在桂林举行了“西南第一届戏剧展览会”，这个“西南剧展”，其“精神发言人”是欧阳予倩、田汉等人。这是欧阳予倩一生的仪式展示的高峰。

英国人类学家维克多·特纳指出：英语，庆祝（celebration）一词是从拉丁语 celeber 一词衍化而来的，后者表示“屡次进行”之意，该词还具有“充满生命力”之意——这与伟大的法国社会学家涂尔干所用“欢腾”一词之意颇为相似——这种欢腾是由某一有共同价值观的集团所产生的。在他看来，当艺术家“应邀或出于义务前来参加这些庆祝活动并为此‘创作时’，他们的作品不可避免地浸透着创作者对这种‘欢腾’场面的记忆，并同样生动地预示了下一次庆典场面。这些‘创作者’们在一定程度上成了庆典‘精神’的发言人，没有他们的作品，这一精神是不完善的”[②]。

但是真正使桂林戏剧闻名于世的，是在抗日战争即将胜利的前夜举行的西南戏剧会展。发起这次会展的欧阳予倩说：

这回的展览会，不是少数人号召起来的，是大多数戏剧工作者的要求。最

---

① 陈酉名：《广东戏剧研究所的前前后后》，阎折梧编《中国现代戏剧教育史稿》，华东师范大学出版社1986年版，第92页。

② 〔美〕维克多·特纳编：《庆典·前言》，方永德等译，上海文艺出版社1993年版，第8页。

初几个朋友谈起的时候，并没有打算大规模地举办，只想就广西省立艺术馆新建馆址落成的机会，邀请近邑几个团队连续演几个戏。恰好“新中国剧社”回到桂林，四队的同志也来了几位，大家一谈，展览会的组织就被提出，恰好九队副队长刁光覃同志也到了桂林，各方面的朋友相聚商讨，办法就大体确定了。瞿白音同志（自）告奋勇拟“通启”和“简则”，有的便私人写信征求各团队的意见，四队、七队、九队，首先决定参加，曲江方面也托朋友来问，充分作参加的准备。为着办事的简单便利起见，推“省艺”主办，这在省艺同人是引为荣幸的，尽管力量不够大，条件不够充分，也曾无推辞之理。好在主持的是与会的各位，在桂林的剧团是与会的各位，在桂林的剧团尽可能聊尽地主之谊，得跟随大家办成一桩事，就毫无保留地竭其绵薄。①

田汉也说：

西南剧展的发起，一半是偶然的。广西省立艺术馆建筑新馆，包含一颇为精美的剧场。为着这剧场的开幕，主持者欧阳予倩先生想邀一些团队来热闹一番。但在筹备中意义和规模逐渐扩大，成为今日这样包含西南八省戏剧工作者一千余人集中桂林互相表演观摩的盛会。②

参加剧展演出的团队，有西南四省，共有 28 个单位，人数为 895 人，与会者达千人之数。演出节目有话剧 23 个，歌剧 1 个，平剧 9 个、桂剧 8 个，以及少数民族歌舞、傀儡戏、魔术、马戏各项，总计演出 170 场，观众达十多万人次。

美国戏剧评论家爱金生在当时的《纽约时报》上报道：“这样宏大的戏剧展览，有史以来，除了古罗马时代曾经举行外，还是仅见的。中国处在极度艰辛环境下，而戏剧工作者还能以百折不挠的努力，为保卫文化，拥护民主而战，功劳极大。这次聚西南八省的戏剧工作者于一堂，检讨过去，策厉将来，它的

---

① 欧阳予倩：《关于西南第一届戏剧展览会》，原载《当代文艺》1944 年创刊号，《西南剧展》（上），漓江出版社 1984 年版，第 42 页。

② 田汉：《戏剧节和西南剧展》，原载《中学生杂志》第 74 期，《西南剧展》（上），漓江出版社 1984 年版，第 47 页。

贡献尤其重大。”①

欧阳予倩 1947 年 10 月下旬抵港，1949 年 4 月离港，参加了第一次文代会的筹备工作；7 月 2 日担任大会常务主席团成员，后被选为中华全国戏曲改进会筹委会主任；他参加了 10 月 1 日的中华人民共和国的开国盛典，担任了中国文联副主席、中国戏剧家协会副主席、中国舞蹈工作者协会主席、中国电影工作者协会理事、中央实验话剧院院长。

中央戏剧学院 1950 年 4 月 2 日在北京成立。这个学院是由原华北大学文学院、南京国立戏剧专科学校、东北鲁迅艺术学院戏剧组等单位人员联合组建，由欧阳予倩任院长，曹禺、张庚任副院长。光未然任教务长。学院设普通科、本科学制与研究部，并有歌剧、话剧、舞蹈等剧团。1952 年，中央戏剧学院改组为专业的话剧学院。欧阳予倩任院长，沙可夫、李伯钊任副院长。学院设本科表演系、导演系、舞台美术系和戏剧文学系。②

欧阳予倩在通往戏剧的神圣殿堂的道路上，创建中央戏剧学院是其一生的仪式展示的终结。

中国现代戏剧，从其诞生起就是一种民族国家的艺术。欧阳予倩为这种民族国家的艺术，承担了话剧和戏曲的文化调适的使命，扮演了文明戏和京剧的性别表演的角色，并且展示了戏剧教育和戏剧节的仪式。总而言之，欧阳予倩的一生，是通往戏剧神圣殿堂的一生，他是中国现代戏剧的集大成者。

---

① 见 1944 年 5 月 19 日《新华日报》所载《爱金生赞扬西南剧展》。

② 贾冀川：《20 世纪中国现代戏剧教育史稿》，中国戏剧出版社 2006 年版，第 143 页。

欧阳予倩戏剧中的法国元素

宫宝荣 *

话剧是门外来艺术，正是以欧阳予倩为代表的前辈们筚路蓝缕，并以毕生精力对这株幼苗辛勤浇灌、培植，使之终于长成参天大树。也因此，话剧不仅与生俱来地打上外国戏剧的烙印，而且在整个发展壮大过程中，都在不断地吸收来自世界各国的有益元素。欧阳予倩作为中国话剧的先驱，无论是在国外留学或考察时期，还是回国后在艰难的创业时期，都极其注重从国外优秀戏剧文化中汲取养料，并结合中国的社会实际以洋为中用。毫无疑问，在其戏剧实践与理论的形成过程中，外国戏剧都发挥着不可低估的作用，其中法国戏剧的影响又极为明显。本文试从欧阳予倩先生 20 世纪前半期的戏剧实践以及有关民众戏剧理论的阐述，分析其与法国戏剧之间的联系，尤其是波特谢的民众剧院、罗曼・罗兰的戏剧理论以及其他法国戏剧家对其的影响，期以引起学界对这一话题的关注与研究。

一

众所周知，欧阳先生中学阶段便前往日本留学，原先学习的是商科和文科，而之所以会走上戏剧道路，一方面与其自幼深受中国传统戏剧的熏陶、极具表演天才有关；另一方面则与其熟悉日本新剧以及欧美戏剧相关，其中法国戏剧对其影响可谓与生俱来。

1907 年年初，欧阳先生是在观看了春柳社的开张演出、法国文学家和剧作

* 上海戏剧学院教授。本文为上海市高水平大学项目、国家社会基金艺术学重大项目“当代欧美戏剧研究”阶段性成果之一。

家小仲马的《茶花女》之后，深受感动之余很快加入了剧社。[1]如果说他第一次正式登台是在春柳社的第二部公演剧目《黑奴吁天录》中扮演的一个不起眼的黑奴，那么两年之后，即 1909 年夏天，他在“申酉会”演出的《热血》中便出演了主角并大获成功。这部戏在各个方面都比《黑奴吁天录》有了很大进步，比《黑奴》更整齐、更纯粹，故事、情节、人物比较集中，动作是贯串的，态度是严肃的。[2]虽说这是欧阳先生第四次登台，却是他第一次扮演主角，而这第一次又是献给了一部法国戏，可见欧阳先生与法国戏剧的缘分之深。

欧阳予倩先生虽然不谙法语，但对法国戏剧不仅十分了解，而且颇有研究，并且还能将其成果融入其艺术实践之中。除了早年在日本留学时就有机会接触到法国戏剧之外，他在回国之后相当一段时间内都十分关注法国戏剧。他的这种关注，并非只是出于艺术家的职业习惯所作的一般了解，而是几乎作为一个学者的深入持久的研究。1929 年 7 月，他在民众戏剧社杂志《戏剧》上发表了由自己翻译的日本学者川口笃文章，研究的正是“现代法国剧坛之趋势”。3 年之后，他又在同一刊物上发表了日本剧作家、小说家、评论家岸田国士论文《包多丽许（Porto-Riche）》。包多丽许也是一位法国剧作家，在 19 世纪末 20 世纪初曾经因创作的恋爱悲剧名噪一时。这些文章虽以介绍为主，其中的观点和结论在今天看来并不怎么科学，但是代表了那个年代较高的水平，其材料之全面，分析之细致，堪称一流。欧阳先生虽然只是翻译，但他在众多可能中选择了法国戏剧方面的文章，显示出其对法国戏剧的特殊偏好。

其实，欧阳先生并不满足于翻译他人论文，他也发表过自己的法国戏剧研究成果，即 1930 年刊登在《民国日报》和《戏剧》上的论文《论卜留》。也许欧阳先生算不上一位严格意义上的法国戏剧学者，但这些译文和评论让我们认识到，他对法国戏剧所怀有的巨大热情和兴趣并非一时心血来潮，而是一以贯之、持之以恒的现象。也正因为如此，当他在 1932 年秋专门启程前往欧洲考察戏剧时，所选择的第一个目的地正是法国。这次考察活动显然给他留下了深刻的印象，以至于两年之后，他又根据英文译本翻译了法国剧作家福舒

---

① 〔日〕中村忠行:《春柳社逸史稿》(一),《戏剧》2004 年第 3 期。

② 欧阳予倩:《回忆春柳》,《欧阳予倩全集》第六卷，上海文艺出版社 1990 年版，第 164 页。

瓦（René Fauchois）的《油漆未干》（*Prenez garde à la peinture*，1930）一剧。1944 年，他在西南剧展时又将此剧搬上了舞台。凡此种种，都说明了欧阳先生对法国戏剧情有独钟。

二

当然，除了持续关注法国戏剧、翻译或撰写相关论文之外，欧阳先生还在其戏剧活动尤其是戏剧理论的建树过程中，结合其时中国的具体社情民意，创造性应用了法国戏剧家和文学家们的戏剧思想，极大地推动了中国戏剧的发展。

1921 年春天，欧阳予倩与汪优游等人共同发起成立了民众戏剧社，而这一取名直接与 19 世纪末的法国民众戏剧运动有关。1885 年，文学青年莫里斯·波特谢（Maurice Pottecher，1867—1960）在其家乡法国东部孚日山区的村庄布桑建造了一座乡村露天剧场，并命名为民众剧场，成为法国民众戏剧（le Théâtre du peuple，又译人民戏剧，现通译为大众戏剧）运动之嚆矢，并与起步不久的由安托万领导的自由剧团小剧场实验形成呼应。大文豪罗曼·罗兰（Romain Roland，1866—1944）对这一民众戏剧实验活动十分向往，1897 年夏天专程前往布桑小村度过了一段时光。1903 年，他发表了一部名为《民众戏剧》（*le Théâtre du peuple*）的专论，罗兰将卢梭、狄德罗等人视为法国的民众戏剧运动先驱，并将波特谢的布桑剧场视为其在法国最初的实验。

欧阳先生等人所创立的民众戏剧社，“其来源是仿效罗曼罗兰在法国倡导的民众戏院”。剧社创始者们几乎原封不动地将罗兰的主张直接搬了过来：“罗兰以为民众戏剧主要目的是：（一）娱乐、（二）能力、（三）知识。”“娱乐这两个字的意义，就是要使得辛苦一天的劳工们能得道德上与体力上的休息”；能力，就是要“使他们的精力能够再旺盛起来”；知识，就是“应该帮助劳工们能自己观察事物自己下断决”[①]。民众戏剧社首先提出的是改造戏剧，然后再进一步改造社会。他们为劳工们提供“娱乐、能力和知识”正是基于同样的认

① 杨田村：《五四时期的一个戏剧团体——民众戏剧社》，《人民戏剧》1979 年第 3 期，第 7—8 页。

识："'当看戏是消闲'的时代，现在已经过去了。戏剧在现代社会中，确是占着重要的地位，是推动社会使之前进的一个轮子，又是搜寻社会病根的X光镜……""我们的责任有两重：一重是改造戏剧，一重是改造社会。"[①]几乎每一点都与罗兰的主张相对应，而民众戏剧社的宗旨也与罗兰倡导的戏剧理想相一致。

如果我们进一步认真研读，还会发现欧阳先生不仅对罗兰的人民戏剧理解相当深刻，而且结合了其时中国社会的实际，可以说是民众戏剧中国化的生动体现。他在文中始终高举罗兰的大旗，通篇贯穿了其民众戏剧理想。在正文之前，他首先引用了一条罗兰的语录："我们要使平民的力量健康加入在艺术里，使无血的艺术有生气，使瘦弱的胸膛挺出来。吾人不是为平民而使用其智慧的荣誉，是要平民和我们一齐为这荣誉而劳动！"[②]一下子便点出了民众剧与罗曼·罗兰之间的关系。紧接着，欧阳先生在开篇中详细阐释了何为民众及民众剧，认为它区别于德国哈格曼的三种解释。在这一节的最后，欧阳先生再次通过引用罗兰的名句"近代戏剧家的奇迹，就是发现了民众"得出"这个民众，也是作平民解"[③]的结论。

事实上，罗曼·罗兰的戏剧主张偏于激进，欧阳先生受其影响同样认为，之所以要开展平民剧运动，是要将戏剧从权贵手中解放出来。在他看来，戏剧虽然源于平民之间，但由于被"特殊阶级所蹂躏"，便变成了"畸形的艺术"，如二黄戏进入北京之后，"精神就渐渐地改变了"。因此，"现在的平民剧运动，就是要使戏剧从特殊阶级手里解放出来，回复到平民间去"[④]。

在之后几节里，欧阳先生详细论述了民众剧应该具有的特点，无一不符合罗兰的戏剧主张。他认为，民众剧不能因为面向的是平民就降低艺术的价值，不能为了榨取金钱就不再关注平民的生活，但平民剧并不等同于便宜的

---

① 杨田村：《五四时期的一个戏剧团体——民众戏剧社》，《人民戏剧》1979年第3期，第8页。

② 欧阳予倩：《民众剧的研究》，《欧阳予倩全集》第四卷，上海文艺出版社1990年版，第5页。

③ 同上书，第6页。

④ 同上书，第6页。

戏，更不能用来传播特殊阶级的思想或宗教。真正的民众剧不仅表现的是平民生活题材，而且更加重要的是做到“民享（for the people）”“民有（from the people）”“民治（by the people）”，也就是要适应民众的需要，并作用于民众。更有甚者，欧阳先生提出了一个即使在今天仍然可以被视为十分先进的观点，那就是民众自己直接登台，用自己的材料、自己的语言、自己的腔调来自己编，又由自己演出来给自己人看，“表现的是他们自己的希望，发挥的是他们自己的力量”①。从欧阳先生的这些论述中，人们不难看出，民众剧或平民剧在精神上完全继承了罗兰思想。而之所以要建立民众戏剧，目的也同样与罗兰一致，既然欧阳先生如此写道：“我们要使平民赶快自觉，赶快团结，赶快起来抵抗种种的压迫，这是最要紧的。”② 简直就是罗兰那段语录的翻版！

三

当然，欧阳先生从来都是“洋为中用”派，并非只是简单地接受，而是大胆地为我所用。由此出发，他又进一步将建设民众剧与改造旧戏联系在一起。他认为，改造旧戏之所以必要，是因为“中国的旧戏在内容和形式方面都早已不能适应大多数平民的需要”③。之所以刻不容缓，是因为旧戏的戏团主人和俳优不是想不到、就是不愿干。而改造旧的戏剧、创立新的戏剧，都是为了一个共同的目的，即启迪民众、号召人民起来革命。凡此种种，均是罗兰的戏剧理想与精神的写照。而欧阳先生在全文最后讨论平民剧的未来时，又一次提到了这位法国文学大师，表示“照罗曼·罗兰的意见，演剧是精神的避难所，因生活之贫乏不安，而求这种避难所于梦想之中，是演剧的前提”④。由此可见，《民众剧的研究》一文自始至终充满了罗曼·罗兰的人民戏剧和革命戏剧的精神，甚至以其语录首尾贯穿，可以说罗兰乃是其名副其实的精神导师。

---

① 欧阳予倩：《民众剧的研究》，《欧阳予倩全集》第四卷，上海文艺出版社 1990 年版，第 13 页。

② 同上书，第 11 页。

③ 同上书，第 10 页。

④ 同上书，第 15 页。

就民众剧的形式而言，欧阳先生表现出相当宽阔的视野和灵活的思维。他把自古代的祭祀剧、近代的镜框式戏剧直到现代的小剧场戏剧统统纳入视野，对露天剧场、室内剧场、大剧场和小剧场，从西方的莱因哈特、戈登·克雷的戏剧实践到东方日本的坪内博士的 Pageant 运动等放在一起考察。而在世界各国众多的戏剧实践中，除了上述波特谢的民众戏剧实践之外，法国 19 世纪末期安托万创立的自由剧团也极受欧阳先生的肯定。在他看来，民众戏剧虽然平易近人，但艺术上并不平庸，而要做到这一点，在创作上追求自由就很重要，因为“现代的戏剧，已经不是某一种形式所能范围。表演的方法越多越自由，我们随便可以选择。”所以，“平民剧是自由的戏剧，可以自由选择形式”[①]。这种对艺术自由的追求正是安托万创立剧团的初衷，它之所以命名为自由剧团，就是为了发扬雨果所主张的艺术上无拘无束、自由自在的精神。毫无疑问，欧阳先生的追求同样与自由剧团的宗旨有着内在的联系。

在欧洲现代戏剧史上，安托万作为小剧场戏剧运动的发起人，其影响远远超出了他所在的欧洲，范围遍及美国日本，中国也不例外。小剧场运动在反对戏剧的商业化、庸俗化，强调戏剧的社会价值和艺术价值，在戏剧的编、表、导演等诸方面的贡献早已载入史册。欧阳先生作为中国话剧的创始人之一，对自由剧团自然不可能陌生。尤其值得回味的是，他在论文中写有这么一段话：“所以一到广州，我就计划建一个小剧场以供研究，同时为都会的民众建一适用的大剧场，为近乡的民众建一个户外剧场。”[②] 如果说这里的户外剧场令人联想到的是波特谢的话，那么小剧场显然与安托万相关。无独有偶，前文所述他所翻译的《包多丽许》和所写的《谈卜留》都与自由剧团直接相关。事实上，包多丽许和卜留都曾是安托万的麾下，如此欧阳先生便间接地与安托万联系在了一起。

卜留（Eugène Brieux，1858—1932，现译欧仁·布里尤）是自由剧团的编剧之一，他当年不仅在法国家喻户晓，而且在世界上也广为人知。萧伯纳对其极为赞赏，称其为“易卜生主义者”，卜留的思想由此可见一斑。他对法国社

① 欧阳予倩:《民众剧的研究》,《欧阳予倩全集》第四卷，上海文艺出版社 1990 年版，第 12 页。

② 同上书，第 10 页。

会持有深刻的批判立场，自诩为“一切权势者”的敌人，并在作品中以冷静的眼光、严密的思维揭露社会弊病。几乎在每一部戏里，卜留都针对社会的某一方面的问题予以揭露与批判，表示戏剧家“在剧本中必须有一种思想……它来自我们的生活、来自我们同伴的痛苦”①，因此他的戏剧又被认为是典型的问题剧、观念剧或说教剧。对卜留的这一切，欧阳先生都了如指掌，在文章里予以全面介绍。可贵的是，他能以客观的态度将其与易卜生的社会问题剧做了比较，认为与其将卜留与易卜生相提并论，不如将他与萧伯纳归为一类。而在文章最后，欧阳先生的评论极其中肯，既指出了卜留戏剧的不足，认为其“只有文学史上的价值”。随着时间的推移，欧阳先生对卜留的评价之客观以及对问题剧的看法之正确都被得到了证实。可见作为中国话剧的先驱之一，其思想是何等的深刻、目光又是如何的犀利！

由此可见，欧阳予倩对中国话剧发展史贡献卓越，其中法国戏剧的影响十分明显，尤其是其平民戏剧的主张与罗曼·罗兰的民众戏剧论述有着密切的关联。在 20 世纪上半期的戏剧实践和理论建树过程中，欧阳先生一直关注着法国戏剧。值得称道的是，他并不满足于一般的粗浅了解，而是予以持久深入地研究，保持客观公允的立场，作出科学的判断，形成独具特色的理论与实践。因此，我们有必要加强这方面的深入研究，更好地了解和把握欧阳予倩的戏剧及其贡献。

① http: //www.theatredatabase.com/19th_century/eugene_brieux_001.html.

此行只为大事而来

——欧阳予倩的中国戏剧求索之路

郭富民*

欧阳予倩一生都在为中国戏剧探路。

他为中国戏剧探路的深层动力，其实也是为中国人民的解放探路，为民族复兴探路。

他说："我不过是个伶人，一个很平淡的伶人，就是现在我不经常登台演剧，也不过是一个伶人罢了，我对于演剧自问忠实，做一个伶人大约可以无愧。"①

伶人是欧阳予倩20世纪30年代的自谓，这是他对自己一个准确的定位。他一生做伶人，一生做戏剧，始终坚持一个信念——为中国戏剧探路。探什么路？探现代社会背景下，中国戏剧的发展之路，探索适合中国当代社会的艺术形态结构。

中国戏剧本不需要探路，中国戏剧的形态问题，在20世纪之前也不是个问题。因为20世纪之前，上千年的传统戏剧是个单一样式："以歌舞演故事。"但是到了近现代，社会结构变了，生产方式变了，生活方式变了，世界格局也变了，出现了所谓"数千年未有之大变局"（李鸿章语），单一的稳定的形态不适应了。这时候出现了一种舶来的戏剧样式，以日常言语动作演故事，"歌"与"舞"可有可无，甚至完全没有了，只剩下言语动作，而言语也没有了韵律，动作也没有节奏，以至于后来戏剧界索性把这种新的戏剧样式定名为"话

* 中央戏剧学院教授。

① 《自我演戏以来》,《欧阳予倩全集》第六卷，上海人民出版社1990年版，第145页。

剧”。没有歌舞的戏剧对上千年传统戏剧的观念是个颠覆，著名新剧《迦茵小传》演出的时候，戏剧老艺人就评论说：“这不能拿它当戏看，要当它真的事情看，才有趣。”[①] 这种新剧是不是戏剧？能不能成为未来的中国戏剧？中国现代戏剧应当是什么样子？这一切，都成了问题。于是乎，中国现代戏剧的形态焦虑，渐渐袭上了戏剧人的心头。最集中的表现是 20 年代的国剧运动。国剧运动的背景是 20 年代中国思想文化界惊涛拍岸的“洋务运动”——全盘西化的浪潮。在这个大背景下，戏剧界有一批人认为中国的现代戏剧就是“西洋派的戏剧”，钱玄同、陈独秀、胡适、周作人都发表过这样的看法；与此同时，另一批人态度同样坚决，认为中国的现代戏剧古已有之，中国的传统戏剧已经是完美的舞台艺术；第三种主张则是一种折中的主张，认为现代中国的戏剧，应当是传统戏剧与外来戏剧样式之间，形成一种既立足本土，又有现代气质的戏剧样式，他们称之为“国剧”。三种主张各有道理，但是互不兼容，都具有唯一性与排他性。

欧阳予倩此时已经享有“南欧北梅”的盛誉，也发表过“中国旧剧应废”这样的愤激之词，但是论辩过程中他很快恢复了理性的态度，而主张全面开放，兼容并包，不论是传统戏剧现代化，还是舶来戏剧本土化，共同构建现代中国的戏剧形态。

欧阳予倩一生的戏剧实践始终是话剧与戏曲并重，比翼双飞。

在日本留学之前，欧阳予倩已经有了一定传统戏剧的基础，当他在东京看到李叔同等人演出的《茶花女》时，以他的艺术敏感，立刻感觉到这是一种全新的戏剧样式，“戏剧原来有这样一个办法”，这个办法与他从小接触的，多年熟悉的办法完全不同，但是他确定这是非常适合现代人欣赏的戏剧。所以他马上就加入了春柳社，潜心钻研这种新剧。与此同时，他又拜名票吴我尊为师学唱青衣，并一起演出京剧《桑园会》，在其中扮演了罗敷，开始了京剧表演的舞台实践。话剧与戏曲的双桅船，在春柳社时期就启航了。回国后一边演文明新戏，一边向京剧艺人学京剧的唱功和身段。单是向筱喜禄学《金殿装疯》就学了四个月。1915 年在杭州演出《卧薪尝胆》后，还做过几年职业京剧演员，

① 徐半梅：《话剧创始期回忆录》，中国戏剧出版社 1957 年版，第 24 页。

编了一批京剧红楼戏:《葬花》《焚稿》《补裘》《送酒》《馒头庵》《鸳鸯剑》《大闹宁国府》《凤姐泼醋》《鸳鸯剪发》等。自编自导的京剧有24个，其中自己编写的有18个。

丁玲曾经盛赞欧阳予倩:“我们都满不在乎地欣赏着正处在盛年时期梅兰芳的风采——《洛神》《霸王别姬》《游园惊梦》等。然而我最喜欢的是欧阳予倩先生的《李师师》，他演得那么妩媚、自然，不是仙女，而是极平常的娇美的女性。”① 著名剧评家周剑云评论欧阳予倩的《宝蟾送酒》说:“其饰宝蟾，直将狡狯女子之心事，抽蕉剥茧，曲曲传出。言语所弗克达者，助之以表情；表情之不克尽者，助之以身段做工。以眉语，以目听，以意淫，以身就，旁敲斜击，远兜近攻，如此体贴入微，真可谓水银泻地，无孔不入……”②

“南欧北梅”的美名绝非虚言。

抗战时期在桂林，欧阳予倩又为桂剧团整理了一批保留剧目，如《拾玉镯》《烤火下山》《打金枝》《玉堂春》《断桥会》《抢伞》。还在这里出版了京剧剧本《梁红玉》，并且改编成了桂剧。桂剧《梁红玉》歌颂抗击外国侵略者的民族英雄，抨击敌寇和汉奸，在群情激奋的抗战气氛中，连演28场，轰动一时。1939年，又将京剧《桃花扇》改成桂剧，在说书人的唱词里揉进抨击时政的内容，演出也是万人空巷。

桂剧的面貌从此焕然一新，社会地位和社会影响力空前提高。业内有人感慨说:“过去从来没有看到桂剧有这样大的力量，从来也未出现过演员和观众之间如此心心相印的情景。”③

在京剧、桂剧之外，欧阳予倩对昆剧、秦腔、粤剧、川剧和相关的民间艺术，也都下过很深的功夫。

对中国传统戏剧的精髓，欧阳予倩有充分的了解。对方兴未艾的新兴戏剧样式——话剧，欧阳予倩也是开路人，领路人，也是成绩卓著的践行者。

---

① 转引自欧阳敬如《父亲欧阳予倩》，中国戏剧出版社2005年版，第21页。

② 周剑云:《菊部丛刊——剑气凌云庐剧话》，转引自苏关鑫《欧阳予倩研究资料》，中国戏剧出版社1989年版，第20—21页。

③ 尹義:《世世代代铭记欧阳予倩改革桂剧的恩情》，转引自欧阳敬如《父亲欧阳予倩》，中国戏剧出版社2005年版，第76页。

民国二年底，欧阳予倩在长沙演出文明新戏。“这种戏在湖南是头一次演，有情节有布景，比旧戏容易懂得多。一开的时候，真是人山人海，挤得两条街走不通。一出《家庭恩怨记》，真把人看疯了。只管下大雨的时候，门前的轿子进来了退不出去，外面的进不来，女客撑着伞在门外，没开幕前两三个小时情节等起的不知若干，那真可谓盛极一时。”① 一面是京剧，一面是话剧，在清末民初的中国舞台上，欧阳予倩可以说是双峰并峙。

对话剧艺术的贡献，欧阳予倩最值得重视的是对“新民”的发现与创造，而其中最惊艳的是新女性的发现与塑造。

《泼妇》(1922) 写新青年陈慎之蜕变为旧公子，当了银行经理就要纳妾，而发妻于素心逼着他退掉新买的妾，逼着他在离婚协议上签字，然后带着孩子，坚决出走。觉醒的反抗者于素心给新剧舞台带来新的人物形象。

《回家以后》(1922) 留学生陆治平带着“洋婆子”回国，要与发妻吴自芳离婚，却发现在他留学在外期间，守候在老家的妻子学问思想都大有进步，其境界比“洋婆子”高出一大截。传统女性自新自强的故事给全盘西化的社会思潮一个冷静地提醒。

《屏风后》(1929) 中道德维持会会长康扶持不讲道德，对恋人始乱终弃，给自己种下苦果。其中的男人大都猥琐虚伪，而女人性情却落落大方。此剧在人物形象定位、人物关系和剧情设置上都直接影响了曹禺的《雷雨》。

没有新人，所谓新剧就是一张空壳。女性的未来，就是一个国家、一个民族的未来，女性的形象决定着作品的价值观、影响力和历史地位。柔弱的女性绝对孕育不出新中国，所以，妇女解放、女性觉醒、个性张扬，力量释放，是 20 世纪中国社会重要趋势，也是欧阳予倩戏剧创作的使命。《潘金莲》《桃花扇》《梁红玉》《木兰从军》，都是试图从历史长河中发现新女性，重塑新时代的新女性，都是希望赋予新女性以力量。以欧阳予倩深湛的旦角表演艺术，来体察女性心理，塑造女性形象，这也是现代戏剧史上其他剧作家罕有的优势。

《潘金莲》塑造了一个有力量、有个性，以爱为内核，自由不羁的精神遨

① 欧阳予倩:《自我演戏以来》,《欧阳予倩全集》第六卷，上海文艺出版社 1990 年版，第 33 页。

游者。

作者自称没有什么主义，也无心给潘金莲翻案。只是觉得女子历来受人压迫，他得为她们伸张。他赞成潘金莲反抗，同时也赞赏武松的英雄气概。杀人的、被杀的，都是英雄。潘金莲为爱而死，但是死得其所。这部剧的主题超越了善恶，超越了伦理道德，焦点只集中在力量二字上。

推崇自由意志，推崇力量，推崇身体的力量，精神的力量，意志的力量，欧阳予倩的《潘金莲》已经有“超人”的意味，而这正是欧阳予倩所希望的中国女性的状态，有理想，有追求，有做人的原则，有视死如归的气概。剧中的武松跟潘金莲截然相反，武松的力量不是表现在解放，而是表现在坚守：他的意志的铁掌死死地抓住传统的伦理观念，严格地守护着自己的道德底线，是力量的另一种表现。武松的道德信念，原则性和控制力，与潘金莲个性解放的爆发力交相辉映。

金莲：能够死在心爱的人手里，就死，也甘心情愿！二郎，你要我的头，还是我的心？

武松：我要剖你的心！

金莲：啊，你要我的心，那是好极了！我的心早已给了你了，放在这里，你没有拿去。二郎你来看！（撕开自己的衣）雪白的胸膛，里头有一颗很红很热很真的心，你拿了去吧！（众邻居都拿惊异的眼睛看着精神兴奋，武松一把将金莲拉过来，金莲斜躺在地上。）

武松宣称已经杀了西门庆，并将西门庆的人头抖落在地上。

金莲赞叹：啊，西门庆被你杀了，可见我的眼力不错！……我今生今世不能和你在一处，来生来世我变头牛剥了我的皮给你做靴子！变条虫子，吐出丝来给你做衣裳，你杀我，我还是爱你！（张开两条胳膊想起来抱，很热情的眼神盯着武松。）

武松一刀将潘金莲杀死了。

这种作为，与传统妇女低眉顺眼的形象相去何止以道里计。

剧中潘金莲对弱者的态度也足以惊世骇俗：瞎子乞丐向潘金莲和王婆乞讨，王婆要施舍，潘金莲却坚决不许，她认为贫弱到绝望的人就该死，人不能苟活，活不好就该去死。又穷又瞎的乞丐就不该活着。乞丐被激怒了，睁开眼睛骂潘金莲说你才是瞎子。我只不过是为了让人可怜才装成瞎子。这时候潘金莲反倒对乞丐表示赞赏了，要给他些钱，乞丐却被吓跑了，他完全不能理解潘金莲这奇怪的逻辑。而不屈从命运安排，奋起抗争，才是欧阳予倩要赋予新的潘金莲的个性特征。

这些新女性崇尚力量，崇尚精神力量，意志力量。这点与曹禺也有互相呼应之处。《雷雨》的力量，《日出》中劳动者的力量，《原野》中仇虎复仇的力量与金子爱的力量，原野上符咒般的神秘力量；《北京人》中的北京猿人的野性的力量等，内心都有一种作者为东亚病夫翻身雪耻的内在冲动。

20 世纪 40 年代的话剧《桃花扇》，李香君两次碰壁自杀，第一次是为侯朝宗守节，第二次却是为侯朝宗的变节而绝情。这里的李香君与孔尚任原作中的李香君已经大异其趣，这是 20 世纪炮火硝烟中站立在祖国焦土上岿然不动的爱国者李香君。原则、操守，在新女性的身上锻造出意志的刀锋，可以削铁如泥。

欧阳予倩还为抗战时期的舞台提供了梁红玉、花木兰这样的戏剧形象，使得新女性在反侵略战争的文艺战线上也能够一展风采。

自尊的、追求自由解放、力量充沛的新女性，是欧阳予倩为建设现代中国戏剧提供的核心内容之一，是欧阳予倩在戏剧文学领域探路的重要收获。

欧阳予倩给自己定位为“伶人”，这是因为他很清楚自己的戏剧天分。他曾经回忆幼年的时候就特外喜爱扮演。有一次，家里只有他兄妹二人在，就把隔壁的姑姑请过来一起演戏。三个小孩演一个结婚的故事，从嫁女到拜天地，整整演了一下午。欧阳予倩自编自导自演，扮演新娘。其中不但有角色扮演，角色轮换，比如婚宴的时候所有的三个人一会儿扮演宾客，一会儿扮演主人，吃饭的筷子特意不用真的筷子，而用了香炉里的香棒。天黑了姑姑要回去了，虽然就在隔壁，但是兄妹二人特意手执蜡烛相送，先在自己院子里绕着天井走了一圈，算是走过了几十里地，然后才到隔壁姑姑家里。这样的演出，不考虑观众、不考虑观演关系，不求他人而喝彩——事实上，家里的佣人偶尔瞄一眼他们的演出，也只觉得荒唐可笑——而仅仅为了享受扮演的快乐。多年以后欧阳予倩对这次演出依然津津乐道，也许正是这种童年的游戏，启示他认清了他是谁，从哪里来，要到哪里去。

他的一生只为一件事，就是做戏剧。但是他要做的伶人处在 20 世纪的大动荡、大变革中，他的家境又非常地与众不同：他曾经回忆早年的经历说："那时候专爱高谈革命。谭嗣同、唐才常两先生是先祖的门人，和我家关系最深，唐先生并是我的蒙师……谭、唐相继就义，那是我虽是小孩子，当然不能不留印象。到了北京，又遇着吴越之死，因此颇激起一腔的热气……"[①] 所以他的戏剧生涯就不仅仅是一个伶人的艺术生涯，甚至不仅仅是专攻剧本创作的易卜生，而是为整个中国现代戏剧探路。他的内在驱动力无疑是从小就沉淀在内心深处的家国情怀。

多年以后回忆这段生活时欧阳予倩仍然兴奋不已，"真痛快啊，当时真是高兴极了！"

"有一天在春柳后台，忘了为什么事，一个和我有意见的二路角色借事生非和我吵架，我骂他，他便抽出放在旁边的指挥刀刺我。我本来稍为有点气力，顺手夺过他的刀，一下把他摔倒在地下。谁知另外出了个人帮他。他乘势抱过五六个菜碗，用全力向我打来，幸而没中。我往外一退，抽根铁棍，正想还手，他的刀早已又举在手里……绛士那晚饰演我的妹子，他在台上连声叫姐姐，老不见有人出去，他便想个法子把我拉出去。我头发也乱了，花也掉了，衣服也皱了，满头大汗站在台上，气得话都说不出来，可是一转瞬之间就平复下去，戏仍然做得很好。"[②]

在革命时代的疾风暴雨中，年轻的戏剧家欧阳予倩真是意气风发，把自己的生命能量挥洒得酣畅淋漓。他不是温室里的花草，不是象牙塔里的微雕，而是大时代原野上纵马驰骋的勇士。就像托尔斯泰说的：他是在碱水里煮过，血水里泡过，清水里洗过的人。

做人做到极致，做戏做到极致，功夫自然练到极致。

"我为了练哭，当没人的时候，躲在张家花园的草地上用种种方法去哭，每回总是弄到声嘶力竭，胸口疼半天不能好……我练笑也是在张家花园草地上。总之，无论为哭，为泣，为笑，为哂，与乎一切动作表情，绝非不用苦功

① 《自我演戏以来》，《欧阳予倩全集》第六卷，上海文艺出版社 1990 年版，第 5 页。
② 同上书，第 51—52 页。

所能做到。”[①]

欧阳予倩对人生的态度，对戏剧艺术的态度，是他为中国现代戏剧探路成功的关键。

试图为中国戏剧探路的人并不少，但是很多情况下会有食洋不化，或者泥古不化的现象。在现代化的大趋势中，食洋不化的现象要更严重一些，一些戏演得是中国人中国事，言语动作却是外国人。30 年代以后民族化大众化意识觉醒，情况有了好转，“但是洋化的残余并不是完全洗刷干净了。有许多观众批评我们话剧在台上演的不自然，不自然的原因就是不免一套细化的程序残留着，常常意识无意识地从动作、台词当众流露出来”[②]。

欧阳予倩是视野很开阔的人。他两次赴日本留学，1933 年两次到苏联，看过瓦赫坦戈夫编导的《哈姆雷特王子》，对 30 年代苏联戏剧的新动向有直接了解。对斯坦尼斯拉夫斯基做过深入研究，对丹钦科、梅耶荷德也很了解。正因为很了解，所以他一再提醒：就算是斯坦尼本人，也在不断地自我批判，推翻自己，他的体系也在不断地发展变化中。比如《演员的自我修养》重点讲“内心交流”，而 30 年代以后的文章中就开始强调“形体动作方法”了，因此对斯氏也好，对一切外来思想、方法也好，只能学习，不能照搬。

对西方的一套不能照搬，对传统的一套也不能照搬。欧阳予倩不断告诫大家：不要以为用了戏曲的一招一式，就是民族化了，而不用戏曲的招式就不是民族化。因为“群众是一天天在进步，一天天会要求看新的东西，群众的欣赏习惯也会跟着时代的进展而不断有所改变的。所以不能说只要是传统的东西就能在群众当中保持永远的生命”[③]。

欧阳予倩对西化倾向和复古倾向的警诫，到今天仍然有强烈的现实意义。

戏剧是个武器。

---

① 《自我演戏以来》，《欧阳予倩全集》第六卷，上海文艺出版社 1990 年版，第 43 页。

② 《有关戏剧表导演艺术的两个问题》，《欧阳予倩戏剧论文集》，上海文艺出版社 1984 年版，第 368 页。

③ 欧阳予倩：《有关戏剧表导演艺术的两个问题》，《欧阳予倩戏剧论文集》，上海文艺出版社 1984 年版，第 370 页。

不能上战场，那就进剧场。

在20世纪的中国戏剧界，这是多数人的共识。

最早从事新剧，新文学，新文艺的人们，往往都是些热血青年，“新剧家”“教育家”“文学家”都由“革命家”蜕变而来，无论做什么，只是为了救国。蔡元培最初的救国方式并不是教育，不是美育，不是文学，而是暗杀。1904年，蔡元培已经是职业革命家了，“觉得革命只有两途：一是暴动，一是暗杀。在爱国学社中竭力助成军事训练，算是下暴动的种子。又以暗杀于女子更为相宜，于爱国女学，预备下暗杀的种子”[①]。在爱国女学的时候，专门请了物理和化学专家授课，学分很重，为炼制炸弹，通过暗杀手段进行革命做准备。蔡元培加入同盟会，随即也加入了暗杀团。暗杀团的人面对黄帝牌位饮鸡血酒宣誓，跟日本人学炸弹制作法，筹措资金、招募化学家。在上海，杀手们土法上马，做成了炸药，黄兴等人又从日本带回一批弹壳。但是做成的炸弹从上海送到南京郊区试炸，炸弹扔出去却没炸。经过对弹壳反复改良，才算大功告成。革命党人吴樾携带炸弹前往北方，“未久而中国第一炸弹，发于考察宪政五大臣车上”[②]。

大学问家齐如山也是炸弹救国的热心人之一。他当年做生意，把自己开的义兴局作为秘密革命机关。当炸弹从上海运到北京后，为保险起见，特地带了一颗到南苑他家的农场里进行试爆，证明威力巨大后，这才派勇士前去暗杀，果然将满清大臣良弼炸死。这颗炸弹震动了整个满清王朝，“谁阻拦革命就炸死谁”，这句话一时广为传颂，官吏们无不闻风丧胆。

李叔同赴日本留学前夕曾经赋诗一首，其中有“听匣底苍龙怒吼”的句子。“苍龙”者，宝剑也。剑在匣中鸣，从文墨上来说，自然是修辞手段，但同时也可见内心的杀气。民国元年他在《天铎报》上发表文章声讨国民政府财政总长熊希龄，题目叫作“诛卖国贼——不杀熊希龄，不能救吾国”，依然是剑侠风范。文中呵斥道：“呜呼，希龄！汝具何毒心，备何辣手，而敢悍然违反我民意！贪一己目前之利禄，而忘吾民日后之困苦！汝岂能尚容于世乎？……

① 蔡元培：《我在教育界的主张》，《我们的政治主张》，光明日报出版社2013年版，第74页。

② 同上。

全无心肝之熊希龄，吾民不诛之，何待？！”[①]

欧阳于倩早年在长沙演新戏的时候就是一副战斗姿态，“如果有人阻拦，我们就杀人！”欧阳予倩也的确曾经拿着手枪到反动派家去吓过人。他回忆年轻时候说，“那时候我专爱高谈革命”。谭嗣同、唐才常两位烈士是他先祖的学生，后者又是他的老师。到北京后，正遇上炸弹客吴樾炸死良弼而丧命，因此他去日本留学，若不是因为眼睛近视，就进了陆军学校了。

晚清的最后几年常被人称为“暗杀的年代”。社会上流行的热词是“头颅”“热血”“手枪”“炸弹”。这不能理解为年轻人的冲动，因为年轻人是这样，中年人也是这样，比如蔡元培已经是 40 岁的人了，不但做过翰林院编修（1894—1898），并且是学贯中西的大儒，但是面对旧世界，他跟少年人一样热血偾张。

我们不难想象，这些人如果确信炸弹能炸出一个新中国，他们不会去做北京大学的校长，不会去辅助梅兰芳改良京剧，不会组织春柳社演新剧，也不会在后来担任中央戏剧学院的院长，不会做戏剧。

任何艺术，背后如果没有一腔热血，没有深广的悲悯之心，没有理想国、乌托邦、太阳城、大同世界一类宏伟的理想，没有献身牺牲的决绝，那么做出来都是雕虫小技。

非常之事，必待非常之人。戏剧植根于人的本性，是大众艺术，而探索中国戏剧的发展道路，在全球化大背景下建设木秀于林的中国当代戏剧，则必待非常之人，譬如：欧阳予倩。

根据欧阳予倩研讨会发言整理，其中一部分载《新剧本》2019 年第 5 期

---

① 《诛卖国贼：不杀熊希龄，不能救吾国》，郭长海、金菊贞编：《李叔同集》，天津人民出版社 2005 年版，第 64 页。

欧阳予倩、田汉与中国戏剧现代化的张力

陈建军 *

欧阳予倩与田汉都是中国现代戏剧史上的重要人物，在纪念欧阳予倩百岁诞辰时夏衍说："欧阳谨严，田汉豪放，洪深则是'雅俗共赏、清浊难分'。这样三位各具个性和特点的戏剧家'既合作又不合作'了几十年，这就是一部中国话剧的创业史。"[①]夏衍在这里点到为止，没有具体展开说他们的合作与不合作的具体内容，更没有讨论合作不合作背后的原因何在。接着夏衍的这个话头往下讨论，我们会发现其中有着丰富的戏剧史意义。

欧阳予倩与田汉的合作非常多，如 1926 年 1 月，他们共同参与了迎接谷崎润一郎的众多活动，包括 1 月 29 日上海文艺家在新少年影片公司为谷崎润一郎专门举办了"文艺消寒会"；1927 年田汉受何公敢的邀请到南京的北伐军总政治部宣传处艺术科主持戏剧与电影方面的工作，随后将欧阳予倩邀去，把戏剧方面的工作托付给他；1927 年，欧阳予倩参加了南国社的文艺座谈会和"艺术鱼龙会"的活动，还通过《潘金莲》的演出为田汉等人的戏剧演出活动筹款，南国艺术学院成立后他担任了戏剧系主任；在 1928 年 11 月 9 日的"新南国"成立大会上被选为执行委员；1929 年广东戏研所成立后，宣传造势的第一通锣鼓便是南国社来打响的；1935 年，田汉被软禁南京期间以中国舞台协会的名义组织了演出活动，在演出之前，欧阳予倩写了《田汉与洪深》进行宣传造势；全面抗战期间，两人共同组织了上海戏剧界救亡协会的活动；在大后方的桂林，两人为桂林文化城的文化和演剧活动相互支持，并共同促成了西南剧展这一戏剧界盛会的举办；1946 年，当欧阳予倩从桂林回到上海后，田汉促成

---

* 九江学院教授。

① 夏衍:《纪念艺术大师欧阳予倩百年诞辰》,《人民日报》1989 年 5 月 2 日。

了他与新中国剧社的合作及其后的台湾演剧活动，等等。这些合作共同推动了中国戏剧现代化的发展，包括话剧的发展、戏曲的改革、新歌剧的创立等，这一戏剧史定位在目前来讲也是比较容易判定的。陈白尘、董健把中国戏剧向现代性的转变概括为：戏剧价值观念的变化，戏剧精神内涵的变化，舞台人物形象体系的变化，戏剧艺术生态构成上的变化，四个方面的内容。[①] 傅谨在肯定启蒙话语是中国现代戏剧是最重要的现代性因素之一的同时，指出“只有戏剧以及所有艺术门类都获得了足够的独立性和存在价值，它才彻底成为一种现代的艺术样式”[②]。可以说，欧阳予倩与田汉都是中国戏剧现代化的重要旗手。

学界对欧阳予倩与田汉之间“合作”方面的内容挖掘得比较多，相对来讲，对两人之间“不合作”则探讨得比较少，其实这方面的内容同样具有重要的戏剧史意义，对我们回到历史现场去探究中国戏剧现代化的张力是重要的切入点。

田汉比欧阳予倩小9岁，在田汉从日本回国投身于现代文学和戏剧活动的时候，欧阳予倩已是戏剧界的前辈了。两人相识于1922年，在之后长达40年的交往中两人不断进行着或外显或潜在的对话，在欧阳1962年去世之后，田汉依然在《悼老战友欧阳予倩同志》(《人民日报》1962年9月24日)、《谈欧阳予倩的话剧创作》(《剧本》1962年10月、11月号合刊)、《〈欧阳予倩文集〉代序》几篇文章与这位戏剧界的长辈进行着持续的对话。可以看到，这种对话的发起者基本是田汉，而且可以以1962年为界分为两个时期：在前期，面对欧阳予倩这一前辈和权威，“狂飙突进”的田汉一方面在对话中表现出了“长江后浪推前浪”的挑战、反叛的姿态，另一方面则直面两人的人生观念和戏剧建设道路的分歧，试图将欧阳予倩纳入自己的轨道上来；在后期，因为历史环境的微妙，我们看到田汉对欧阳予倩的单方面对话在一方面将欧阳予倩纳入自己的话语轨道，另一方面也表现出对自己原有立场的反省和调整。在这里我们主要讨论两人在前期的对话。

在前期的对话中，有两个时段比较密集，一是1928年到20世纪30年代

---

① 陈白尘、董健主编：《中国现代戏剧史稿：1899—1949·绪论》，中国戏剧出版社2008年版，第113页。

② 傅谨：《20世纪中国戏剧的现代性追求》，《浙江社会学刊》1998年第6期。

初期；一是20世纪40年代的桂林文化城时期。

在1928年1月7日的《申报》增刊二版，田汉发表了《谈欧阳予倩》一文，主要是要为欧阳予倩所作《潘金莲》的公演做一个宣传造势。文章以对话的形式发表，一方面表达了对欧阳予倩《荆轲》《潘金莲》的赞赏，“对于他的艺术，全然陶醉了”；另一方面则直接表达了对欧阳予倩的《泼妇》《回家以后》剧本以及其京剧演出的不满意。显然，田汉在这里将欧阳予倩的创作和表演分为品质相差极大的两个阶段，并且将后期成功的原因归结为“姜桂之性，老而愈辛”，最后说道：“我一方面要珍重这夕阳的光辉，一方面希望予倩专向新歌剧之建设努力。”田汉的这个评论显然引发了欧阳予倩的某种不满，在1928年10月出版的《潘金莲》一书的“自序”中，欧阳予倩不无调侃地回应道：“田汉先生说，我这本戏是40以后的佳作，又说我好比姜一样，越老越辣；其实我今年才满39岁，还自以为是当令的青年。至于这篇戏，是36岁起草，38岁才得机会表演的，似乎不好算40以后的佳作，田汉先生真是我的忘年好友！况且这篇戏，也称不得佳作，但是我必定在明年，编篇把较为可看的戏，来应田先生的预言才好。”[①] 欧阳予倩在田汉的文章中感受到了来自年轻一代的挑战，因此在这里拿年龄大做文章，申明自己也是“当令的青年”。这种代际之间的冲突是两人更具本质性的分歧的症候。

1928年初欧阳予倩开始同李济深、陈铭枢接触，商讨去广东开展戏剧工作的事宜，最后于1928年11月份离开上海去广州，结束了他的职业演剧生涯。为陈述自己到广东去的缘由，欧阳予倩在广州《民国日报》上以答问的形式发表了一篇文章，并全文抄录于1929年《南国月刊》创刊号上发表的《粤游琐记》中，以“给上海的同志看看”。欧阳予倩这里所说的“上海的同志”中首要一个无疑是田汉。文中由A提了这样一个问题：“你以为中国的戏剧运动，还是靠政府的力量去做好呢，还是纠集几个同志过苦日子好呢？”B回答说：“这是个问题。在这一点田汉和我意见不同，他认为无论如何最好不借助政府。他有他很充足的理由。我呢，以为借助政府，效果或者快些。我们一班同志差不多个个都是穷光蛋，卖文不足以维持生活。当当又没东西，每逢一次

① 欧阳予倩：《潘金莲·自序》，上海新东方书店1928年2月版。

公演，总是一块两块的去凑，凑不齐便延期。衣服布景一些没有，怎么样呢？若得到政府帮忙，多少总好些。”① 对此，田汉在 1929 年 7 月 12 日发表于《中央日报·南国特刊》第 3 号的《艺术与时代及政治之关系》文中进行了回应：“现在我与予倩分开：他靠政府帮忙，我靠自己。他随政府变迁，自然是过渡的，没有办法的路；但我相信，作戏剧建设的人要信仰自助，要相信自己的力量。不过这并不是常态，戏剧建设是需要帮忙的，不过予倩在广州如何？虽不完全失败，但有何成绩？这一点我要注意而不可误会的。”② 可以看到，田汉虽然坚持“作戏剧建设的人要信仰自助”，但同时也认为，“这并不是常态，戏剧建设是需要帮忙的”，因此对于欧阳予倩的选择持一种观望态度。田汉这个时候正处于“苦闷与‘转向’”③ 时期，这个回应也就有些模棱两可。但到 1930 年代田汉彻底转向“左翼”营垒之后，对欧阳予倩的这种选择就持一种明确的质疑和批评的态度。这种质疑和批评主要表现在三个方面：首先是政治立场，在 1930 年发表于《南国》月刊第 2 卷第 1 期上的《我们的自己批判》中，田汉批评说：“他后来的许多作品，如罗复先生所批评的，也犯的是对于客观的环境分析不清，又世故太深，容易和环境妥协，因之所含的思想不是陷入‘混乱’，便自不自觉地‘往回走’。”④ 其次是追求技术完备的倾向，在发表于 1934 年 10 月的《辛亥革命与话剧运动——写在第二十三个双十节前三日》中，田汉说：“欧阳予倩氏在辛亥革命后一时也曾投入封建的旧剧阵营，其后虽有相当可注目的新的活动，去年且曾遍欧陆而访苏联，然而他最近却表示：‘我们以前太自负，太不细心，并没有反省一下自己的东西是不是够得人家欣赏。我们以后要着实做工夫，把戏剧的元素弄完备’，没问题，最好是有充分准备的戏剧元素以便把我们作品的含义充分传达于观众，但新的戏剧要素的充分、完备是要以

① 欧阳予倩：《粤游琐记》，《欧阳予倩全集》第六卷，上海文艺出版社 1990 年版，第 285 页。

② 田汉：《艺术与时代及政治之关系》，《田汉全集》第十五卷，花山文艺出版社 2000 年版，第 29 页。

③ 董健：《田汉评传》，南京大学出版社 2012 年版，第 285 页。

④ 田汉：《我们的自己批判》，《田汉全集》第十五卷，花山文艺出版社 2000 年版，第 122 页。

反封建的任务之充分完成做前提。拿着一个‘完备’的尺度来衡量革命群众的戏剧运动，等于取消这运动使他们都不敢动。”[①] 最后是借助政府进行戏剧建设的做法，在发表于1935年10月的《对于戏剧运动的几个信念》中，田汉提出了“学院派”这一名称，虽然他没有具体将它运用到某个人身上，但欧阳予倩绝对是被归入其中的，他说：“‘学院派’并非是一个可诅咒的名词，他的坏处只是容易烦琐地注意艺术之次要的装饰的部分，而忽视当前最迫切的需要。艺术的奇花是应该在狂飙般的运动中生长的。因此它将是野生的，属于民众，为民众，由民众的。”[②]

在上述直接的对话之外，欧阳予倩与田汉在这一时期还进行大量“纪念”的潜在对话。主持广东戏剧研究所这段时间是欧阳予倩创作的喷发期，发表了包括《戏剧改革之理论与实际》在内的多篇理论文本，创作了自传《自我演戏以来》。《戏剧改革之理论与实际》等文章不仅阐述了戏剧艺术方方面面的内容，同时也大力倡导着平民戏剧运动，他所说的平民戏剧以罗曼·罗兰、托尔斯泰等人的人道主义精神为基本价值观念，反对传统戏曲的宫廷化和文人化倾向，要使现代戏剧成为民众“文化的大会堂”，以培植民众的自由、平等、民主的现代意识。这是欧阳予倩对中国话剧和传统戏曲革新方向的一个总的思考。他的《自我演戏以来》则以自身经历反思中国现代戏剧建设中职业化演剧、业余演剧等方式的不足，并在其最后一章“国民剧场的经过”中提出：“一，要就戏剧加以改造或从新创作，全靠站在职业的剧场以外的专门戏剧家拿牺牲的精神努力贯彻主张；二，要公家有相当补助来建设一个小剧场以为模范。”[③] 与此同时，田汉在1930年初写了近十万字的《我们的自己批判》，正如董健所说的，“此文核心就是三个字：向左转”[④]。在这篇文章中，他的南京之行得出了与欧阳予倩完全不同的结论：“第一我觉得乌合之众是不可以成事的……

① 田汉：《辛亥革命与话剧运动——写在第二十三个双十节前三日》，《田汉全集》第十五卷，花山文艺出版社2000年版，第246页。

② 田汉：《对于戏剧运动的几个信念》，《田汉全集》第十五卷，花山文艺出版社2000年版。

③ 欧阳予倩：《自我演戏以来》，《戏剧》1929年第3期。

④ 董健：《田汉评传》，南京大学出版社2012年版，第273页。

要想做真正的运动，非切实训练出些人不可。第二我觉得艺术运动是应该由民间硬干起来，万不能依草附木。”[①] 同时，他从自己过去对艺术所持的二元观点转向了艺术与社会政治一体化观点，从政治的角度来看待艺术，注重艺术中的阶级因素。

因此，我们看到，欧阳予倩与田汉两人之间的互动从最早的前辈与晚辈的对话走向了不同艺术观念和戏剧建设道路之间的论争。在 40 年代的桂林文化城中，欧阳予倩与田汉继续进行论争，其焦点主要为“磨光”与“突击”之争。

从 1939 年到 1946 年，欧阳予倩在广西桂林待了七年，担任了省政府顾问、广西戏剧改进会会长，还主持了广西艺术馆的工作。田汉则从 1941 年秋天第二次来到桂林，一直待到 1944 年冬天，主要参与了新中国剧社、文艺歌剧团、中兴湘剧团和四维平剧社这几个戏剧团体的演出活动。

在欧阳予倩被迫离开广西的 1946 年，田汉写了《欧阳予倩先生的道路》一文，文章的最后一节标题为“走上了他应走的道路”，田汉所说的“应走的道路”有三个方面的内容：更民间、更群众、更实际。这里的民间与官场相对，群众与明星制相对，实际与学院派相对。民间与官场的对举标示出两人戏剧建设道路的分野，“我们在剧运上存在着一条鸿沟。那是我们走民间的野生的路，而予倩常常和官场，至少地方势力保持紧密关系。南通更俗剧场时代如此，广东戏剧研究所时代如此，广西省立艺术馆时代也是如此”[②]。实际与学院派的对举显示了两人在“磨光”与“突击”上的分歧，“以前予倩先生相当学院派的。他与其注意内容的积极性，宁注意技术的完整”[③]。田汉此文写于国共摩擦不断、即将分裂的时候，其实在抗战时期，“在朝”与“在野”的戏剧建设道路之争基本是缓和的，因为田汉此时还兼着文化工作委员会的差，虽然“身在朝心在野”，但文艺界的团结仍是当时的主流，因此他们之间的论辩基本

① 田汉：《我们的自己批判》，《田汉全集》第十五卷，花山文艺出版社 2000 年版，第 117 页。

② 《欧阳予倩先生的道路》，《田汉全集》第十七卷，花山文艺出版社 2000 年版，第 558—599 页。

③ 同上。

聚焦在“磨光”还是“突击”上。

在写于1941年冬的《秋声赋》中，田汉将欧阳予倩写进了戏里，剧中主人公徐子羽的年长的朋友殷家桢即是以欧阳予倩为原型。田汉在此借剧中的另一人物诗人施寄萍之口对欧阳予倩的“磨光”态度进行了调侃：

施寄萍：我想请客，又没有多带钱，只好请胡小姐吃几个沙田柚。

殷家桢：那么，免不得我也来一个了。

施寄萍：哦，殷先生，你恐怕不欢迎吧。

殷家桢：为什么？

施寄萍：这柚子不到时候还没有熟透。用现在新名词是有点太“突击”了。

殷家桢：（已经吃了几块了）哈哈。

至于“磨光”与“突击”争论的具体情况，熊佛西回忆说：“有一次田汉老发起一个座谈会……在座谈会进行中曾涉及戏剧演出的‘突击’和‘磨光’的问题。所谓‘突击’者是指当时某些赶任务的演出，内容虽是宣传抗战，但其艺术质量还不够高；所谓‘磨光’者系指艺术上比较成熟的演出，但其排练的时间往往花数月或半年之久。当时参加座谈会者的意见主要分为两派，一派主张‘突击’，一派主张‘磨光’。我记得欧阳老是主张‘磨光’的。”① 熊佛西的回忆力求客观，对孰是孰非不置一词，而曾经做过国防艺术剧社的社长，后来一度担任新中国剧社负责人的李文钊的回忆则更有一种历史现场感，他说：“在抗日战争进入紧张阶段时期……田汉同志和好些青年戏剧工作者主张以‘突击’方式争取多些演出，多打击敌人。而欧阳予倩则主张‘磨光’，愈‘磨光’就愈有力量……我们觉得如果太偏重技术，把技术放在思想内容前面，是危险的。我们谁也不反对重视技术，提高技术，然而在当时紧张环境下工作，只有‘突击’才是正确的工作态度，才适合客观现实的要求，不应以‘磨光’来作为工作迟滞的掩饰，更不能作为工作上的一种号召。”② 从李文钊的文辞中我们可以感受到抗战时期特别是全面抗战初期（1937—1941）那种举国激愤的、急

---

① 熊佛西：《忆欧阳老二三事》，《戏剧报》1962年第10期。

② 李文钊：《欧阳予倩在广西》，广西壮族自治区戏剧研究室编印《欧阳予倩与桂剧改革》，广西壮族自治区戏剧研究室1981年，第220页。

切的情绪，以戏剧来服务抗战、救国的时代主题成为普遍接受的观念，为了更广泛地宣传、普及这种时代主题，大部分戏剧人进入了亢奋的状态，在戏剧创作、编导、表演等方面普遍追求快起来，洪深就是一个典型的代表。欧阳予倩追求精心构思、精雕细琢的优美演出在当时是“逆潮流而动”的。更重要的是，我们看到，李文钊提出了“把技术放在思想内容前面，是危险的”的看法，其实这不仅仅是他个人的看法，我们看到，田汉早在 30 年左右就提出了类似的看法。他们共同强调了戏剧对现实发言的首要性，至于戏剧作为艺术之一种的种种现代规划并不重要，因此，抗战戏剧的很多实践反而在形式上或多或少表现出某些方面的先锋精神。

我们看到，欧阳予倩与田汉之间的对话和论争从 20 世纪 20 年代末一直持续到 20 世纪 40 年代末，这种“不合作”绝对不是一时的意气之争，也不仅仅是政治立场的分歧，而是对现代戏剧之现代性的分歧。

田汉在 1946 年明确用“学院派”来指称欧阳予倩的“磨光”追求，从中性的角度看，欧阳予倩确实有鲜明的“学院派”特点，这主要表现在其研究的态度和技术上精益求精的追求上。欧阳予倩有着浓厚的理论兴趣，在 1929 年的《戏剧改革之理论与实际》中，他就提出“要有纳入正轨的艺术论和戏剧论”①。对欧阳予倩来说，不管是中国话剧的建设还是戏曲的改革，首要工作是理论的探讨，他持续的探讨着艺术的定义、现代戏剧的内涵和外延等问题，这贯穿于其从 20 世纪 20 年代直至去世的整个戏剧生涯中。在 30 年代中期考察欧洲戏剧之后，欧阳予倩对舞台技术和演剧体系表现出探索的热情，发表于 40 年代的《后台人语》系列文章从标题就表明了其兴奋点。不管是对理论的探讨还是对技术完备的追求，欧阳予倩都表现出了一种正规化的追求。欧阳予倩所追求的“正轨的艺术论和戏剧论”显示了他对现代戏剧之为现代戏剧的内在规定性的焦虑，这是西方文艺复兴以来对艺术自主性观念的一个回响。相比西方现代以来的艺术自主性观念，欧阳予倩的艺术论和戏剧论并没有将艺术和生活从概念上做一种两极化的划分，这不是传统中国人的思维方式，但他的天平倾

---

① 欧阳予倩:《戏剧改革之理论与实际》,《予倩论剧》，广州泰山书店 1931 年版，第 49 页。

向于戏剧形式的完整性是显而易见的。对欧阳予倩来说，只有在戏剧形式的正规化基础上进行社会教育才是正确之路。因此，我们看到，欧阳予倩的现代戏剧建设模式是："借助于政府或社会机构的力量，以专门戏剧家的身份，造就全新的演剧团队，进行演剧的研究实验，然后通过大剧场的演剧示范和露天大剧场的大规模演出进行推广普及，以发挥作用于民众。"① 虽然这一戏剧建设道路的最终目的还是要"发挥作用于民众"，但演剧的研究实验被放置于民众教育之前。

与欧阳予倩相比，田汉天生对规范性的东西不感兴趣，其南国社时期的感伤与"左联"时期的激进都体现了一种对主流社会的挑战和反叛。在具体的戏剧活动中，他将演剧与其现实生活紧密地结合在了一起，不仅其众多的剧作带上了鲜明的"自传"色彩，其演剧团体的组织也带上了浓厚的"公社"特点，"我们中间本有不少自称'波希米亚人'的一种无政府主义的颓废倾向，他们也喜欢我的味道，我也为着使戏剧容易实现得真切，每每好写他们的个性，所有我们中间自然地酿成一种特殊的风格。好处就是我们的生活马上便是我们的戏剧，我们的戏剧也无处不反映我们的生活"②。不仅其南国社的活动如此，其左翼戏剧活动乃至桂林文化城的戏剧活动都有着类似的特点，差别只在于程度上。田汉的这种戏剧实践与20世纪以来的先锋艺术有着精神上的相通之处，他们打破了文艺复兴以来艺术自主性的神话，将艺术实践为生活的一种活动和方式，重新定义了艺术的概念。

总之，欧阳予倩与田汉都在做着中国戏剧现代化的努力，而两人的不同的人生理念、艺术理念、实践模式则体现出了中国戏剧现代化过程中的不同景观，欧阳予倩代表的是中国戏剧现代化的主流实践，熊佛西、余上沅、王泊生等人的实践都可以归入此类，而田汉则代表了中国戏剧现代化的另类实践，左翼戏剧实践可以归入此类。两者之间的分歧和论争显示了中国戏剧现代化过程中的紧张和张力，丰富着中国现代戏剧的内涵。

原载《艺术评论》2019年第8期

---

① 陈建军：《欧阳予倩建设现代国民剧场的努力》，《戏剧》2011年第2期。

② 《我们的自己批判》，《田汉全集》第十五卷，花山文艺出版社2000年版，第163页。

中国戏剧的现代形象

——谈欧阳予倩戏剧生活与形象创造

钟　鸣*

中国戏剧的现代形象是什么形象？为什么考察欧阳予倩的戏剧生活与创作可以看到这种形象？

2019 年 6 月 19 日到 20 日，中央戏剧学院主办，戏剧艺术研究所承办的纪念欧阳予倩 130 周年诞辰学术研讨会的主题便是“中国戏剧的现代形象”。众所周知，欧阳予倩是中国话剧的奠基人，中国现代戏剧运动的开拓者与领导者。他是中国话剧最早的演出团体春柳社的骨干与代表性人物。在话剧发展的各个重要阶段，如春柳社、南国社、孤岛戏剧与抗战戏剧时期，都起到了中流砥柱的作用，其影响力与领导力之大之广，更是体现在中国现代戏剧运动不同的领域里，其具有的多重艺术身份发挥了不同的社会职能——他既是编剧、导演、演员，又是戏剧教育家、戏剧刊物主编、组织文化活动的官员等——这些角色不仅体现了欧阳予倩个人全面的艺术能力，更代表了他对中国现代戏剧运动不可替代的参与度和影响力。因此，从欧阳予倩身上透视中国戏剧的现代形象是有可能的。

欧阳予倩曾经在 60 岁时写下一首“自寿歌”。诗歌开头的四句诗非常形象：“我诞丑年湖南牛，毕生苦干不抬头，食草挤奶一无惜，唯有穿鼻之绳不可留。”这种“苦干”的“湖南牛”形象，既可以看成他对自己的一种调侃，也仿佛就是他跌宕起伏戏剧人生的自画像。早年便投身于以春柳社为主体的戏剧

---

* 中国戏曲学院戏文系副教授。北京市社科规划重点项目：“民国时期戏曲文化转型与嬗变研究”（SZ20161004925）。

活动，联合“文社”成员在湖南播散戏剧的种子，讽刺时弊，得罪了权贵，最终被军阀汤芗铭赶出了湖南；在上海、南京、杭州等地漂泊演出，春柳剧场的同仁们矛盾丛生，陆镜若的突然暴卒导致最终风流云散；因为热心教育的实业家张謇诚意相邀，欧阳予倩亲赴南通开创中国历史上第一所新式伶工学校的创办工作。但是，戏曲改良之路却并不顺畅，戏曲演员培育工作在方式方法上过于激进，终于在不可调和的争吵中黯然离去，他事后总结道，“本抱有幻想，不料一无成就”①；20年代末，南下广州，主持广东戏剧研究所，兼顾教学、行政、演出等工作。动荡的时局并不能安稳地从事文化教育事业，最终研究所裁撤停办；抗战爆发后，他又组织“中华京剧团”在“孤岛”开展文化救亡运动，引起了各种嫌疑与恐吓，不得不挈妇将雏离开上海；之后，两入桂林，在广西主持省立艺术馆，与田汉、熊佛西等现代戏剧的同仁，开创轰轰烈烈的第一届西南剧展以检阅和振奋低谷中的抗战情绪；抗战胜利了，本当举杯相庆，他却面临着不得不变卖私产以凑足离桂旅费的窘境……总体来看，欧阳予倩的戏剧生涯似乎有着较为明显的阶段性，但每一个阶段的任务却总是困难丛生，难以成功作结。这些艰难困苦的处境下，总彰显出他“苦干”的品质。

如果说，中国戏剧发展成熟的道路注定是不平凡的，那么，欧阳予倩在这条道路上留下的苦干形象，也在一定程度上潜移默化地渗透进了他的艺术创作中。1941年，他写出了大型历史话剧《忠王李秀成》。这部话剧集中展现了主人公李秀成如何在太平天国末期独立支撑天国危局的历程。与其说李秀成在剧中是一个太平天国大厦将倾、独挽狂澜的英雄，倒不如说是在内部的掣肘与夹缝下、外部的层层包围中，孤独求索、苦闷又苦干的灵魂。李秀成最大的痛苦不在于敌人的强大和形势的威逼，而是他始终无法挣脱被猜疑、被孤立、被监视的处境。他的手下将领陈坤书本性奸恶，但因善于钻营，以及被处心积虑地当作分化李秀成兵权的棋子，一夜之间封了王，目的就是让他成为李秀成军事指挥的盲区；洪秀全屡次三番催逼李秀成放弃外围回援天京，李秀成无奈之下只得让带病的母亲妻儿进京为质，这是笼罩在他精神上比军事斗争更沉重的阴

① 《自我演戏以来》，中国戏剧出版社1959年版，第89页。

霾。李秀成回到天京，洪仁发等朝中权臣故意疏离孤立他与洪秀全的关系，茫然痛苦的李秀成面对重门紧锁的天王内宫，愤然击鼓闹朝，他的内心表白是："没有人肯担一点担子，没有人敢说一句话，太平天国难道就这么算了吗？难道说天下的人心都死了，就让这少数的几个奸臣把国家断送吗？不，不会的，千千万万的战士，千千万万的老百姓，都要保卫我们的国家！太平天国一定要兴起来，一定不会倒下去！就是有人要把她推倒，拼着我的血，拼着我的性命，我要把她扶起来。应当担的担子，是卸不了的，应当说的话，就大胆地说出来，怕什么！"①

所以，话剧并没有直接表现李秀成显赫的军功与政治能力，而是把笔墨集中在苦思苦求、苦闷苦干、苦心孤诣的人生奋斗中。这样的形象创造里不仅有欧阳予倩个人的生命形象，也映衬和象征着他沉浮于其中的中国戏剧现代求索之路的坎坷与伴随的实干精神。

中国现代戏剧运动的另一个重要特点是团体性，换句话说它有着强烈的群体聚合的特征。借用抗战胜利后田汉形容欧阳予倩与戏剧同仁们在上海的一次聚会的话——"白龙庙英雄小聚会"——这个《水浒传》回目名②倒是与中国戏剧发展进程中许多情境、事实、精神相符。1907 年，春柳社组织演出《茶花女》的一幕，激起当时在日本留学的欧阳予倩极大的热情，从此长期投身于春柳社演出活动中。回国后，他参加新剧同志会，组织"文社"，加入戏剧协社，结识田汉，参加南国社的戏剧活动，这两位剧界前辈几十年的戏剧交流与友谊的开启是中国现代戏剧运动的标志性节点；同年，欧阳予倩结识了从美国留学归来的洪深，又介绍这位深谙正宗西洋戏剧原理的实干家加入戏剧协社中，这才有了轰动一时的开男女合演风气的《少奶奶的扇子》的成功演出。在烽火连天的抗战期间，他得机主持广西省立艺术馆，虽然紧张的战争气氛仍然十分浓厚，仍迫不及待地以戏剧相召唤，以戏剧相联络，在田汉、熊佛西、李文钊等戏剧友人的共同联手下，争取国民政府官员的支持，得到各界人士的相助，于 1944 年的桂林，居然办了一次历时 3 个多月、集结了桂、粤、湘、黔、滇、赣、闽、鄂八省团队上千名戏剧工作者的西南戏剧展览会，成为抗战时期

① 《忠王李秀成》,《欧阳予倩文集》(一)，中国戏剧出版社 1980 年版，第 288 页。

② 出自《水浒传》第四十回《梁山泊好汉劫法场　白龙庙英雄小聚义》。

中国内地难得一见的文化亮点。1946年，欧阳予倩由上海回桂林参加抗战胜利后广西艺术馆新建剧场落成典礼，上海文化界的人士与戏剧同仁们济济一堂，组织黄浦惜别会。田汉回忆当时“几乎把那茶室的薄薄的楼板给挤塌了”。高桥茶会后，众人兴犹未尽，又拥到梅龙镇聚餐。田汉事后留诗形容道：“泛舟直向吴淞口，又聚梅龙举美酒。当时剧坛几少年，相看半成头白叟！抗战经年多慷慨，间关入桂竞怒吼。戏剧展览到苗瑶，此盛前古良未有……”与其说这是一幅“黄浦赠别图”，不如说是戏剧人众志成城的“复兴聚力图”。两年之后，1948年5月，欧阳予倩被逼出走桂林。心境寥落，形容落魄之际，仿佛有意为了驱散压在他心头（或许也同时是剧界头上）的雾霾，几百名文学戏剧电影界人士齐聚香港六国饭店，盛况空前地搞起了一场特别的纪念会——纪念欧阳予倩六十大寿。戏剧与文化同仁们借着一次祝寿，实际展开的是“纪念他已经四十年的戏剧生涯”。纪念会上，人们热情地赞叹欧阳予倩个人的戏剧道路凝结、演绎的乃是一部“活的现代中国戏剧运动史”。这当然是戏剧人对一位戏剧前辈的祝福，却更是对中国现代戏剧的最深最高的致敬辞。考察中国戏剧的现代发生史，无论从春柳社在东瀛的开荒，还是挖掘校园剧社的星火，所有的获得称得上是艰辛备至、筚路蓝缕。从新剧到文明戏到小剧场戏剧再到戏剧的民族样式探讨与探索，我们不仅能看到个人所起的作用，更能看到整个戏剧群体在优秀精英的带领下不断地完善、不断地升级、不断地打破又重建。

有一次事件是具有象征意义的。当如火如荼的西南剧展刚刚结束，由于日本人发起的“打通大陆交通线”的战役，中国军队正面战场大溃散，受到严重威胁的文化名城桂林遭受到毁灭性的打击，欧阳予倩苦心经营建设的在剧展中发挥了巨大作用的广西艺术馆和广西剧场都统统化为一片瓦砾。但是，以欧阳予倩为代表的经历了七年战争洗礼的戏剧战士，虽然愤懑、难过，却并不气馁。田汉的《长歌》便生动地表达了这群戏剧战士的内在心声：“……胜利欢呼动桂江，山城风貌已非旧。楼阁如云林荫香，存无一二毁八九。瓦砾成堆歌舞歇，掩涕为之吊良久，壮哉南杰湖南牛，不畏万难掣其肘。为引春风入芜城，再把锄头种新柳。”[①] 欧阳予倩的独幕剧《桂林夜话》（又名《归来夜话》），便是

① 田汉：《欧阳予倩先生的道路》，苏关鑫编《欧阳予倩研究资料》，知识产权出版社2009年版。

从一个归来者的角度写照了这一段废墟中期待崛起的心路历程。剧中主人公黄浩然和女儿黄秀成面对废墟漫步谈论，他也用一首绝句表达了对于破城重建的期待："冷月清光浸废墟，桂林焚劫竟无余。新城闻道从头建，滓秽如山待扫除。"[①] 不过，剧中黄浩然的思想并没有停止在一般性的物质城市的重建，而是进一步地探讨了更为迫切、更为重要的问题：重建的城市应该是有希望的文化之城、制度之城，这是真正应该重建的内容。

黄浩然 阻碍交通的粪草堆容易扫，阻碍进步，阻碍文化发展的粪草堆却不容易扫：街上的粪草堆，扫了最多是无意识地再倒；思想和制度方面的粪草堆，不单是一层层加高，而且还要当宝贝来保存。[②]

中国戏剧的现代精英们是中国戏剧最活跃的基因。他们的聚合会形成戏剧运动发展的动力，这是被中国现代戏剧发展不断证明的。无论是 1907 年，欧阳予倩在东京与曾孝谷、陆镜若等人相识于"春柳"，还是 1922 年经梁绍文介绍结识于田汉，共同助力于南国剧运，还是在笑舞台与归国不久的洪深相识，共同创立戏剧协社的舞台剧的新样式（如中国话剧史上的第一次正式男女合演），都印证了中国戏剧人之间个人关系与公共关系互动的效果对于中国戏剧发展的重要性。这样的关系对于他们的舞台形象创作也是有影响的。

有意思的是，无论是田汉还是欧阳予倩，都曾通过戏曲化的渔夫形象，探索了群众性场面与群体性形象。

这些群众性场面除了烘托战斗抗敌的气氛，激发战斗的豪情，更是一种正义性、积极性、乐观性历史观的表达。在有些情境中，他们还对主人公的思想及命运产生了重要的影响。群众场面的书写对剧作法而言，绝不仅仅是增加了几个底层人物，补充了不同的性格态度，更不能简单理解为是舞台上"人海战术"的一种变体，而是会深刻地影响到剧作中的编导意识，造成从剧本到舞台的关于场面美学、调度美学的变化。田汉《江汉渔歌》第四场，渔女春花到江边收渔网理针线、待父回家，在王有财、朱老板来哄骗春花之前，春花前前后

---

① 欧阳予倩：《欧阳予倩文集》（一），中国戏剧出版社 1980 年版，第 155 页。

② 同上书，第 156 页。

后遇到了经过的四拨人：渔娘们、渔翁们、渔婆们、渔郎们。每一组人物上场与春花的对话交流内容与形象各不相同，话题的选择、人物的态度、气氛的基调、进展的速度有着明快的节奏与明朗的色彩。既严肃又愉快，既分散又谨然，以故事情节论，似乎可有可无；以节奏场面论，这一段实在是对戏曲中以歌舞、念白讲故事的传统章法布局的极好示范。欧阳予倩的京剧《渔夫恨》改编自传统老戏《打渔杀家》。改编的重点在于，把原剧中对萧恩、桂英父女们被逼复仇的故事，改写成了重重渔税压迫之下渔夫们如何受到感召一起反抗打破监牢的故事。故事建构了两个空间的对比与呼应，一个是开场向我们展示的因抗税被囚禁的渔民们在监狱里备受苦楚的虐待，一个是传统故事里老英雄父女困守渔家，在丁府频频催逼下最终走向了舍家反抗、扫除强暴的道路，最终父女们杀进丁府，会合民众，战退了官兵。在一致对外的过程中，作者也注意挖掘民众自身的犹豫与忍让，尤其是以村民甲为代表的“种的丁家的田，吃的丁家的饭，丁家起火不能不救”的有家奴思想的形象——虽然，作者处理的方式比较简单直白，只是功能性的展示与说明，但仍可以看到作者对于群体性场面细分处理的艺术思考。

欧阳予倩对于群体性形象的关注不完全是舞台形象的创新，也不只是一种现实戏剧活动的简单对应，而是有着现代文化民本思想的支撑与理论思考。他在 1929 年 5 月 25 日发表于《戏剧》的一篇长文《戏剧改革之理论与实际》中就以梅兰芳的新戏创制为例论述出中国歌剧史的民本思想。后来又在 1929 年 9 月 5 日的《民众剧研究》中提出“民众剧”的完整的理论与实践纲要。他借鉴三民主义的政治名词：民治，民有，民享，以说明戏剧文化中的民众剧理论。提出：“第一步的方法就是‘民有’——就是以平民为主，用平民的资料来编戏剧。这有两层意义：第一，是让平民看了认识他们自己；他们的生活向上。第二，是让上层阶级不忘记平民。平民能认识他们自己，就会尊重自己，爱惜自己；上层阶级不忘记平民，就时时可以爱护平民；他们也可以渐渐自己做平民。”[①] 抗日战争对全民族的发动，使中国的戏剧精英们进一步认识到戏剧与民众的深厚关系，无论是对于现代戏剧的发展还是中国底层社会的发展都有着巨

① 苏关鑫：《欧阳予倩研究资料》，知识产权出版社 2009 年版，第 193 页。

大的作用，民众才是中国现代戏剧发展的重要动力。因此，随着抗战接近尾声，欧阳予倩深切地意识到“民众剧”建设不能因为战争结束而有停歇意识。在短短的几个月时间里，他连续在《广西日报》上发表《从事大众艺术教育运动的态度》（1945.6.2）、《战后的戏剧运动》（1945.8.11）、《农村民众教育问题的提出》（1945.9.22），《推进农村剧运的商讨》（1946.2.15）等。目的就是要提醒自己和同仁们“唤起民众、教育民众、组织民众”，这既是现代戏剧发展的社会责任，也是它继续发展的内在活力。

从欧阳予倩戏剧历程看，他是“牵一发动全身”的人物。他联结的广泛的戏剧关系，聚集的巨大的戏剧力量，开展的不同形式的戏剧活动，都是中国戏剧现代运动的重要组成，并推动了现代戏剧各种要素的新组合新建构。

与田汉一样，欧阳予倩也通过自己的作品探索了现代戏剧的民族形象。由于时代背景的巨大影响力，他们探索的民族形象与民族形式有相似性，即更多地通过戏曲来建构舞台上的英雄主义形象——这样的戏剧形象聚焦多少与抗战时代背景相呼应。

不过欧阳予倩的英雄主义来源可能稍有不同。他出身于书香门第的仕宦之家，祖父欧阳中鹄曾任桂林知府，更是清末一位具有民主主义思想的著名学者。祖父的两名优秀学生唐才常、谭嗣同更是成为后来戊戌变法的代表性人物。唐才常曾是欧阳予倩的启蒙塾师。可以说，维新派的新思想是欧阳予倩未来个人思想成长的起点。变法挫败，死难烈士的事迹，显然对欧阳予倩敢为天下先的英雄主义人格的培育有所激发。他在抗战前后集中编导《梁红玉》《渔夫恨》《桃花扇》《木兰从军》《忠王李秀成》等，尝试创造能够激发现实人心的英雄形象。

《梁红玉》《桃花扇》《木兰从军》《忠王李秀成》是欧阳予倩最负盛名的几部作品。其中的英雄形象融入了鲜明的时代意识与审美理想。比如，他强调女人在国家大义面前与男人同样的担当意识。“自古道红颜多薄命，世间不重女儿身；是我偏要来挣扎，打破陋习见光明。”① 又如，重新诠释传统英雄行为的内在动机，把传统戏曲中根深蒂固的忠君意识进行解构，把核心重点放在民

① 《梁红玉》，《欧阳予倩戏曲选》，湖南人民出版社 1982 年版，第 153 页。

族大义、为国为民的朴素情感上。“这样的描写适应了抗战的大环境，也符合时代的思想。在新的历史时期，人们的思想认识有了很大的转变，其中很重要的一个转变就是现代国家的意识深入人心，国家不是皇帝的，也不属于某个集团，她属于每一个国民。在李香君、梁红玉、木兰身上充分地体现出了这种时代精神。”①

不仅女性英雄如此，以“忠”命名的李秀成也不在于刻画他对天王洪秀全本人的忠，而是把大量笔墨用在李秀成如何既要坦诚对待洪秀全的猜疑，又要苦心孤诣维持太平天国的事业，在更高的层面实现自己的忠诚。整个前三幕，作者建构的基本人物逻辑，便是李秀成如何用“不忠于”洪秀全命他回京的圣命，来践行自己认为正确地为四面楚歌的太平天国事业奋斗的方式。正是在这个意义上，作品体现出了忠心耿耿的忠王李秀成大气度、大格局的“忠”。

欧阳予倩对《桃花扇》题材显然有着不一样的情感。这部根据清代孔尚任同名传奇改编的作品，他曾先后改编过三个不同的版本：京剧、桂剧和话剧。1937 年创作的京剧版是几个版本中最早的，后来的版本基本延续了京剧的改编思想。他把原著中“恢宏的气势、复杂的内容、众多的人物”进行删繁就简，以李香君为人物主线，取原著的《哄丁》《却奁》《辞院》《拒媒》《骂筵》《归山》《余韵》等出，探讨明末清初时代鼎革之际人的底线与气节。和孔尚任不同，欧阳予倩把侯方域处理为最终变节的形象，从而在强烈的对比中表现李香君为代表的底层人物的“卑微的崇高”。李香君显然不同于梁红玉、花木兰这样可以像男人一样奋勇杀敌的巾帼英雄，她的主要行为方式不是积极地争取，而是顽强地反抗。作品中她的贯穿行动线围绕着“拒绝”来展开——拒绝阮大铖贿赂的妆奁，拒绝田仰的逼娶，拒绝为权贵马士英等人歌舞取乐，最后也拒绝了变节归来的侯方域的爱情。显然，相较于杀敌报国的女性英雄形象，以“拒绝”为主要行为方式的李香君在古代妇女的社会生活内容里，有着更广泛的意义和更现实的回响。

注重把古人的故事与当代生活、现实情况比照联想，这是欧阳予倩古代题材创作的基本思路。他说，“所以抗战戏剧的题材，也可以采取一些激励气节

---

① 王永恩:《论欧阳予倩抗战时期的戏曲改编成就——以〈桃花扇〉〈梁红玉〉〈木兰从军〉为例》,《戏剧》2017 年第 4 期。

的故事，使观众从这些故事里，联想到现在的环境”。[①] 这种现实感在他看来会赋予这些形象更强大的生命力。因此，他强调英雄形象身上反映出来的珍贵的抗战精神，不仅应该被挖掘出来，更应该被传承下去：“欧阳先生以为抗战戏剧并不只是抗战一个时期中的需要，就是抗战结束，而民族复兴运动仍得继续进行，所以我们目前应动员广大的民族文化力量，来克服当前的许多困难，以展开我们更伟大的前进。”[②] 经历启蒙与救亡的时代洗礼，新一代的知识分子想要通过改造旧剧以及新兴的话剧样式，创造属于中国审美样式与思想内涵的英雄典型，以激励抗战的意志，要让“民族复兴运动”砥砺前行。

现代中国戏剧的形象史一定不能缺、也不会缺的就是英雄。值得注意的一点是，这些英雄形象中包含着大量的女性形象。对于文学作品中女性的书写是文化发展与文学现代主义运动的重要体现。舞台艺术作品中女性形象挖掘的内涵、体现的意识，也是创作现代形象的重要标志。这在中国现代戏剧发展史上，在田汉、曹禺、吴祖光、欧阳予倩等人的形象创作中都有体现。

创造有性别意识有独立意识有平等意识的女性形象是现代文学和戏剧创作的重要潮流。挪威剧作家易卜生的《玩偶之家》传入中国以来形成巨大的轰动效应，得到文学艺术青年的追捧和这样的现代意识是分不开的。应该说，在新文学作品里塑造这样的女性形象并不为奇，可是要在传统戏曲里通过整理与改编，通过高超的自然的转化手段，塑造一个既符合古代女性风貌，又符合现代审美的形象，是现代戏剧创作的一个重大课题。田汉与欧阳予倩是现代戏剧史上探索该课题的代表性人物。如田汉的《江汉渔歌》，他让渔家女儿自由、纯真地谈论自己的婚姻，笑声朗朗，大大方方，爽爽利利，既质朴又有尺寸，不做作，透着机智与欢乐。这样的渔女形象是可以与传统戏曲中“红娘”“春香”等著名的丫鬟形象相媲美，同时又是青出于蓝而胜于蓝，是完全不同的“丫头”形象。

欧阳予倩对于女性形象的体认与创造路径和自己的朋友田汉不同。这个不同与他长达22年（业余演员6年，职业演剧16年）的演艺生活分不开，和他

---

① 哈庸凡：《名戏剧家欧阳予倩访问记》，苏关鑫编《欧阳予倩研究资料》，知识产权出版社2009年版，第67页。

② 同上。

长期担任女性形象的扮演者，即新兴旦角艺术的自编自演的创新者分不开。在他的作品中，他会有意让男性谈论女性的身份，通过对这种身份的不同态度刻画展示男性见识与格调。比如《梁红玉》开场时，梁红玉带领兵将操练归来安抚百姓的行为引发士绅们的争议。

王　智　就是她？

殷　农　就是她！

王　智　怪不得我听说她是妓女出身，你看她奇装异服，招摇过市，这才真是有伤风化。

殷　农　非但如此，听说她还要鼓动韩世忠和金兵开战，倘若在此地打起仗来，地方岂不糜烂？

王　智　我们也就不能吟风弄月，逍遥自在。

殷　农　我们都是圣人之徒。

王　智　又是地面上的绅士。

殷　农　一定要警告她一番。

王　智　我们寄她一封无名帖子。

殷　农　叫小子们群起而攻之。①

同时，他也会让女性去有意识观察男性的政治行为与言谈举止，发表自己的见解甚至是好恶。比如《桃花扇》（京剧）第三场，杨文聪带着侯朝宗去见李香君，侯上楼后，作者并未常规性地让众人散去，而是留下郑妥娘等妓女，让众姐妹妙语连珠般地对士大夫进行评头论足。

杨文聪　我正是作媒来的，你看方才那个小伙怎么样，可以配得上你吧。

郑妥娘　我才不欢喜那种酸不溜丢的。

杨文聪　他是当今的名士啊。

郑妥娘　名士卖几个钱一斤？

杨文聪　你真俗不堪耐，只晓得买卖。

郑妥娘　魏忠贤当权的时候，不是许多名士都去卖身投靠吗？还有些人心

---

① 《欧阳予倩戏曲选》，湖南人民出版社 1982 年版，第 153 页。

里想卖，可是装腔作势说："我是不卖的啊！"（小生腔拉长着说）

杨文聪 你真把一班名士骂苦了。

郑妥娘 卖身的名士多着呢！

（唱）名士风流多半假，

误了青春误国家。[①]

他构建的主体人物关系，会进一步强化女性对男性的批评、纠正、反驳、教育、引领等行为。梁红玉对骄傲的韩世忠是这样，李香君对侯方域是这样，花木兰对刘元度也是这样。不过，或许是因为男性对女性形象的扮演，是否会无意识地将男性意识融入女性观念之中，造成女性形象或多或少的男性化呢？会不会使得一些生活场景中的女性行为显得性别意识过于模糊，而弱化了人物对比的差异性、人物行动的层次感呢？这些偏颇恐怕也是戏剧形象创作中不得不警惕、留意与讨论的细节。

欧阳予倩和他所引领、开拓、延伸出来的中国戏剧的现代形象命题，应该说是一个双重视角的命题。它既与创作者本人的戏剧生活紧密相伴，又体现于贯通于他舞台形象的创作序列中，它能帮助我们对中国戏剧现代路径的方向与效果有新的审思。总体而言，中国戏剧的现代形象中苦的形象居多，反抗的形象居多，呼喊、教育、启蒙、救亡的形象居多，这似乎影响到现代的喜剧形象偏少，反思与自省的形象偏弱的状况。另外，我们对传统的继承中英雄化、传奇化、浪漫化的继承是突出的，但是生活化、日常化、娱乐化的一面却是相对不足的，甚至有些偏颇的。这会不会导致我们戏剧现代形象的整体构建显得失衡或者不够丰富与完整呢？

重新缅怀与思考以欧阳予倩为代表的前辈戏剧工作者的丰厚遗产，追思他们 50 年生活与艺术高度融合的现代形象的创造，对于我们当下的工作是有启发性的。它会进一步使我们认识到，中国戏剧的现代形象建构并未宣告完成，因为新世纪当代戏剧的形象建构承接的是一个连续性的现代化的进程。

---

① 《欧阳予倩戏曲选》，湖南人民出版社 1982 年版，第 100 页。

二、戏剧教育

自学成才 VS 教人成才
——欧阳予倩现象与戏剧通才培养之道试探

孙惠柱*

欧阳予倩现象的悖论

如果要问一个戏剧界的“钱学森之问”，很可能会是这样的：现在教育这么发达，文化交流、信息传播这么方便，还有了这么多培养戏剧人才的学校，为什么反而很难培养出田汉、洪深、曹禺、焦菊隐、黄佐临那样学贯中西的通才大师？事实上，如果跟欧阳予倩一比，这几位的才能还不算太“通”；在戏曲、话剧、电影的编剧、导演、表演、研究各方面均有出色成就的全才欧阳先生，简直是前无古人，后无来者。[①] 这么说，“欧阳予倩现象”是偶然的吗？他的成才之道有没有一定的必然性？

恐怕不会是纯属偶然。因为上述这几位大家没有一个是独往独来的艺术家，他们都有个共同的兴趣，就是教戏教书育人，特别是开办学校培养戏剧人才，其中欧阳予倩、焦菊隐、黄佐临三位又最特别，两两相似在三个方面有突出的办学业绩：早期欧阳和焦分别在南通和北平办过戏曲学校（欧阳还在广东

---

* 中央戏剧学院客座研究员，上海戏剧学院教授。

① 由于欧阳予倩才能之“通”之“全”，他作为剧作家的成就还被低估了。在我看来，他 1927 年就塑造的潘金莲这个穿古装的现代女性形象，既惊世骇俗地超前，又很快就影响了后人，30 年代曹禺笔下的繁漪、陈白露和金子身上都有她的影子。

办过兼教戏曲话剧的“演剧系”）；后来焦和黄分别在北京人民艺术剧院和上海人民艺术剧院办过话剧学馆；最重要的是，欧阳是中央戏剧学院首任院长，黄参与发起创办了上海戏剧学院。

然而奇怪的是，这几位大师自己都没有接受过戏剧的专业训练，他们读的都是非戏剧专业的学校和系科，主要是通过自学而成了戏剧的通才；但他们办学时都要办专门的戏剧学校，而且大致上是按照专才的目标来设置专业和课程的，然而学生却很少成为他们那样的通才。这是因为他们不希望学生成为他们那样的戏剧通才吗？如果他们其实是希望培养通才的，那么，严格分专业教学的专门戏剧学院的办法是不是有些问题呢？

专业分化的由来和固化

这三位大师都生活在社会动荡的年代，当时现代教育体系初露端倪，还很不健全，但新的信息已经不断出现；三位都极其勤奋刻苦，主动从社会的各个领域尽可能广泛地吸取多元的营养，他们属于自学成才的天才型艺术家。这样的人才是无须进专门学校去学的，就好像当今的彼得·布鲁克等不少英国大导演也不是戏剧专业毕业，而是在从未设置戏剧院系的牛津、剑桥大学的业余剧社里自学的戏剧——他们在文学系的课堂上也学了剧本和戏剧史，导表演实践就主要靠自己身体力行来探索了。这些能力超群的通才后来往往成了剧坛的领军人物，因此他们也都很清楚，剧团还需要大量并非天才但必须称职的人才；这些人千百年来都是用师傅带学徒的方式教出来的，但在进入教育日渐普及的现代社会以后，最好还是用分专业的学校来专门培养。

现在已经是 21 世纪，在高等教育都在日益普及的社会里，戏剧院校更是必不可少了。任何专业院校都有系统划分的专业和课程，戏剧这门综合艺术的内部也有着严格的职业分工。欧阳予倩对戏曲教育有个巧妙的比喻：“戏曲演员要求有高度的技术修养，同时在表演艺术方面有一套程式，要善于运用。程式不是死板的，是能灵活运用的。程式好比一套字母，拼起来就成为文词，拼成怎样的文词，那要看一个戏所要表达的是什么，其中人物的性格、思想感情是怎样的来决定。"[①]"字幕""拼法与文词""性格与思想感情"还是有必要分开来教的；再说行当不同还意味着每个行当各有一套不同的字母，所以不同的行当也常要分开学。但是，欧阳予倩自身成才的经历又告诉我们，专业划分过于死板未必有利于学生的成长，尤其不必把话剧、戏曲分得那么绝对。

中国话剧与戏曲平行发展的局面自从20世纪前期文明戏谢幕后就相当清晰了。欧阳予倩在《怎样才是戏剧》一文中写道："五四时期由于胡适等错误观点的影响曾使话剧一度和中国的戏剧传统脱了节。从南国社起，话剧和中国的戏剧传统才又接上了线。"[②] 南国社的领袖田汉是精通话剧与戏曲的两栖剧作家，那个时期也时常见到演员跨界演出。除了欧阳予倩这位最著名的两栖戏剧人，京剧名家周信芳、童芷苓等也都曾演过话剧。周信芳和欧阳予倩自1916年起就多次同台演戏，1925年合演的是京剧《汉刘邦》，1927年是欧阳编剧的话剧《潘金莲》。1929年欧阳予倩在创办广东戏剧研究所时附设戏剧学校，尝试办了个话剧戏曲有分有合的演剧系："演剧系二十余人中，半习歌剧（当时他通称戏曲为'歌剧'，包括了粤剧、皮黄、昆曲——孙注）半习话剧……没有什么很严的界限。在教职员中也有主张绝对分开，各不相涉的，但在事实上做不到。现在上课有时分开，有时合班，又是彼此通融，也没有什么流弊。"[③]

话剧和戏曲的体制化分隔是在20世纪50年代固化下来的——尽管那时候全国戏剧界的掌门人就是田汉，戏剧最高学府中戏的院长就是欧阳予倩。估计在话剧与戏曲分家的背后，一言九鼎的苏联专家的意见起了相当大的作用。宋宝珍在《斯氏体系在中国的命运》一文中写道：

在20世纪50年代，当文艺界大力推行斯氏体系时，中国的一些戏剧专家对于这一学派就存在着疑惑和争议，在"中苏联盟"的政治情势下，斯氏体系被定于一尊，被强力推行，以致存在着不顾中国国情、生搬硬套的做法，特别

---

① 《话剧、新歌剧与中国戏剧传统》，《欧阳予倩全集》第四卷，上海文艺出版社1990年版，第264页。

② 《怎样才是戏剧》，《欧阳予倩全集》第四卷，上海文艺出版社1990年版，第225页。

③ 《广东戏剧研究所的经过情形》，《欧阳予倩全集》第六卷，上海文艺出版社1990年版，第421—422页。

是将歌舞性、程式化的中国戏曲表演模式方枘圆凿，用斯氏体系的框子强行框架其艺术模式，让戏曲演员遵循“内部体验与外部体现的统一”，片面强调表演的真实，在一定程度上损伤了戏曲演员的艺术创造的主观能动性，并且使他们迷惘于如何表演。比如列斯里就认为中国京剧的脸谱、长髯等是不真实的，演员出台亮相、整冠、理髯、抖袖、起霸、迈方步等动作也是脱离生活真实的。当时，田汉等人并不同意列斯里的意见，认为这是用话剧的特点来否定京剧的写意特点。①

周华斌教授披露了更多这方面的细节，他的父亲是当时的中戏教授周贻白，中国戏曲研究领域的权威学者，曾经和苏联专家面对面打过交道：

1954 年中央戏剧学院建院未久，苏联戏剧导演列斯里被邀请来讲授斯坦尼斯拉夫斯基现实主义戏剧原理。刚到的那天，列斯里对前来欢迎他的中央戏剧学院师生说：“我觉得你们对戏剧是无知的……”

有一次，列斯里派他的太太与中国戏剧史学者周贻白谈中国戏曲。这位专家太太高踞老板桌，周贻白和俄语翻译孙维世像被告似的坐在下面的沙发上接受询问，气氛并不融洽。专家太太第一个问题就问：“你们中国的戏曲为什么没有布景，总是从左方上、右方下？”周贻白答：“这代表演员上下场的来路和去路。如果从内室出来，也有从右方上的。”专家太太问：“我怎么没见过？”事后周贻白认为：“他们不大注意事物发展的客观规律，完全是一种大国沙文主义的派头……”②

但周贻白的不同意见是不可能当着他们的面直说的，只能在“事后”跟自己人说说。列斯里教的中国学生都是来自全国戏剧界的精英翘楚，有不少以前是戏曲演员，谁也无法公开跟“老大哥”辩论。当时内心最痛苦的一定是东道

---

① 宋宝珍：《幕合幕开：当代剧场的炫目风采》（贰），辽宁人民出版社 2014 年版，第 823—824 页。

② 周华斌：《反思“世界戏剧三大体系”——兼论梅兰芳戏剧表演体系》，梅兰芳纪念馆《东方与西方——梅兰芳、斯坦尼与布莱希特国际学术研讨会会议手册》（2018 年），第 60 页。

主中央戏剧学院的院长欧阳予倩，他曾经亲身演了十多年京剧，演技达到能与梅兰芳媲美的程度，但他不可能发声反驳列斯里歧视中国戏曲的谬论，只能在后来给苏联科学院艺术史艺术理论研究所写论文时，不指名地“顶”了一句：“有人认为中国戏专重外形，不注重表达内心活动，这个看法是不对的。”[①] 而在给专家组送行的时候，他还不得不写文章感谢“苏联戏剧专家普·乌·列斯里对中国戏剧运动的巨大贡献”：

斯氏体系的基本原则是反映生活的真实，要用艺术的形式集中地、真实地、具体地描写现实，创造英雄人物形象，教育人民。它自始至终一贯地对形式主义和自然主义作斗争，专家在教学中就贯彻了这种斗争精神。至于形式主义和自然主义这两种毛病，无可讳言在中国舞台上还是存在着的，对这两者作斗争，斯氏体系是一个精锐的武器。[②]

戏曲被列斯里贬为“形式主义”，自然不能纳入中戏的话剧表演训练中去了，最多也就是作为形体课的一部分。但欧阳予倩对这个问题一直坚持着进行了深入的研究和思考，1959 年春季他在中戏做了一共六次的系列讲座，总标题是“话剧向传统学习的问题”，似乎就藏了一点“潜台词”，是针对列斯里霸道言论的“消毒”。在 5 月 14 日的第六讲中，他针对“关于戏曲表演”和“关于基本训练”发表了明显有悖于列斯里理念的观点：

话剧演员需不需要形体训练？绝对需要。现在话剧还没有一套完整的形体训练方法，是不是可以把戏曲的一套全部搬过来？戏曲的形体训练方法是完整的，好的，的确能把动作练得灵活，准确，漂亮，话剧演员应当学，但不可能、也没有必要全部搬过来。其中有需要的又有不需要的……

为着培养话剧演员，应当以传统的形体基本训练方法为基础，并参考苏联戏剧院校的形体训练教学内容，制定合乎需要、切实可行的一套教材……

---

① 《话剧、新歌剧与中国戏剧传统》，《欧阳予倩全集》第四卷，上海文艺出版社 1990 年版，第 264—265 页。

② 《苏联戏剧专家普·乌·列斯里对中国戏剧运动的巨大贡献》，《欧阳予倩全集》第四卷，上海文艺出版社 1990 年版，第 219—220 页。

中国戏曲表演艺术的传统，是如此悠久、优良而又极为丰富……可是从来没有谁做过系统的研究。真希望对这一行精通的行家，用科学的方法系统地总结一下中国表演艺术的经验……我也想从今天起下点功夫，好好地学习一下。[①]

可惜他计划中的这项极其重要的工作被一次接一次的“运动”冲掉了。一个更大的悖论是，欧阳予倩去世前后的60年代初，尽管苏联专家的强制性影响已然消失，中国的戏曲却似乎开始了一种没有列斯里的“列斯里式”改造，在“京剧革命”指令下制造出来的戏曲现代戏越来越多地采用话剧的写实风格和手段，其中最突出的六部京剧后来就成了钦定的“样板戏”。

一大半的样板戏源出于上海[②]，上海的情况也完全一样。戏曲只是当时的政治斗争最需要的手段——话剧仅局限于少数大城市，只有戏曲才能影响到全国各地各层次的人，但必须进行大幅度的写实化改造。所以一方面戏曲的新创作成为当时政府工作的重中之重；另一方面传统戏曲表演的经验在戏剧学院的教学中依然不受重视。50年代熊佛西院长就聘了“传字辈”昆剧演员方传芸到上戏表演系长期任教，但教的只是形体课的一部分。当时全国没有一所教授戏曲的高等院校，最高的就是中专，包括北京的中国戏曲学校和各省的戏曲学校；那里只教戏曲表演和音乐，研究戏曲历史理论乃至编剧的教授都在大学——包括中戏、上戏以及综合性大学的中文系。直到改革开放以后的1978年中国戏曲学校升格为学院，才开始有了教授戏曲表演的大学。

戏剧院校的中外比较

近年来我接触了较多世界各国的戏剧院校，发现中国似乎是把培养现代话剧人才与传统戏剧人才的学校截然分开的唯一国家。欧美基本上已经找不到保存完整的像戏曲这样“活化石”性质的传统戏剧表演形式了——除了早已独立出戏剧领域的芭蕾和歌剧——意大利假面喜剧是唯一的例外。不少欧美大学

---

① 《欧阳予倩全集》第四卷，上海文艺出版社1990年版，第329—331页。

② 《红灯记》《沙家浜》是从上海沪剧改成京剧的，《智取威虎山》《海港》《龙江颂》出自上海京剧院。

的戏剧院系会时不时找老师来教一点假面喜剧表演，作为斯坦尼方法的一种补充；但并没有只教假面喜剧的学历型学校，就是假面喜剧的大本营意大利米兰皮克洛剧院附属的三年制学校也教多种表演风格，假面喜剧只是其中之一。亚洲有不少国家保留了较多的歌舞戏合一的各国的传统戏曲，但多数行当的分工及其程式都相对松散，并没有中国戏曲这么严谨的体系，在印度、印度尼西亚、菲律宾、新加坡等国的现代戏剧院系中，学生往往在学西式话剧的同时，也学点本国传统戏剧的课程。日本的能剧、歌舞伎是个例外，因为体制十分严谨，甚至超过中国戏曲，他们的演员训练就和一般的学校严格分开，并不隶属于教育系统。

当今中国的专业戏剧教育基本上都在现代学校实施，话剧和戏曲泾渭分明；中央戏剧学院和中国戏曲学院是两个完全独立的大学，中戏自 2012 年起开设了京剧系，规模还比较小；上戏自 2002 年起在话剧表演系之外并进了规模更大的戏曲学院及中专戏曲学校，与表演系在两个校区，从来没有学生跨专业修课。以前没有戏曲学院的时候，上戏还常有戏曲大师如周信芳、盖叫天、俞振飞等来给表演系师生讲课，现在反而看不到了；戏曲艺术家只去戏曲学院，而表演系请得越来越多的是完全不懂中文的外国老师。记忆中还是美国的理查·谢克纳教授来上戏导演的时候，第一次让两个院系的人合到一起演了出戏：表演系的教师学生演《哈姆雷特》中大部分的角色，戏曲学校个子小的未成年学生演剧中戏班子演的哑剧戏中戏。后来米兰皮克洛剧院的导演来排《六个寻找作者的剧中人》，也用过戏曲演员扮演剧中人，也是戏中戏的形式，突出的是话剧和戏曲的反差，并不是让二者融合起来。

但如果说话剧和戏曲在我们的学校里完全不交流，倒也不是事实，或者说只是一半的事实。现在戏曲专业师生所了解的理论知识乃至方法，很大程度上已经是西方话剧术语的一统天下。例如上戏戏曲学院导演专业第一年的导演课几乎就是拷贝了话剧导演课，观察生活、自编小品等，极少接触戏曲的程式。反过来，自以为高于戏曲的话剧人就极少下功夫去学被视为“不成体系”的戏曲，不少人还以为戏曲跟话剧是完全不相干的两种艺术——这一错误观念被“戏剧戏曲学”的“官宣”强化了二十多年，以至于有人听到把梅兰芳与斯坦尼斯拉夫斯基、布莱希特并称为“三大体系”觉得奇怪得很，首先想到的是要去求证于外国人，如果所问的外国人说没听到过，就肯定那是中国人瞎凑的，不可能成立。

欧阳予倩要是听到这样的说法，一定会大吃一惊。他跟许多国家的戏剧家有过深入的交往，很多还是大师级的人物。他十分清楚，外国人对中国戏剧的了解很有限，对戏曲表演的认知尤其肤浅。他在去世前三年专门写了两万多字的长文《话剧、新歌剧与中国戏剧传统》，向刚刚来教过我们话剧的苏联“老大哥”全面、深入地介绍中国戏剧。在总结部分他是这样比较戏曲和话剧的训练“体系”或曰“系统”的：

> 戏曲有一套基本功夫，同时有一套完整的训练方法，首先是形体动作、唱功和念白，此外，便根据角色的行当最基本的几出戏作为教材进行训练……我认为我们的话剧、新歌剧都应该建立这么一套基本训练方法。当然这也不能硬搬，应当根据自己的特点在传统的基础上建立一套新的方法，那就必须把传统的一套东西摸透，把其中最可宝贵的东西全部承受过来，推陈出新。基本功夫是非常重要的……戏曲演员在这方面下着毕生不断的功夫，话剧演员、新歌剧演员，我想也应当如此。
>
> ……（我们）正在进一步系统地向传统学习。关于形体动作、台词和表演技巧，尽量吸收传统戏剧的优点。但是还没有能够整理出一套有系统的完整的教材。这是我们正在努力的工作。①

欧阳先生太有远见了，他去世以后出了很多例子，证明系统的戏曲训练帮助造就了顶尖的话剧、音乐剧、电影演员。在国际上最著名的动作片大家成龙，曾在香港学过十年戏曲表演。其次是在百老汇成名的王洛勇，他并未专门学过音乐剧，在上戏表演系和波士顿大学戏剧系学的都是话剧，但小时候学了五年京剧，他五年连演两千多场《西贡小姐》男一号，创下了所有演员在百老汇长演的最高纪录。在考进中戏表演系之前，徐帆学过三年戏曲表演，袁泉学了七年京剧，秦海璐学了六年……这个名单可以拉很长，然而，大多数戏剧学院的学生还是没能像他们那样受惠于戏曲训练。因为，最透彻地理解戏曲和话

---

① 《话剧、新歌剧与中国戏剧传统》，《欧阳予倩全集》第四卷，上海文艺出版社 1990 年版，第 274—275 页。

剧表演的欧阳予倩老院长走了，最终还是没能把戏曲基训的精华结合到他呕心沥血建设的话剧课程中去。他去世太早了，而他那极有远见的理想，似乎已经被很多话剧人忘怀了。现在太多的人只认西方来的五花八门的“体系”“方法”——其实并没有认清，他们甚至不承认戏曲也有值得话剧好好学习的“系统方法”。为什么会是这样呢？欧阳老院长桃李满天下，为什么就没有学生能继承他未竟的事业？

其实答案也并不太复杂，因为，能接手从事这个事业的人必须是个通才，而不仅仅是好演员——即便是最好的演员兼表演教师也还远远不够；我们国家的戏剧院校确实培养了很多十分优秀的专门艺术家，就是很少想到还要培养像欧阳老院长那样的通才艺术家兼教育家兼学问家。

通才的必要与来源

前面提到，欧阳予倩、焦菊隐、黄佐临以及田汉、曹禺那样的通才都是自学成才的剧坛领军人物，他们之所以能够引领潮流，一个很重要的原因就是，他们在西风东渐之初，既能够睁开眼睛走出去广泛地接触新事物，又有全面的深厚的文化底蕴，懂得用智慧和眼力沙里淘金，挑选、引进真正有助于中国发展的西方先进思想与方法。就“通”而言，欧阳予倩绝对是这几位大师中的佼佼者，他不但留学日本，英文也非常好（有人知道他还懂其他外文吗？），他大量阅读西方剧本、戏剧史以及理论著作，又到法国、英国、苏联等国看了很多戏，还和各国的戏剧大师直接交流切磋，所以他能通过已成为他第二天性的比较的视界，清楚地认识我们自己传统中的好东西，把中西文化的精华融合起来。

借用田本相先生提出的中国戏剧“二度西潮”的概念，可以说，五四前后“一度西潮”的弄潮儿大多是全能的健将，所以那时候的引进效果非常好，大多数作品——从莎士比亚、易卜生到契诃夫、皮兰德娄——至今仍有不朽的价值。尽管有个时期胡适等人过度地褒扬写实剧、贬低戏曲，但他们很快就明白过来了，胡适还为梅兰芳访美写了热情的介绍。而在近年来的“二度西潮”中，就很难见到老前辈那样的通才来主导西潮的引进了。这是几十年的教育体制造成的问题。1950 年代起大多数高等院校都进行了严格的分科，大学主要成了各类专业院校，包括相隔甚远的外语院校和戏剧学院，从此学戏剧的大多不谙外语——戏剧学院里又是学表演的外语最差，学戏剧文学的外语相对稍好些，却又不通表演；学外语的普遍不懂戏剧，而在戏剧的各个分支中最不懂的就是表演。

近年来中国的顶级戏剧学院越来越以“最难考”而闻名，每年艺考时总是成为媒体高密度关注的焦点，几乎被全社会都当成了明星制造所——百分之零点几是包括哈佛、牛津在内的全世界大学中最低的录取率，外国没有任何戏剧学院能对媒体有这么大的吸引力。人们似乎越来越不会去看聚光灯另一面的问题：几十年来我们花很大力气建设戏剧院校、院系，可培养出的人才中有多少是像欧阳予倩、焦菊隐、黄佐临、熊佛西、孙维世、英若诚那样的通才？看看 20 世纪 80 年代就引进的两本著名西方导演的畅销书，彼得·布鲁克的《空的空间》和格洛托夫斯基的《迈向质朴戏剧》，都有不应忽视的翻译硬伤，但还是照样多次重印，误导了太多看不到、看不懂原版的莘莘学子。

由于专业的局限和译介的相当程度上的盲目，很多戏剧人并不知道，他们所相信的不少西方的理论和方法其实越来越脱离了那里的主流戏剧，成了少数人自娱自乐的游戏。西方的这个问题也是源自 20 世纪 50 年代，那里大学扩招以后，戏剧脱离了文学系独立出来。戏剧教授为了打自己的独特招牌，就著书立说贬低戏剧的文学基础，硬说最重要的不是剧本而是导表演——特别是那些刻意不演好剧本、只求博眼球一阵子的所谓“后剧本”导表演的鼓吹者——如阿尔托。刚好当今我国既通导表演又通外文、史论的人才最少，很容易被人忽悠了还浑然不觉。掌握资源引进西潮的人缺乏通才老前辈的眼力和判断力，往往不管那些西方理论与方法是否反映了西方剧坛的全貌，也不管是否符合中国观众的需要，随意引进一些五花八门的边缘理论和奇葩外教，浪费了大量国家的资源，无助于建设我们本应为人民服务的剧坛。

比起一百年前，当今世界的信息多了无数倍，加强国际交流与学习传统文化的重要性也比当年提高了很多倍，怎样才能实现二者的平衡？要回答好这个问题，必须要有通才的底蕴、通才的眼光。可是通才去哪里找呢？现在社会上绝大多数的人才都是从大学出来的，有能培养出欧阳予倩这样的通才的大学吗？回答恐怕很难太乐观。但我们也不能守株待兔，或者说“等待戈多”，坐等着希望自学成才的通才自己哪天冒出来。前面说过，但凡剧团都需要大批的专才，因此，分专业开设课程的戏剧学院还是一定要办下去的；但是，能不能就在以培养专才为主的学校里，也为少数通才的脱颖而出留出一点空间呢?

欧阳予倩如果还在，他会怎么回答这个问题呢? 估计他会鼓励学生更多地跨专业选课与合作，还会放宽学生换专业的限制。他在 1929 年设计广东戏剧研究所附设戏剧学校时，开设了“戏剧文学”和“演剧”两个系，实是出于不得不然，因为对招生对象必须有不同的要求：

文学系的学生比较程度一律些。但因投考的资格，标准较高，竟至一个女生都没有录取……

目下两系的学生，似乎是截然分开，因为程度不同，课程不同，入学的先后不同，情形当然是这样。至于到将来，演剧系的学生是否专当演员，文学系的学生是否专从事于戏剧文学，此时不能预定，只希望他们对于预备功夫，把根基打稳固些，便可就其性之所近自行选择。照现在的情形，是在共同的目的之下，分两边进行，无论如何，步骤是一致的。[①]

这就是说，在大致分专业上课、打好基础的前提下，允许甚至鼓励学生“就其性之所近自行选择”未来的具体发展方向。这个理念跟当今美国一两千个大学戏剧院系中绝大多数的办学理念倒是有点像，那里学生的选择权极大，初入大学时不定专业，要到第四个学期试修过各种各样的课程以后，才自行选择定下专业方向。在全部四年的学分中，所选专业的课程只占大致三分之一，而属于通识教育的各类课程却占了三分之二。这样的设计似乎有点过分了，因为专业课太少不利于专门人才的培养；他们这样做的理由是：真想当专门人才的学生会继续去读研究生，尤其是 MFA。

占三分之二的通识课程更适合培养通才或者“通材”，因为美国的大学毕业生能在所学专业就业的实在太少，必须让学生多学点各类课程，将来要改行就比较容易。而对我们来说，我们最需要的是高端的通才，未必需要太多低端的“三脚猫”通材。因此，我们的专业戏剧院校不必拷贝美国大学戏剧系的普

---

① 《广东戏剧研究所的经过情形》,《欧阳予倩全集》第六卷，上海文艺出版社 1990 年版，第 422 页。

遍做法，倒是不妨借鉴中外顶尖大学都在办跨系科“高等研究院”的方式，在传统专业之外，特别开设一种只收少量尖子学生的“跨专业创作研修班”。根据中国国情，这样的班多半应该是研究生班，招收来自各校各专业的热爱戏剧的优秀学生，打通传统的专业界限，进行全面的培养；或者，在本来就各方面要求都比较高、人数又比较少的导演系办这样的高等研究班。总之，是争取在一贯分专业培养专才的总体格局中，多少辟出一点更加自由的空间，创造条件让少数学生全面发展，尽可能成为通才，让一部分人先通起来。

我想欧阳予倩老院长一定会希望，在中国的戏剧学院里，至少有一些学生能成为像他那样的通才，在中断了几十年后，能接续他早就规划过的事业，实现他未竟的理想。

此文题目和内容稍做调整，载《戏剧》2020 年第 4 期

欧阳予倩戏剧教育理念及当代启示

胡智锋　何昶成*

作为一代戏剧大家，欧阳予倩先生对于中国戏剧发展作出了多方面的开拓，尤其在戏剧教育领域，欧阳予倩先生更是艰辛探索、知行合一，不仅作出了历史性的贡献，其理念与实践对于当代中国戏剧教育而言，至今仍有着多方面的启示。

一、欧阳予倩戏剧教育实践的轨迹

纵观欧阳予倩先生长达半个多世纪戏剧教育的实践轨迹，大体经历了五四新文化运动前后、抗日战争期间、新中国成立之后三个主要阶段。

1. 新戏剧教育模式初探

中国传统戏剧教育主要体现为民间戏班的模式。由于受旧时代社会制度和文化的影响，戏班教育模式存在着不少的不良习气，如戏班内部森严的等级和艺人对班主的人身依附，戏班之间相互排斥、打压，甚至恶斗，再加上传统社会等级制使戏剧艺人处于社会最底层，社会对戏剧艺人及戏剧教育普遍相当歧视。

欧阳予倩先生参与创办的伶工学社，在五四新文化运动的感召下，在“德先生”（Democracy）和“赛先生”（Science）理念的指引下，一反传统封建戏剧教育的种种陋习，建立新的人际关系，形成了全新的管理制度——在学社内部讲究人人平等、精诚合作，反对旧科班式的打骂行为与人身依附关系；在办

* 胡智锋，北京电影学院党委书记、副院长、长江学者特聘教授、中国高校影视学会会长；何昶成，北京师范大学艺术与传媒学院2018级博士研究生。

学目标上，不再为图个人名利，而是以改造社会、影响社会，实施社会教化为目标；在办学内容上，提倡教学兼顾艺术实践与科学理论等。这些新的管理制度、办学目标和办学内容构成了新的戏剧教育模式。可以说，上述新教育模式的探索，将戏剧教育和社会发展与文明进步紧密结合起来，为新中国戏剧教育发展奠定了重要基础。

2. 民族化戏剧教育理念形成

抗日战争时期，中华民族处于救国存亡的艰难时刻，同时也是全民族爱国热情和现代国家意识空前焕发和觉醒的时段。而抗战时期空前高涨的爱国主义和民族主义激情，深刻感染和影响着欧阳予倩先生，他的民族化戏剧教育理念也在这一时期形成并确立。欧阳予倩先生民族化的戏剧教育理念，渗透着对于中华民族文化的自尊、自觉与自信，同时也具体体现在他的艺术创作、理论创新和重要戏剧活动的组织与推进中。第一，在艺术创作上推出了一批具有鲜明民族特色的戏剧作品，如创作演出了《越打越肥》《桂林夜话》《忠王李秀成》等具有民族特色的独幕剧，改编了《桃花扇》《梁红玉》《木兰从军》等民族题材的戏曲；第二，在理论创新上推出了一大批具有强烈突出民族性思想的理论观念，发表了《改革旧戏的步骤》《我们的经典》等论文，凸显出欧阳予倩先生在戏剧教育中对于民族性的独特认识；第三，在实践活动上积极推进民族戏剧的交流发展，如成功筹备举办了中国戏剧史上的空前盛会——“西南戏剧展览会”等。正是上述的实践，让我们看到，欧阳予倩先生高举爱国主义和民族主义旗帜，创造性地将民族、民间及传统戏剧进行了整建制与成规模的集聚，为抗战时期的戏剧教育创新加入了戏剧改革、戏剧理论、戏剧展演等方式及内容，以此推动了中国戏剧教育民族化的时代性探索与发展。

3. 现代戏剧教育体系建构

1949年，中国共产党领导的人民革命取得了巨大胜利，创建了中华人民共和国。欧阳予倩先生紧跟时代步伐，以高昂的热情投身到新中国的戏剧教育与文化事业中去，他历任中央戏剧学院院长、中国文学艺术界联合会副主席、中国戏剧家协会副主席、中国舞蹈工作者协会（今中国舞蹈家协会）主席等职，曾当选为全国政协委员、全国人大代表等，而这一时期，给历史留下的最深刻印记，则是他作为中央戏剧学院院长对于戏剧教育所作出的不可替代的贡献。

新中国文艺的发展，在中国共产党的领导下有了清晰明确的方向与目标，文艺的核心功能就是为人民服务、为社会主义服务。因此，欧阳予倩先生在五四新文化运动和抗日战争等时期所积累的戏剧教育经验基础上，结合新中国的时代需要，为戏剧教育赋予了崭新的内涵，领导创建了新中国较为完整的戏剧教育体系。一方面，创建了较为严谨的专业体系，即按照西方较为严谨、科学的专业设置模式，包括学习借鉴苏联戏剧教育中的模式及特点等，建立了以“文学、导演、表演、舞台美术”等为主要分工的专业体系；另一方面，将人才培养、科学研究、社会服务等进行串联贯通，以“三位一体”的模式建立了较为全面的专业功能体系。可见，欧阳予倩领导建立的新戏剧教育体系，与新中国的政治经济文化的发展相呼应、相匹配，为中国特色的戏剧教育的体系建构作出了重大贡献。

二、欧阳予倩戏剧教育理念的突出特征

欧阳予倩先生在长期的戏剧教育探索摸索创新的进程中，形成了独特的教育理念，这种教育理念突出体现出以下三个特点：

1. 民族性

戏剧教育的民族性主要体现在区域文化、传统文化、民间文化等方面。

在区域文化方面，欧阳予倩先生高度重视地方戏剧的价值，对桂剧、平剧、汉剧、湘剧、粤剧等进行充分的吸纳与改进，同时把这些戏剧资源融入戏剧改革和戏剧教育中。包括在伶工学社、广东戏剧研究所、广西桂剧学校、中央戏剧学院等办学期间，他注重对不同剧种中的优秀师资进行发掘与引进，注重对不同剧种中的优秀品质进行探索与提炼，为培养戏剧人才、创新戏剧理论等奠定了坚实的基础。

在传统文化方面，受五四新文化运动“反传统”思潮的影响，欧阳予倩先生当时对中国戏剧（戏曲）持完全否定的态度；而到了抗日战争时期，受当时民族主义思潮的影响，欧阳予倩先生的戏剧观转向了民族化的立场，他认识到用欧洲写实主义的观念去看待中国戏剧很是不妥，因此对中国戏剧采取了肯定的态度。从那时起，欧阳予倩先生自觉探索，从中国传统经典名著特别是经典戏剧作品中挖掘资源，并对其进行创造性的改进，其代表作有《红楼梦》《桃花扇》等。

在民间文化方面，欧阳予倩先生重视草台演绎和街摊演出的价值。在欧阳予倩先生戏剧教育的理念中，他对于民间文化尤为尊重，曾指出生长于民间的中国戏曲具有深厚的人民性，这种表现真实生活且入情入理的真实更易于为观众接受，值得我们借鉴学习。① 由此，欧阳予倩先生不仅在创作实践中常取材于民间，编写出如《运动力》《泼妇》等反映民间生活的剧作，在教书育人中也积极推动学生们与民间文化的交流，如在新中国中央戏剧学院的建院初期，召集了一批来自民间的优秀戏剧戏曲家前来担任客座教师等，为学生们拓展了更广阔的视野。

2. 现代性

欧阳予倩先生一方面继承民族文化传统；另一方面重视外来文化价值，诚如他在《有关戏剧表导演艺术的两个问题》中所言："民族化并不是一个狭隘的观念，而是有创造性的、革新精神的、宏伟的意图。"② 欧阳予倩先生这种在戏剧教育中与时俱进，敢于创新、打破固有模式与经验的精神，形成了现代性的办学理念。笔者认为，现代性可以从三个角度进行阐释。

第一是时代性。欧阳予倩先生在戏剧教育中与时俱进，常立足于时代景观、需求、功能、价值等多方面进行考量，并随着时代的变迁不断地充实与丰富。在新文化运动时期，他深感旧剧的凋敝与民众素质的低下，指出了演员还要做"品格高尚的人"③；在抗战时期，他主张对传统戏曲的批判吸收与旧剧改革；在新中国成立以后，他更重视戏剧为服务于党和国家意识形态需求、满足社会主义革命、满足人民群众审美娱乐需求等。可以看出，欧阳予倩先生的戏剧教育理念，正是配合时代的需要，在戏剧教育的功能、内容和形式上，自觉地将上述需求渗透在戏剧教育的全过程和各个方面。

第二是开放性。欧阳予倩先生在戏剧教育中一直秉持着"兼容并包"的思想特点。在五四新文化运动时期，欧阳予倩先生将易卜生为代表的欧洲近代写实主义戏剧引入中国，包括在新中国成立后，他继续向欧洲特别是苏联学习，

---

① 参见张庚、郭汉城《中国戏曲通论》，上海文艺出版社 1989 年版。

② 《有关戏剧表导演艺术的两个问题》，《欧阳予倩全集》第四卷，上海文艺出版社 1990 年版，第 360 页。

③ 蔡美云：《欧阳予倩戏剧思想初探》，《戏剧》1999 年第 2 期。

引进了斯坦尼斯拉夫斯基体系等。可以说，欧阳予倩先生在各个时期引进、学习、借鉴了国外优秀戏剧作家的作品，并以此融入戏剧教育中，提倡学生和演员们能在接受本土知识的同时，也能学习和观照到西洋艺术特别是西欧先进的艺术理论等。

第三是先进性。欧阳予倩先生之所以拥有现代性的办学理念，还体现在与时俱进、大胆创新的探索上，例如在伶工学社办学期间采取科学的方法来培养学生，并开设包括历史、地理、算术等多门课程辅于戏剧教学；在“戏剧协社”的实践中，开创了我国话剧男女合演的大胆尝试；在对桂剧等戏剧的改革中，建立了导演制度。可见，欧阳予倩先生在戏剧教育中所凝练出的现代性特征，也有着显著的先进性特点。这种先进性也正是满足、符合了当时期社会发展和人们日常审美的需求，具有较强的前瞻性。

3. 实践性

在戏剧教育中，欧阳予倩先生强调学以致用的办学理念，即为解决实际问题而进行的言传身教，为此，实践性作为一个显著的特点，始终伴随着在他的整个戏剧教育中，不做空虚、玄乎、空洞的说教，而是紧密与戏剧实践联系在一起，不论是在师资配比还是课程设置等方面，都体现着强烈的实践性。笔者认为，戏剧教育作为科学的实践，是由艺术创作的艺术性、理论探索的学理性、社会教育的社会性等三个方面的紧密结合。

第一是艺术创作。欧阳予倩先生反对生硬的说教，强调学以致用的教育理念，鼓励学生在学习中不断创作，在创作中不断学习。在办学期间，欧阳予倩先生为学生搭建练习场所，并亲自带领学生进行戏剧创作与戏剧表演，不仅激发学生“化入角色”，还在“唱、念、做、打”四功中亲自口授身导，力求学生的一言一行、一招一式等都符合戏剧本身及其剧情规律。正是这种高艺术标准的培养模式，欧阳予倩先生为中国戏剧的发展培养了大量能编、能导、能演的创作型人才；同时，也为戏剧观众们带来了丰富多样的作品。

第二是理论探索。欧阳予倩先生曾指出，一个好的演员需要懂得中国的历史文化，还要具备一定的艺术鉴赏力，同时也要注重理论上的研究。[①] 由此看

---

① 参见《话剧演员的基本训练与文艺修养》，《欧阳予倩全集》第四卷，上海文艺出版社 1990 年版。

出，欧阳予倩先生在教育实践中强调戏剧教学与理论创新的相结合，通过举办各种戏剧展演、座谈会、交流活动等如西南戏剧展览会、西南剧工大会等，推动戏剧理论的创新发展，同时也发表了大量与戏剧演出、改革、教育等相关联的学理著述，致力于启发和培养戏剧工作者的理论创新能力。

第三是社会教育。欧阳予倩先生以戏剧舞台作为载体，通过舞台表演来表达爱国主义、民族主义等时代性的需求，对大众进行启蒙教育，从而达到改造社会的目标。尤其在此期间，《梁红玉》《渔夫恨》《桃花扇》《广西娘子军》等爱国戏的演出，极大地激发了群众的爱国激情，为抗战时期凝聚民族精神作出了贡献。

三、欧阳予倩戏剧教育理念的当代启示

欧阳予倩先生在长达半个多世纪的戏剧教育中形成了突出的民族性、现代性、实践性的教育理念，这些理念饱含辩证思想，内涵丰富深刻，对于当下的戏剧教育尤其是戏剧与影视学学科建设有着深刻的启示。

1. 应构建更加开放多元的师资队伍

当前，戏剧与影视学学科的师资队伍尽管总量不小，但来源相对狭窄，存在着开放不够、传承不足、学理不强等问题。

第一是开放不够。近年来，戏剧与影视学学科构建形成了自身的发展模式，但由于该专业起步晚、发展快，很多地区的院校及研究机构都还是以单科发展为主，师资结构相对封闭单一，诸如大多数师资都是从本校就地提升，从本科到博士，以师傅带徒弟、徒弟再带徒弟的模式，整体上形成了较为封闭、单一的状态。

第二是传承不足。随着国际交流的日益加强，我们看到了其他国家、地区对于戏剧与影视相关学科发展的独特经验，特别是欧美等发达国家在教育培养等方面所呈现出的优势，由此，部分院校及研究机构在人才引进等方面以海外经历作为首要指标，对于师资的培养也开始循序海外的模式。尽管受过海外学科训练的师资有利于开阔学科的视野并更显体系化，但从实际情况来看，以西方知识体系为主的师资队伍在本土教育理念下也常出现食洋不化、水土不服等问题，如部分师资缺乏对民族传统文化的传承与理解。

第三是学理不强。由于每个地区高校或研究机构的学科基础不同，师资队伍的学理水平也参差不齐：一方面，有大多数学位点的师资都是从传统文、史、哲学科等转过来，学历层次以本硕较多；另一方面，很多学位点为解决学生就业，重视提升专业实践能力，因此较多师资会专注于学科技能的提升上，而对于学科中科学原理或法则的探讨则相对较少，整体而言学理不强。

面对上述的问题，我们应当拥有一支怎么样的师资队伍呢？对此，从欧阳予倩先生的理念与实践中，我们可以获得深刻的启示，这就是我们所应当构建更开放而多元的师资队伍，具体说来，即应当从本土、海外、民间等多个方面发现和会聚师资。

一是本土师资。对于师资队伍建设而言，由于本土师资的当地特质，可以说是在专业的历史传承、创新发展等之中，起到了中流砥柱的作用。纵观欧阳予倩先生教育历程，其所邀请到的本土师资包括老派戏剧艺术家、留学西洋艺术家、解放区工作者等，在中央戏剧学院建院初期，欧阳予倩先生曾聘请到包括剧作家曹禺、剧作家周贻白、音乐家马可、留学西洋艺术家焦菊隐、延安鲁艺工作者张庚等作为授课老师，而来自不同背景、不同风格的师资，为同学们带来了丰富多彩的知识分享。当然，在早期伶工学社、广东戏剧研究所等办学经历中，本土师资也作出了重要的贡献，如唐槐秋、吴家瑾、唐叔明等优秀艺术家，为中国戏剧发展奠定了坚实的基础。

二是海外师资。欧阳予倩先生注重对西方戏剧的学习互鉴，并在此基础上，鼓励学员们学习西洋艺术知识，鼓励中西戏剧的深度交流，包括他后来对于旧剧的革新成就，也是建立在对西方戏剧的认知、探索之上。因此，欧阳予倩先生重视对海外师资包括西洋、苏联等国外戏剧专业人才的挖掘，如在伶工学社时，欧阳予倩先生则邀请到来自日本等国家的专业教师，为学员们授予专业的知识内容；又如在中央戏剧学院建院初期，在人民政府的大力支持下，邀约到如苏联优秀戏剧专家普・乌・列斯里等前来开班教学，拓展了学员们的戏剧视野。而这对于当下戏剧与影视学学科师资队伍构建、海外师资的引进更是大有裨益，如促进文明的交流互鉴、加强学科的建设发展、推动专业实践及理论创新等，都体现出海外师资对于本土学科教育的重要性。

三是民间师资。民间师资指的是在民间、社会上有一定影响和水准的艺术家等。欧阳予倩先生常邀请社会名流来授课或带领学生观看演出，如早在更俗剧场时期，欧阳予倩先生邀请到梅兰芳等国内名角到此献艺；在中央戏剧学院建院之初，召集包括梅兰芳、程砚秋、侯宝林等艺术家担任客座教授；其间，也为学生们积极争取到观看京剧界李少春、谭富英、萧长华，评剧界新凤霞、小白玉霜，曲艺界侯宝林、魏喜奎等著名艺术家精彩演出的机会。民间师资的获取，是为学科本身的专业性和行业性进行挂钩，让同学们接触到一线的专业人员，开拓行业视野的同时，也为提升学生的行业素养奠定了基础。

总的来看，欧阳予倩先生在师资队伍的构建模式，对于我们戏剧与影视学学科中师资队伍的建设而言，具有很强的参考价值。当下戏剧与影视学学科中的师资队伍仍存在过于封闭、单一的情况，开放度和丰富度相对缺乏，为此，我们不仅要注重本土化与国际化的相互补充，同时也要注重理论与实践的相互结合，建立更加开放而包容的师资队伍，才能更有利于学科的建设发展。

2. 应进行民族性与开放性兼具的专业设置

当前，戏剧与影视学学科在专业设置上存在着理念相对局限的问题，具体体现为民族性与开放性等相对不足。

一方面，我们引进了西方较为完善的戏剧与影视教育体系，但同时也由于过度依赖西方的办学理念，忽略了对本土民族资源的充分发掘和吸纳。从专业设置角度来看，特别是改革开放以来，戏剧与影视学学科的专业设置以西方经验为主，从专业、行业等角度来进行学科的专业划分，而本学科中以本土文化、民族特色等作为依据的专业设置则寥寥可数。

另一方面，戏剧与影视学学科中专业设置的开放度还相对不够，仅片面与欧美等发达国家进行互鉴交流，但对于世界其他地区如中亚、拉美、非洲等地区戏剧与影视资源的吸纳还相对较少。

面对上述问题，我们应当进行怎样的专业设置呢？从欧阳予倩先生的教育理念和实践来看，应当进行民族性与开放性兼具的专业设置。具体说来，在专业设置中应当体现出两个结合，即继承与创新相结合，内与外相结合。

继承与创新的结合是指在继承中创新，一方面，我们需要继承传统，坚守与延续民族传统中优秀的专业设置模式；另一方面，我们需要开拓创新，积极探索、借鉴成功经验，结合自身情况予以融合创新。如欧阳予倩先生在专业设置中提出的“戏曲导演学”，可以说是在中国传统戏曲艺术专业的基础上，借鉴学习了西方较为成熟的导演学专业设置模式，并结合本土戏曲艺术家在导演实践探索中的相关经验，予以专业设置的继承与创新。

内外结合是指本土与国际的结合，一方面，我们在坚守本土专业设置模式的基础上，需要放眼国际，学习、借鉴外部的优秀经验；另一方面，我们不能一味地崇洋媚外，在对国际优秀经验的汲取中也需要回归本土，注重内与外的有机结合。在中央戏剧学院办学期间，欧阳予倩先生注重本土化和国际化在专业设置理念中的共同发展，在以苏联模式即按照工种来进行专业划分为主的基础上，开创了如表演干部训练班等兼具本土与国际特点的专业设置模式，打破了以往专业设置理念的局限性。

可以说，继承创新与内外结合的专业设置模式，兼具了民族性和开放性的先进理念，为打造多元学科专业、培养复合专业人才、建构完整理论体系等奠定了基础。

3. 应搭建功能更加完整的教育体系

目前，戏剧与影视学学科教育体系面临着功能相对片面的问题。

当下戏剧人才培养普遍存在着偏向于课堂教学，而相对欠缺课外艺术实践；偏向于封闭性教学，而相对欠缺开放性视野；偏向于技术技巧训练，而相对欠缺整体性、创造性思维的培育等问题。

在科学研究方存在着偏向于散点评论，相对欠缺整体系统的研究；偏向于应用研究，相对欠缺基础史论的探究；偏向于一般性的学理探究，相对欠缺创新性的理论构建等问题。

在社会服务方面普遍存在着偏向于局部的参与，而相对欠缺整体规模的供给；偏向于数量的推进，而相对欠缺质量的追求等问题。

面对上述问题，应当建构怎样的戏剧教育体系呢？在这方面，欧阳予倩先生的戏剧教育实践中给予了我们深刻的启示，即应当全面、系统、深入的规划和践行教育的完整功能，从而避免功能的片面和缺失所带来的负面问题，具体说来包括以下三个方面。

第一，应强调以实践型、国际型、创新型为基础的复合型人才培养理念。实践型强调培养人才的实践能力，在欧阳予倩先生所创办的戏剧学校中，无一不有舞台剧场予以实践相佐，如伶工学社的更俗剧场、广东戏剧研究所戏剧学校的大小剧场、广西桂剧学校附设实验剧团、中央戏剧学院的实验剧场等，鼓励学生在课堂学习之余，也要注重实践演出对于戏剧学科的不可或缺；国际型强调培养人才需对外界的借鉴与学习，并通晓国际模式，如上述欧阳予倩先生引进的欧洲先进戏剧体系，包括在伶工学社办学期间要求学生不仅要精通本民族的戏曲，还要知晓西洋音乐等，都是作为对于国际型人才培养的关键启示；创新型则是强调培养人才的创造、创新能力，如欧阳予倩先生在办学期间带领学生致力于旧戏的改革创新，对旧戏剧本、表演、舞台布景、服装、化妆等方面都进行了大胆创新的尝试。总结欧阳予倩先生实践型、国际型和创新型的人才培养理念对当下戏剧与影视学学科建设的启示，可以概括为要培养在专业领域内具备实践能力、通晓国际模式、创新多能的人才。这特别是在如今由高科技等介入所引领新工种、新智能的环境下，欧阳予倩先生关于人才培养的办学理念，仍值得我们学习与借鉴。

第二，应搭建以系统、基础、创新等为基础的丰富性理论研究体系。纵观欧阳予倩先生在教育实践与办学理念中所形成的较为成熟的学术理论体系，这是由于在表演实践中的不断总结积累，在理论中又不断批判创新，从而推出了一批又一批有分量的理论著述，其中包括有对系统性理论如对戏剧本体的研究，基础性理论如对戏剧史论的研究，创新性理论如对时事热点的探讨等，撰写出如《予之戏剧改良观》《用粤语演话剧》《粤剧北剧化的研究》《戏曲艺术的斗士盖叫天》等代表文章，著有《自我演戏以来》《话剧、新歌剧与中国戏剧艺术传统》等书稿。欧阳予倩先生在戏剧教育中丰富的理论建构，为戏剧与影视学学科构建完整的教育体系提供了专业范例，而上述对于系统性、基础性、创新性的研究，更是作为搭建戏剧与影视学学科核心教育体系的根基，为我们学科理论发展予以良好的启发。

第三，应提出以全面、整体、有效的责任性社会服务观念。欧阳予倩先生非常强调戏剧学科在社会服务的重要性，并结合社会教育予以实现。从“春柳社”开始，欧阳予倩先生便提出“社会教育的招牌是始终不能不挂起的”观点，在后来到江西、上海、广东、广西等地的不断辗转中，全面展开了戏剧教育对社会服务的观念[①]；而在具体的实践中，如在广东戏剧研究所、广西桂剧学校等任职期间推动戏剧的改革活动，包括举办“西南戏剧展览会”“西南剧

① 参见《戏剧改革之理论与实践》，广东戏剧研究所《戏剧》第一卷第一期。

工大会”等大型活动，可以说是有规模、有层次地树立了戏剧教育在社会服务体系中的重要作用。当然，在戏剧教育中所培养的一大批爱国主义人才、所呈现的一大批针砭时弊的实践作品、所策划的一大批爱国主义活动等，都是戏剧教育在社会服务中的有效体现。由此，笔者认为，当下戏剧与影视学学科建设，还需站在国家社会、人民群众的角度来去作出更多的贡献——包括文化传承、道德宣传、价值引领等方面，以全面、整体、有效体现出学科在社会服务中的责任性，从而为构建人类命运共同体、建设一个更加美好世界承担更多的职责。

总而言之，欧阳予倩先生从师资队伍、专业设置和教育体系等方面构建了戏剧学科建设发展的基本框架，而这些建设所带来的宝贵经验如师资队伍的开放性、多元性，专业设置的创新性和灵活性，还有教育体系的功能性、丰富性和社会服务性等，给我们今天整个戏剧教育特别是戏剧与影视学学科的发展留下了深刻的启示：坚持民族性、现代性、实践性的结合，培养无愧于时代的戏剧新人，打造戏剧教育的新格局、新观念与新形态，创办具有世界影响力的中国戏剧与影视学一流学科。

原载《戏剧》2019 年第 5 期

欧阳予倩谈戏剧教育

陈　珂*

欧阳予倩作为开拓中国话剧洪荒的人物，他的戏剧观可谓影响了一代又一代的中国戏剧人。作为新中国成立后中央戏剧学院第一任院长，他的戏剧观也奠定了我国对于戏剧教育观念的基础。

欧阳予倩毕生都在追寻着“真戏剧”。“真戏剧”在《予之戏剧改良观》文章中最早提出。早期，欧阳予倩的“真戏剧”主要关注于剧本创作和舞台实现，聚焦于戏剧原则的问题。后期，欧阳予倩的“真戏剧”主要在戏剧本体——戏剧表演艺术上下功夫。表演艺术是戏剧本体的落点，也是欧阳予倩的“真戏剧”向深层次艺术领域的进一步探索和实践，更是他开展戏剧教育活动的重要支点。

欧阳予倩关于戏剧教育方面的研究和试验，归根结底还是来自他的“真戏剧”观念。《予之戏剧改良观》主要分为两个部分：“须组织关于戏剧之文字”和“须养成演剧之人才”。在“须组织关于戏剧之文字”中，欧阳予倩认为，戏剧理论的建设至关紧要：“欲改良戏剧，非亟倡正确之剧论不可。”[①]当时的中国戏剧理论首先需要建立基于“剧本之分析”的理论，其次是基于“舞台上之研究”的理论。

有了“须组织关于戏剧之文字”的“真戏剧”，论文第二部分“养成演剧之人才”由此延伸：“故为目下计，为将来计，一面借文字以救其弊，一面须组

---

*　中央戏剧学院教授。

①《予之戏剧改良观》，《欧阳予倩全集》第五卷，上海文艺出版社 1990 年版，第 2—3 页。

织一‘俳优养成所’；以四五年卒业，以养成新人才。”①

在“真”原则基础上进一步探寻戏剧表演、戏剧教育理论。欧阳予倩认为话剧是艺术，是美的，是综合性的，是复杂的。话剧应该强调和表现的是“戏剧性”，而不是“叙事性”，而“戏剧性”则是由演员的表演和演出来实现的。从这个观点出发，无论是“三部曲”还是“两大支柱”，欧阳予倩戏剧观一直在秉承一个重要原则——做“真戏剧”人。戏剧教育应建立在这样的基础之上，树立“真”的原则。

在具体谈论戏剧教育的方式方法前，首先要明白什么是“真”的原则。

什么是“真”的原则？

所谓戏剧原则，其实质就是戏剧性原则。

戏剧是一门综合性艺术。区别于其他艺术体系，戏剧对于综合能力要求较高。欧阳予倩曾说：“戏剧者，必综文学、美术、音乐及人身之语言动作，组织而成。”② 譬如组织管理方面，他在1937年进一步总结其“真戏剧”的组织管理原则时说：“综合艺术的第一个组织者就是剧本作家。其次，导演是实际的组织者。经过演出计划的规定，于是表演、音乐、布景、灯光种种部门，各以其所宜，集中力量于一点，以表现剧的内在精神，传播于观众，于是戏剧的作用完成。我们要依照这个原则去处理戏剧。”③ 单从此方面就可看出戏剧的综合性。

人的基点是一切历史的基点。历史现象说到底是人的现象。应该说，人世间的全部历史现象唯有在这里才能还原：回到人本身。任何历史现象如果不能回到人本身，回到人的常识和常态中，历史就可以被任意解构或被任意阐释。这是因为人既是历史的创造者，也是历史的篡改者，任何历史事件和现象都是被人们取舍的遗留物。只有以人和人的常识常态作为历史研究的取舍基准，历

① 《予之戏剧改良观》，《欧阳予倩全集》第五卷，上海文艺出版社1990年版，第3页。

② 同上书，第1页。

③ 《戏剧改革之理论与实际》，《欧阳予倩全集》第四卷，上海文艺出版社1990年版，第16—17页。

史研究才有标杆。

以人为中心，而不以事为中心。欧阳予倩认为当时剧评有很多弊端，例如，缺乏“社会心理学、伦理学、美学、剧本学之知识”；人情大于批评，“非以好恶为毁誉，则视交情为转移”；对剧本“在所不问”，认为剧本无足轻重，不根据剧本和“人情事理”立论。①这些弊端，是“真戏剧”没有“养成的希望”的原因。当时，人们普遍将戏剧用作宣传工具，直接在其中发表政见和看法，把话剧与讲故事、讲时局联系在一起。欧阳予倩虽然也受到相当大的影响，但他还是依然坚持着对戏剧自身规律的认识。他对戏剧的热爱是从戏剧艺术自身出发的，而不是从“道学”的角度或者出于某种功利的目的。

戏剧是感性的、感情的或情绪的艺术。“我不信戏剧艺术除掉以美感人之外能够在何种具体目的之下存在。”②由于欧阳予倩这种“纯艺术”的倾向，使得他对于戏剧的本质特性有一种执着的追求。“戏剧是艺术，所以戏剧以情绪为主，戏剧的情绪应当是有永久性、有个性、有普遍性。”③谈到“思想”，欧阳予倩认为，戏剧的内容是由美的情绪化的思想组织而成的，剧作中所有的思想——“就是作者的人生观”。但是他把这个人生观具体化而不是抽象化——“人生观不外是作者的人格和个性，这是戏剧的要素”。“当然没有思想就不成戏剧。但是不可为思想所拘泥。”“艺术若囿于思想，就失了艺术的真义，必使艺术没有生气。”“研究戏剧的人们对于这层万万不可忽略。可以说思想是骨干，情绪是精神，而我们供给人家的是美。”

回归戏剧艺术品格的理想和追求。欧阳予倩的“真戏剧”带有“纯正戏剧”或“真正的审美戏剧”的含义，这是他对戏剧艺术品格的理想和追求。欧阳予倩对当时中国戏剧界的两大戏剧现象，旧戏和新戏——也即传统戏曲和新型话剧，都予以了否定。“试问今日中国之戏剧，在世界艺术界，当占何等位

---

① 《予之戏剧改良观》,《欧阳予倩全集》第五卷，上海文艺出版社1990年版，第2页。

② 《自我演戏以来》,《欧阳予倩全集》第六卷，上海文艺出版社1990年版，第71—72页。

③ 《戏剧改革之理论与实际》,《欧阳予倩全集》第四卷，上海文艺出版社1990年版，第29—30页。

置乎！吾敢言中国无戏剧，故不得其位置也。何以言之？旧戏者，一种（疑有脱字——笔者）之技艺；昆戏者，曲也。新戏萌芽初茁，即遭蹂躏，目下如腐草败叶，不堪过问。舍是更何戏剧之可言？”① 他的话中虽然颇有情绪性的一面，但也可视为他对回归艺术品格的“真戏剧”的企盼和希望。

“须组织关于戏剧之文字”——剧本

“关于戏剧之文字”部分，欧阳予倩提到了一个他最为重视、非常核心且重要的要素——剧本。

他认为剧本是“真戏剧”立足的根本。“真戏剧”提倡演出剧目遵照剧本进行，要有“准纲准词”，反对幕表制和“水词”。欧阳予倩提及其的“真戏剧”演出时，总是一而再再而三地强调“准纲准词”。他认为“剧本是灵魂，没有剧本什么都谈不上”②，并说演员“只要稍微爱惜自己的艺术的，就要求有‘准纲准词’”③。

“剧本文学为中国从来所无，故须为根本的创设。”欧阳予倩在改革旧戏的套路中，主张“贵能以浅显之文字，发挥优美之思想。”④ 他认为，应该多学习西方戏剧法则，甚至是以仿制作为最早起步的基础。

“真戏剧”的剧本是以西方戏剧的“格式作法”作基准的。戏剧形态作基准，把中国戏剧的剧本创作开展起来，从“格式作法”到“发挥优美之思想”。这个“优美之思想”应该说是“艺术的精神”。其采用的新式编剧原则：讲究剧情的统一性和表演的一致性，具有以人物性格和戏剧动作为中心的编剧思路，不是以事件为中心，而是以人物为中心。这种编剧的原则，更是以戏剧性而不是叙事性作为基础的。

① 《予之戏剧改良观》，《欧阳予倩全集》第五卷，上海文艺出版社 1990 年版，第 1 页。

② 《谈文明戏》，《欧阳予倩全集》第六卷，上海文艺出版社 1990 年版，第 232 页。

③ 同上书，第 219 页。

④ 《予之戏剧改良观》，《欧阳予倩全集》第五卷，上海文艺出版社 1990 年版，第 1—2 页。

“宜多翻译外国剧本以为模范，然后试行仿制。[①]”欧阳予倩所说的西方戏剧“格式作法”建立在欧阳予倩翻阅、演出大量西方戏剧剧本之上所诞生的观点，而这些剧本对于欧阳予倩来说就是现代戏剧改良的经典范本。

引申到教育，古今中外都在遵循一个原则：以经典作为核心教育的支撑。只有经典才是一切变形或进化的基础，最原始的才是最基础的。缺失经典的教育不能称之为教育，而是培训。20 世纪末，在现代主义盛行的欧美，一位就职于哈佛和耶鲁大学的教授哈罗德·布鲁姆（Harold Bloom，1930—）整理了一套《西方正典》（*The Western Canon*），译林出版社简体版翻译为《西方正典：伟大作家和不朽作品》（2005 年版），其目的就是回到经典，传承经典。

没有经典剧目的垫底，系统化成建制的教学是没法完成的。在戏剧教育中，剧本是经典的重要载体。在这个支点下，长久以来，中央戏剧学院始终坚持要求学生阅读大量经典剧本，历代先辈教师也为历届学生从古今中外著名剧本中筛选出来 60 部或 120 部必读和精读剧本作为必修课，作为戏剧教育的奠基，作为进入校园的第一课。设置一个较高的起点，将眼界放高，提升鉴赏力，在做实际剧目时效果才会更好。在经典的基础上才可能有真创造，站在巨人肩膀上才可能有高水平的创造。

无论将来你会成为一名导演、一名编剧、一名演员甚至只是一名场记，剧本分析都是戏剧教育的基础课。

“须组织关于戏剧之文字”——戏剧的要素

戏剧教育的内在修养离不开欧阳予倩提到的另一个重要因素——“戏剧的要素”：

（1）故事。欧阳予倩认识到，“戏剧没有故事，思想和情绪都无从安置。”但故事不是中心，而只是一个载体：“故事好比是人的躯壳，人要没有躯壳，灵魂便无从寄托。”他强调“真戏剧”的故事在戏剧中不是以叙事的方式出现的，

---

① 《予之戏剧改良观》，《欧阳予倩全集》第五卷，上海文艺出版社 1990 年版，第 1—2 页。

人的行为才是其依托。“戏剧的故事，既是有人有事，所以行为便是要素。”[①]欧阳予倩强调的“真戏剧”的要素之一，就是“行为的展开”。

（2）性格。欧阳予倩认为，性格依然离不开“行为”：“行为不是空的，必定要有性格。”那么，性格在戏剧中意味着什么？性格就是人物的“内部生活”。他把性格和行为紧紧联系起来，用戏剧家的眼光看待性格和行为的关系，从而避免抽象地论述性格：“性格与行为有紧密的关系，性格不同，行为自异。行为的冲突正因为性格的冲突。所以有人物必有行为，有行为必有性格。”[②]

（3）戏剧危机与“意志争斗”。欧阳予倩把危机的“根据”定为“意志斗争”，这显然是受到当时引进中国的西方戏剧理论的“意志论”的影响。他说：“戏剧中的危机是根据意志斗争来的。意志斗争分两部分，一是外部的，一是内部的。”[③]欧阳予倩将人物内在的“心理转变的情形”作为重要的戏剧危机的依据。

（4）戏剧对话——台词的核心问题。欧阳予倩在这里引用易卜生的《娜拉》（《玩偶之家》）中“女仆送信”的一段戏为例子。他将易卜生的草稿与后来的修改稿作对比，来说明戏剧需要“用对话表现性格”的艺术特色，并颇为正确地看到了情境在其中的作用：“戏剧的对话是要根据戏剧中的人物，而适合其个性情感、境遇才行。”[④]在这里，他已经有了比较明确的戏剧情境——“境遇”制约并规定人物台词和动作的意识：“当某种境遇应当说什么话。”

（5）戏剧结构和分幕。欧阳予倩认为“编戏的结构如看人钓鱼”：“编戏的结构如看人钓鱼。起端见钓竿在水面，渐进见水纹浮动，浮标起伏，顶点就是鱼已上钩为生命而挣扎。鱼的着急和钓者求得的精神，都到了最高点。于是转降而见钓者一收一纵，鱼力渐竭，钓者举竿，鱼跃入手为收煞。”[⑤]至于分幕的问题，欧阳予倩引用了一位西方戏剧家威廉·阿契尔的说法：“不分幕的戏，好

---

① 《戏剧改革之理论与实际》，《欧阳予倩全集》第四卷，上海文艺出版社 1990 年版，第 33 页。

② 同上书，第 33—34 页。

③ 同上。

④ 同上书，第 38 页。

⑤ 同上书，第 39 页。

比软体动物，分幕的戏，好比脊椎动物。”并表示了自己的赞同：“我也差不多有同样的感想。”

内化部分才是真正决定一个戏剧人是否是合格戏剧人，是否是一名优秀戏剧人的决定性因素。“故为目下计，为将来计，一面借文字以救其弊，一面须组织一俳优养成所；以四五年卒业，以养成新人才。”① 第二部分“须养成演剧之人才”由此延伸。

戏剧最直观的感受是通过表演的方式呈现，表演部分教学是戏剧教育中最直观的部分。

欧阳予倩“真戏剧”在其基础问题——戏剧本质特性和格式做法上所做的探索和实践，在当时是开创性的；其艺术价值、历史作用和影响也是巨大的。从这个意义上说，戏剧表演和演出是戏剧的本体所在，也是欧阳予倩“真戏剧”实施的核心所在。

欧阳予倩论表演和演出戏剧演出或戏剧表演是一个具体化的戏剧工程，戏剧只有在这样的工程中才算是真正“立”起来了。欧阳予倩对于演员训练的方式方法，是由表及里的。日复一日的训练以提高演员的基本形体和能力，也要求演员在外在形式的训练中，不断地内化。

“须养成演剧之人才”——“三部曲”

欧阳予倩表演教学中的精华有“三部曲”与“两大支柱”。三部曲是“挑选”“领神”和“扣环”，两大支柱是“台词与形体”。这是欧阳予倩一生追求的“真戏剧”的历程中，在戏剧表演艺术上的创新和发展。

1. 戏剧表演艺术中的“挑选”法

戏剧表演的中心是动作，动作是以形体为载体的。

形体动作是表演的根本，是表演的灵魂，也是展现人物内心世界的最有力的工具。挑选到了“应有的、恰当的”② 形体动作，然后从这种外部形体动作给

---

① 《予之戏剧改良观》，《欧阳予倩全集》第五卷，上海文艺出版社 1990 年版，第 3 页。

② 澹台仁慧：《回忆欧阳予倩老院长给我们排戏》，《戏剧论丛》1982 年第 3 辑，中国戏剧出版社 1982 年版。

人带来的感觉出发，演员才能逐步体会到人物的形象、状态，进而在戏剧的规定情境中体验人物的性格和内心情感。从模仿人物的外部形态开始，通过人物的外部形体动作找角色的内部心态感觉，由外而内，由端而虚，由形而神。这是由外而内、由形而神的表演艺术法则。

欧阳予倩的“真戏剧”在表演艺术上追求“美的具体化”的特色。“美的具体化”，是欧阳予倩“真戏剧”理论的重要观点之一。在表演艺术上讲究形体动作的美化，是欧阳予倩在演员舞台实现上的基本要求。戏剧是为了观众而存在的，艺术是美的显现，这是欧阳予倩“真戏剧”一直没有放弃的追求。

2. 戏剧表演艺术中的“领神”法

挑好了符合人物角色的形体动作，就要控制好动作的分寸。

欧阳予倩的表演控制法，就是要求演员学会“领神”。“领神”的目的很明确，就是演员要集中精神，一方面主动地控制自我和角色，一方面主动地把握观众的情绪，引领观众的注意力。“掌握‘火候’，戏做足不能做尽，要有寸劲儿！”[①] 这就是控制。“领神”是一种表演的主动状态，是从表演本体出发，以表演者个体的自我意识和自我控制来观照和掌控整个演出表演形态的现代戏剧表演术。

控制是表演的核心和窍门所在，但控制不等于压制。“领神”的方法，很明显是来自打破第四堵墙的戏曲表演艺术的一种手段。但这不仅仅打破“四堵墙”的问题，它实际上还牵涉到戏剧本体——表演艺术的审美基点的问题。不要“过于受四堵墙的限制”。这是欧阳予倩表演艺术理论中很了不起的见识。“你们要善于运用自己的眼睛，要敢于面向观众。演戏是给谁演呢？给观众。要谁看呢？观众。那么，就不要避开观众。”[②]

3. 戏剧表演艺术中的“扣环”法

表演不仅仅是一个人的，而是有交流的。

“扣环”是指演员在全场表演中与其他演员彼此的台词形体，环环相扣，

---

① 《台词课教学大纲的说明——在中央戏剧学院台词课教学座谈会上的讲话》，《欧阳予倩全集》第四卷，上海文艺出版社 1990 年版，第 163 页。

② 澹台仁慧：《回忆欧阳予倩老院长给我们排戏》，《戏剧论丛》1982 年第 3 辑，中国戏剧出版社 1982 年版。

相互配合，产生“自然的谐和”状态。欧阳予倩要求演员在舞台实现中不但要“扣”住，还要“扣准”。很明显，欧阳予倩这种对舞台表演和演出的讲究，除了单个演员自身的状况，还涉及一个戏剧场面乃至一个剧目的全场戏中，全体演员形体动作的协调和谐。这其中包括了关注和把握全剧的舞台造型、调度、情节运行节奏，台词和动作韵律等技术操作性成分，以及全剧的情感色彩、美学精神和某种社会、历史意味的内蕴外延。

因此，演员需要自觉把握场面调度，照顾全场，使彼此间的交流与配合“要像打枪那样枪枪命中，弹弹有效”[①]，使人物间的台词对话和形体动作环环相扣。这样的舞台实现，一方面可以说是导演的职责，但另一方面也是一个好演员艺术素养的体现。这是欧阳予倩对演员的舞台实现的更高要求。

这样一个欧阳予倩戏剧表演艺术的三部曲就完成了。

在上文诸多要素的基础之上，表演教学具体的实施方式——台词和形体由此诞生。

这是“真戏剧”在戏剧表演艺术上表现情感与美感的两大支柱。从 20 世纪中期开始，表演艺术成为欧阳予倩关注的焦点。他提出：“话剧有两根大柱子，就是语言和动作。”[②] 演员对这两者不能掉以轻心，要通过“语言和动作”或“台词和形体”来把“体验的技术（内部的）和体现的技术（外部的）”统一起来，“紧密结合”。

“语言和动作”或“台词和形体”是演员塑造角色的根本。“创造角色形象”的“性格化”，避免“流于油滑”，甚至“走入形式主义”，就必须“在动作表情与台词的运用方面有不同的创造”，“应当为每一个不同的角色造出不同的形象”。[③] 这就是戏剧表演艺术中这两大支柱的作用和功能，其目的是塑造性格化的人物形象。

---

① 澹台仁慧：《回忆欧阳予倩老院长给我们排戏》，《戏剧论丛》1982 年第 3 辑，中国戏剧出版社 1982 年版。

② 《加强台词形体训练 提高表演艺术水平》，《欧阳予倩全集》第四卷，上海文艺出版社 1990 年版，第 180 页。

③ 同上书，第 205 页。

“两大支柱”（一）——台词

1. 基础——“演话剧要会说话”

欧阳予倩的这套方法，总的来说，可以归纳为是话剧表演的底子，戏曲念白的方法。他结合苏联专家的先进经验，融会贯通，形成了直到今天依然生机勃勃的中国话剧台词训练机制。其中有一整套训练系统和方法，直到今日依然是我们表演训练的必修课程。

欧阳予倩总结道：“关于字音要注意的就是‘喷口’。平常我们说咬字或者吐字，念台词要有嘴劲。有嘴劲出字才有力。每一个字要咬得真、吐得重，好像子弹从枪膛里里头挤出来的一样，这样才能够字音准确而送得远。这就叫喷口。行话说：有喷口才能响堂呢。”[①] 字音是基本元素，有了基本元素词，句句就有了生根的地方。

由于情境的不同，就会产生不同的轻音重音的位置变化。台词语句在表达中需要有逻辑性、准确性和艺术性，由此就会产生轻重缓急、抑扬顿挫的节奏。欧阳予倩将其分别为分解、间歇和节奏。

“分解”是讲“把语句加以分解，就很容易看出什么地方应当加重，什么地方就可以轻轻带过；什么地方应当一口气念下去，什么地方应当作小小的停顿”[②]。

“间歇”发生于三种状况：“一是由于文法上说到那里必须有一个停顿而来的间歇，如加重语气，话的转折，语意的变动；二是由于说话的时候遇到的偶然或是突然发生的变化，感官受了或轻或重的刺激，话就发生停顿。三是由于心理的变化，或者说不下去，或者不愿再说下去，或者忽然想起另外的事情，或者是加深考虑，话就发生间歇。”[③]

“节奏”是欧阳予倩谈得最多的问题。欧阳予倩“真戏剧”的艺术魅力在

---

① 《加强台词形体训练 提高表演艺术水平》，《欧阳予倩全集》第四卷，上海文艺出版社 1990 年版，第 189 页。

② 同上书，第 191 页。

③ 同上书，第 192—193 页。

表演形态上，很大程度是来自他对戏剧的音乐化的认知和把握。欧阳予倩认为，一个剧目演出的成功与否，往往就在于对节奏的把握成功与否。

2. 中级——戏剧艺术是集体艺术，舞台表演是群体表演

在一个戏剧性情境中，人物之间的形体动作环环相扣，台词对话你来我往，在剧本的规定情境中即相互关联相互推进。这就需要在个人的台词功夫具备后，进一步去把握对手的台词的交流和全剧台词的贯穿。

对于台词的交流与贯串要达到什么标准才算成功？欧阳予倩是按照交响乐的标准来要求的："一部戏的全部台词就好像一套交响乐，是经过严密组织的，所以每一句台词就好比交响乐中的一个旋律，不是孤立的，而是和全部台词密切关联着的。"①

欧阳予倩告诫说："台词跟动作的结合是灵活的，很自然的，也是要跟着剧情进展的。"这里的"灵活"与"自然"，可以说是一个没有标准的标准，其中显现了演员创造人物形象的艺术素养的水平和审美形态的取舍所在。

台词中的声音运用，是欧阳予倩用了较大篇幅来谈论的话题。他是把话剧演员作为歌唱演员来要求的，甚至更高。他要求话剧演员"就是讲私话也得让观众听明白"②。光这一条就已经很难做到了，他还进而要求演员的台词功夫能达到"大声说不能像嚷，小声说也不能让观众听不见"这样的水平。这样，声音的训练就不单是声乐的训练，还要有字音和语调的训练，并在传统的喷口技巧中达标。拿欧阳予倩的话说，就是要"字音和语调准确，喷口好"。这样的演员在台词功夫上才能有较高的艺术水平，"声音自然送得远"③。

3. 高级——潜台词

潜台词是戏剧特有的一个词汇。它指戏剧的台词中没有直接说出，但是观众通过演员表演却能领悟出来的那学言语背后的意义。它包含了三个层面的意

---

① 《加强台词形体训练 提高表演艺术水平》，《欧阳予倩全集》第四卷，上海文艺出版社 1990 年版，第 196 页。

② 《演员必须念好台词》，《欧阳予倩全集》第四卷，上海文艺出版社 1990 年版，第 200 页。

③ 《加强台词形体训练 提高表演艺术水平》，《欧阳予倩全集》第四卷，上海文艺出版社 1990 年版，第 200 页。

思：用来比喻词句本身的言外之意、弦外之音；不方便或无法直说或明说，而用暗示、比喻的方法来表达的意义；人物话语中揭示出的人物内心活动或内在世界。

演员的任务是塑造人物形象，而人物形象的价值和意义在于性格化。台词的性格化是欧阳予倩"真戏剧"在表演艺术上的最高追求。这种性格化是欧阳予倩对传统表演艺术的创新也是他结合西方戏剧原则开拓的表演艺术新意。欧阳予倩主张把潜台词画面化、形象化，形成"一幅图画"，而不是线性的推理归纳，到剧本台词里"断章取义逐句逐字去找""编成一大堆成文的语句记在心里"①。这是不少表演者常犯的毛病。

缺乏性格化的人物形象也是缺乏艺术价值和审美意义的。"我们应当全面地正确地来认识人物的性格，主要地要就人物的阶级立场、思想面貌、家庭环境、社会环境、文化修养、生理状态等来分析人物的性格，从这认识人物在规定的情境中的内心活动，而赋予以真实的形象，通过动作表情和台词传达给观众，这就是每个演员所要做到的。"②

两大支柱（二）——形体

"话剧的底子，戏曲的方法。"欧阳予倩认为戏曲形体训练已经形成了一套比较成熟的方法，这套方法应该为话剧演员的形体训练打下基础。"为了戏剧的目的，练的都是软功夫，很注意姿态；所以能使身体发育匀称，不会把人练成大力士那样，而是成为舞蹈家那样。却真能做到使动作灵活、准确、漂亮。"③

欧阳予倩还将具有舞蹈动作的元素从中国戏曲中提炼出来，不单创立了中国古典舞这一新型的舞种，还将其融汇到话剧的表演艺术中，形成了独具特色的戏剧表演艺术形态、演员表演及训练方法。

---

① 《加强台词形体训练 提高表演艺术水平》，《欧阳予倩全集》第四卷，上海文艺出版社1990年版，第204页。

② 同上书，第205页。

③ 《戏剧改革之理论与实际》，《欧阳予倩全集》第四卷，上海文艺出版社1990年版，第328页。

但对于传统戏曲形体训练的那一套，欧阳予倩的态度是“不可能、也没有必要全部搬过来；其中有需要的，有不需要的”①。前者是基准，后者是方法。

“中国古典舞及戏曲表演的形体动作”②。这一说法，不单单是在体现一种表演艺术的技巧技能，也不仅仅是对表演艺术方式方法的阐释，而是对中国表演艺术审美形态和精神的重新融汇和整合。正是在这一时期，欧阳予倩把中国戏曲表演艺术中丰富的舞蹈语汇提炼出来，在中国古典审美精神的统摄下，创建了中国古典舞这一新型舞种。这一舞种区别于传统民族民间舞蹈的最根本的品性，就在于它的中国古典表演艺术在身姿形体中所展现的审美特性和情趣。这一特性和情趣，上溯于秦汉魏晋，中盛于隋唐五代，下连到宋辽金元，最后汇聚于明清戏曲之中。

“按中国古典舞及戏曲表演的形体动作要求”，“符合人物的时代、环境和性格特点”，“注意形体上的线条的美”等。从中可以看到，在欧阳予倩后期的艺术生涯中，融汇了西方戏剧与中国戏曲、舞蹈的优势，并站在中国古典审美意趣的基调上，展开了更高水平的艺术实践和理论论述。

除此之外，武术元素也在欧阳予倩的视野之内。到了 1959 年，欧阳予倩已经提出要有演员形体训练的具体教材，其编制的思路是，“学习传统的方法，充分利用传统的素材，并参照苏联的先进经验”③来进行。

戏剧表演艺术中的形体训练在今天已经更加丰富更加深化。这是因为戏剧的综合性在现当代舞台演出中进一步增强，音乐剧就是这种增强的明证。这种综合性对戏剧演员的形体要求越来越高。由此也可见识到欧阳予倩的前瞻性：戏曲、舞蹈和武术形体元素的综合性，再加上戏剧表演艺术的承传，将使得演员具有更高的形体和表演技能，从而去胜任更加复杂的综合性舞台演出形态。

欧阳予倩的戏剧教育思想和观念，可以说在百年前就甚具开创性。他的这

---

① 《戏剧改革之理论与实际》，《欧阳予倩全集》第四卷，上海文艺出版社 1990 年版，第 329 页。

② 《台词课教学大纲的说明——在中央戏剧学院台词课教学座谈会上的讲话》，《欧阳予倩全集》第四卷，上海文艺出版社 1990 年版，第 164 页。

③ 《戏剧改革之理论与实际》，《欧阳予倩全集》第四卷，上海文艺出版社 1990 年版，第 330 页。

些想法，不是零零星星、断断续续、不成系统，而是一开始就基本具备了一整套新意识、新构想，而且既基于创新又基于传统，这个平衡点抓得很到位。

而后，随着戏剧教育研究及实践的进一步深化，台词课延伸出探究气息、发声艺术的声乐课也渐次开展，配合形体艺术的丰富多样，最后落点于表演艺术，最终形成了“身台形表”四大支柱性课程，完成了中国戏剧教育在表演专业上的系统化体系化建制。几十年的教学实践和教学成果，形成了中国戏剧教育尤其是表演艺术教育的标杆课程，成为独立独特、自成体系的一套有效的戏剧教育教学法及实用教程，影响着整个华人地区的戏剧教育活动。

欧阳予倩追寻“美的具体化”，“创造人物的形象”，实质也是为了实现戏剧自身的终极目的——表现和揭示人本身。用欧阳予倩自己的话说，这许许多多的问题说来说去，目的只有一个，就是为了“创造人物的形象”。创造了人物形象，戏剧才可真正回归戏剧，戏剧教育才可真正达到它最终的目的。

以人为中心，不以事为中心。让戏剧回归艺术品格的理想和追求，欧阳予倩用它的“真”戏剧、“真”原则为现代戏剧教育打下坚实的基础。回归以人为基点的历史，寻找现代戏剧教育的发源，用“真”的原则，去塑造“真”戏剧的人物，才可能塑造新时代的戏剧，塑造新时代的人。

欧阳予倩在上海剧校的戏剧教育实践

顾振辉*

欧阳予倩先生是我国现代戏剧的开拓者与创始者之一。同时，他也是一位重要的现代戏剧教育家。对于欧阳予倩先生在民国时期的戏剧教育活动，学界主要关注由他先后创办并领导的南通伶工学社与广东戏剧研究所期间所进行的戏剧教育活动。

对于欧阳予倩先生在抗战胜利后至担任中央戏剧学院院长之前的行略，学界往往关注他带领新中国剧社前往台湾的事迹，以及在桂、沪、港等地的戏剧创作及排演活动。然而，在这段时间里，欧阳予倩先生曾执教于上海戏剧学院的前身——上海市立实验戏剧学校（以下简称“上海剧校”）。关于他这段戏剧教育的实践活动，却鲜为人知。笔者通过文献的发掘与爬梳并结合当事人的口述历史与记述，冀望呈现欧阳予倩先生在上海剧校的这段戏剧教育的经历。

抗战胜利后，欧阳予倩先生因对闻一多、李公朴被刺杀的暴行仗义执言，而受到广西国民党当局的排挤，以至于被迫辞去广西艺术馆馆长之职，于 1946 年 10 月辗转来到上海。据记载，在此期间，欧阳予倩先生“无以为生，只得卖稿为生”①。

当时，今日上海戏剧学院的前身——上海市立实验戏剧学校是在抗战胜利后的 1945 年年末，在上海戏剧界有心人士李健吾、顾仲彝等人的奔走倡议下，在时任上海市教育局局长顾毓琇的帮助下得以建立的。首任校长顾仲彝与欧阳

---

* 台湾清华大学台湾文学研究所博士生。

① 苏关鑫:《欧阳予倩研究资料·欧阳予倩年表》，知识产权出版社 2009 年版，第 37 页。

予倩素来交好[①]，自然力邀他来上海剧校任教兼课。可惜，当时的上海剧校，正处于“裁撤风波”的困难时期。当时的学生顾嘉谷回忆道：

剧校当时处在一个动荡的年代里，许多东西现在看来还不规范，很多都处在一个摸索的阶段。不规范有两个原因，一个原因是教师因为生活不安定，或因为反动派迫害，或收入不足，让剧校的师资队伍不稳定，像走马灯一样的在换。像欧阳予倩先生给另外一个班，讲了一个学期就到台湾去演出了……[②]

欧阳予倩先生在1946年12月10日，应台湾省行政长官公署宣传委员会的邀请，新中国剧社从上海乘坐“台南”号货轮赴台演出，为了支持身处“裁撤风波”中的上海剧校的同学，欧阳予倩先生与剧社选拔了六位品学兼优的学生“田健、吕薇、陈一泓、尉竹侠、吴梅、金纹六位同学共同参与”[③]。

新中国剧社于“1946年12月31日起，在台北中山堂连续公演1个月，上演的剧目有《郑成功》《日出》《桃花扇》《牛郎织女》。除了《牛郎织女》外，其余3种都由欧阳予倩导演”[④]。“此次演出得到了剧校六位同学的积极协助，他们不仅在每出戏里担任角色，还在舞台各部门勤恳劳动，扎实工作，显示出‘剧校精神’而使剧社在台北的演出美满完成。”[⑤]显然，这样的演出实践活动，让这些上海剧校的年轻学子在做中学、学中做的过程中，开拓视野，积累丰富戏剧实践经验。

新中国剧社在台北的演出引起了不小的轰动，受到了广泛的好评。然而，当新中国剧社准备去往台湾南部城市进行公演时，发生了“二二八”事变，台湾民众对于国民党来台后种种的倒行逆施的积怨，瞬间就爆发成蔓延至全台的暴动。动荡的时局令新中国剧社的公演难以为继。欧阳予倩先生在台“几遭暴

---

① 据顾仲彝先生长女顾子钰口述历史，1926年顾仲彝与张静仪结婚时，欧阳予倩为证婚人。

② 顾嘉谷口述、顾振辉采访整理：《1946级校友顾嘉谷口述历史》，2016年2月14日下午，聊城大学西苑，顾嘉谷教授家中。

③ 《庆祝新中国剧社成立60周年》，《横浜桥》第41期，第3页。

④ 演出广告：《台湾月刊》，1947年，第3—4期合刊，第114页。

⑤ 石炎：《新中国剧社与剧校》，《横浜桥》第12期，第2页。

民殴打”①。作为亲历者，欧阳予倩在返沪后写就的《台游杂拾》中对事变当天的见闻进行了详尽客观的记载：

我回到客栈，从楼上望见群众从几方面蜂拥而来，越聚越多。我忽然感觉到情势严重，便下意识地把玻璃窗门关起，走向另外一个小窗口，听见几千人齐声叫吼。我生平第一次听到那样的声音。

群众有步行的，有骑脚踏车的，还有坐着卡车的，潮水一般向长官公署涌去。不一会，一连串的枪响了（事后听得说伤数十人，死五人），群众退下来。有几百个人经过我的窗下。大家以为是去攻省党部，恰好那时党部没有人，那几百人便围住三义旅馆——新中国剧社全体住在那里。有五十几个人走进旅馆，叫男社员全到外边去让他们打。经过旅社主人和两个台湾学生向群众解释，说他们只是剧社的演员，既非官吏，又非商人，群众才退去。②

面对动荡的时局，新中国剧社只得在当年四月间，分三批回到上海。返沪后不久，欧阳予倩先生便在熊佛西校长的盛情邀请下去上海剧校执教。为此，1947 年的 5 月 7 日，在四楼实验小剧场里，上海剧校师生为欧阳予倩夫妇举办了一场隆重的欢迎晚会。当晚的盛况也被详细地记录下来，并刊登在报刊上。

当月七日下午七时，上海市立剧校的同学们在该校四楼实验小剧场内举行文艺晚会，欢迎欧阳予倩先生和他的夫人参加这个文艺晚会的，有熊佛西先生、叶子先生、邱玺先生、吴天先生几个人。

首先由熊佛西先生向市立剧校同学介绍了一番欧阳予倩先生，接着就是欧阳予倩先生的演讲。他说：

刚才熊先生的介绍非常过分，既是熊先生这样讲了的话，我想还是我来介绍一下我自己。

熊先生刚刚说，我是戏剧界的前辈，我承认。因为现在岁数大的就算前辈。自从中国有了“不唱”的戏以后，我就参加了戏剧工作，但是前辈有什么用处呢？从历史上看来，后辈总比前辈强。我们的祖先是猿人，他在那个时

---

① 《在台幸免挨打，欧阳予倩返沪》:《文汇报》1947 年 3 月 26 日，第四版。

② 欧阳予倩:《台游杂拾》,《人世间》1947 年第 2 期，第 41—42 页。

候，知道现在有飞机，无线电吗？知道现在有原子能吗？我自己承认是前辈，我自己很惭愧的是前辈。一个时代有一个时代的精神，在20世纪的人还谈19世纪的话，那不是傻了就是疯了。现在的前辈即使是不违反时代精神的话，也只能跟着时代走，我现在就是在追年轻人。

如果是能够做一件事，这是应该的。如果不能够，那是我的精力才学不够。

自从我从事研究戏剧以来，有没有浪费的时间呢？有的。有没有走冤枉的路呢？有的，因为我时时在摸索，我最初研究戏剧，只觉得感到兴趣。春柳社的两位先生，一个姓曾的，后来做教员了。一个姓李的，后来做和尚了，现在都死了。从前我不认识他们，我参加了春柳社是只有十八岁，大家叫我小欧，现在我变成了老欧了。（同学们大笑）我在日本念书就很出风头，我们那时候演戏，演《黑奴吁天录》，演《热血》很受人们欢迎，我们是不是提倡民间艺术呢？不是的。只觉得那个时候演那个戏很适合。那个时候不叫宣传，叫鼓吹。以后春柳社回到上海，又换了一批人了，不过我还在。

中国的戏剧运动和中国的政治运动是永远有连带关系的，春柳社跟那个时代有连带关系，可并不懂得什么叫主义，什么叫客观，更没有什么社会背景。我们没有明白戏剧和社会，教育，有什么关系？也不懂得推行戏剧运动。

在文明戏最盛的时代我是参加演出的，文明戏一低落，我就演旧戏，我只会六个戏，演出很受欢迎。后来还有戏班请我去，我一去，糊里糊涂演出，却也很受欢迎。

那个时代我竟完全走上艺术至上之路了，为艺术而艺术，人家跟我讲什么社会，跟我讲什么教育，我都不管，反正我有我那一套。

后来，跟许多朋友还做了点儿报纸上宣传来提高艺人地位，然而，我们中间又走了不少的冤枉路了。

但是自从五四运动以后，就不同了。我们正式介绍易卜生剧本到中国来了，那时候演员就是胡演，没有根本的理解。现在我虽然有名气，演戏很叫座，并没有多大的成就。五四以后，我们才知道有自然主义、浪漫主义、古典主义、写实主义，但还不能了解？社会科学近来才分清楚。这样才算进步。我们那时候才知道易卜生的作品是什么？

我们当时得到了很多的帮助，像田汉先生，他跟我时常谈话，说得也很亲切，他在社会科学上很帮助我。洪深先生他帮助我分析艺术概论。在这些上，我不如人，一切都平淡得很，别人都比我高深，像赵景深先生是专门研究中国戏剧史的，这样讲起来前辈两个字，我不敢当。

田汉　　　　熊佛西　　　欧阳予倩

然而我有长处吧？有的。那就是我没间断过干戏，到现在我还高兴做学生。

问题是这个样子，我们第一要明白现在的时代，现在的社会，还有现在的世界。我们对于前途要有一个很高的展望。

说起来许多时间，从前我都很浪费了，现在的导演最好要样样都懂，光懂演戏不行，演员的舞蹈和音乐方面也很要紧，戏的动作就是外形的和内心的配合起来，要手到心到，学会了舞蹈，在台上动起来就自然了。理论也是最重要的。

我是最平凡的一个人，我只有少许的经验，我愿做年轻人提倡剧运里的一个伙伴，希望在座的青年朋友大家都在实际方面能有一个很好的组织，有一个明了的认识，别自甘落伍，要追赶时代。①

据档案记载，欧阳予倩先生在上海剧校担任了“基本排练”“电影话剧实

① 祝公健:《欧阳予倩在剧校欢迎席的演讲》,《联合晚报》1947 年 5 月 10 日，见上海戏剧学院档案 1945-43.0012 所载之剪报。

习”“中国话剧运动史”[1]三门课程。当年曾受教门下学生俞慎生记得：“欧阳予倩先生当时在剧校教课时，我记得他排戏的特点就很重视台词。不是说上来就给你们排戏，要求学生把台词先练好。”[2]另一位学生房子记得在课堂上，“欧阳予倩先生主要给我们讲京剧和话剧的关系，另外还介绍一下他写的话剧”[3]。

在研究班，欧阳予倩先生主讲“中国话剧运动史”，当时的研究班学生袁化甘记得“他讲中国话剧运动史是从 1907 年春柳社在东京演出《茶花女》讲起。因为这些都是欧阳老亲身经历的史实，所以他讲起来总是那么娓娓动听，引人入胜”[4]。

虽然，欧阳予倩先生在剧校执教的时间不长，但他执教期间对于表演“细腻”的论述，让曾受教于他的学生梁怨至今难忘，还专门撰文记述了欧阳予倩先生在表演教学上的点点滴滴：

1946 年第二学期，熊佛西老师开始任校长，聘请了欧阳予倩老师，担任我们班的表演老师，我有机会跟着戏剧界老前辈学习了一学期。

欧阳老师开始上课，叫同学们做了近两个月的无实物表演，如在深夜里听老鼠的跑动声，抬一块石头，石头抬到空中一半变成了轻气球等。总之一句话，是培养我们真听真看真感受，训练我们表演的真实感。

这对我们入校时表情虚假，演情绪等表演上的虚假、浮夸等毛病，是有力的克服。

两个月之后，给我们班排了一出独幕剧，我记得剧名叫《同胞姐妹》。剧情是说一位老人午觉睡了很长时间，超过了平素的时刻，他的儿子、儿媳、孙女都以为老人死去了，于是忙碌着、喧闹着，揭露了他们灵魂深处见不得人的

---

① 《上海市立实验戏剧学校三十六年度第二学期教职员工名册》，上海戏剧学院档案，1945-50.0008。

② 俞慎生口述、顾振辉采访整理：《1946 级校友俞慎生口述历史》，2015 年 6 月 14 日上午，上海丁香花园三号楼，二楼。

③ 房子口述、顾振辉采访整理：《1947 年校友房子口述历史》，2014 年 10 月 24 日下午，浙江杭州四眼井，房子老师家中。

④ 袁化甘：《上海市立实验戏剧学校概貌》，《中国现代话剧教育史稿》，华东师范大学出版社 1986 年版，第 326 页。

思想。结果老人醒来了，他们一个个惊慌失措，表演了一出令人啼笑皆非的喜剧。

欧阳老师分配我演老头儿，敖石民、王皎容、纪慕弦、吴梅演我的两个儿子和儿媳。孙女是谁演的，我记不清楚了。

只有两个多月的时间，要把一群不会演戏的小青年，将这出喜剧排出来，真是太不容易了，太不容易了。

欧阳老师从台词入手，不但要分析台词的含义，还要教吐字归音，纠正各人不纯正的普通话。又是喜剧，要夸张，还要注意真实，真把欧阳老师害苦了，有时是一句一句地教，甚至于一字一字地纠正。

台词像说话了，才开始排戏。别人演年轻的角色，还容易接近人物。逢到我的戏，麻烦就多了。我第一次演个七八十岁的老头儿，一举手、一抬足，我都感到不对劲，再加上喜剧的夸张，真把我难坏了，感到寸步难行。

欧阳老师更是苦不堪言，耐着性子排、耐着性子教。用现代语汇叫用“吃小灶”的做法，对我更是重点教，花更多时间排。他老人家正是做到了“言传身教”，有时一段戏要排若干遍，甚至于做示范动作给我看，这才有点开窍，戏才慢慢有点眉目，真把欧阳老师累坏了，同台演员也跟着辛苦。

两个月后，《同胞姐妹》终于在学校小剧场公演了，这是我在学校的第一个戏。这个戏花了欧阳老师多少心血和劳动。我半个世纪以后，还在感谢您欧阳老师！①

此外，还有上海剧校学生梁怨也曾专文回忆了欧阳予倩先生的教学思想：

我们班的表演有欧阳先生执教，荣幸非常。先生曾以表演细腻著称，我就问他怎样才算细腻。提问欠当，先生对有关或类似问题在课堂、课后做了回答。可惜，笔记和整理的稿件遗失难觅，今天只能回忆教导，缅怀师表，复习、参考。

先生说（摘其意）：“我的戏细，搞得好，有人赞赏说‘细腻’；搞得不好，有人批评，还是说‘细腻’。前者谓细而光洁，后者谓细而腻烦。当心啊，别挨了批评却把尾巴翘得高高的。哈……我说的细，是周密，是精，是‘当粗则

① 汪泪：《忆欧阳予倩老师》，《横浜桥》第 9 期，第 2 页。

粗，当细则细’的细。它不是目的，是方法，是风格，也是演员怎样用功，尽力把人物演得淋漓尽致的事。”①

何处当细？先生说：“人物面临严峻势态时，矛盾斗争激烈、感情复杂、思维活跃、全力争取最好的结局。这时，观众密切关注台上的一切，你是要是粗粗演一下，观众不退票才怪呢。”先生问我们看过哪些戏演得较细，陈一泓说《拾玉镯》。于是以此戏为例，先生说：“玉镯是定情物，拾玉镯是擅自接受爱情的叛逆行为。拾，社会风尚不容；不拾，天赐良缘欲罢不能。从发现玉镯起，表演也就到了当细处。虽然对宋巧姣这一人物的认识分歧甚大，但是都能根据自己的认识把人物的内心活动演出来。尤其是不得借助台词、唱词表达，实际上是用默剧表演代替文学笔下的心理描写，不细，行吗？”

怎样表演呢？先生说：“先要作问答。可以刁钻提问，却要明确回答：宋巧姣是初恋还是乱恋？如果是初恋，她激动得几乎晕过去，抑或痴痴迷迷地发呆？她是不是叶公好龙，日夜盼望的爱情来了反而逃避？或者只是惊喜而又羞涩地躲闪一下？……有了种种明确回答，就可以筛选出此人的必然心理动态，化为可供观赏的动作流程。而后就可以上排练场去锤炼。动作流程恰似山涧一股细水，迂小石，越过去；迂大石，绕过去，弯弯曲曲，叮叮咚咚地畅流。诗词‘踏青归来马蹄香’，写出来不难，画出来就难了。‘香’，无形，怎么画？同样，宋巧姣‘惧怕社会不容’，‘惧怕’不难演，‘社会风尚不容’怎么演？这个难题不克服，流水就被堵塞。画家画了两只蝴蝶绕着马蹄飞舞，破了‘香’的难题；演员怎样破‘人心隔肚皮’这个难题呢，你们说？”当然，同学们面面相觑。先生说：“这样吧，我把这段戏表演一下，也许能有启示。”先生老练地用戏曲方法表演示范，表演一气呵成，好像并无任何困难，动作流程恰似细水畅游，清泽、美。倪荣辉看得入迷，不禁拍手惊叹。其他同学也自发地七嘴八舌讨论起来。先生突然问：“梁煜为什么不说话？”“我……没话。”“你有话说，我看见你偷偷地笑了一下。”不知谁轻声细气地附和“观察细腻”。虽然我怕冒犯师尊也只好说了：“欧阳先生好像……似乎……使了一个偷梁换柱之计，用‘偷’玉镯的办法来演拾玉镯。”不料先生非常高兴：“对

① 梁煜：《流水·明星·圆月（忆欧阳予倩教表演）》，《横浜桥》第24期，第5页。

呀！拾玉镯就是偷禁果嘛。偷，不就反映出‘社会风尚不容’吗？有了这个‘偷’字，难题就一一迎刃而解，流水潺潺……”

先生说：“细，最细的是人物自己也难察觉的真情流露。它经常出现在敏锐的反应和人物之间的心灵交流时。洪深的《刺激与反应》、史坦尼的《下意识》都有较好论说。我只给你说细节。

“评论人要看大节，细枝末节就不必挂齿了。演戏却要在细节上下功夫。须知：只问大节，演出来的人物则千人一面，顶多只有好坏之分；只问小节，演出来的人物则似曾相识，即类型化；只有谋寻人物特有的行为细节，演出来的人物才独具个性。没有细节就没有个性。明末大臣洪承畴被俘，只求一死决不投降。清初孝庄皇太后去探监，看见洪承畴有个掸去衣尘的细节，皇后据此判断出洪并不想死，因而劝降成功。可见，抽象的大节往往需要具体的细节作旁证。”

排演《雷雨》，男同学都演鲁贵擦主人的皮鞋。潘千里擦的怪，不用鞋油，吐了一口沫在皮鞋上就擦起来了。先生立即肯定：“好！其他同学演的是擦皮鞋，只有潘千里演的有些像鲁贵擦皮鞋。这个人懒，吐点唾沫擦擦多省事。但是这个细节演得还不精，试问，唾沫能把皮鞋擦亮吗？皮鞋都擦不好，不怕饭碗砸了吗？”潘千里想了一下，重新表演：他把鞋油、刷子等工具包起来，以示刚刚把鞋擦过。忽然发现某处还没擦好，要把工具包打开来又嫌麻烦，于是唾了一些口沫在皮鞋上，想用衣袖来擦……同学们都说这个细节把鲁贵又懒又不敢把事做差、自作聪明，作了准确的概括，绝！卞啸林说：“石挥演鲁贵有个打蚊虫的细节，那才叫绝呢。”先生说：“打蚊虫能提示季节和环境，好；如果打得既真实又艺术；那就很好；如果打出了鲁贵的个性，那才叫绝。他打出人物个性来了吗？”卞啸林说：“这个……哦，他演《大马戏团》的慕容天赐有这么个细节——夺来盛过参汤的脏碗，飞快地用食指刮下碗内的残渍，送进自己嘴里吸吮。”先生说：“好！光是这个细节设计就能打一百分，一下就能把这个没落贵族无品、无耻、无奈的细节演出来了。卞啸林，你这个戏是什么时候看的？”“几年前。”“现在还记得，可见一个好细节不仅起点睛的作用，它还是一颗明星，使人长期难忘。卓别林给人留下深刻印象的，不也是一些杰出的细节吗？”

先生问：“草书歌诀前面几句是怎么说的？”钱泓光背得滚瓜烂熟：“……

毫厘虽欲见，体势更须完……”先生说：“借这歌诀用在表演上，就是说不管你的细腻流程如何美，细节如何亮，都得服从整体需要。整体是圆月，不容破坏。蓝马在《升官图》演省长，跪地求爱后拔出鸡毛帚，掸去膝盖上的尘土。这一细节出现在佐临导演的演出中，可谓奇妙；如果用在别的演出样式中，就成为荒谬了。《拾玉镯》演得细腻，看得过瘾。但是在《法门寺》中，拾玉镯仅为剧情介绍而存在，如果像折子戏那样演，这细腻就成了裹脚布，细而腻烦了。”

线——流水；点——明星；面——圆月。其实，这是先生完整的表演论，只怨我记忆零碎难全，更难准确。[①]

以上虽然仅是学生后来的回忆，但我们依旧能够从欧阳予倩先生在课堂上条理分明的论述中，清晰地看出他见以小见大，以循循善诱的方式与学生开展互动，并以丰富的例证一步一步地来引导学生理解通过细节来表现人物性格的重要性。同时，欧阳予倩先生对于台词、形体等表演基本功的重视，与之后担任中央戏剧学院期间主抓的教学理念一脉相承。

置身民国末年的风雨飘摇中，熊佛西为了维持上海剧校师生的生存，大力推行学生公演活动，并以公演票房收入维持上海剧校的日常运行以及师生的基本生活。通过公演活动，也让上海剧校的学生在老师的带领下，在戏剧演出各环节的具体实践中，学习并锻炼了各方面的能力。

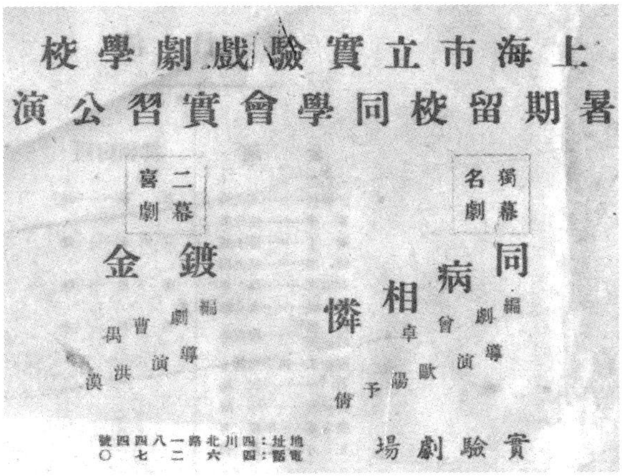

上海市立实验戏剧学校于 1948 年暑期公演由欧阳予倩导演的《同病相怜》的演出说明书。

欧阳予倩先生在上海剧校短暂的任教过程中，在 1947 年的暑假，作为导演，给同学们排演了一部独幕讽刺喜剧《同病相怜》。由于时间短小《镀金》一同搬上了

① 梁怨：《流水·明星·圆月（忆欧阳予倩教表演）》，《横浜桥》第 24 期，第 5 页。

上海剧校四楼小剧场。

《同病相怜》讲述了在抗战大后方的某个小镇上，赵、钱、孙、李四位在某机关内任小小的科员，薪水微薄，生活拮据，平生就指望能够加薪加级。可事与愿违的是，单位因财政困难而要裁员，这就使他们成天提心吊胆。有一天，老赵在家里和太太小钱吹嘘自己多么受主任的信任，这时老孙参与进来。他们一边向他们打听裁员的情况一边又在吹嘘自己的地位是多么的稳固，正在这时，老李带来了消息：赵钱孙李都同病相怜地被裁掉了！

该剧的演员表[①]如下：

赵——余鼐

钱——王皎容

孙——易枫

李——方正

两剧于1947年8月2日至11日，共上演了10场，“夜场晚上八时半，杂费六千元”[②]，计有观众3807人次。

同时，欧阳予倩先生也将他在外排演的剧目，带到上海剧校的小剧场里向上海剧校的学生进行示范性的排演。1947级校友李培健就回忆道：

> 欧阳予倩曾与上海著名京剧表演家，麒派老生——高百岁一起在我们四楼小剧场排练新编京剧《武松与潘金莲》，高百岁演武松。潘金莲是当时一个著名的女演员扮演的，名字记不清了。同学都去看，还学里面高百岁的唱腔“你爱我，我爱我的哥哥！”每周六，欧阳予倩、蓝马等人排演场唱京戏。我们虽然学的是话剧，但对戏曲也长了知识，以致热爱了。学校提供的广泛涉猎的学习环境，至今让我念念不忘。[③]

然而，好景不长，1947年10月27日，蒋介石亲自下令解散中国民主同盟。

---

① 参见《〈镀金〉、〈同病相怜〉演出说明书》，上海戏剧学院档案，1947XY12, 1, 0006, 1，第00001号。

② 同上。

③ 李培健口述、顾振辉采访整理：《1947级校友李培健口述历史》，2014年10月26日下午。地点：江苏苏州，竹辉新村，李培健老师家中。

“民盟”总部被迫随即撤至香港，欧阳予倩作为“民盟”的理事不久也随之一同南下，离开了上海。

欧阳予倩先生在上海剧校虽然才前后执教了半年多，但他在新中国成立以前最后的这段戏剧教育经历，一直不为学界所知。希望本文的发掘与爬梳，能够补上欧阳予倩先生这段生平经历的空白，为后人归纳总结欧阳予倩先生的戏剧教育理念提供参考与补益。

三、戏曲改革与舞台形式

欧阳予倩：从京剧表演到戏曲研究

傅　谨*

欧阳予倩是中央戏剧学院首任院长，他对中国戏剧事业的贡献众所周知。我对欧阳予倩没有专门的研究，虽然多年前写过有关南通伶工学社的论文①，但只是聚焦于欧阳予倩在南通伶工学社期间的经历。感谢中央戏剧学院召开的此次纪念欧阳予倩130周年诞辰的学术研讨会，让我有机会回到这个话题。

一、作为京剧演员的欧阳予倩

在这次重要的学术会议上，中央戏剧学院谭霈生先生有个重要观点，他说希望把我们一直说的欧阳予倩“为戏剧运动奋斗了一生”，改成欧阳予倩“为戏剧艺术奋斗了一生”。我认为这是一个非常值得关注的观点。这不仅是不同时代的话语转换，同时也涉及对欧阳予倩本人生平与艺术贡献的理解。如果将这个问题放在如何看待欧阳予倩和戏曲的关系上，如何看待20世纪上半叶和整个20世纪的戏剧发展上，就更具意义，与这两个词的转换有更密切的关系。我曾经特别提及，20世纪50年代的戏剧观念与历史叙述中，“剧运”是一个极为常见的关键词，我们始终以“剧运”的思维从事和解读中国现代戏剧。但假

*　中央戏剧学院讲座教授，中国文艺评论家协会副主席。

①　傅谨：《南通伶工学社的兴衰及启示》，《戏剧》2010年第1期。

如要研究欧阳予倩和戏曲的关系，用“剧运”这个词大概是不合适的。同样，经常有专家学者说欧阳予倩从事“旧剧”表演，从事戏曲事业，其根本出发点是为了“改造旧剧”。如果按照这样的逻辑，欧阳予倩就像是处心积虑地打入“旧剧”这个敌人内部的地下党，他是为了改造这个行业才进入这个行业的。事实究竟是不是这样？恐怕并非如此。

欧阳予倩在回忆自己的早年演剧生涯时，经常用一个词，说自己曾经做过一些“胡闹”的事。假如我们细读他的文章就会发现，他并不在提及自己曾经做过京剧演员时用这个词，相反，他只是说他参加话剧表演是“胡闹”。而在投身于京剧表演行业时，看得出他特别认真，他完全是以职业的心态参与京剧表演的，并且基本达到了专业或准专业的程度。从事京剧表演并不容易，如果和当时的话剧相比，这个行业门槛要高得多。

京剧有两个门槛，一是技术门槛，二是行业门槛。

所谓行业门槛指的是，在传统社会，各行各业都有人为形成的行业壁垒，当然你可以将它理解为每个行业的从业人员下意识的自我保护，总之要进入这个行业，需要经过一定的程序，必须得到行业本身的认可。比如说京剧表演，票友当然可以玩票，但是那只能是偶尔为之，迹近娱乐；假如要成为职业演员，借此谋生，就必须拜师，而且演哪个行当就必须拜这个行当的演员为师。著名的票友出身的京剧演员如汪笑侬、言菊朋都是如此。这个制度的内在含意，表面上是认定京剧表演这个职业师承的必要性，即非经师徒传授，这种职业所必需的技术就无从掌握；但是还有另一层隐性的含义，就是要通过制度性的途径，为行业设置有一定难度的准入门槛。但是我们看到，在清末民国，这样的惯例偶尔也会出现松动。实际情况是，那些新剧演员就得到了赦免，早期话剧名家王钟声就是一个突出的例外。他完全没有履行过加入戏曲表演行业的任何手续，却可以堂而皇之地在北京和上海从事演出，甚至与京剧演员同台。他不仅没有受到任何抵制，还得到京剧艺人格外的尊敬。伶界大王谭鑫培和他同台演出，居然请他演大轴，就是再好不过的例子。王钟声的例子当然并不足以说明问题，因为我们可以说，京剧艺人们可以把王钟声看成新剧（话剧）演员，更可以将他的演出视同宣传，所以他在台上演新剧，并没有坏了京剧行的规矩。但欧阳予倩的情况却更为特殊，因为他并没有相同的理由。欧阳予倩是搭班演京剧，除了他是在行业规矩不那么严格的上海进入这个行业之外，按照常理，并没有豁免拜师程序的合适的借口。但是我们仍然在他这里看到了京剧行业超常规的格外礼遇，欧阳予倩是民国初年罕见的没有履行任何入门手续、没有拜师却可以正式搭班，并在京剧行内与其他京剧演员一起长期从事商业演出的个例。他不仅没有正式拜师，甚至在此之前没有作为票友的经历。因此，京剧行业的门槛对他而言，简直视若无物，这是一个奇迹。

当然，欧阳予倩还需要跨越京剧表演的技术门槛，尤其是他进入的是京剧的旦行。首先，他主要向上海有名的青衣演员筱喜禄学戏，尽管后来欧阳予倩的表演并不接近于青衣的路子。其次，他也向名票江梦花、林绍琴学戏。从欧阳予倩后来表演的剧目看，他的风格更近于花旦，他的剧目里所塑造的戏剧人物，不是青衣那在类型的端庄娴淑的女性形象，相对于青衣行当的人物更跳脱、更轻盈、更活泼，当然还比较有个性。他向筱喜禄学习，相当于从青衣入门，其实我们也可以想象一下，从青衣入门而后演花旦，差不多有点像同时代梅兰芳那样的艺术道路，梅兰芳在青年时期同样经历一个通过昆提升自我的阶段，其意都是希望从端庄入，然后从中跳脱出来。如果从剧场的角度看，这应该是那个时代对市场比较敏感的优秀演员把传统的京剧美学与现代商业营销相结合的较容易获得成功的道路。

我们无法确认欧阳予倩是否从一开始正式学京剧就有那么深的考虑，但是从结果看，欧阳予倩向筱喜禄学戏确实是他后来在京剧行内脱颖而出的主要原因。当然，欧阳予倩不仅仅是向筱喜禄学，他也跟贾璧云学，如果从后来欧阳予倩的舞台风格看，更近于贾璧云的路子。但是贾璧云是梆子花旦，梆子花旦例必踩跷，这是其重要的表演基础。欧阳予倩最可贵的就是竟然花了一年时间学踩跷。学踩跷非常艰难、非常痛苦，尽管他说自己很有天赋，事实也确实如此，但是他踏踏实实地学踩跷，说明他学京剧表演是下了很大决心的，真想好好学。从他学戏的经历看，他的目标绝不是只做票友，因为没有票友愿意像他那样学踩跷，并且每天练嗓子。这是他和一般票友最为本质的区别，甚至比那些下海的票友更坚毅，他经常自嘲为“笨人”，学踩跷就是这样的“笨招”。欧阳予倩从学演京剧到正式演出的十几年里，几乎没有中断过练功，他是真愿意成为这个行业的一员的。从中可见，欧阳予倩对京剧的态度，完全是职业化的。所以他才能成为一个有名的京剧演员。

欧阳予倩在他的京剧演员生涯中，既演出了大量京剧传统的“官中戏”，舍此就无法与同行一起演出；他如那个时代的京剧旦行红伶一样有“私房戏”，其中最有影响的是“红楼戏”。他的“红楼戏”有《鸳鸯剑》《宝蟾送酒》《馒头庵》《大闹宁国府》《摔玉请罪》《鸳鸯剪发》《晴雯补裘》《黛玉葬花》《黛王焚稿》九出[①]，所以时人将他和梅兰芳相提并论，有“南欧北梅”之说。虽然清中叶开始就有文人改编小说《红楼梦》为舞台剧，但是《红楼梦》的内容并不太适合舞台改编，尤其是地方戏，《红楼梦》的情节、人物、文字风格与戏曲之间的差距显而易见。京剧改编《红楼梦》多属勉强为之，梅兰芳的路子稍偏青衣，欧阳予倩稍偏花旦，他撷取的多数是小说里那些性格鲜明的女性。当然另外还有荀慧生的改编，他选取《红楼梦》里尤三姐这样的边缘人物，演绎她的泼辣性格，他的《晴雯》《平儿》《香菱》等基本相似。欧阳予倩改编的九出戏里，较有影响的是《宝蟾送酒》《晴雯补裘》等，这些剧目的表演如同他的代表作《潘金莲》那样，有女主人公对爱情的大胆追求，有对传统伦理道德的挑战，当然他的挑战是有度的，假如稍过几分就有可能被舆论谴责，甚至被禁。他擅长站在悬崖边上跳舞，分寸把握得很好。他在挑动观众的神经和情欲但并不逾矩，这是欧阳予倩的“红楼戏”最鲜明的特点。

欧阳予倩与京剧的渊源很久长，1938 年还组织了中华京剧团，演出了他写的《梁红玉》《桃花扇》等剧目。纵览他的一生，与戏曲的关系实并不在与话剧的关系之下。

二、欧阳予倩的京剧表演水平

京剧界未经科班专业训练而成名成家的演员并不少，这一方面是由于晚清民国年间京剧的巨大影响，出现了许多痴迷京剧的票友，他们表演能力达到一定程度后，部分人因各种原因“下海”，投身演艺行业，前清的汪笑侬被称为“伶隐”，民国的言菊朋名列“四大须生”，都是未经科班系统训练却跻身一流京剧表演艺术家之列的极佳范例。欧阳予倩毫无疑问是下海票友中的佼佼者，但是我们还是不妨提出这个问题：如何评价欧阳予倩的京剧表演水平？与同时

① 曲六乙:《欧阳予倩和红梦戏》,《上海戏剧》1963 年第 8、9 期合刊。

代的其他京剧演员相比，他到底处于什么位置？

首先需要澄清的是所谓“南欧北梅”的说法，如果因为当年有这样一说，就认为欧阳予倩在京剧界的地位简直可以与梅兰芳平起平坐，那显然是对这一称呼的误读。曲六乙先生说如果从他们都有重要的“红楼戏”来理解所谓“南欧北梅”，“就会感到更为亲近些”[①]，就是婉转地指“南欧北梅”的意思是梅在北，欧阳在南，他们不约而同都推出了“红楼戏”，而并非意指他们在艺术成就上可以相提并论。

试图对艺术家的艺术成就与地位做恰如其分的判断与评价并不容易，可是如果我们回到当时的京剧演出市场，仍然可以通过一些间接的材料，基本确认欧阳予倩拥有的地位。

如前所述，欧阳予倩的技术水平很难判断，他如此刻苦练功，又有先天的聪慧，因此才有可能突破京剧的技术门槛；但是他没有幼功，表演上难免遇到无法克服的局限。京剧表演这个行业，按一般规律，基本上要从 10 岁左右开始练功，如果没有这样的基础，很多技巧无从掌握。欧阳予倩毕竟是所谓外行出身，他自己也并不是没有自觉意识，晚年的时候他曾经表达过后悔之意，感觉假如不是因为当年“耍小聪明”，成就会更大。这确实是艺术的至理名言，聪明人学艺术很容易就能找到捷径，但是最后才会发现，所有走捷径的人糊弄的都是自己，技术是要用时间堆积起来的。在南通办伶工学社时，欧阳予倩应该是意识到了自己这一短处，所以当他请人协助教学生演戏时，他请的负责日常教学的京剧老师是艺名“芙蓉草”的赵桐珊。他选择赵桐珊协助自己办学，不会没有特殊的考虑。欧阳予倩的戏路既然偏于花旦，又请另外一位行里出身的旦行演员赵桐珊替他主事，就显得不合情理。按常规他应该请一位与自己所擅长的行当有明显区隔的，比如武生演员或老生演员等，这样才有助于让学生掌握全面的本领，培养出合格的京剧演员。他显然不是因为只能请到赵桐珊，以欧阳予倩当时在戏剧界的影响，请一位普通的二路演员不会有任何困难。我想他之所以请赵桐珊。是因为他知道自己的短处是什么。赵桐珊的戏路很宽，我想欧阳予倩肯定不是看上他会演花旦戏，而是因赵桐珊擅长于演刀马武旦，极好的武功底子刚好可以弥补自己未经系统专业训练的不足。既然是他主全权

---

① 曲六乙：《欧阳予倩和红梦戏》，《上海戏剧》1963 年第 8、9 期合刊。

负责的学校，欧阳予倩肯定希望南通伶工学社培养的学生符合他的戏路，但是要按照他的戏路表演，那些不如他聪慧的演员，就需要更扎实的基本功。而赵桐珊正好是这个角色，赵桐珊才能够给学生传授演他那些剧目所需的基本功。欧阳予倩是因有天赋才有其艺术地位，但学生哪有可能都聪明如他，唯有补上短板，才能继承他的事业。或者恰恰是由于知道自己的短板在基本功训练，欧阳予倩才特别强烈地意识到学生技术上的需求。这是我对欧阳予倩请赵桐珊的解读，当然，只能是猜测。

在演出市场上，欧阳予倩无疑是受欢迎的，他有很强的票房号召力，南通伶工学社几次陷入困境，都是靠他亲自出场演出才度过经济难关。而当时报纸上的演出广告，是更有说服力的证据。我们看欧阳予倩在“新舞台”演出的广告。

《申报》中关于欧阳予倩在“新舞台”演出的广告

通过“新舞台”演出时广告名字的排列，就可以知道他的地位。晚清民国演出的报纸广告有很大的信息量，在一个时期我们可以看到，欧阳予倩和赵君玉用同样大的字体并排而列，剧目安排在最后，而且他们是最后一出戏，这意思就是所谓“双头牌”，二人的地位不分先后，共同挑班。在这份广告里他演《天河配》，赵君玉与他并列为这场演出中最重要的演员。然后我们看票价，这场演出的花楼、月楼都要卖一块钱。这份广告告诉我们，第一，在“新舞台”欧阳予倩和赵君玉可以相提并论，他们两个人不分先后；第二，他们在上海演出市场中，从戏价看仅次于一流明星演员，能过这个戏价的演出屈指可数。加上一流明星演员往往不能经常演出，所以就日常演出的票价论，“新舞台”欧阳予倩和赵君玉演出的最高票价能达到一块钱，已经相当不错，这是除京剧外其他剧种的表演（包括电影首轮放映）很少能达到的高价。所以我们可以从中看到欧阳予倩在“新舞台”搭班演出时的地位。

如欧阳予倩自己说，他离开南通伶工学社后，跟余叔岩混了一个月。所谓“混”的意思大概是指，上海的戏园子请余叔岩来演出，他和其他上海的演员为他垫场子。我们可以在 1923 年 1 月 17 日、20 日《申报》第三版的广告上看到他的位置，有余叔岩在，他就唱不上大轴了，但是他的戏安排在倒第二的位置，分别演《人面桃花》和《宝蟾送酒》（见下图）。李春来、朱琴心也参加演出，他们都是行内很不错的演员，位置都在欧阳予倩之前。用通俗的话说，他们的艺术地位在欧阳予倩之后。

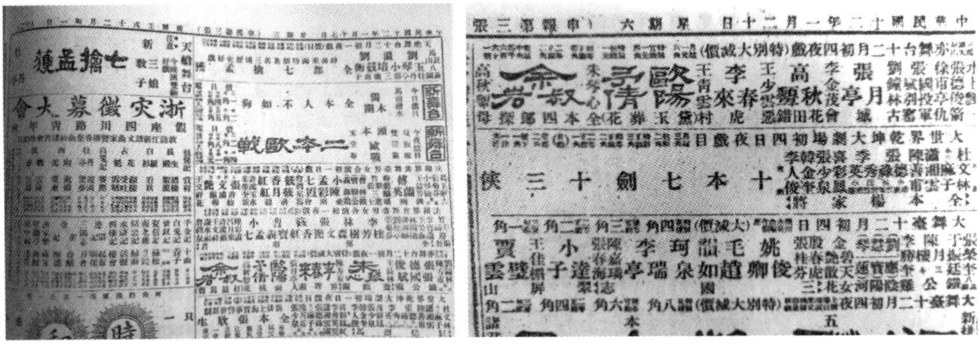
中華民國十二年一月二十日 星期六 申報 第三張
七擒孟獲
浙災徵募大會
余叔岩
歐陽予倩
朱琴心

《申报》中关于欧阳予倩演出的广告

这就是说，欧阳予倩的地位当然比不上余叔岩，当戏院里有余叔岩这样的名伶挂头牌时，他就只能挂二牌。但余叔岩在当时是和杨小楼、梅兰芳一同被称为“三大贤”的国剧宗师，梅余一起演出，一定是挂双头牌。从这些广告可以看到，欧阳予倩在京剧行里尽管达不到杨、余、梅那样的高度，但是与二路演员同台时都是大轴的位置。一个没有经过科班的训练、非专业出身且没有拜师的京剧演员，能够有这样的艺术地位，是非常了不起的。

欧阳予倩因时代条件所限，没有机会留下表演的影像，更遗憾的是居然没有留下京剧唱片。同时代很多远远不如他出名的演员都灌过唱片，意外的是居然没有他。根据他自己的回忆，确实有公司约过他录唱片，但他那几天有事出去了，就没有录成。这个解释有点勉强，名演员满天飞的现象古今皆然，唱片公司如果决心要为某人录唱片，总能找到机会的，毕竟这是一桩看起来很不错的生意，有钱可赚，唱片公司自有克服困难解决问题的办法，不会因欧阳予倩一时外出就放弃。无论出于什么原因，欧阳予倩在他唱京剧并且相当走红的这些年里，居然一面京剧唱片都没有留下，这是最大的遗憾。现存欧阳予倩的唱片，是 20 世纪 50 年代欧阳予倩和俞平伯等人一起录制的，唱的是昆曲。从欧阳予倩的几段唱里我们听到，当时已经 60 岁的他，声音依然清丽婉转，可以想见他年轻时的嗓音。他自己也很为自己的嗓子感到意外的自得，觉得那真是要甜有甜，要脆有脆，是多少旦行演员梦寐以求而不得的。顺便说一句，梅兰芳的嗓子也是出奇的好。

如此说来，欧阳予倩的京剧表演，唱腔上肯定是过关的，就算未必都能掌握老戏经典唱段的诀窍，但嗓子天赋异禀，可以补足；他的身上应该会有些欠缺，毕竟没有幼功，但所谓勤能补拙，刻苦加上聪慧，基本也算够用。说到私房戏，那就是他的强项了，几乎没有任何演员能与他相比。当然，京剧舞台上看的主要不是戏，而是演，所以他会编戏，在民国年间并不算特别大的优势。如此加加减减，基本可以确定欧阳予倩在京剧表演中微妙的位置。他的观众与市场基本上在上海周边，或可加上武汉。他曾经去北方演出，但是去的是大连这样相对偏门的京剧码头，对追求京剧韵味的京津观众而言，他不去演出未必是坏事。而且，坦率地说，如果他一直在京剧舞台持续演出，缺少韵味的短处终究是要显露出来的，那么，被四小名旦等超越，几乎是可以确定的。

三、欧阳予倩的戏曲研究及其他

欧阳予倩从事京剧表演只有十多年时间，离开京剧舞台后，他在各地参与大量戏剧界的组织活动，如谭霈生先生所说，只有这段时间欧阳予倩是在从事“剧运”，却给他积累下了巨大的名声。

不过，欧阳予倩和一般投身“剧运”的人并不一样，在这一段时间里，欧阳予倩居然在戏曲研究方面作出了重要的成绩。著名学者蒋星煜先生曾经对他为《中国戏曲研究资料初辑》写的序给予很高评价[①]，他的《试论粤剧》《谈二黄戏》等专论，亦是现代戏曲领域开创性的成就。仅就欧阳予倩这篇蒋星煜认为“成就重大”的序言看，确实有非常丰富的内容。或许戏曲研究并不是他的专长，但是在这篇序以及其中收入的他先后撰写的几篇文章中，提出了许多极有价值的见解，在一定程度上为此后剧种声腔研究提供了基本的学术框架。其中尤其是文献与表演互证的戏曲研究路径，如同当年王国维提出的文献与文物

① 蒋星煜:《欧阳予倩研究戏曲声腔的成就》,《光明日报》1961 年 11 月 16 日；另有同年 8 月 21 日在《文汇报》发表的《欧阳予倩对声腔研究的贡献》。

互证的研究路径一样，都具有方法论上的启示性。在这篇长序里，欧阳予倩还创造性地运用跨剧种的比较分析，探讨戏曲各大声腔的同异。他有关声腔流变的理念与新的“四大声腔”说，产生很大影响，其中的“皮黄腔系”被后来的戏曲学术界普遍所接受。当然，从今天的眼光看，他的“四大声腔”说还不够周延，“皮黄腔系”和梆子、乱弹之间的关系需要进一步讨论，且如果增加“小戏系统”，就能涵盖更多戏曲剧种。但我们要考虑到在欧阳予倩之前，有关戏曲声腔的研究还在起步阶段，除昆腔系统有较多研究，连高腔的谱系，还鲜有人注意。现在我们研究近现代以来的戏曲研究学术史，比较重视王国维和当代“前海学派”的研究，如果我们把欧阳予倩看成为两大学术体系的转折点，或更符合实际。

总之，有关欧阳予倩的研究，尤其是他那些不宜放到“剧运”范畴中讨论的重要的艺术活动的研究，还有很大的空间。而无论我们如何评价欧阳予倩，他都是那个时代戏剧领域的重要代表。要推进欧阳予倩的研究，组织人力编撰一部新的《欧阳予倩全集》十分必要且迫切。对欧阳予倩那么重要的一个艺术家和学者来说，为他编一部全集的价值和意义，完全不必在这里阐述。虽然1990 年上海文艺出版社曾经出版过六卷本的《欧阳予倩全集》，就像此前河北教育出版社出版的《梅兰芳全集》一样，其内容离真正意义上的全集距离还是很远。像欧阳予倩这样重要的艺术家和学者，至今没有人为他编辑相对完整的文集，这是很令人遗憾的，今人应该补上这一课。

当然，全集的编撰并不容易，它的学术含量会很大，并且学术难度也不小。我在编撰《梅兰芳全集》之前，就曾经在很大程度上低估了这项工作的难度，我想编撰《欧阳予倩全集》至少在两个方面，会比《梅兰芳全集》更困难。

第一个方面的困难，是因为欧阳予倩在民国时期在报纸上发表过很多文章。现在有了各类数据库，为这些文章的搜集提供了很多便利条件。以今天的情况看，可以通过现成的数据库收集到其中的大部分，但是这项工作既需要很多时间，又需要细致的整理工作。更不用说，现有的数据库远远谈不完备，我这个并不专门从事欧阳予倩研究的人，就从现有的数据库之外发现了多篇他的佚文。因此，除了通过现有的数据库作基础的搜集工作之外，更艰巨的任务是沿着欧阳予倩生活的轨迹广为搜罗，方能有所超越。

第二个困难，是欧阳予倩那些并未发表在报刊上的文字。我前几天偶然买到一本小书，叫《京调风琴谱》(如图)。大家知道晚清民初随着西洋音乐进入中国，风琴就开始进入中国，不仅很多家庭用它，它更是学校推行音乐教育时最为多见的乐器，直到前一二十年，它还在中小学的音乐课普遍使用。既然风琴很风行，弹风琴时用的乐谱书也随之流行。学钢琴的乐谱都用五线谱，但是风琴因为不是专业乐器，它多用普通人更易接受的简谱。各类风琴谱除了西方音乐名段外，还有中国人熟悉的中国音乐。最早进入这些乐谱的就是京剧，因为京剧的腔调是人们最熟悉的。

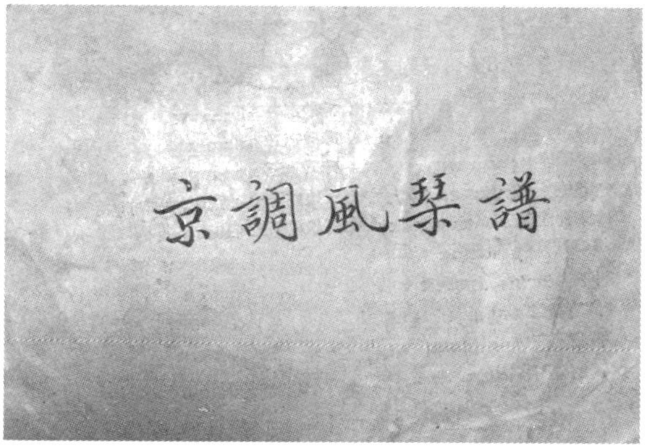

这本《京调风琴谱》是1923年吴调梅编的畅销书，很巧合的是，前面居然就有欧阳予倩的序。我顺手把这篇序录在这里：

已未秋，识吴子调梅，海上相与论文甚欢。吴子更以皮黄请益，余曰，皮黄岂易言哉。诚如为诗，诗有法，尤贵神韵，非有宿慧无以窥其奥。皮黄虽小道，亦如是耳。夫世之享盛名者，岂偶然哉！吴子闻而爽然。既而余去南通，遂相睽隔。后以事有海上之行，复相晤于逆旅中，乃知吴子方从张君德福游，肆力于皮黄之学，稍稍有所得矣。余知吴子慧心人，倘更加以专勤，其成就未可知也，因而勉之。今年又至海上，吴子乃以所译《京调风琴谱》见示，且嘱政误。因听其低唱谱中各段，宛然有檀槽弦索之音，而板拍尤绝鲜讹误，倘更调之于风琴之上，其抑扬可听可知也。乃不禁笑曰：吴子盖习此而入于巧者矣，然巧不足以为常也，愿吴子于正轨更进之。今是书且付剞劂，吴子驰书索一言，因志如此。

壬戌暮夏欧阳予倩序于南通

这篇序不是我"找到"的，只能算"遇到"的。编全集就不能靠运气"遇到"，必须主动去"找"。当年我们编《梅兰芳全集》时，这部分也是最困难的，因为要从各类出版物里找到梅兰芳写的序，并不是件容易的事。欧阳予倩和梅兰芳一样，当时一定有不少人请他们写序，而且以欧阳予倩当时的影响，有他作序的书一定不会少。《京剧风琴谱》是我偶尔看到的，而且很有内容。如何尽其所能，在民国的各类出版物里寻找搜集欧阳予倩写的序，是很大的挑战，没有人做过任何相关的目录，没有任何现成的线索，只能一本一本翻。

还有就是大量书信如何搜集。对于一部全集而言，书信应该是不可缺少的部分，而且是很重要的部分，欧阳予倩交往甚广，他的交往本身就是一部中国现代戏剧史。但是坦率地说，我们对欧阳予倩的认识还非常不够，尤其是他在民国年间的行藏。在中央戏剧学院主持工作期间，很多前辈对这位老院长有生动具体的回忆，但是民国年间的欧阳予倩，相关的回忆并不多，尤其是涉及那些较个人化的层面，书信往往是个很好的切口，相信有大量的书信流落在民间。这些书信多半散落在收信人手里，偶尔流入社会，此类名人书札立刻在拍卖市场中为收藏家所垂涎，更成为搜集整理者的障碍。

最后是文献的考订。无论报刊文章还是书信，辨识与考订都是必要的工作，如果只是影印，固然躲过了辨识考订的难关，但相对而言，学术价值也就大大缩水了。手头刚好有个方便的例子，中央戏剧学院的《戏剧》杂志 2004 年第四期发表了新发现的一批欧阳予倩给过听花的信①，其时欧阳予倩正在南通。过听花在《顺天时报》的"歌舞场"专栏发表了欧阳予倩 1921 年 7 月—1922 年 6 月给他的 7 封信，很有价值。但是比较遗憾的是，整理者在《戏剧》杂志上发表的这几封信里，有非常多错讹，重新找到原文校对后，会发现每一页里都有许多错误。如 3 月 16 日一信，"鄙意中国剧足当同等之精神（评判），故颇注意此姊妹艺术之携手。两者已同入蜕分之期，必有新产物起而代之。然而旧者未必不能新者一部分之基础"，正之原文，系"鄙意中国旧剧足当同等之评判，故颇注意此姊妹艺术之携手。两者今已同入蜕分之期，必有新产物起而代之。然旧者未必不能为新者一部分之基础"；其中"精神（评判）"的原文

① 吴修申:《头天欧阳予倩的两则札记》,《戏剧》2004 年第 4 期。

就是“评判”，无端多出了“精神”一词，同一句“旧剧”漏了“旧”字，还漏了“今已”之“今”，“不能为”之“为”，“然”后多了“而”。同一信“背景”误写为“北京”，想必是拼音输入之误，竟至不可读。论文所附3月16日的第二信，实则刊登在3月17日《顺天时报》上，其中“从而一城不易罗致名角，勉强敷衍，俾不至云累而已”，应为“蕞尔一城，不易罗致名角；勉强敷衍，俾不至亏累而已”；“吾尝谓今世一切封锁政策为聚全球。敏人作笨事先生，喟然乎”，应为“吾尝谓，今世一切封锁政策，为聚全球聪敏人作笨事，先生喟然乎？”“拉某满纸”则为“拉杂满纸”之误。其他例子还有很多，在附录的信件中，类似错漏不一而足。指出这些，无非是想说明，民国报纸刊载的文章书信的校对，是确保全集质量的重要环节。

我们都知道欧阳予倩对中国现当代戏剧的重要性，越是重要，研究就越要认真谨慎。纪念欧阳予倩，最重要的就是深化对前贤的认识，尽可能完整准确地还他们在历史进程中的原貌。在这一方面有很多工作要做，还需继续努力。

欧阳予倩“旧戏改革”的“目的”与“步骤”

赵建新 *

欧阳予倩在九十年多前提出了“旧戏改革”的主张，并成为最早亲身付诸舞台实践者之一。他提出的有关“旧戏改革”的观点和进行的一系列实践根植于他所处的时代，具有一定的历史局限性，但他获得的很多经验在今天的戏曲舞台上仍然适用，而他当年尚未解决的问题也依然让当下戏曲界困惑。例如，他对旧戏进行改革的最大出发点就是要让其适应当时的时代，无论是表达内容还是技术技巧。在新创戏和传统戏的整理改编中，欧阳予倩受当时国内社会政治环境影响，很多剧目编演的目的都是为了社会宣传和教育民众。我们当下的戏曲创作，比起当年的情况有过之而无不及。抚今追昔，我们从欧阳予倩编演的众多“宣传戏”中能获得什么经验和教训？欧阳予倩当年极力强调的“音乐改革”在今天走到了什么地步？时过境迁，当历史跨越了百年之后，当下戏曲艺术的传承发展是有了巨大突破还是仍旧故步自封？我们所极力倡导的传统文化的创造性转化和创新性发展在戏曲艺术领域实现了多少？回顾欧阳予倩八九十年前的探索，我们的认识或许更清晰、更明确。

改革目的——创造“中国新歌剧”

欧阳予倩认为，戏剧既非消遣，又非工具，其目的是“便能很鲜明的使人们认识人生、认识自己，能给人类新力量，而助其发展，这才是戏剧的真正使命”①。他借用德国舞台美术家哈格曼的“戏剧是文化的会堂”的说法，认为

---

* 中国戏曲学院研究员。

① 欧阳予倩:《戏剧改革之理论与实际》，苏关鑫编《欧阳予倩研究资料》，中国戏剧出版社 1989 年版，第 191 页。

戏剧的功能和目的是能“表现人类文化”和“帮助人类发展”，“我们所希望的戏剧绝不是只求消遣闲情，不是仅能作宣传工具即为满足，也不是只顾目前的那种功利主义所能范围”。[①]

欧阳予倩对旧戏的态度，与五四新文化运动的旗手们既有相同之处，也有不同之处。相同之处在于，他们都认为旧戏已不适应当时启蒙民众、救国救民之需要；不同之处在于，后者认为旧剧既已不适应时代，就应彻底抛弃，而欧阳予倩却认为，中国未来的新戏剧理应建立在“旧剧”基础之上，要创建新剧，旧剧不可或缺。欧阳予倩坚持的“旧戏改革”，正是在旧的已经落伍、新的尚未出现时对“旧戏”进行的一种过渡性的改造。对此，他曾多次论及：

旧时的演剧虽有不好，然在舞台上的效果，和所以愉悦观众的技术，却也有煞费苦心的地方。取而代之并非随便可以做到。而观众为习惯所牵缚，尤不易转变其风气……所以改良戏剧，一方面将不太好的甄别一下，最要紧的还是要新的建设。即要有新的建设，便必须决定两个要点：一、为最后的目的；二、为进行的步骤。[②]

那何为“最后的目的”呢？欧阳予倩提出了“真艺术”这一概念。所谓“真艺术”必须建立在人类的情感之上，是永久性、普遍性和创作者个性的三位一体。“戏剧的内容是由美的情绪化的思想组成的。”“总之戏剧家应当站在时代思想的前面，要苦心孤诣地斟酌，要认定戏剧的真义，要培养自己的情绪，要锻炼自己的思想，要与社会民众以极深的同情。”[③]

当时，梅兰芳无疑是旧戏领域积极倡导改革、亲自在舞台上实践并大获成功的典型代表。他创造新腔，将旧身段改成新舞蹈，加用多种乐器，尝试多种服装，演出了《天女散花》《洛神》等歌舞新戏，以整齐华美赢得赞誉。那么，对以梅兰芳为代表的“旧戏改革”，欧阳予倩持何种态度呢？他是这样评价的：

论畹华的艺术，就是匀整两个字足以尽之。以花旦论，他的扮相、身段、

---

① 欧阳予倩:《戏剧改革之理论与实际》，第 192 页。

② 同上书，第 191 页。

③ 同上书，第 201 页。

体态、唱功、声调、做功、武功，都够得上平均分数。这是他人不能及的。请看其他的花旦，不是缺这样，就是缺那样，都没有畹华那样匀整。不过畹华的新戏，没有一出编的好的。每出戏都只有一部分的整齐，除掉畹华本身扮相、身段、衣服、歌唱之类而外，一无所有。可以说没有一出戏，能合戏剧的条件。第一没有情感，没有情感就是死的，譬如朝考大卷子，写八股，纸白版新墨香画整，又有什么意思？根本没有情感，自然行为的进展，不知所云。所谓Suspene Climax Crisis 当然不会成立。看这种戏，又与看电灯牌楼何异？但这不是畹华之过。畹华若然想进一步真做个艺术家，非大胆离开他那些保护者，而别图发展不可。因为他们只要畹华制造成一个与人生相离、与社会相远的贵族，并没有想把他造成一个接近社会接近人生的艺术家。前者的目的，他们已经达到了。后者的目的，在他们本可以不管的。

90 年后再看欧阳予倩对梅兰芳那些歌舞新戏的评价，不可谓没有道理。梅兰芳那些颇具古典意味的歌舞，美则美矣，却缺乏戏剧所本应具备的紧凑剧情、现实情怀和社会理想，这是令欧阳予倩所不满的。所以，即便当时的梅兰芳在戏曲界的声誉如日中天，但梅兰芳的新戏并非是欧阳予倩所认为的理想的“中国新歌剧”。欧阳予倩既否定了以梅兰芳为代表的北派京戏，又否定了以机关布景为特征的海派京戏，那么，他理想中的“中国新歌剧”又是何种样子？对此，欧阳予倩明确表示，未来的“中国新歌剧”应是以皮黄戏（京戏）为基础的新戏剧，这种新戏剧应该是包括剧本、音乐、程式动作、舞台美术和化妆服装等诸种分支艺术在内的综合改造的结果。

改革步骤：修改旧戏与创演新戏

欧阳予倩在若干文章中提出了“旧戏改革”的诸多措施，从剧本的编创，到演员的表演，到音乐的使用，舞美的设计，方方面面，林林总总。例如在京剧《桃花扇》的剧本改编中，如何完成从传奇本到新编本的改编，欧阳予倩在人物塑造、戏剧冲突和结构方式等方面都重新予以再造，竭力让老戏适应时代社会和新观众。对“旧戏改革”，欧阳予倩从理论到实践，作出了比较全面的探索。

欧阳予倩认为，不能以话剧的标准来改革旧戏，不能以写实的眼光来批评旧戏，“我们要就歌剧（戏曲）论歌剧，来评判中国戏的得失，才庶几不失之于偏。”① 歌剧和话剧的表演方式虽然不一样，但精神应当一样。歌剧也不能出乎人生范围以外。就是灵的表现，也不能与肉毫不相干。而时代的精神，和超时代的理想，尤其万不可忽略。欧阳予倩之所以认为梅兰芳的新歌舞戏不足以代表“中国新歌剧”的改革方向，其原因也正在于此。

首先，关于剧本。欧阳予倩认为，“中国新歌剧”在剧本上应该是新式的，而非传统的；应该有完整剧情的，而不能仅满足于片段式技艺展示；应该具有作为“剧”的整体意蕴，而非辞藻的渲染和铺排。最关键的是，旧戏所蕴含的思想已经不适合现代。在这里，欧阳予倩对旧戏改革虽然没有冠以“现代化”之名，但已有“现代化”之实。

在唱词的运用上，欧阳予倩建议要以长短句的二二三与三三四的句式，以求朴素之美，而力戒传奇式的专趋典丽。道白也要有韵律，要能适合音乐，但也不能去实生活太远。他认为，纵观戏曲千年的历史，未来的新戏最应继承的是元曲的精神。

就结构而言，欧阳予倩认为元曲的四折，是颇经济的手段，但在戏剧动作的进展方面也有不完善之处。传奇冗长沉闷，平铺直叙，与主线无关情节过多，几乎无戏剧性可言。如《牡丹亭》之“劝农”“闹学”之类，都与主要剧情无关。皮黄戏虽较传奇有了很大进步，但“除些简短的数出外，稍微复杂一点的戏，仍然是废场子很多。一来不善于用暗场；二来不懂行为进展的道理；三来除了平直的叙事，不懂得分析式的技巧；四来舞台太幼稚，没有分幕的段落”②。欧阳予倩力主用现代戏剧分幕的办法来结构剧作，他认为：“因为现代人的情感，非用这种方法不能得充分地表现……要知道幕与幕之间的间歇，与全剧的精神有密切的关系。”③ 在这里，欧阳予倩明白地提出，要以话剧的分幕分场来打破传统戏曲传奇式的平铺直叙，而应对剧情加以更为戏剧化的简洁有力的结构和布置。欧阳予倩的这一展望和预言，在今天的戏曲舞台上已基本

---

① 欧阳予倩：《戏剧改革之理论与实际》，第 221 页。

② 同上书，第 225 页。

③ 同上书，第 226 页。

实现。

其次，关于音乐。就音乐的改造而言，欧阳予倩持非常决绝的态度，“非根本推翻旧场面创造新音乐不能完成新歌剧”[①]。对此，他提出了“治本”和“应急”两个办法：

> 治本的办法是将中国古今的音乐算一回总账，根本整理一下，再把各处的民间音乐，集拢来铸过一下，改造乐器，厘定乐谱，订正标准音，参考西乐而编制中国的和声学……
>
> 应急的办法，是就原有的场面，想着我们需要的方面逐渐改革，渐次将噪音的乐器减少，将乐音的乐器加多。在编剧方面，将剧的大体确定，音乐可以跟着一步步走，由勉强坐到自然，由少做到多，由单调做成完备，持之以时日，也可以逐渐有比较好的歌剧出来。[②]

今天看来，欧阳予倩提出的治本之法，是中国本土民间音乐和西洋音乐的融合，这在当代戏曲的某些发展阶段部分的实现了，于会泳在“文化大革命”时的样板戏音乐创作，应该承续了欧阳予倩的戏曲音乐改革观念。但是，他提出的把唱段句式由三三四、二二三改为长短句，至今尚无人尝试。

再次，关于动作。欧阳予倩认为，旧戏夸张的动作，在大剧场是没有问题的，乡间的草台演出尤其必要。但如果“新歌剧”有了写实的背景，要用新式的舞台装置，便处处不相宜，那些旧式的动作势必要牺牲掉一些。欧阳予倩的时代虽然还没有“程式化”这个词，但他谈及旧戏改革时，认为旧戏的动作很难适应时装戏，便触及了戏曲程式与时装的矛盾。直到今天，如何用古典的程式表现现代生活，仍然是戏曲舞台上没有完全解决的问题。

最后，关于舞台装置。欧阳予倩对未来“新歌剧”的舞台装置的设想是，“如果演历史戏，我的意思求其像画，而且想使其能像中国画——一种有远近法的中国画。换句话说，就是用中国画的布局色彩手法使之现代化，而利用之于舞台。但是舞台装置像画，不一定是整幅的画，也有搭出的，也有只用颜色

---

① 欧阳予倩:《戏剧改革之理论与实际》，第 226 页。

② 同上。

布幕的。这要看剧的性质如何，而求其调和适当。而且方法时时有变化，不能胶柱鼓瑟”[①]。

对旧戏，欧阳予倩始终在强调其精神性和超越具体时代的理想性：“歌剧与话剧表演方式虽然不同，精神应当一样。歌剧也不能出乎人生范围之外。就是灵的表现，也不能与肉毫不相干。而时代的精神，和超时代的理想，尤其万不可忽略。”[②]

对于舞台，欧阳予倩还提出应区分大剧场、小剧场和平民剧场三种形式。“小剧场是专为艺术的研究和试验用的，大剧场就为陈列比较多数的人看，平民剧场是供给大多数的民众欣赏艺术的会堂。”[③]他认为，“旧戏改革”应当从小剧场入手开始试验，再逐渐推广至大剧场和平民剧场；三种剧场的戏，因为目的不同，演法自然也不同，而剧本的组织方式也不完全相同，应该量体裁衣，方能达到理想的效果。

欧阳予倩在论及“旧戏改革”时，已经非常明确地具备了现代观念，“现代”一词出现频率非常之高，“旧剧不能表现新时代精神，不能传达出现代人的情感，所以在现代民众当中日就沦落，实在是无从讳言。旧剧既到了这步田地，革命运动，何能暂缓？何能暂缓！”[④]

在欧阳予倩创造“中国新歌剧”的时间表中，除了改革旧戏，还要创作新戏，两者并行不悖，相互补充。他在谈及桂戏改革时说：

每天尽管演旧时的戏，同时赶排新戏——合乎改革理论的新戏，旧时合乎新艺术论不违反时代的新编歌舞剧。这样可使新戏渐渐增多，旧戏渐渐减少，内容与形式都可以一步一步进展而成为现代的艺术。这也是改革旧戏必经的阶段。

把旧戏加以修改上演，我并不反对，不过我主张利用宝贵的时间，多写多

---

① 欧阳予倩：《戏剧改革之理论与实际》，第228页。

② 同上书，第229页。

③ 欧阳予倩：《怎样完成我们的戏剧运动》，苏关鑫编《欧阳予倩研究资料》，中国戏剧出版社1989年版，第237页。

④ 欧阳予倩：《戏剧运动之今后》，苏关鑫编《欧阳予倩研究资料》，中国戏剧出版社1989年版，第260页。

排多演新的作品……要利用新的思想，新的技术，新的组织，使旧戏的面目焕然一新，要是历史戏也要加一种新的分析和新的解释，使现代人能够接受。[①]

欧阳予倩强调改革旧戏的重要方式是要让旧戏的内容完全革新，要使旧戏的内容和现代的社会思想相吻合，而有积极的现实意义，其目的并不是使之工具化，成为宣讲所谓新思想的阵地。他一再申明，艺术在人类生活中是必需品，但绝不是某种政策之下一时的宣传工具。“假如说艺术要与政策相应，那不禁艺术作了政策的副产物，而且和从前对皇帝的歌功颂德没有两样。结果艺术并成为空虚浅陋的东西。”[②] 他曾专门撰文讨论戏剧与宣传的关系，认为戏剧的使命，在于为人类提供健全的精神和希望。即便在特殊时期戏剧有做社会动员和宣传的使命，“要借戏剧做宣传工作，必要先有健全的戏剧”[③]。他对戏剧社会功能的解释，至今仍有警示意义。

欧阳予倩认为，“旧戏改革”要达到“中国新歌剧”的最终目的，必须要以平民为中心，表现平民的迫切要求，要布帛菽粟化。戏剧“要表现新的内容，必要有新的形式，要组成新的形式必要有新的工具。新的成立，旧的自然推翻，戏剧运动便是戏剧的革新运动，而这个革命的动机，是发源于平民的自觉”[④]。欧阳予倩提出的这个命题，早已超越了他所处的时代，在今天仍具有强烈的现实意义：当今，在戏曲业已沦为圈内自娱自乐的巡演、汇演和展演艺术时，如何接近民众？如何成为民众精神之表达？又如何为民众所欣赏？

---

① 欧阳予倩：《关于旧剧改革》，苏关鑫编《欧阳予倩研究资料》，中国戏剧出版社 1989 年版，第 305 页。

② 欧阳予倩：《中国艺术界的救贫运动》，苏关鑫编《欧阳予倩研究资料》，中国戏剧出版社 1989 年版，第 282 页。

③ 欧阳予倩：《戏剧与宣传》，第 242 页。

④ 欧阳予倩：《戏剧之布帛菽粟化》，《欧阳予倩研究资料》，中国戏剧出版社 1989 年版，第 286 页。

建立戏剧表现的新范式

——论欧阳予倩对戏剧形式美的追求

王永恩*

欧阳予倩（1889—1962）是中国近现代戏剧运动的主要奠基人之一，他是戏剧全才，不仅是著名的剧作家、导演和演员，也是成就卓著的戏剧理论家、活动家和教育家。他为中国戏剧史留下了多部优秀的作品，尤其值得一提的是，这些作品大多是由他编、导、演的，是真正意义上的创造者。在长期的戏剧实践中，欧阳予倩逐步形成了自己的戏剧观念，他的作品既是时代的产物，也是他独特艺术个性的结晶。欧阳予倩是新文化运动的积极参与者，他认为好的戏剧作品，首先应该是承载新思想的，在内容上要贴近时代。与此同时，无论是话剧还是戏曲都需要在表现形式上进行革新，使之符合当下的审美。

艺术形式是艺术作品内部的组织构造和外在的表现形态以及种种艺术手段的总和，欧阳予倩十分重视戏剧的形式美，他从事戏剧活动伊始就是一个唯美主义者，深受王尔德、谷崎润一郎、坪内逍遥等人的影响，推崇艺术至上。他虽也承认戏剧有宣传之功能，但并不愿把戏剧仅当成宣传工具，在他看来，戏剧首先是艺术、是美。

欧阳予倩作品中的戏剧形式美包括戏剧叙事、戏剧表演和戏剧舞台的完美融合，是形神并存的，戏剧必须讲究形式的美，才能使观众在观剧的过程中获得审美的愉悦，戏剧的审美功能才能得以实现。

---

* 中国传媒大学教授。

一

简单地说，叙事就是如何讲故事。戏剧和文学最大的区别就是戏剧是受时空限制的，如何在有限的时空里讲好一个故事，并不是一件容易的事情。欧阳予倩所处的时代，话剧处于萌芽状态，还没有建立起成熟的叙事方式，当时的话剧要么是被当成宣传工具，只见口号不见内容；要么是食洋不化，和中国人的欣赏习惯格格不入。而当时流行的京剧，一味地强调技巧，过分地夸大名角的作用，剧目的文学性往往很弱，叙事手段单一而陈旧。欧阳予倩对这种现象是极为不满的，他认为必须扭转这样的现象，建立起新的、中国化的戏剧叙事方式。

欧阳予倩认为，一出戏要好看，能吸引观众看下去，就要把故事讲好，主要是要解决两个问题，一是情节要完整，要有起伏；二是要有冲突。

欧阳予倩深知中国观众的欣赏习惯，他说："戏要让人容易懂，中国农民的历史知识大半是从戏曲中得来的、他们爱看故事完整、情节比较曲折的戏。求其容易看懂，故事的关键必须交代清楚，这是戏曲的长处。"①

欧阳予倩创作的戏剧无论篇幅长短，在情节上都做到了完整、统一，最有代表性的就是他创作的红楼戏。欧阳予倩的红楼戏篇幅都不算长，情节都不太复杂，但作者却十分注意情节的完整性，务必要让即使不熟悉原作的观众也能看明白。《黛玉葬花》有三个版本，第一个版本是杨尘因、张冥飞写的，只有短短的三场；第二个版本是欧阳予倩对前一个版本的修订本；第三个版本则是经欧阳予倩多次修改后的定本。杨、张所写的初稿，只是孤立地表现了宝黛之间产生了误会，黛玉葬花时与宝玉相逢，二人终于消除了误会。但这个剧本对于宝黛之间如何产生的误会，为何这个误会会让黛玉悲伤的问题却语焉不详，这样一来，后面情节的合理性就难免要被质疑。于是，欧阳予倩在开始处加了一场戏：黛玉去怡红院看望宝玉，丫头懒得开门，将她拒之门外，黛玉却听到

① 欧阳予倩：《话剧向传统学习的问题——在中央戏剧学院讲课的记录》，《欧阳予倩戏剧论文集》，上海文艺出版社 1984 年版，第 322 页。

了院中传来宝玉和宝钗的说笑声，这深深地刺激了黛玉，不禁悲从中来。黛玉认为宝玉厚此薄彼，顿时勾起了自己孤苦无依的种种苦楚，于是才有了写《葬花辞》和葬花的举动。这场戏的增添大大增强了情节的合理性。此外，欧阳予倩在第二场开始，还增加了黛玉情绪低沉，自怜身世的一段戏，这一段是小说中没有的。有了这段戏，黛玉敏感的内心世界得到了展现，后面葬花的行为也显得十分自然了。如果说黛玉访宝玉被拒是黛玉此次伤感的直接原因，那么深层的原因是长期郁积在黛玉内心深处的心结："表哥宝玉，也不知他情之真假。"① 说到底，还是无法自主命运的悲哀。欧阳予倩的定本将黛玉葬花这个行为补充完整，使故事有始有终。

欧阳予倩认为完整剧情包括德国戏剧家弗莱塔格提出的发端、渐进、顶点、转降、收煞等五个步骤。欧阳予倩对此阐释道："编戏的结构如看人钓鱼，起端见钓竿在水面，渐进见水纹浮动，浮标起伏，顶点就是鱼已上钩为生命而挣扎。鱼的着急和钓者求得的精神，都到了最高点。于是转降而见钓者一收一纵，鱼力渐竭，钓者举竿，鱼跃入手为收煞。"② 欧阳予倩的这个比喻很形象，确实，戏剧结构的发展和钓鱼一样，要先做好足够的铺垫，这样才能使剧情得到顺利发展。

欧阳予倩创作了许多独幕剧，如《泼妇》《回家以后》《屏风后》《买卖》等都是脍炙人口的作品，这些作品讲述的故事都不复杂，只是选取了一个生活的一个小小横截面，以小见大，折射出社会生活的本质。这些戏虽不长，但每出戏的结构都很精巧，起承转合的每个环节都严谨有序。《屏风后》就是这样一部小而精致的作品。道德维持会会长康扶持外出时，其子康无垢和同事们打牌赌博，还叫来女伶忆情和明玉母女相陪。他们让忆情讲讲过去的风流韵事，勾起了忆情对伤心往事的回忆。她年轻时曾为康正名所骗，生下一儿一女后被抛弃。她去寻夫，却被康正名诬陷为革命党，被驱逐出境，儿子也被他抢去。此后她和女儿相依为命，艰难度日。此时康扶持突然提前回来，康无垢慌忙把忆情母女藏到屏风后。康扶持见众人神色慌张，又见挂在屏风上的披风，于是

① 欧阳予倩:《黛玉葬花》第二场,《欧阳予倩全集》第三卷，上海文艺出版社 1990 年版，第 6 页。

② 《欧阳予倩全集》第四卷，上海文艺出版社 1990 年版，第 39 页。

要求拉开屏风，一探究竟。了解康扶持底细的职员老向阻止不得，屏风被拉开了。忆情当场指责当年抛弃她的负心汉正是眼前的康扶持，忆情母女正是康无垢的母亲和妹妹。真相大白，康扶持颜面扫地。这出戏一开始展示的是一个乌烟瘴气的道德维持会办公室，康无垢和职员们举止下流，和道德维持会所标榜的道德君子没有丝毫的吻合，这样的发端已经暗暗地为后面的发展做了铺垫。紧接着忆情母女到来，忆情说起昔日的伤心事。表面上看起来，这是一个与道德维持会毫不相干的往事，但是其中透露出来的点点信息似乎又和现实有着影影绰绰的关联。等到康扶持回来，为儿子职员的不守规矩大发脾气，以至于执意要移开屏风时，剧情顿时急转直下，真相令人愕然。至此，欧阳予倩就此收煞，仅用三句台词结尾全剧：

周：会长，保重些，我们对外不发表，总还要维持我们这个会。

康扶持：女人真是道德的魔障！

赵：我说这屏风去不得！①

全剧就此戛然而止，但却余音袅袅，令人感慨万端。《屏风后》要表达的是对旧的、虚伪的道德的嘲讽和批判，深刻的思想在短短的一个独幕剧中得到了充分的体现。

讲述一个完整的故事，在欧阳予倩看来，只是讲好故事的第一步，观众到剧场来看戏，不会只满足于一个有头有尾的故事，要看的是一个精彩的故事。冲突便是使故事精彩的一个常用手法。法国戏剧理论家布伦退尔的意志冲突论深得欧阳予倩的赞同，他认为戏剧的叙事应该紧紧地围绕着冲突展开，冲突包括外部冲突和内部冲突，应该将人物置于冲突之中，这样不仅能塑造出性格鲜明的人物形象，也能使作品始终处于一种紧张状态，充满悬念。

西方戏剧长于将人物置于冲突之中，情节由此而展开，这样可以让情节变得紧张曲折，也就是用最经济的手段表现出最丰富的内容。欧阳予倩在话剧《忠王李秀成》中便是用冲突来结构情节，让李秀成这个中心人物一次次地被卷入旋涡

① 欧阳予倩：《屏风后》，《欧阳予倩全集》第一卷，上海文艺出版社 1990 年版，第 132 页。

之中，面对一次次的危机，人物的性格也就在对危机的处理中凸显出来了。《忠王李秀成》以李秀成和洪氏兄弟的矛盾冲突为主线，全剧共安排了李秀成与他们的四次冲突：第一次是与洪仁发的冲突，洪仁发奉洪秀全之诏，宣他回天京，李秀成不肯；第二次是与洪仁发收买的陈坤书发生冲突；第三次是回天京后与洪秀全发生冲突；第四次是稽查私粮与洪氏兄弟发生冲突。最终天京沦陷，李秀成殉国。其中穿插了宵小们对李秀成的多次诬陷、中伤和挑拨离间，可以说全剧交织着明的和暗的各种冲突，李秀成处于旋涡之中，孤掌难鸣。作者主要要表现的是头脑清醒的李秀成与腐败昏聩的当权者之间不可避免的矛盾，这种矛盾是不可调和的，这是一个人与整个统治集团的抗争。李秀成希望用一己之力来解救摇摇欲坠的政权，知不可为而为之，但最终无力回天。他的悲剧命运从一开始就注定了，唯其如此，李秀成的种种努力才显得那么的悲壮、感人。

1934 年欧阳予倩根据旧戏《打渔杀家》创作的京剧《讨渔税》(后改名为《渔夫恨》)同样是以冲突来结构全剧的，作品要表现的不仅是萧恩父女和丁太师的恩怨，更重要的是两个阶级之间的尖锐对立，以致爆发激烈的、你死我活的冲突。为了强化这种冲突，剧本不仅增加了李俊、倪荣等正面形象，也增加了知县吕子秋等反面形象。欧阳予倩用不少的篇幅描写了在以丁太师为首的权豪势要的压迫下老百姓的悲惨命运，也表现了丁太师等人横行霸道、骄奢淫逸的生活，两相比较，触目惊心，这样的阶级矛盾最终导致了渔民以武装斗争的方式来反抗土豪劣绅。和原剧不同的是，剧中的萧恩不再是个人英雄主义者，而是受压迫的广大渔民中的一分子，他要对抗的也不只是欺辱他的丁太师等具体某一个人，而是统治阶层这个群体，作品也因此跳出了个人恩怨的小圈子，将这场斗争放到了更为广阔的社会环境中。压迫和反压迫的冲突贯穿了作品始终，使情节变得紧张而生动。

欧阳予倩一贯推崇集中简练的叙事方法，他曾对中国传统戏曲批评道："中国戏的结构，照元曲四折的办法，颇为经济。但行为的进展多不完全。明清之传奇，变为冗长，平铺直叙之中，又胡拉许多不相干的情节进去，越弄得莫名其妙。如《琵琶记》之坠马，《牡丹亭》之劝农，闹学之类，都与正文无关。"①

① 欧阳予倩:《戏剧改革之理论与实际》，苏关鑫编《欧阳予倩研究资料》，知识产权出版社 2009 年版，第 174 页。

而西方戏剧结构特点之一就是最大限度地将人物关系聚合，最大效率地利用每一个场景，在有限的时间和空间里提供最丰富的信息。于是，在戏曲创作中，欧阳予倩借鉴了西方戏剧的表现方法，使用了暗场和分幕分场。欧阳予倩在红楼戏中便使用了分幕分场，显得场景凝练，情节集中，一改过去漫散的结构模式。如《馒头庵》一共五场，却只有馒头庵和秦家两个场景；《晴雯补裘》一共三场，有宝玉房中和贾母房中两个场景；《黛玉葬花》一共四场，有怡红院、潇湘馆和沁芳闸三处场景。欧阳予倩把情节都压缩到必不可少的场景中，明显受到了话剧的影响。

在戏曲中借鉴西方戏剧的方法，使之场景集中，目的是为了叙事的明快；同样的，在话剧中借鉴戏曲的某些方法，也是为了加快叙事的节奏。西方的戏剧通常都有“前情”，第一幕往往要承担比较重的任务，要把故事的来龙去脉交代出来，否则后面的剧情就难以展开。在欧阳予倩看来，这样的叙事手法会使得剧情的推进缓慢，观众难以马上入戏。而中国戏曲却一直采用的是毫无悬念的开门见山，角色上场后马上自我介绍，迅速切入主题，观众也就立刻明白了这出戏的主旨何在，这无疑会使戏剧的进展加速。欧阳予倩的话剧《桃花扇》是根据他所作的京剧改编的，在京剧《桃花扇》的剧本中，阮大铖在文庙挨打是一场戏，尔后打算要收买侯方域与杨龙友定计又是一场戏，且地点发生了变化，前者在文庙，后者在阮府。而话剧《桃花扇》则采用了戏曲的手法，把两场戏合二为一了，阮大铖文庙挨打后就立即和杨龙友商量对策，务必要扭转阮大铖被动的处境。这种处理既紧凑又经济。明清传奇的篇幅较长，多数剧本都有拖沓、散漫的毛病，孔尚任所写的《桃花扇》在结构上属于比较严谨的，但也有一些赘笔。欧阳予倩在改编时把与此主题无关的枝蔓统统去掉，紧紧抓住中心线索展开情节：“这个戏里对于时和地，非必要说明的便从略。例如末一场，侯朝宗从某地方到什么地方找香君，彼此分别了多少年都没有说明，因为与剧情并无关系。”①

欧阳予倩无论是创作话剧还是戏曲，都很重视舞台效果。戏剧要好看，必

---

① 欧阳予倩：《三个戏》，苏关鑫编《欧阳予倩研究资料》，知识产权出版社 2009 年版，第 257 页。

须要有好的叙事，同时还要考虑中国人的欣赏习惯。将西方戏剧和戏曲的优势互补，情节完整、冲突激烈和节奏迅捷的作品在舞台上会受到欢迎。

二

戏剧是要靠演员的表演来直接呈现在观众面前的，表演是戏剧形式的重要组成部分。欧阳予倩演过话剧，也当过职业的京剧演员，在他看来，这两种不同的表演形式表面上看起来差距是很大的，但追求的目的是一样的，就是真和美。

欧阳予倩是一个半路出家的京剧演员，他没有经历过正规的科班训练，但他早年从事的话剧演出在他身上打下了很深的烙印，这使得他和一般京剧演员不同，他追求一种写实风格，表演细腻而有层次，能够准确地捕捉人物的个性特征，在人物塑造上很见功力。

戏曲表演是高度程式化的，一招一式，一颦一笑都是有程式可依的。欧阳予倩在戏曲表演中加入了一些非程式化的表演，使表演趋于写实。如在《黛玉焚稿》中，黛玉病危，强撑着焚稿。欧阳予倩对黛玉、紫鹃和雪雁的动作有详细的舞台提示，如黛玉咳、喘，紫鹃哭，雪雁拿火盆、移动火盆，黛玉把手帕投入火盆中，黛玉翻看诗稿、然后扔进火盆，雪雁抢救诗稿、扑火等一连串的动作都不是程式化的，而是对生活的直接模仿，是演员与演员在舞台演出时在规定情境下发出的真实情感碰撞，这打破了长期以来戏曲表演被程式化局限的表演模式，在当时有着积极的意义。

欧阳予倩演出的《宝蟾送酒》，是根据《红楼梦》改编的。在小说中宝蟾是夏金桂的陪嫁丫头，是一个与金桂不相上下的厉害角色，原作中写夏金桂想要勾引薛蝌，派宝蟾来试探，被薛蝌拒绝。欧阳予倩在改编此剧时没有把宝蟾写成一个风月老手，而把她塑造成一个带有几分天真而又狡黠的小丫头。为了完成金桂交给自己的任务，她使出了浑身解数想要勾引薛蝌上钩，无奈薛蝌全然不解风情，宝蟾只得讪讪而归。欧阳予倩演的宝蟾，先是对薛蝌百般献媚，极力讨好，然后又不断挑逗，企图使薛蝌顺从。但当这一切都未奏效时，宝蟾便撒泼耍赖了。欧阳予倩在剧中多角度地展示了宝蟾的个性，时而乖巧温顺，时而妩媚动人，时而刁蛮泼辣，整出戏完全依靠宝蟾的精彩表演来支撑。《宝蟾送酒》是一出轻喜剧，分寸、火候的把握十分不易，稍一过火，便会把宝蟾演成夏金桂，这便与欧阳予倩的初衷相悖了。周剑云曾这样评价欧阳予倩的演出：

《宝蟾送酒》，为欧阳予倩拿手戏之一，其饰宝蟾，直将狡狯女子之心事，抽蕉剥茧，曲曲传出。言语所弗克达者，助之以表情；表情之不克尽者，助之以身段作工。以眉语，以目听，以意淫，以身就，旁敲斜击，远兜近攻，如此体贴入微，真可谓水银泻地、无孔不入……①

《宝蟾送酒》演出后，很受欢迎，欧阳予倩带有写实风格的表现也受到追捧。

表演的写实风格看起来似乎很简单，似乎只要把生活照搬过来就行了，其实不然，要使舞台表演既像生活中那样自然、真实，又不能是现实生活的翻版，委实不易。在欧阳予倩看来，演员只有“入乎角色之中”，表演才能真实自然。美是以真为基础的，没有真也就没有美，表演艺术只有在真实的基础上才能达到内容和形式的统一，才能产生美，才能追求到舞台艺术真与美的统一。

欧阳予倩认为，真实准确、细腻生动的表演最能让观众信服，表情的准确是演员首先应该做到的。如在京剧《人面桃花》中，欧阳予倩饰演女主角杜宜春，表演以细致入微见长。杜宜春对崔护一见钟情，但又无法表达，当崔护离开后，宜春拿起他喝过水的杯子，恍恍惚惚地把杯子拿到唇边，突然间她似乎清醒过来了，羞涩难当，这一连串的动作把宜春的心理活动真实地展现出来了。欧阳予倩特意加入一段［西皮慢板］“今年不是去年春，眼前不见去年人。春风依旧去年景，去年今日慢思寻。”在歌声中，宜春用缓慢的脚步、痴迷的眼神，从门中出场，追忆当日的情景，将相思入髓的情绪淋漓尽致地表达出来。

欧阳予倩演出的《黛玉葬花》，在第一场黛玉被拒入怡红院时，她叹道

① 周剑云：《剑气凌云庐剧话》，见《鞠部丛刊》，苏关鑫编《欧阳予倩研究资料》，知识产权出版社 2009 年版，第 14—15 页。

“这才是寄人篱下的苦处”时，“音容间，含有无限凄楚，将满腔感慨，从无形中表出”①。当第二场出场念引子“春去无痕，莽天涯，怎不销魂？”时，“字极清颖，音极柔腻，洵使聆者销魂”②。黛玉在第四场葬花时唱的【反二黄原板】也被称为“一字一珠，如泣如诉”，“直使人心醉神迷矣”③。欧阳予倩在演出中很好地体会到了黛玉的悲苦心境，将她的多疑、猜忌、哀怨的性格特点鲜明地表现出来，很符合全剧的风格特征。

演员的表演不仅要把表面的意思表演出来，还应把言外之意也表达出来，这样观众才能理解剧中人物的情绪和心理活动。在话剧《潘金莲》中，潘金莲对武松一往情深，但却难以言表。武大郎死后，武松前来吊丧，和潘金莲寒暄几句后劝她回去休息，潘金莲只答了一个“是”字，然后“慢慢地向楼梯走两步，又站住。眼睛微微地向武松那边瞟一瞟，想一想叹口气，再慢慢地走——很失望的样子”④。潘金莲全用表情和形体动作把她内心最真实的渴望表现出来了，一切尽在不言中。

细腻准确的表演不止体现在表情上，演员的形体动作同样可以“有戏”，甚至背影也可以做出许多戏来。1937年欧阳予倩在导演《日出》时，也要求演员要用准确的表演体现出美来。在第一幕陈白露与方达生一边看窗上结的霜花，一边回忆起童年时光。这个场景有三四分钟，欧阳予倩只让二人的背景出现在舞台上。之所以这样处理是因为他想营造一个富有诗意的意境，把观众的想象引入遥远的过去。当时演员在排演时对此很不习惯，欧阳予倩便以戏曲的手眼身发步和花旦的几个身段为例对演员进行启示，他还亲自上场进行示范。他踮起脚以示自己是穿了高跟鞋的陈白露，虽然是背影，却显得婀娜多姿，美感十足，仿佛可以让人从背影中看到她的表情，感受到她玩世不恭的外表下对美好生活的渴望。

欧阳予倩在广西的时候，曾把《桃花人面》移植为桂剧。当时的主演尹羲

① 《黛玉葬花神瑛评》，见《春雨梨花馆丛刊》第1集，民权出版社1917年版。

② 同上。

③ 《黛玉葬花墨虹评》，见《春雨梨花馆丛刊》第1集，民权出版社1917年版。

④ 欧阳予倩：《潘金莲》第三幕，《欧阳予倩全集》第二卷，上海文艺出版社1990年版，第75页。

回忆到，在排宜春送杜父出门这场戏时，她是背对着观众望着远去的父亲。欧阳予倩要求她的背影要让观众看出戏来，在他的启发下，尹羲设计了父亲过桥时走路不稳，险些摔倒，宜春惊叫，然后两肩往上提，以示紧张，待得父亲平稳过桥后，往上提起的两肩才收回到原位，这确实是把背影的戏做足了。

欧阳予倩 1956 年在中央戏剧学院指导话剧《桃花扇》的排演时，十分强调演员的形体动作和对节奏感的把握，要求演员要找出准确的、优美的、表现力强的外在形体动作来表现人物。如在排演《桃花扇》“婚后”这场戏时，李香君和侯方域成亲后的第二天，香君晨妆才罢，小丫头收拾梳妆台，侯方域上场，小丫头卷起窗帘，李、侯走到窗口欣赏秦淮河的景色，窗外有风，侯扶香君离开窗口。欧阳予倩要求二人在并肩走向窗口时，香君要给侯方域一个“肩膀”，意为“我们看看秦淮河的风景吧”。“肩膀”就是停顿的意思，也就是说，此处应该有一个小小的停顿，这个停顿很重要，如同写文章需要起伏，演戏也需要节奏。这场戏中侯方域和香君走路的走法和拉手的姿态，欧阳予倩反复进行排练，不仅要求要像，还要美。

欧阳予倩也善用烘托的方法来强化演员的表演，如在话剧《桃花扇》中，当侯方域和李香君定情之后，侯将扇子作为定情之物赠予香君，并在上题诗一首，剧中为这首诗谱了曲，名为《夹道朱楼一径斜》，成为剧中的主题曲，在台上多次又众人合唱，极好地渲染了人物的情绪，为演员增色不少。

欧阳予倩在表演中特别关注人物的内心世界，善于在台词上下功夫，用细腻准确的动作来表现人物的情感。同时他还在不断丰富表演的方式，把舞蹈和西洋音乐也加入表演中来。欧阳予倩在表演时处处都追求美，他认为，艺术要以美为标准，唱念做打都要讲究美，即使是一个囚徒，在舞台上也应该是美的。

三

舞台美术是戏剧形式美组成元素中的重要环节，包括布景、灯光、化妆、服装、效果、道具等。它对于表达主题，烘托内容，渲染情感都有着直接的作用。

话剧以西方戏剧为参照物，要求逼真的舞台布景，同时也要求剧情在规定的空间里展开。早期话剧一度认为舞台布景和道具越真实越好，于是舞台成了生活场景的复制品，至于这些布景是否真的能和剧情、剧中的人物和谐统一，则是很多创作者都没有深入考虑过的问题。在欧阳予倩从事戏剧活动的时候，已经有了西式舞台，布景灯光也随之出现，开始广泛地运用在戏剧演出中，海派京剧的使用更是频繁。戏曲该不该使用布景灯光，这是一直争议的。戏曲重要的特征之一就是虚拟性，空无一物的舞台，可以包罗万象，所有的场景都靠演员的表演来交代，由此发展出了许多程式化的表演。虚拟化的舞台和程式化的表演是相辅相成的，如果出现了写实性很强的布景，许多程式就会难以与之匹配。但不能否认的是，随着时代的变迁，人们的审美发生了很大的变化，观众已不满足戏曲只是“听戏”了，还要满足视觉的需要。以前由于条件有限，中国人用写意的方法解决舞台展现空间的问题，但现在话剧已经有了很逼真的布景，也确实极大地满足了观众的审美欲求，于是很自然地，布景灯光也随即进入了戏曲舞台。当时海派京剧几乎所有剧目都在使用布景，布景机关成为海派京剧的卖点，吸引了大批的观众。机关布景越用越普遍，也日益走上了过分畸形发展的道路，甚至凌驾于作品之上了，这就与机关布景的初衷相悖了。

欧阳予倩也运用布景灯光，但他和那些只把机关布景当作噱头的“海派”不一样，他的舞台布景不是孤立的为布景而布景，而是和作品紧密地联系在一起，是为主题服务的。

欧阳予倩的布景原则首先强调的就是美。欧阳予倩有诗人的气质，他对古典文学里的意境创造很有共鸣，故而特别强调舞台环境要和人物的心境一致。欧阳予倩创作的《黛玉葬花》在笑舞台演出时，布景是专为此戏特制的，“回廊下挂着鹦鹉，纱窗外隐隐翠竹浮青，偶一开窗，竹叶子伸进屋里来”[①]，展现出了潇湘馆一派清幽的景色，令人心旷神怡。《馒头庵》的舞台美术也富有诗意，秦钟临终前与智能在梦中相会，两人双双化蝶，在梦中终于可以在一起了。在这场戏里，欧阳予倩使用了“纱幕”和“云景”，在舞台的天桥上搭制了一个由人工操纵可以上下升降和回转的秋千。演出时，智能站在秋千上，在空中飘来飘去，一边唱一边做出各种身段动作，好似曼舞于云端，极富浪漫色

① 欧阳予倩:《自我演戏以来》,《欧阳予倩全集》第六卷，上海文艺出版社 1990 年版，第 68 页。

彩。[①]在《人面桃花》中，桃花满树，竹篱茅舍，双扇柴扉，充满浓郁的诗情画意，确如王国维所言："一切景语皆情语。"

当年看过欧阳予倩作品的观众描绘过这些布景的情形：

最予人以深刻之印象的，是《梁红玉》里擂鼓水战的一幕情景。几朵白云在远天游移，巨大的战船扬起了篷，船头上坐着梁夫人，她的面前就展开那场恶战，这是极富诗意的一幅图画。又如《渔夫恨》的第一场布景，黑暗的狱室里躺着几个囚犯，只有从铁牢外面射进来几条光线，咨叹声伴杂着镣铐声，把整个舞台的空气，点染得非常阴沉。凡此都是人为的努力所致，我相信寻常的戏院子也办得到，因为这些布景化不了多大金钱，是不能拿来和满台霓虹灯的十七八变的布景同日而语的。[②]

欧阳予倩在广西对桂戏进行改革时，把布景灯光引入其中。他排的桂剧《梁红玉》，在舞台上出现了城壕、营幕和战船等实景，极大地提高了桂剧的表现力。

1937 年欧阳予倩在上海导演曹禺的《日出》时，舞台布景别树一帜，他紧紧地抓住了"太阳"这个形象种子，太阳在剧中是动态的而非静态，太阳被赋予了多重含义，仿佛是有生命有灵性的，它俯瞰着这个世界。欧阳予倩采用了屏风式透顶的布景，降低墙片的高度，然后让灯光以流动的方式去表现"日出"与这个世界之间的关系：

（欧阳予倩）把布景的墙片削短了高度，因而观众透过客房的短"墙片"很自然就一览无遗地看到大半舞台后景全是黑压压一片大都会高楼大厦的剪影……当最后全剧落幕前，随着"墙"外工地上建筑工人的叫"号子"声，一轮灿烂的太阳终于从那一大片黑影的背后喷薄升起，又升起——太阳出来

---

① 参见欧阳予倩《我自排自演的京戏》，《欧阳予倩全集》第六卷，上海文艺出版社 1990 年版，第 272—273 页。

② 醉芳：《划时代的〈梁红玉〉与〈渔夫恨〉》，苏关鑫编《欧阳予倩研究资料》，知识产权出版社 2009 年版，第 307 页。

了！“日出”了！[①]

日出的景象很美，当这极美又极具生命力的太阳从景片后升起时，给观众极大的视觉冲击力，它充满诗意，又洋溢着张扬的热情，可谓美轮美奂。

欧阳予倩的布景既满足了观众的视觉审美需求，同时又注意到了不喧宾夺主，而是和作品熨帖地融为一体。从欧阳予倩运用布景的成功例证可以看到，布景灯光可以用，但必须摆正它的位置，它只是舞台演出的辅助工具。用得妥当，完全可起到锦上添花的作用。

欧阳予倩的布景除了追求美外，还坚持一个重要的原则：简洁。欧阳予倩并不赞成一味地写实，他尤其反感用布景道具把舞台填得满满的。他的布景通常都很简单，多是用线条勾勒出舞台意境，宛如中国的水墨画，一定会有留白，那是一种空灵深远的意境，那是让人想象的空间。他觉得舞台环境的建立不仅仅是依赖布景，“演员的表演和观众的想象结合在一起，就可以创造出更宽广更美丽的境界”[②]。戏曲正是如此处理舞台空间的，舞台上常常是空无一物，多是靠演员的表演来构建一个想象的空间的。欧阳予倩认为观众能明白的就不必再强调，所以台上就不必有山、水、楼、船等物，这些通过演员的表演和观众的想象就可完成，比在舞台上真实出现这些东西有更好的艺术效果。

如话剧《桃花扇》在很大程度上就采用了戏曲的处理方法，使时空的转换变得自由起来。如果把暗场也算上的话，《桃花扇》可以分为十场，按照话剧纯写实的方法来处理，布景的转换将会很困难，欧阳予倩便在舞台使用了非常简洁写意的景片，只是“几片短屏风和台左一个固定的平台，衬着台后一片深蓝色的丝绒幕”[③]。剧本中涉及的场景，欧阳予倩都采用戏曲的方法来处理。如第一场文庙前的戏，舞台上只用石碑、柏树等几个有代表性的景片便可让观众知晓这是文庙了。再如香君所住的楣香楼应该是个二层小楼，许多情节都在楼

① 胡导：《戏剧导演技巧学》，中国戏剧出版社2005年版，第81页。

② 欧阳予倩：《话剧新歌剧与中国戏剧艺术传统》，《欧阳予倩全集》第四卷，上海文艺出版社1990年版，第264页。

③ 欧阳予倩：《三个戏》，苏关鑫编《欧阳予倩研究资料》，知识产权出版社2009年版，第256页。

上发生，但舞台上并未设置这样的一座楼，也没有楼梯，“只须李贞丽在屏风后面叫一声‘杨老爷请上楼来坐吧’就行了”[①]。这样使得整个表演区域显得干净完整。

欧阳予倩在中央戏剧学院排演京剧《桃花人面》时，在布景设计上要求将现实主义和浪漫主义结合起来，要让人物的活动在布景中和谐地展开。于是在舞台上“第一场里有两株桃树，一大一小，角色可以绕着桃树徘徊，而且那株小桃树用竹竿支撑着，表示是新种植的。第三场把竹竿去掉，增添一些花朵，表现时间又是一年了。第二场他要求在台口摆上一排竹栏杆，角色在竹栏里面活动，有时可以拍拍栏杆或坐在竹栏上面。他（欧阳予倩）说，这样景和戏就成为一个起作用的整体。另外他要求角色的地位调度或一坐一立以及道具的运用都应该与布景配合成为一幅一幅具有表现力和美感的画面。”[②]《桃花人面》的舞台很简约，寥寥几笔，衬托舞台的只有两株桃树和一排竹栏杆而已，然却意境深远，令人回味。在《渔夫恨》里，欧阳予倩沿用了一贯的做法，仍是一派洗练纯净的风格。此剧不用天幕，各场用色调不同的底幕，如浅绿、金黄、深蓝等，舞台装置也比较简单，只有平台、桥、屏风、太师椅、渔网等景片，一切都是点到为止，但却是画龙点睛之笔。欧阳予倩对此总结道：“布景无论为平面，为立体都可，只要像画，不宜写实的装置。”[③]欧阳予倩深知，过于写实的布景会和戏曲的虚拟化发生冲突，因此“所排的戏，颇少用门窗，因为门窗不适于旧戏的动作，但是如《人面桃花》必要一扇大门好题诗，我也就放一扇门。”[④]

欧阳予倩的舞台布景可谓是虚实结合，“实”来自西方戏剧的写实精神，“虚”来自中国戏曲的写意传统。欧阳予倩使用布景是为了使舞台更美，能满

---

① 欧阳予倩:《三个戏》，苏关鑫编《欧阳予倩研究资料》，知识产权出版社 2009 年版，第 256 页。

② 樊放:《戏曲艺术实验室里培育的〈人面桃花〉——记欧阳予倩老师晚年一次表、导演艺术实践》，《人民戏剧》1979 年第 3 期。

③ 欧阳予倩:《后台人语（之二）》，《欧阳予倩全集》第六卷，上海文艺出版社 1990 年版，第 314 页。

④ 同上。

足观众的审美需求；简练大气的布景是欧阳予倩美学品位的体现，他深谙中国古典美学之神韵，化繁为简，气韵高远。

欧阳予倩从投身戏剧运动起，就致力于戏剧的革新，包括内容和形式上的改革。他的作品内容总是和中国的现实紧密相连，与时俱进。和许多同时代的戏剧家不大一样的地方在于，欧阳予倩始终坚持“磨光”精神，从未放弃过他的唯美主义理想，为此他在叙事、表演和舞美等诸多方面都精益求精，将西方戏剧与中国戏曲的优长结合起来，打造出一种有鲜明个人风格，含蓄优美的戏剧表现形式，为中国戏剧提供了一种新的范式。

原载《戏剧》2019 年第 3 期

两栖兼通、西体中用

——欧阳予倩戏曲革新理论研究

刘汭屿 *

欧阳予倩是中国话剧创始元老，也是民国著名的海派京剧艺术大师，一生致力于中国现代戏剧运动。舞台之外，他还是高屋建瓴的戏剧学者，对现代戏剧理论的研究探索有着高度自觉，强调“欲改良戏剧，非亟倡正确之剧论不可”，数十年“歌场汩没”[①]仍孜孜理论建设工作，留下大量理论文章和带有理论探讨性质的回忆录。欧阳予倩的戏剧理论研究自其丰厚的舞台经历而来，紧密结合剧场实践，始终围绕中、西戏剧艺术的融会沟通；其中，与“话剧民族化”相对应的传统戏曲现代化改革，究其实质，可用“西体中用”概括。

一、基于“写实”的晚清民国戏剧改良运动与海派京剧西化实验

自鸦片战争打开清朝国门，中国社会被迫开启面向西方的近（现）代化进程；与之相应，中国传统的文化艺术也开始向现代形态转变，戏剧就是最早启动的艺术门类之一。

1902 年，梁启超正式拉开近代“戏剧改良运动”序幕，绵延传承 800 余年的中国传统戏曲，开始了一场以西方现代戏剧为范本的现代化改革。伴随戏

* 中国传媒大学艺术研究院讲师。

① 欧阳予倩:《予之戏剧改良观》,《欧阳予倩全集》第五卷，上海文艺出版社 1990 年版，第 1—3 页。

剧改良的理论呼吁，“梨园革命军”领袖、“中国第一戏剧改良家”[①]汪笑侬在上海推出一系列现实题材的京剧作品，如《党人碑》《瓜种兰因》等，掀起戏曲改良热潮。1907 年，留日的中国学生以春柳社名义在东京上演“纯粹的话剧形式”[②]的《黑奴吁天录》，被视作中国现代话剧的起点。1908 年，戏剧改良“诞生地”和实践中心、“西潮激荡”的开放性现代都市上海，出现第一座由茶园改建的西式现代剧场——新舞台，引发全沪舞台剧场硬件与表演的革命，“使旧剧新剧化，开从来未有的新面目”[③]；流风所至，上海乃至全国戏曲不同程度受其影响，逐渐“趋于写实一途”[④]。辛亥前后，话剧在上海蓬勃发展，海派京剧的商业化运作也愈趋成熟；新剧、旧剧之间合作频繁，互相渗透影响。海派京剧以“真刀真枪、连台本戏、机关布景”[⑤]为标志的写实主义新型戏剧模式完全确立，甚至走上步趋话剧的形式主义道路。[⑥]

至五四新文化运动时期，戏剧改良作为文学改良的一部分被再度提上议程。随着“易卜生主义”的风行，西化程度更深的新文化精英们，围绕西方现代戏剧的写实标准，对中国传统戏曲提出了比晚清更激烈的批判甚至全盘否定。欧阳予倩的戏剧改革理论，就是在这个时候登上历史舞台，开始对中国戏

---

① 张福海：《中国近代戏剧改良运动研究（1902—1919）》，上海古籍出版社 2015 年版，第 105 页。关于晚清至五四的戏剧改良运动及各地戏剧改良实践，可参见该著。

② 欧阳予倩：《回忆春柳》，《欧阳予倩全集》第六卷，第 150 页。

③ 欧阳予倩：《自我演戏以来》，《欧阳予倩全集》第六卷，第 74 页。

④ 洪深：《现代戏剧导论》，《洪深文集》第四卷，中国戏剧出版社 1959 年版，第 4 页。

⑤ 张福海：《中国近代戏剧改良运动研究（1902—1919）》，第 83 页。

⑥ 欧阳予倩评价晚清海派京剧“受了白话戏的影响，趋于写实”，其后感于清季末世，开始针对现实，宣扬“爱国复仇”，但“可惜一般伶工，不过拿些新名词或取演说的形式，或不管妥与不妥胡乱应用，以取悦一时，不能把真正的思想融汇在艺术里面”；民国以后又兴起“配景新戏”，“专讲舞台美丽，情节离奇”，“欺世殉俗”每况愈下：“海派的不重唱做上的真功夫，而专以变戏法和用一种 Extra Vacancy 式无聊的滑稽来迎合社会的懒惰心理”，导致皮黄戏的“精神和形式，都渐渐失去”（欧阳予倩《戏剧改革之理论与实际》，载《欧阳予倩全集》第四卷，第 28、53 页）。由机关布景堕落为杂耍的海派京剧，“离戏剧是一天一天远”，“与现代小市民消极的心理却是接近”（欧阳予倩《再说旧戏的改革》，《欧阳予倩全集》第五卷，第 19 页）。

曲现代化改革近半个世纪的先驱领导与深远影响。①

二、以西方现代戏剧戏剧性为目标的戏曲革新理论

以往对于西方现代戏剧艺术（话剧 / 新剧）与中国传统戏曲艺术（京剧 / 旧剧）的理解，大多聚焦于话剧 / 新剧写实、京剧 / 旧剧写意，话剧 / 新剧用真、京剧 / 旧剧虚拟；传统戏曲要向西方戏剧学习，就必须破坏虚拟写意、尽量用真写实，追摹时下“文明新戏”“白话戏”，导致戏曲舞台出现大量生硬“话剧化”的违和表演。这种认识无疑是流于表面的，因为当时参与戏剧改良的理论家与实践者们大多不具备专业的戏剧素养，对中、西戏剧的美学属性和艺术规律缺乏全面深刻的认知。

作为话剧界元老，欧阳予倩在春柳社时期，受到过日本“新派剧”（受欧洲浪漫主义戏剧影响）的熏陶；五四时期，又受新文化运动感召，对以“易卜生、萧伯纳、罗曼·罗兰、契诃夫、托尔斯泰”② 等作家为代表的欧洲近代现实主义戏剧产生热切向往，下过相当的功夫。③ 因此同样是学习西方，欧阳予倩深知中国传统戏曲与西方现代戏剧的根本差异，并不在舞台呈现的写实写意、用真虚拟上，而是二者深层的艺术思维及观念意识不同：以欧洲近代现实主义戏剧为代表的西方戏剧是“modern drama”，是亚里士多德式“戏剧体戏剧”的

---

① 易庸（廖沫沙）在《读欧阳予倩的旧剧作品——兼论旧剧改革》中谈道：“在旧剧改革运动中，站在前后两个阶段之间（抗战以前与抗战以后）从事最早也从事最久的，是剧坛宿将欧阳予倩先生。欧阳先生不但立于这两个阶段之中，而且远在改革运动前期的旧剧改良时代，就已经领袖群伦，成为最进步的一翼；直到现在，欧阳先生仍是这个新改革运动中的领导人之一”，“是改革旧剧最适当的领导者”（苏关鑫编《欧阳予倩研究资料》，中国戏剧出版社 1989 年版，第 343、353 页）。

② 欧阳予倩：《有关戏剧表演导演艺术的两个问题》，《欧阳予倩全集》第四卷，第 357 页。

③ 在 19 世纪现实主义戏剧之外，欧阳予倩对 20 世纪现代主义戏剧亦颇为关注（曾在论著中多次提及欧洲表现主义戏剧）；但基于中国社会与戏剧的现状，他强调“现在应当从写实主义作起”（欧阳予倩《戏剧改革之理论与实际》，《欧阳予倩全集》第四卷，第 60 页）。

典范，自其文本与舞台特性提炼的戏剧性是其根本属性；而以皮黄、昆剧为代表的中国传统戏曲则属于歌（舞）剧“opera”[①]，“以歌舞为重，而戏剧的成分不够”[②]，或者说近乎“杂戏”——“旧戏者，一种之技艺。昆戏者，曲也”[③]。也就是说，以昆剧为代表的中国古典戏剧，文本上是抒情性诗词的延续，表演上则以歌舞出之；以京剧为代表的近代花部新兴戏曲，“技艺”则成为超过人物甚至故事的首要艺术元素，以至有流于“杂耍”的倾向。[④]要之，“戏剧性”而非“写实性”，才是西方现代戏剧的本质特征，也是中国传统戏曲与之差距所在；此前的戏剧改良运动和西化实验，将本是“另外一件事”的话剧与戏曲“混为一谈”，“拿写实的眼光来批评中国旧戏是根本错误”[⑤]，因而对传统戏曲的批判改造亦不得要领。

以19世纪欧洲现实主义戏剧及理论为准的，欧阳予倩在其发表于五四前夕的戏剧改革纲领《予之戏剧改良观》[⑥]中，对中国戏剧提出尖锐批判，认为

---

① 根据音乐学者满新颖的梳理，中西文化交流史上将中国戏曲归入“opera”始于欧洲传教士，20世纪初日本文化界采用日制汉语将“opera”译为“歌剧”，并传入中国；中国文化界则接受来自西洋和东洋的知识，将传统戏曲泛称为“歌剧”，并以之标榜现代性。但根据满新颖的定义，严格意义的“歌剧”须是“在原创性多声音乐结构的基础上表现戏剧行动，以歌唱为主要叙事方式，采取带有写实性的表演风格的综合性舞台艺术”（满新颖《中国近现代歌剧史》，中国文联出版社2012年版，第1页），中国直至抗战时期才出现“差强人意”的本土原创歌剧作品。

② 欧阳予倩：《后台人语（之二）》，《欧阳予倩全集》第六卷，第315页。

③ 欧阳予倩：《予之戏剧改良观》，《欧阳予倩全集》第五卷，第1—2页。

④ 欧阳予倩：《再说旧戏的改革》，《欧阳予倩全集》第五卷，第20页。关于中国旧戏是“杂耍”“把戏”而非真正戏剧的观点，与欧阳予倩《予之戏剧改良观》同期刊登在《新青年》“戏剧改良专号”的傅斯年《戏剧改良各面观》一文中亦有出现。

⑤ 欧阳予倩：《戏剧改革之理论与实际》，《欧阳予倩全集》第四卷，第50—51页。

⑥ 欧阳予倩《予之戏剧改良观》一文，于1918年初刊于日本人所办之华文报纸《讼报》，后收入《新青年》1918年10月第5卷第4号“戏剧改良专号”，是为欧阳予倩一生戏剧改革事业的原点与总纲。欧阳予倩研究专家苏关鑫评论此文“切中剧坛时弊，其主张亦切实正确。欧阳予倩此后数十年的戏剧活动实际上是这个进步主张的实践”（苏关鑫《欧阳予倩年表（1889—1962）》，苏关鑫编《欧阳予倩研究资料》，第21—22页）。

"中国无戏剧"，或者说无"真戏剧"①，因而在世界艺术界"不得其位置"②。然则何谓"真戏剧"？欧阳予倩在 1929 年发表的、被视作"构建现代戏曲的最早纲领"③的《戏剧改革之理论与实际》一文中做了进一步规定："应当有美的具体化的情绪，有适时代的中心思想，有诗的文词，有剧的行为，有鲜明的性格，有表现的技巧；须求整个的完成，不取片段的齐整。"④

那么如何改造中国戏剧使之成为理想的"真戏剧"呢？或者说，中国戏剧改革的"正当的路"是什么？欧阳予倩认为，是引入西方"普世"的现代戏剧理论，"从戏剧的立场"，"拿戏剧的尺，把中国的戏剧重新量一量、估一估价"，"将中国从来对于戏剧的种种误解一齐推翻"⑤。究其核心，不外乎向欧洲近代现实主义戏剧学习（"从话剧学习"），加强中国传统戏曲的"戏剧性"（一如"苏联的戏剧家极力把戏剧性注入歌剧 Opera 里头去"⑥），通过师法西方现代戏剧改革中国旧戏，推动中国传统戏曲的现代化，以"适应现代的需要，建设现代的戏剧"，"使其在内容上、在形式上都成为健全的综合艺术"，"顺应现代环境，充分应用现代的舞台技术和物质的设备，而有新的生命"⑦。具体来说，

---

① 五四时期，参与戏剧改良讨论的"新文化"阵营针对中国旧戏，多有"真戏""真剧""真戏剧""纯粹戏剧"之说，以指称其心中的典范戏剧——西方现代戏剧，但诸家使用"真戏剧"概念时强调的内涵各有侧重：欧阳予倩之外，钱玄同基于西方写实戏剧提出"真戏"说法，否认中国旧戏为"真戏"，如其《随感录（十八）》即称"如其要中国有真戏，这真戏自然是西洋派的戏，绝不是那'脸谱'派的戏"（《新青年》1918 年第 5 卷第 1 号）；傅斯年亦以西方现代戏剧为"真戏剧"，在《戏剧改良各面观》中称"戏剧里有歌唱，仍是歌曲的遗传，仍不脱'百衲'的本质，和专效动作的真戏剧根本矛盾"（《新青年》1918 年第 5 卷第 4 号）。相较于《新青年》同人对中国旧剧的彻底失望和多番否定，欧阳予倩明确提出只要"有精确之剧论，能获信于社会"，中国旧剧中"不近人情与无价值之戏，当然渐就澌灭，同时真戏剧亦因之而生"（欧阳予倩《予之戏剧改良观》，《欧阳予倩全集》第五卷，第 2—3 页），在"新文化"阵营中可谓石破天惊之论。

② 欧阳予倩：《予之戏剧改良观》，《欧阳予倩全集》第五卷，第 1 页。

③ 金登才：《现代戏曲形态的构建》，《戏剧艺术》2008 年第 4 期。

④ 欧阳予倩：《戏剧改革之理论与实际》，《欧阳予倩全集》第四卷，第 55 页。

⑤ 同上书，第 49—50 页。

⑥ 欧阳予倩：《后台人语（之二）》，《欧阳予倩全集》第六卷，第 315 页。

⑦ 欧阳予倩：《再说旧戏的改革》，《欧阳予倩全集》第五卷，第 20、29 页。

需要从剧本、演出法（导演制作）、表演、舞台美术、音乐等戏剧艺术各方面全方位努力，以达到“舞台装置，表演法，场子，与乎剧情的内容”等方面全面的“近代化”①。

（一）剧本

戏剧是西方传统文学之冠，剧本则是戏剧的根基。欧阳予倩认为改革旧戏最切要的、或者说造成中国传统戏曲与西方现代戏剧上述差异最根本的，就是一剧之所本——剧本：“中国历来的戏剧家，提笔的只顾到文词，想唱的只顾到片面的腔调……都不是从戏剧的立场来讨论的”②；“剧本文学既为中国从来所未有，则戏剧自无从依附而生。元明以来之剧、曲、传奇等，颇有可采，然决不足以代表剧本文学。其他如皮簧唱本，更无足道”。因此，改革中国旧剧、推动传统戏曲现代化，首要就是剧本和戏剧文学的现代化，此为“根本的创设”③。

1. 思想内容与情感审美

首先，剧本的思想内容要与现实社会紧密关联：

> 盖戏剧者，社会之雏形，而思想之影像也。剧本者，即此雏形之模型，而此影像之玻璃版也。……一剧本之作用，必能代表一种社会，或发挥一种理想，以解决人生之难问题，转移误谬之思潮。④

即“为人生”的现实主义创作取向，“易卜生”式地对社会问题的关注和影响，“用敏锐的观察，整齐地排列，精当的对话，显出作者的中心思想，描写的是社会某种生活人物的某种性格，时代的某种情绪”⑤，“要能够把握住现代的社会思想。要能应现代社会之需要，把清新活泼有力量的剧台面向现代的观

① 欧阳予倩:《自我演戏以来》,《欧阳予倩全集》第六卷，第 136 页。
② 欧阳予倩:《戏剧改革之理论与实际》,《欧阳予倩全集》第四卷，第 49—50 页。
③ 欧阳予倩:《予之戏剧改良观》,《欧阳予倩全集》第五卷，第 1—2 页。
④ 同上书，第 1 页。
⑤ 欧阳予倩:《戏剧改革的理论与实际》,《欧阳予倩全集》第四卷，第 60 页。

众展开，使他们认清现代人的地位，和他们应取的途径”①，充分发挥戏剧的社会效用。

在剧本文学上，相较于前代戏剧改良理论，欧阳予倩最大的进步就是突出强调戏剧作为艺术的审美要素，要求戏剧诉诸情感，“艺术”地反映现实、作用现实：“艺术当以情绪为主。艺术的情绪是具体的、永久的、个性的、普遍的”，“戏剧的内容是由美的情绪化的思想组织成的”，“思想是骨干，情绪是精神，而我们供给人家的是美”②；“要用艺术来宣传，必先有艺术”③，“要借戏剧做宣传工作，必定先有戏剧”④，“要记得艺术的本质就是美与力，若是忘记了这一点，就不成为艺术了”⑤。就其所论，明显继承了蔡元培的美育思想。

2. 戏剧性：以人为中心

“戏剧性”是西方主流戏剧——“戏剧体戏剧”的基本属性，也是欧阳予倩认为中国传统戏曲与之根本差距所在。在他看来，中国传统戏曲的弊端，除了歌舞技艺至上，更重要的是“叙事性”大于“戏剧性”、故事压倒人物⑥，而

---

① 欧阳予倩:《现代戏剧之欣赏》(节选)，苏关鑫编《欧阳予倩研究资料》，第 288 页。

② 欧阳予倩:《戏剧改革的理论与实际》,《欧阳予倩全集》第四卷，第 30-31 页。

③ 欧阳予倩:《自我演戏以来》,《欧阳予倩全集》第六卷，第 135 页。

④ 欧阳予倩:《戏剧与宣传》,《欧阳予倩全集》第四卷，第 73 页。

⑤ 欧阳予倩:《怎样完成戏剧运动》,《欧阳予倩全集》第四卷，第 101 页。

⑥ 陈珂认为中国古代文学只有抒情性的诗词歌赋与叙事性的史传传奇两大种类，缺乏真正的戏剧性作品，即“以人物动作——内心动作与外在行为，构成故事情节展开的中心和推动力，从而展示人类自身境遇的一种戏剧化的体现方式”(陈珂《舞古今长袖，演中外剧诗——欧阳予倩评传》，第 103 页，上海古籍出版社，2012 年)。至于中国古典戏剧，是在叙事体史传传奇向代言体表演作品逐渐转化的过程中形成的，带有早期说唱文学的深刻烙印，历代戏曲文本基本保留“叙事—代言”并行的体制。陈珂认为，由于叙事成分的强势存在，中国古典戏剧始终保持“故事化”属性，欠缺真正的“戏剧性”。

这根本上是由于对“人”的忽视[①]。

因此，不同于传统戏曲以事件为中心、着意敷衍情节的编剧思路，欧阳予倩学习西方戏剧性格化、动作化的特点，强调编剧须以人物为中心，着重刻画人物性格，以人物性格导致的行动为戏剧的主要内容和呈现方式；强调戏剧不同于史述，“要使事迹在观众面前很自然地发展，绝不容留着第三者在叙述，在介绍的痕迹”，描写人物则要“用他的语言动作，一步一步，在观众面前介绍出他自己”[②]；强调“以特定情境中人物自身规定的动作为依据表演，反对角色不按照戏剧规定情境，不顾剧情直接面对观众的随意表演”[③]，反对破坏戏剧性、随意出入戏的叙事性倾向。[④]

在“以人为中心”的戏剧中，人物角色之间各种关系导致的冲突对抗——戏剧冲突，就是“戏剧性”的直观体现，也是戏剧的灵魂。欧阳予倩强调，一部戏的矛盾冲突决定了其艺术效果：“矛盾冲突不尖锐，戏剧性也就不强；戏剧性不强的戏，动作性就不强，就不容易吸引观众的注意”[⑤]。因此编剧设置角色

---

① 谭霈生认为“戏剧与叙事的本质差异”在于戏剧“居于主体地位的是人，是人的内心与行动的契合”；戏剧中“事件所起的作用也仅仅是把主人公推到选择的关头，而主人公对行动及命运的选择，绝非由事件决定，而是取决于人物的性格，最终完成的是个性的实现”（谭霈生《戏剧本体论》，第 181 页，北京大学出版社，2009 年）。质言之，西方典范戏剧是人文人本精神的产物，戏剧中个体的人的主体性高扬；而中国传统社会缺乏这样的文化土壤，因而产生不了这样的戏剧作品。类似观点，五四时期傅斯年《戏剧改良各面观》中业已出现：“真正的戏剧纯是人生动作和精神的表象（Representation of human action and Spirit）”，“在西洋戏剧是人类精神的表现（Interpretation of human Spirit）。在中国是非人类精神的表现（Interpretation of inhuman Spirit）”。傅斯年“人的戏剧”相关观点，直接源于胡适“易卜生主义”及周作人“人的文学”等论述（参见陈爱国《人的问题与人的戏剧——1920 年代中国话剧创作研究》，东南大学出版社 2016 年版）。

② 欧阳予倩:《〈忠王李秀成〉自序》，苏关鑫《欧阳予倩研究资料》，第 164 页。

③ 陈珂:《舞古今长袖，演中外剧诗——欧阳予倩评传》，第 38—39 页。

④ 此处所论，即周宁在《比较戏剧学——中西戏剧话语模式研究》（上海社会科学院出版社 1993 年版）中集中论述的中国戏剧“叙述性”话语模式与西方戏剧“展示性”话语模式。

⑤ 欧阳予倩:《谈文明戏》，《欧阳予倩全集》第六卷，第 234 页。

“要注重人格的描写和相互间的关系”①，精心构造戏剧情境，设计戏剧冲突。

3. 结构体制：情节整一

戏剧的结构体制，也是构成“戏剧性”的要素之一，欧阳予倩将其视为戏剧剧本改革的落脚点。他要求革新的戏剧在剧本结构体式上，“有其作法，有其统系”：

其事宜多翻译外国剧本以为模范，然后试行仿制。不必故为艰深，贵能以浅显之文字，发挥优美之思想。无论其为歌曲，为科白，均以用白话，省去骈俪之句为宜。盖求人之易于领解，为效速也。惟格式作法，必须认定，暇当专论之。②

剧本文辞通俗浅近之外，“必须认定”的所谓“统系”“格式作法”，即以欧洲近代现实主义戏剧为代表的西方剧本文体范式。

在1937年所作《再说旧戏的改革》中，欧阳予倩对编剧的“格式作法”做了进一步阐释：

编一本戏必然要有中心意识，有完整的故事，再有精密适当的分场，然后有对话有歌唱。一本戏至长只要演三小时半。分场的多少可以不十分拘泥。自两场至二十场均可。角色的上下，每场的起结，可以根据旧戏的习惯，也可以用特别的新法子。过场戏能省便省，不能省的也极须与全剧调和。不能省的必然是剧中关键。③

而西方主流戏剧——欧洲近代现实主义戏剧所隶属的“戏剧体戏剧”格式作法的核心，就是戏剧情节与场面高度的集中与凝练，即所谓“情节整一”：

故事的排列要打破素来平铺直叙的习惯，分场要简洁，过场戏要力求减少，能够在一场做完的便不宜分开，能够暗场介绍的就不必明写……我们所需要的是整个舞台，整个的戏，所以场面要活泼，力量要集中，故事要完整，人

① 欧阳予倩：《改革桂剧的步骤》，《欧阳予倩全集》第五卷，第43页。
② 欧阳予倩：《予之戏剧改良观》，《欧阳予倩全集》第五卷，第1—2页。
③ 欧阳予倩：《再说旧戏的改革》，《欧阳予倩全集》第五卷，第23页。

物的性格要鲜明。[①]

与之相对的，则是民国戏剧舞台盛行的、以明清传奇文本为代表的编剧惯例：

故事完整、有头有尾，为着容易看懂多少是平铺直叙的，章回小说式的；多用明场、少用暗场，因此就要有幕外戏。幕外戏的作用，不完全是为换布景的时候免得观众寂寞，也为着贯串戏情。[②]

换言之，源于叙事性史传及说唱文学、“以事件为中心”的中国古典戏剧，始终不脱“历史叙述的笔法”，“历史事件是基调，人物在历史事件的基调中活动”；因此是“以事带人”，“其‘主脑’不是‘立’在人的性格上，而是‘立’在事件的传奇上”，导致其“白描式和线条化的故事情节”，惯于“顺时铺陈故事”[③]，于是要求剧本首尾完整、情节连贯，是艺术层级和思维低幼的表现。

的确，以明清传奇为代表的传统戏曲剧本大多存在篇幅冗长、结构松散的问题，不可避免过场戏多、“废场子”多——由此导致的幕外戏[④]问题，不但“影响分幕分场的安排”，同时“影响故事的排列”，“破坏一个戏的完整”[⑤]，是“‘章回小说式的’中国小说传奇及曲艺说唱”[⑥]叙事性思路的典型表现，遂成欧阳予倩眼中破坏戏剧性的“眼中钉”。欧阳予倩对此激切痛责，并从编剧思路上分析其成因：“一来不善于用暗场；二来不懂行为进展的道理；三来除了平直的叙事，不懂得分析式的技巧；四来舞台太幼稚，没有分幕的段落。”[⑦]其解决

① 欧阳予倩:《后台人语（之二）》,《欧阳予倩全集》第六卷，第314页。

② 欧阳予倩:《谈文明戏》,《欧阳予倩全集》第六卷，第186—187页。

③ 陈珂:《舞古今长袖，演中外剧诗——欧阳予倩评传》，第102—103页。

④ 幕外戏是在舞台二道幕前演出的过场戏，其功能如欧阳予倩所说：一是为舞台换景垫场；二是补充交代剧情。传统戏曲舞台有大量类似的碎场子戏，民国上海新式舞台在学习西方戏剧引入舞台幕布之后，这样的场子就都放在二道幕前表演了，于是出现大量的“幕外戏”。

⑤ 欧阳予倩:《谈文明戏》,《欧阳予倩全集》第六卷，第183页。

⑥ 陈珂:《舞古今长袖，演中外剧诗——欧阳予倩评传》，第38页。

⑦ 欧阳予倩:《戏剧改革之理论与实际》,《欧阳予倩全集》第四卷，第56页。

之道，自然是效仿欧洲近代现实主义戏剧剧本的组织方法："根据戏剧的原则，用分析的技巧，表现具体的情绪，进展整个的行为"①，以"减少枝蔓、清理臃肿、根治非戏剧性因素"②。具体操作方法，则可采用三一律、五段三节"金字塔公式"、分幕分场制③等。

（二）导演意识

戏剧剧本的写作——一度创作完成以后，怎样在舞台上实现、如何布局安排，就是二度创作——导演的职能范畴。现代戏剧导演是 19 世纪欧洲现实主义戏剧兴盛的产物，是完全的"舶来品"。受新剧影响，欧阳予倩非常重视戏剧导演工作，借用日语词汇"演出法"（production）④的概念，强调导演对戏剧艺术的作用，要求"导演要能对于各种艺术部门彻底了解，作有组织有计划的最适当的配合，要将各种形式各种演出法融会贯通，得心应手地调和应用"⑤。

欧阳予倩尊重戏曲传统剧目中演员兼任导演的惯例，但认为排演新戏必需专职导演，强调"是必每个新戏都有不同的处理，于是可运用新的导演技术，使面目为之一新"⑥。剧本确定后，导演"在文学剧本的基础上作出创造性的导演解释，产生并逐步完善地制定出他关于演出的'整个的计划'和'完整的概念与企图'"，最后"把剧本变成整体演出形象"⑦——这些工作绝不是旧戏中所谓"排戏的"能够完成的。

---

① 欧阳予倩：《戏剧改革之理论与实际》，《欧阳予倩全集》第四卷，第 60 页。

② 陈珂：《舞古今长袖，演中外剧诗——欧阳予倩评传》，第 74 页。

③ 欧阳予倩认为，"三一律"主要取其"在高度压缩的时空内剪裁和提炼故事"（王雪《兼美的整合之路：论欧阳予倩戏剧美学思想及实践》，《戏剧文学》2009 年第 10 期）的聚焦原则，"五段三节"法旨在突出"'戏剧线 'Dramatic line 的发展"（欧阳予倩《三个戏》，苏关鑫编《欧阳予倩研究资料》，第 327 页）；分幕分场制则强制整合了传统戏曲的线性叙事，造就一部剧的骨骼构架（如"脊椎动物"之脊椎，欧阳予倩《戏剧改革之理论与实际》，《欧阳予倩全集》第四卷，第 41 页），因而是"格式作法"的重中之重。

④ 欧阳予倩：《再说旧戏的改革》，《欧阳予倩全集》第五卷，第 24 页。

⑤ 欧阳予倩：《现代戏剧之欣赏》（节选），苏关鑫编《欧阳予倩研究资料》，第 289 页。

⑥ 欧阳予倩：《后台人语（之二）》，《欧阳予倩全集》第六卷，第 314 页。

⑦ 高宇：《欧阳予倩与近代戏曲导演学》，《戏剧艺术》1989 年第 4 期。

但即便有的戏没有专职导演，欧阳予倩仍强调排演戏剧须有统合全局的导演意识，其关键就是牢记“戏剧是综合艺术”：“一种是各艺术部门的综合”（所谓“戏剧者，必综文学、美术、音乐及人身之语言动作，组织而成”[①]），“一种是各种上演方式和表演方式的综合”[②]；“在‘综合艺术’的综合性的方面，集体艺术的集体性方面，能多注重综合，注重集体，然后才能使结构谨严，成为完整的艺术品，而表现新的充实的内容。”[③] 在这里，“欧阳予倩明确地把戏曲艺术的综合性提到了首位。指出了近代戏曲导演完成戏曲的整体演出的途径，并把它确立为近代戏曲导演的主要任务”。他认为，“创造演出就是导演把剧作者、演员、音乐和舞台美术的创造综合成一个整体的过程”[④]。

由是，欧阳予倩以“整一性”原则安排“演出法”，强调一台戏的完整均衡：“取各种艺术精华完全戏剧化而统属之于一点。分开看好像各归各，合起来看就是一个完整的个体，丝毫不能分开。”[⑤] 基于这样的理念，欧阳予倩明确反对民国京剧剧坛的名角制，反对把龙套配角演员当作道具的习惯，在自己的诸多作品中显示出演剧的平等观和合作意识，并跳出自身角色化身“镜子”、对舞台作“第三者眼光”的整体观照和效果把控，后期更成功导演一系列原创戏曲作品，成为20世纪中国戏曲导演先驱和奠基人。他曾这样描述达到了整齐合一、均衡谐和的戏剧舞台感受：

要求台上呼吸调和，便不仅是照顾对手的角色就够，一定要照顾全场，而对手角色的动作，尤其处处都要使之与自己的动作相应答而组织成一种自然的谐和。这种谐和，不容易得到，只要一得到了这种谐和，那真是舒服。音乐没有这样的风韵，美酒没有这样的香醇，好比春风微雨精室温衾之中，作一个极

---

① 欧阳予倩：《予之戏剧改良观》，《欧阳予倩全集》第五卷，第1页。

② 欧阳予倩：《再说旧戏的改革》，《欧阳予倩全集》第五卷，第23页。

③ 欧阳予倩：《后台人语（之二）》，《欧阳予倩全集》第六卷，第315页。

④ 高宇：《欧阳予倩与近代戏曲导演学》，《戏剧艺术》1989年第4期。高宇认为，欧阳予倩提出戏曲导演“综合性”这一核心，给我国近代戏曲导演学提纲挈领地列出了明确的纲目。

⑤ 欧阳予倩：《戏剧改革之理论与实际》，《欧阳予倩全集》第四卷，第25页。

甜酣的梦，满身的骨节毛窍都含着美妙的韵律。①

（三）表演方法

欧阳予倩强调中国传统戏曲是“歌舞剧”，“是一种特殊的表演方式”——全世界独有的“有歌有舞”“歌舞相合”形式，“也就有它特殊的风格”②，不能以西方戏剧绳墨。因此，与热衷“西化实验”、极力打破传统程式的海派京剧演员不同，欧阳予倩对中国传统戏曲积淀深厚的程式动作心存敬意。他认为“中国戏的动作由舞与傀儡戏的动作相合而成，其组织是类型的，有很鲜明的节奏”③，是“舞蹈化”的、“动的雕刻”④；并强调“旧戏的最好处不是唱工而是动作”，这些“类型的动作”，“是旧戏的灵魂，去掉了就没有了旧戏”，因此“决不能用写实主义来批评”⑤，尤其是简单机械的“写实主义”。

在充分理解和尊重传统戏曲表演艺术的前提下，欧阳予倩引入西方现代戏剧表演理论，使传统戏曲表演艺术得到升华：

1. 艺术化的高级写实

尽管反对以写实主义简单粗暴地批判中国传统戏曲，欧阳予倩仍然崇尚源于科学的写实精神，将写实手法视作戏剧表演的主要手法。但在“科学”之外，欧阳予倩亦强调“艺术”，要求写实方法的进化，反对对生活的简单模仿，取“现代的写实主义”、高级的写实手法，舍弃“初期的写实主义”“机械的写实方式”⑥“蠢笨的写实方法”；要求扩充“写实的范围”，“庶几灵肉得以一致”，“使现实和灵感互相照应互相证明”⑦。

---

① 欧阳予倩:《自我演戏以来》,《欧阳予倩全集》第六卷，第 79 页。

② 欧阳予倩:《后台人语（之二）》,《欧阳予倩全集》第六卷，第 316 页。

③ 欧阳予倩:《再说旧戏的改革》,《欧阳予倩全集》第五卷，第 28 页。

④ 欧阳予倩:《戏剧改革之理论与实际》,《欧阳予倩全集》第四卷，第 51 页。

⑤ 欧阳予倩:《再说旧戏的改革》,《欧阳予倩全集》第五卷，第 28—29 页。欧阳予倩非常重视传统戏曲的身段程式，50 年代组织创建“中国古典舞”即取径戏曲身段，将其中的舞蹈元素分离提炼出来，作为古典舞语汇素材。

⑥ 欧阳予倩:《为什么要写实》,《欧阳予倩全集》第四卷，第 129 页。

⑦ 欧阳予倩:《今日之写实主义》,《戏剧》1929 年第 1 卷，第 2 期。

例如一直困扰现代戏曲的对于“近现代生活”在戏曲舞台的表现问题，欧阳予倩认为现代的戏曲表演完全可以依据时代需要增加新动作，但“所谓新的动作绝不是把文明戏里写实的动作加进去，不过是使动作易于接近现代的观众而使之了解”。那么怎样的新动作是既不同于文明戏的直接写实，又“易于接近现代的观众而使之了解”呢？答案就是不能限于“存形”，需“以神形并存方为上乘”①。质言之，需要艺术化的提取与加工、艺术化的写实。②

2. 内心体验与身体表现的融会贯通

出于“艺术化的写实”理念，欧阳予倩在吸收当时风行的“心理学写实主义”表演流派——斯坦尼斯拉夫斯基“体验派”表演体系时，针对传统戏曲的艺术特性，做了调整和融合。

“体验派”表演体系讲究内心体验，要求演员每次表演都要化身角色、充分体验，与角色合一后，以“有机天性”下意识地即兴创作、自然表演，以制造“生活幻觉”，强调内在甚于外在；与之相反，中国传统戏曲的表演方式则更接近以哥格兰为代表的“表现派”③，是技术（四功五法）至上、极重设计的，有一套严密的程式动作，力求每次表演都是对角色“理想范本”的复制，将对

① 欧阳予倩:《戏剧改革之理论与实际》,《欧阳予倩全集》第四卷，第61页。

② 结合欧阳予倩的戏曲舞台实践可以看出，他事实上借鉴了“他山之石”——年轻的民间花部梆子艺术，效仿梆子戏提炼新程式的方法，将近现代普通民众的日常生活动作以艺术化的歌舞形式出之；这样塑造的“新动作”既有新鲜的时代和生活气息，又与传统程式相协相融，颇具艺术价值。因此，不同于海派京剧艺人直接效仿西方话剧排演时装、洋装新戏，在戏曲舞台着西装作演说、真刀真枪真车真马上阵、表演时髦歌舞等简单机械的写实方法，欧阳予倩反其道行之，选取古典题材——如《红楼梦》《聊斋志异》《今古奇观》中故事，并在其中设置许多现代观众熟悉的日常生活场景，将日常化、生活化的写实风格的表演融入古典剧情之中，使得新创动作与传统程式融为一体，将传统戏曲的写实能力和现代化推进到新的高度。关于欧阳予倩对梆子戏的学习与借鉴，参见刘汭屿《欧阳予倩与梆子》,《文史知识》2020年第9期。

③ 朱光潜认为中国传统戏曲的表演手法与狄德罗“表现派”理论相近（参见邹元江、刘暄《狄德罗“理想的范本”与中国戏曲“传家的衣钵”——重温朱光潜关于“演员的矛盾”的论述》,《安徽大学学报》（哲学社会科学版）2012年第6期），戏曲编导及学者阿甲亦认为戏曲表演应归属“表现派”而非“体验派”（参见王永敬《戏曲表演是“表现派”——解读阿甲先生“新时期”的“一个判断”》,《艺术百家》2008年第4期）。

形式美的追求推向极致，注重外在甚于内在。[①]

欧阳予倩吸收斯坦尼斯拉夫斯基“内心体验”说，明确要求演员对角色的充分浸入，提出演剧的“容受”概念：

做戏最初要能忘我，拿剧中人的人格换去自己的人格谓之“容受”。[②]

最初要求演者的心弦和剧中人的心弦同一个振动数而发生共鸣，这就是所谓“窖［容］受”。就是演者把自己的人格和心理，暂时否定，全部使之剧中人化。[③]

不过，仅有体验的“容受”尚不足够，还需将之外部形象化——用身体表达出来（“做戏”），以意识、心灵指挥身体，使“外的动”与“内的动”[④]一致：

仅有容受却又不行，在台上要处处觉得自己是剧中人，同时应当把自己的身体当一个傀儡，完全用自己的意识去运用、去指挥这傀儡。只能容受不能运用便不能得深切的表演。[⑤]

其次就要择定自己所要应用的语调、动作和表情，使戏中人的内心波动形象化而表演于观众之前。在这种选择和表现的时候，演员是所谓“半人格”的。[⑥]

换言之，纵使“体验”再到位，演员的表演也不能自然主义，而须充分注重“表现”，与角色保持一定距离，维持清醒的自我意识，以“半人格”、另一个人格来指挥自己的身体，以精准的控制和高超的美感，在舞台上展示出卓越的表现力感染力。而如此强大的身体表现能力，只能通过长时间的严格训练而

---

① 当代京剧名家李玉声曾于2006年前后在互联网发布“论京剧表演艺术”系列短信，其中“京剧与刻画人物无关”（以“玩意儿”为本）的相关观点引发激烈讨论。有评论者认为，李玉声及其支持者的言论针对的是新中国成立后以“斯坦尼斯拉夫斯基体系”为代表的外来表演理论对京剧传统表演程式艺术的“破坏”。

② 欧阳予倩：《自我演戏以来》，《欧阳予倩全集》第六卷，第42页。

③ 欧阳予倩：《后台人语（之一）》，《欧阳予倩全集》第六卷，第298—299页。

④ 同上。

⑤ 欧阳予倩：《自我演戏以来》，《欧阳予倩全集》第六卷，第42页。

⑥ 欧阳予倩：《后台人语（之一）》，《欧阳予倩全集》第六卷，第299页。

来，于是传统戏曲对演员（尤其童伶）身体技能的系统训练得到高度推崇。[①]

可以看出，在戏曲表演艺术的问题上，欧阳予倩部分打通和融合了“体验派”与“表现派”理论，强调演员须兼备“理解力（政治的和艺术的）和表现的技术”，“体验的技术（内部的）和体现的技术（外部的）是紧密结合着的”[②]，以体验入内、以表现出外，最大限度发挥二者优长。在具体实践中，欧阳予倩事实上吸取了话剧和戏曲两方面的表演经验——以欧洲现实主义表演流派的“内心体验”作为理解塑造人物的法门（魂），以中国传统戏曲的身体技能作为演员表现力的手段（形），将中、西表演艺术的精华融为一体。[③]

（四）舞台美术

欧阳予倩参照西方现代戏剧舞台美术，认为传统戏曲舞台的装置过于陈旧简陋，并且“千剧一面”，缺乏生趣活力，表意和审美都不敷用。他提出“应当注意舞台面的构图要打破中间一张桌子、两张椅子的呆板方式”[④]，“打破京剧及地方戏品字形的格局以及简单的两边对比原则”[⑤]，效仿西方现代戏剧舞台，讲究“光、色、线条，建筑的应用，是要就一个一个戏，精密讨论，仔细设

① 作为票友出身、二十五岁之后才正式下海的“后进”京剧演员，欧阳予倩深知自己在基本功上的缺失，数年间辛勤问艺刻苦练功，并在多篇文章中反复强调戏剧演员身体训练的重要性。他进一步提出，不仅戏曲演员需要身段功底扎实，话剧演员想要拥有强大的身体表现力，也需借助传统戏曲的形体训练，甚至将传统戏曲艺术造就的独特形体运用到话剧演出当中。50年代，欧阳予倩在中央戏剧学院实验话剧院导演自己的话剧作品《桃花扇》，就直接将戏曲身姿身段运用其中，强调演员的形体表现。参见《〈桃花扇〉排演札记》，《欧阳予倩全集》第二卷；澹台仁惠《回忆欧阳予倩老院长给我们排戏》，《戏剧论丛》1982年第3辑。

② 欧阳予倩:《演员必须念好台词》，《欧阳予倩全集》第四卷，第205、180页。

③ 基于话剧与戏曲领域表导演的丰厚经历，欧阳予倩曾有总结“中国戏剧舞台经验”、创建“中国戏剧表演体系”的设想，但未能实现。参见凤子《一个未能实现的愿望》，载广西艺术研究院、广西社会科学院主编，丘振声、杨荫亭编选《欧阳予倩与桂剧改革》，第299页，广西人民出版社1986年版。

④ 欧阳予倩:《改革桂剧的步骤》，《欧阳予倩全集》第五卷，第43页。

⑤ 陈建军:《欧阳予倩与中国现代戏剧》，第171页，人民出版社2016年版。

计”①，力求戏曲舞台装置和调度的丰富多样，帮助塑造演出的情境氛围，强化剧情表现力。

欧阳予倩在早期创作中即采用了一些新式布景，但始终强调舞美革新须为“原有戏曲舞台表现原则的引申和发挥”②。他 1932 年至 1933 年访欧归来，欧阳予倩参考欧洲一些歌剧和“喜歌剧”的做法，进一步提出舞美改革的具体方案，“用图案式的装置，配合雕塑式人物而成舞台面”，要求“布景无论为平面，为立体都可，只要像画，不宜写实的装置”，“无论是色调、线条、构图都要鲜明简洁，而且要适宜于旧戏独有的特殊风格”；如此“背景与人物相配而成画面。人物便好似活动的浮雕，每一度的移动应成画面；或者就像一群雕像，用适宜的背景把它衬托出来”③。关于布景“像画”，欧阳予倩进一步阐释：

歌剧的舞台装置，如果演历史戏，我的意思求其像画，而且想使其能像中国画——一种有远近法的中国画。换句话说：就是用中国画的布局、色彩、手法使之近代化，而利用之于舞台。④

之所以强调是“中国画”，原因是“西方画遵守物理学上的焦点透视原则，镜框式的写实主义舞台装置也是依据这一原理来布置实物、经营位置、搭配虚实布景”；而“中国画则追求写意，时空自由，不在平面的纸幅营造立体感，而倾向于顺着纸幅向四面拓展”，这样的手法“与中国戏曲的原理是相通的”⑤，能达到中国传统美术的意境美，因而与戏曲舞台相得益彰，可见设计者“特别的意匠”⑥。

---

① 欧阳予倩：《怎样完成我们的戏剧运动？》，《欧阳予倩全集》第四卷，第 3 页。
② 陈建军：《欧阳予倩与中国现代戏剧》，第 172 页。
③ 欧阳予倩：《后台人语（之二）》，《欧阳予倩全集》第六卷，第 314—316 页。
④ 欧阳予倩：《戏剧改革之理论与实际》，《欧阳予倩全集》第四卷，第 58 页。
⑤ 陈建军：《欧阳予倩与中国现代戏剧》，第 173 页。
⑥ 欧阳予倩：《戏剧改革之理论与实际》，《欧阳予倩全集》第四卷，第 51 页。

(五)音乐

音乐问题一度是欧阳予倩在戏曲改革中最关切、用力最多的方面之一[①]:

改革旧戏最大的问题是音乐。旧戏到了今日,无论在声乐器乐方面都不够表情。改,是必要的。怎么改?却比内容和形式的问题还要难解决。[②]

欧阳予倩认为,中国古典音乐的顶峰在唐代,其后从宋元到明清一直在衰落;至晚清民国,"二黄戏的乐曲因其组织上有致命的弱点"[③],"舞台上音乐之贫弱,不能表情,不适用"。因此,他呼吁"能充分表现时代精神和剧中情感",满足原创、表情、审美要求的"新音乐"[④],强调音乐革新对戏曲革新的重要性,并进一步以"新音乐"为基础创造中国"新歌剧"[⑤]。

海派京剧的出身加上五四时期激进思潮影响[⑥],欧阳予倩追摹西方歌剧与音

---

① 欧阳予倩曾投入大量精力对以皮黄为代表的中国戏曲声腔进行专门研究,著有《谈二黄戏》《京戏一知谈》《中国戏曲研究资料初辑序言》等理论文章,开启中国戏曲声腔现代研究新风。参见蒋星煜《欧阳予倩研究戏曲声腔的成就》,苏关鑫编《欧阳予倩研究资料》。

② 欧阳予倩:《后台人语(之二)》,《欧阳予倩全集》第六卷,第 315 页。

③ 欧阳予倩:《再说旧戏的改革》,《欧阳予倩全集》第五卷,第 35 页。

④ 欧阳予倩:《怎样完成我们的戏剧运动?》,《欧阳予倩全集》第四卷,第 3 页。

⑤ 根据满新颖的梳理,"歌剧"概念从日本传入中国不久,"新歌剧"一词旋即出现,其定义含混模糊;相对于传统戏曲之为"旧剧""旧歌剧",五四之后"以民族音乐为基础,借用西洋手法创作的带有音乐的民歌小戏、歌舞剧、话剧加唱、秧歌剧、改良戏曲等类型的一切戏剧作品"(满新颖《中国近现代歌剧史》,第 43 页)在当时皆被纳入"新歌剧"范畴,但绝大多数与真正歌剧无涉。至于二三十年代欧阳予倩等西化文化精英所倡导的、自戏曲改革的所谓"新歌剧",事实上应称为"新戏曲"更加准确。关于传统戏曲的"歌剧化"改革实验,参见陈钧《戏曲艺术创新与戏曲新歌剧》,《乐府新声》(沈阳音乐学院学报)2005 年第 1 期。

⑥ 20 世纪初,"在受学习西方文明的社会思潮的影响下",掀起一股"主张以西为师,学习西方音乐文化的思潮"(冯长春《中国近代音乐思潮研究》,人民音乐出版社 2007 年版,第 57 页)。这股思潮影响之于戏剧界,五四前后,西化文化精英纷纷提出向西方歌剧及音乐学习、创建中国"新歌剧"、改革甚至取代中国旧剧旧音乐的主张。(关于民国"新歌剧"思潮及实践,参见艾立中《民国新歌剧创作方式的流变》,《戏剧》2013 年第 1 期。)

乐[①]，倡导“歌剧革新运动”，希望将皮黄戏改造成为“中国新歌剧”。因此要求对传统戏曲音乐大刀阔斧的改革，认为“非根本推翻旧场面、创造新音乐不能完成新歌剧”[②]。具体来说，“治本的办法”是“将中国古今的音乐算一回总账，根本整理一下；再把各处的民间音乐，集拢来铸过一下；改造乐器，厘定乐谱，订正标准音，参考西乐而编制中国的和声学”；“应急的办法”则是“就现有的场面，向着我们需要的方面逐渐改革，渐次将噪音［按：锣鼓］的乐器减少，将乐音［按：管弦］的乐器加多……由勉强做到自然，由少做到多，由单调作成完备”[③]。为了实践自己的戏剧音乐理想，欧阳予倩在主持南通伶工学社和广东戏剧研究所附设戏剧学校时，都想方设法设置西方音乐课程甚至专业、开办西洋管弦乐团，“以培养音乐专门人才，创造中国新音乐，促成新歌剧之实现”[④]。

30 年代赴欧考察戏剧与歌剧归来之后，欧阳予倩深切体会到了中国戏曲与欧洲歌剧的本质差异，开始反思过去的想法，重新认识中国传统戏曲独一无二的“歌舞剧”属性：

以前许多人总欢喜拿中国戏和西洋的歌剧比……其实如中国的旧戏和日本的歌舞伎，各是一种特殊的东西，可以独立自成一格，万不能拿西洋的歌剧来加以衡量。所以拿西洋的歌剧作标准，来改革中国旧戏是不可能，只是白费心血。改革中国旧戏要从其本身求创造。[⑤]

---

① 20 年代初，欧阳予倩曾专门关注过西方歌剧，在《戏剧》杂志发表《西洋歌剧谈》系列文章，介绍欧洲歌剧概况。此时的欧阳予倩大概已经意识到中国戏曲与西方歌剧存在的差异，但由于对欧洲歌剧尚缺乏系统、直观的认识，仍不免将欧洲歌剧作为中国戏曲的革新方向。可以说，对于戏曲的西化改革，在学习西方话剧的问题上，欧阳予倩从一开始就准确把握到了二者的本质要义；在学习西方音乐及歌剧的问题上，却走了不少弯路。

② 欧阳予倩：《戏剧改革之理论与实际》，《欧阳予倩全集》第四卷，第 50、55、57 页。

③ 同上书，第 57 页。

④《广东戏剧研究所的经过情形》，《欧阳予倩全集》第六卷附录，第 428 页。欧阳予倩为南通伶工学社设计的校徽图案，是画在五线谱上的一支毛笔和一支钢笔，以示“融贯中西”之意。

⑤ 欧阳予倩：《巴黎剧场》，《东方杂志》1934 年第 31 卷第 20 期。

同时，也深刻意识到非音乐专业人士能力的有限，坦承“如何改革旧戏的音乐，是一个专门问题，应有些专家担任”[①]。

此后，欧阳予倩对西方歌剧及音乐的热情渐趋冷却，转而沉潜民族音乐，将建设“新歌剧”的希望更多寄于中国戏曲内部，从可行层面局部、微量地优化戏曲音乐，反而取得不错的效果——如抗战期间主持桂剧改革，吸收兄弟剧种唱腔及器乐曲牌丰富桂剧音乐，歌词打破七字句、十字句束缚使用长短句，运用多种演唱形式增强桂剧唱腔表现力，提升乐队使其更好地辅助戏剧演出等，使得桂剧从地方小戏跃升全国戏曲十大剧种之一。[②]

三、传统戏曲现代化改革路线：“西体中用”

作为现代戏剧的开拓者，“中国剧坛‘学贯新旧’的唯一学人”[③]，第一代话剧与戏曲“两栖”通才、罕见的台前幕后“全能”艺术家，欧阳予倩对中、西戏剧造诣精深，始终“以世界性的眼光来探讨戏剧舞台艺术的现代性问题，努力汲取当时世界舞台艺术的新成果”[④]，深入研究中、西及新、旧戏剧艺术的规律特性，极力发挥话剧、戏曲二者之长，致力于二者的融合提升。因此，评论者称其为“新与旧、中与西的再磨再炼再调和的实践者”[⑤]，田汉更是认为“欧阳予倩同志本身就是中国传统戏曲和现代话剧之间的一座典型的金桥”[⑥]。

对于传统戏曲的现代化改革以及向西方现代戏剧的学习，欧阳予倩既反对只改内容不换形式的“旧瓶装新酒”，也反对简单肤浅照搬欧洲近代戏剧“写实主义”风格的错误认知。他要的是从根基上移植西方现代戏剧的艺术结构及

---

① 欧阳予倩：《后台人语（之二）》，《欧阳予倩全集》第六卷，第 315 页。

② 关于欧阳予倩在中国戏曲音乐改革方面的理论与实践，参见刘玲《欧阳予倩的戏曲音乐改革研究》，湖南师范大学音乐学硕士学位论文，2014 年。

③ 易庸（廖沫沙）：《读欧阳予倩的旧剧作品——兼论旧剧改革》，苏关鑫编《欧阳予倩研究资料》，第 353 页。

④ 陈建军：《欧阳予倩与中国现代戏剧》，第 177 页。

⑤ 曹聚仁：《纪念欧阳予倩——中国的易卜生》，曹聚仁《听涛室剧话》，中国戏剧出版社 1985 年版，第 110 页。

⑥ 欧阳敬如：《欧阳予倩戏剧论文集·后记》，上海文艺出版社 1984 年版，第 486 页。

思维方式，结合中国传统戏曲的艺术元素、表现手法和美学风格，“西体中用”地改造中国旧戏、推动传统戏曲现代化。欧阳予倩的戏剧理论和改革主张，不仅有沉浮氍毹的切身经验，也有专业的戏剧学研究和思考；其内容丰富深邃，理论个性鲜明，且自成体系，为中国现代戏剧学学科创建奠定基石，成为现代戏剧理论进一步发展的平台。他开创的“西体中用”戏曲现代化改革方向，较好地平衡和解决了西方现代戏剧框架之下的民族艺术道路问题，在当时戏曲改革思潮中最专精道地、成就最高，直接影响了其后同样话剧、戏曲“两栖”的田汉、焦菊隐等人，成为 20 世纪中国戏曲改革最具学理价值和推广意义的路线，奠定了今日舞台戏曲新创作品的基本风貌。①欧阳予倩的戏曲改革主张得到了戏剧学界的充分肯定，不仅主流戏剧史书写中将其作为近现代戏曲改良的最高实绩之一，当代戏剧学者也在其基础上进一步阐发有关戏曲现代性和现代化的理论学说。②

只是，追步西方的晚清民国戏剧改良运动（含纳于同时期文学改良），其内容是属于整个社会文化的现代化改革和转型的，是近代中国“西风东渐”的时代产物，既带有“西方中心”的“冲击—回应”模式的烙印，又是传统中国现代化进程的必经阶段。到了 20 世纪 50 年代，在参照西方的中国现代戏剧终得确立的背景下，在更从容的国内形势和更平等的国际文化交流环境中，欧阳予倩逐渐反思中、西戏剧，对自己五四时期的激进论调做出相应的修正。随

---

① 李伟承继其师董建观点，将欧阳予倩、田汉、焦菊隐等主导的戏曲改革路线总结为 20 世纪戏曲改革的三大范式之一——“文化创新型”，并强调欧阳予倩“和田汉等人开创的这种新文化人以现代戏剧理念改革传统戏曲的思想基本上被当代中国戏曲舞台所继承。今天的戏曲健康发展的一面基本上在欧阳予倩、田汉一脉开创的道路上前进”（李伟《20 世纪戏曲改革的三大范式》，中华书局 2014 年版，第 120 页）。关于欧阳予倩戏曲现代化改革路线及其影响，还可参见刘汭屿《南欧北梅——民初京剧红楼戏与戏曲现代化的两种路径》，《文艺研究》2020 年第 12 期。

② 如吕效平事实上继承发展了欧阳予倩对“戏剧性”的强调和以歌舞作“艺术化写实”的观点，在《论“现代戏曲”》（《戏剧艺术》2004 年第 1 期）中将“现代戏曲”的文体形式界定为“中国戏曲与欧洲传统戏剧情节样式的结合”，以“情节整一性”为特征；在《论现代戏曲的戏曲性》（《戏剧艺术》2008 年第 1 期）中将“戏曲性”归结为“彻底的歌舞性”，将“现代戏曲”的定义进一步阐释为“以歌舞演‘情节整一’的‘戏剧体’故事”。

着对民族传统艺术的认识不断拓宽和深入，欧阳予倩毅然改变自己当年“西方中心”的戏剧观，放弃对“戏剧体戏剧”的执着，逐渐回归民族本位和本土立场，对传统戏曲的美学风格与艺术规律有了更多理解与守护，也走向了更自由的创造。①

（本文原刊于中央戏剧学院学报《戏剧》2019 年第 3 期，发表后有所修订）

① 如欧阳予倩 1955 年所作《话剧、新歌剧与中国戏剧艺术传统——为苏联科学院艺术史艺术理论研究所作》著名演讲，将中国话剧、新歌剧、戏曲三大剧种并置，但把最大篇幅留给戏曲；通过梳理三者的历史渊源与发展历程，阐述其审美特征、艺术形式与社会效应，高度肯定中国传统戏剧（戏曲）艺术的价值。最后强调“中国的戏剧艺术有它显著的特点，有它悠久而优良的传统。我们异常珍爱它，要极力使它发扬光大”（《欧阳予倩全集》第四卷，第 276 页）。

四、艺术理论与创作实践

读欧阳予倩的《谈幕表戏》

陈世雄*

幕表戏的历史、现状和价值是我国戏剧学领域被忽视的课题。欧阳予倩先生不但写过幕表戏，而且演过好几年幕表戏，所以他在 1957 年写了《谈幕表戏》。这篇文章虽然只有五六千字，可是很有价值，既是对中国幕表戏历史的回顾，又是创作经验谈。回顾中国戏剧理论发展史，像这样论述幕表戏的文章是不多见的。从 1957 年到今天，已经过去 60 多年，关于幕表戏，学界掌握的信息肯定比 60 年前多得多。在纪念欧阳予倩先生 130 周年诞辰之际，重温欧阳予倩先生的文章，是很有意义的。

一、什么是幕表戏

欧阳予倩给幕表戏下了一个明确的定义："幕表戏就是没有剧本只靠一张幕表演戏之谓。"①只用二十来个字，就把幕表戏的特征概括出来，非常简洁。他接着介绍了幕表戏的创作过程。第一步是编排幕表：编剧的人编排幕表，通常是根据传说、笔记或者小说之类，把故事编排一下，分成若干场，每一场按照

* 中央戏剧学院客座研究员，厦门大学教授。

① 欧阳予倩:《谈幕表戏》,《欧阳予倩戏剧论文集》，上海文艺出版社 1984 年版，第 135 页。

故事的排列分配一些角色，有时写明上下场次序，有时不写；有时注上按照情节非说不可的台词，有时连这个也没有。第二步是说戏，就是把演员召集在一起，分配角色（演员的名字就写在剧中人的下面），把全剧的情节、上下场的次序说一说。有时大家聚不起来，编剧就得分别和演员去谈，必须碰头的人拉拢来斗一斗榫；不需要碰头的，就让他去各干各的。由此可见，幕表戏创作过程基本上分成两步：一是故事编排，二是编导说戏。但是演员聚不起来的时候还得分头把相关的演员招来斗一斗榫，所以第二步也可能分成两步——全体演员听编导说戏，或者分头去斗榫。

以上是欧阳予倩对幕表戏创作过程的描述，主要是讲通俗话剧的幕表戏，不像是在讲戏曲幕表戏的创作过程。戏曲幕表戏有很大的研究价值，遗憾的是，目前大陆的专业剧团几乎都不能演，也没有机会演出幕表戏。至于民间戏班，倒是还保存着幕表戏的传统，例如傅谨教授的《戏班》一书（原名《草根的力量》）就详细介绍了浙江台州地区民间戏班的“路头戏”（幕表戏）演出的情况。由于受到某种歧视（按傅谨的说法，数十年来，戏剧界，尤其是官方主导的戏剧观念面对路头戏时持“一边倒的批评意见”[①]），演员演出幕表戏的能力和水平恐怕已经不能和民国和清代的名演员相比。

与大陆的情况相反，在台湾，有许多戏班（主要是歌仔戏班）能够很好地演出幕表戏。其中最著名的就是台湾最大的家族剧团明华园。因此，我除了曾经向大陆的越剧演员请教外，还向台湾的歌仔戏编导、演员请教过幕表戏的创作方法，曾经到台湾北部、南部进行田野调查，并且在厦门大学招收了来自明华园的康素慧做博士生，安排她撰写以歌仔戏幕表戏为题的博士论文。

歌仔戏是台湾最大也最受民众欢迎的剧种，至今在演出形态上仍旧以幕表戏为主，幕表编剧是台湾歌仔戏职业剧团的看家本领，无论在“内台”或“外台”时代，它一直都是民间编剧的主要创作方法。原因何在？歌仔戏是个典型的草根剧种，在其兴起的初期，大多数民间艺人识字不多，独立阅读剧本有困难，编导必须向他们说戏，口传身授的效果更好。再说，台湾歌仔戏班除了极个别的外，都是民营的，自负盈亏，必须确保足够的演出场次和剧目数量，在

---

① 傅谨:《戏班》，北京大学出版社2010年版，第267页。

上演剧目需求量很大的情况下，不可能写出那么多“定型戏”，编导和戏班演员必须采用快速创作的方法，幕表戏就是在这种客观环境中应运而生。台湾歌仔戏大多以庙会为主要演出时机，以即兴演出为主要演出形态，事先没有写定的剧本，演员在舞台上是依据“讲戏先”提供的大纲即兴发挥，这种演剧形态和方法在歌仔戏行话中称为“做活戏”，“讲戏先”因而成为台湾歌仔戏不可或缺的灵魂人物。

在歌仔戏发展的后期，台湾经济起飞，教育普及，演员和编导的文化水平都提高了，可是，外台（露天演出称为外台）歌仔戏的中生代艺人仍然延续过去在内台商业剧场的做法，以幕表结合集体即兴，作为他们最主要的编剧手段。台湾大学教授林鹤宜认为，这一现象证明，幕表戏的创作方法是“有效和不可取代”的。①

台湾最著名的“讲戏先”是明华园的陈胜国。他是明华园的首席编导，熟悉歌仔戏从内台、外台到当前的多元化演出形式和商业性演出的规律，知道什么样的戏才能吸引观众，因此所创作的剧目深受观众欢迎。从 1970 年至今，陈胜国已为明华园创作二百多出幕表戏，其中有大约五十部已经整理成“定型戏”。

通过实地调研，我发现，戏曲幕表戏的创作过程要比话剧幕表戏复杂得多。我曾在明华园歌仔戏剧团编导陈胜国的家里听了他两个半天的讲述。陈胜国主要从古代神怪传说和历史演义中寻找题材，重新编排情节，写成故事大纲。这一点和欧阳予倩所说的通俗话剧的幕表戏创作方法类似。但是陈胜国的讲戏手段已经现代化了，内容也更加丰富复杂。讲戏时，全体演员、乐队乐手和舞台设计者都到场，他们全都手持手机或者录音机，现场录音。陈胜国不但要讲全剧的情节、人物上下场的次序，而且要讲唱段的安排、唱词的大意，有时候连使用什么曲牌也交代给演员，这就是说，必须顾及戏曲艺术的方方面面，留给演员的创作空间比话剧幕表戏要大得多。第一，要求演员创造性地发挥想象力，补充和发展剧情大纲，也就是将剧情加以细化；第二，要求演员

① 林鹤宜：《歌仔戏“幕表”编剧的创作机制和法则》，《成大中文学报》2007 年第 16 期，第 171—200 页。

自编唱词，有时连曲牌也要自己设计；第三，鼓励演员自创身段、构思舞台调度。

由此可见，在某种意义上，戏曲幕表戏创作对演员的要求比话剧幕表戏更高。据大陆歌仔戏老艺人和台湾歌仔戏演员介绍，演出幕表戏，首先要求演员“有腹内”（闽南话），意思就是要熟记相当数量的剧目内容、情节、唱词、曲牌、精彩的对白，特别是要掌握一些戏剧性强的情节“因子”，以及用来插科打诨的常用词语。“有腹内”就能做到熟能生巧，在演出中从“腹内”信手拈来，为演出所用。因此，幕表戏演员不但承担着将剧情细化的任务，而且承担部分作曲的任务。据老艺人说，当演员需要某种曲牌（譬如歌仔戏的“七字仔调”或者“杂念调”）的时候，只要用特定的手势向打鼓师傅发出暗示，打鼓师傅立即明白用哪种曲牌，指挥乐队作出反应，分秒不差。

陈胜国编创的幕表戏不论在质量上还是数量上都居全台湾第一位。现今明华园歌仔戏剧团分为“天、地、玄、黄、日、月、星、辰”八大团队①，四十余年来八大团队所演出的戏码多数出自陈胜国所口述的幕表戏。共分二十三单元，包括以下内容：

（一）《济公活佛》共分八单元，共三十一本戏②

（二）《华光天王传》共八本戏③

（三）《大悲冥王传》共八本戏④

（四）《八仙得道》共七本戏⑤

（五）《乞食纵横传说》共四本戏⑥

---

① 明华园创办人陈明吉先生1997年过世后，明华园便以“天、地、玄、黄、日、月、星、辰”为其各团队的名称，并统称为戏剧团。

② 《济公活佛》依据《济公传》所编排，台北文源书局有限公司印行，1977年3月。

③ 《华光天王传》依据《四游记》所编排，文化图书公司印行，1978年9月。

④ 《大悲冥王传》是陈胜国于台湾嘉义地藏庵听得一段关于地藏王菩萨故事所自创编排。

⑤ 《八仙得道》是陈胜国自创编排。

⑥ 《乞食纵横传说》依据《中国乞丐纵横谈》所编排，上海文艺出版社印行，1990年3月。

（六）《药神孙思邈》共四本戏[①]

（七）《包公案》共七本戏[②]

（八）《七侠五义》共十本戏[③]

（九）《五鼠闹东京》共八本戏[④]

（十）《封神榜》共三十本戏[⑤]

（十一）《介子推传奇》共五本戏[⑥]

（十二）《走马春秋》共八本戏[⑦]

（十三）《烽剑春秋》共十二本戏[⑧]

（十四）《楚汉相争》共十本戏[⑨]

（十五）《王莽篡汉》共八本戏[⑩]

（十六）《十八瓦岗》共十五本戏[⑪]

（十七）《黄巢造反》共八本戏[⑫]

（十八）《水浒传》共八本戏[⑬]

（十九）《明末血泪》共六本戏[⑭]

---

① 《药神孙思邈》依据《药王孙思邈》所编排，教育之友文化印行，2002年11月。

② 《包公案》是陈胜国自创编排。

③ 《七侠五义》依据《七侠五义小五义续小五义》所编排，华泰堂出版社印行，1975年5月。

④ 《五鼠闹东京》依据前辈“贵鸿师”口述后编修。

⑤ 《封神榜》依据《封神演义》所编排，台北大中国图书公司印行。

⑥ 《介子推传奇》依据《东周列国志》所编排，文化图书公司，1972年6月。

⑦ 《走马春秋》依据《走马春秋》所编排，瑞成书局。

⑧ 《烽剑春秋》依据《烽剑春秋》所编排，黎明出版社。

⑨ 《楚汉相争》依据《西汉演义》所编排，黎明出版社。

⑩ 《王莽篡汉》依据《东西汉演义》所编排，大东书局，1964年8月。

⑪ 《十八瓦岗》依据《说唐演义》所编排，桂冠图书股份有限公司，1992年6月。

⑫ 《黄巢造反》依据《五代残唐》所编排，大东书局，1966年8月。

⑬ 《水浒传》依据《水浒传》所编排，文化图书公司，1980年4月。

⑭ 《明末血泪》依据《明史演义》所编排，大东书局，1970年6月。

（二十）《台湾鸭母王》共七本戏[①]

（二十一）《太平天国》共七本戏[②]

（二十二）“胡撇仔戏”共十一本戏[③]

上述剧目，已有二十出以上由台湾康素慧博士根据陈胜国先生口述录音整理成为文字存盘，另外还保有百部以上的现场演出录像光盘，收藏于明华园剧团。仅以明华园为例，林鹤宜教授所说幕表戏已经成为歌仔戏艺术的一种不可替代的创作方法，确实是符合实际的。

二、幕表戏在大陆衰落的原因

相比之下，大陆现存的幕表戏虽然在民间剧团中还有少量遗存，但是在专业剧团中几乎绝迹，这是令人遗憾的。没演过幕表戏的演员在创造能力方面明显不如那些有幕表戏演出经验的演员。仅以闽南实力最强的厦门歌仔戏剧团（现已改称为“歌仔戏传习中心”）的现状而言，演员在排练时对导演的依赖是出乎我的意料之外的。该剧团排练《陈嘉庚返乡记》时，我作为该剧作者，仔细观看了整个过程，发现演员在排练时从一招一式到舞台调度都要问导演。而导演是从北京请来的评剧导演，出身戏曲世家，从小演戏，出色地掌握了戏曲表演的基本功，并且善于加以创新。在排练中，导演采用的主要是示范的方法，这正是歌仔戏演员们所需要的，原因是歌仔戏只有一百余年的历史，早期的表演接近生活，后来使用的程式动作，都是从其他剧种学来的，不像闽南的古老剧种梨园戏早就拥有自己的成套表演程式。请熟悉京昆表演艺术的导演来示范，他们自然非常乐意。至于剧本，已经是现成的，因此，他们没有必要像台湾“活戏”演员那样自编对白、将情节细化，最多是在排练中提几点意见。唱腔也全是作曲家设计好的，照唱就是。因此，从剧情编排到舞台调度、身段动作、曲牌运用，全是现成的，演员们缺乏发挥创作才能的空间。

---

① 《台湾鸭母王》是陈胜国自创编排。

② 《太平天国》依据《太平天国》所编排，时报文化出版企业股份有限公司 1987 年 4 月。

③ 胡撇仔戏是陈胜国自创编排。

应该承认，幕表戏作为一种创作方法，在大陆专业剧团中已经被彻底抛弃。我曾在《海峡两岸歌仔戏研究的十个问题》一文中提出自己的看法：“幕表戏之所以消失，恐怕和 50 年代学习斯坦尼体系，戏曲走向正规化、实行导演制有关。其实即兴表演在 20 世纪的西方剧坛正是一种大受推崇的形式，阿尔托以来西方的许多实验戏剧，表现出强烈的‘非文学化’‘反文学化’的倾向。遗憾的是，正当西方大力提倡向东方戏剧学习的时候，我们却在埋头地学西方，并且在泼掉洗澡水的时候把宝贝孩子也泼出去了。”① 上面这段话也许说得过于简单，如果要具体地分析，应该说是若干因素共同作用的结果。第一个因素是“戏改”运动，第二是学习和推行斯坦尼斯拉夫斯基体系，第三是在戏曲艺术领域实行导演制。“戏改”运动中包括了改制、改戏和改人。这三改从总体上看是正确的，成绩是主要的，近年来有人否定“戏改”，认为“戏改”违背了戏曲艺术的规律，又违背艺人的意志，这种观点当然过于笼统和片面。但是我们也必须承认，在“戏改”运动中曾经有过偏颇的做法，例如把一些可以不禁的戏禁演了。又如取消幕表戏，同样是一种简单化的做法。幕表戏衰亡是和推行斯坦尼体系、在戏曲中实行导演制相关的。过去戏班里基本上没有导演，学徒学戏，是由老艺人一字一句、手把手地教的。戏改后推行导演制，请“新文艺工作者”当导演，他们学习导演方法，主要是学习斯坦尼体系，而斯坦尼体系要求演出必须具有完整性，各个局部之间必须做到丝丝入扣、滴水不漏。因此，幕表戏那种即兴的表演，那种临场发挥、随意地增删台词唱段的做法就是不容许的。导演中心制取代名角中心制之时，也就是幕表戏衰亡之时。

历史上的幕表戏确实有严重的缺点。欧阳予倩先生在《谈幕表戏》一文中谈到，除了文明戏，京剧和地方戏曲也往往演出幕表戏，“没有完整的剧本，只带一张‘提纲’……演完戏就马上收回……在上海排连台新戏，往往单片也不发，排戏的只谈一个轮廓……因为没有固定的剧本，往往就有许多‘水词’（顺口溜的唱词），只要仔细去看，仔细去听，就会看出许多毛病”②。“即使有了剧本，老板限期催着要演，可是演员连台词都没有记熟，打鼓的对场子也还弄

① 陈世雄：《闽台戏剧与当代》，厦门大学出版社 2011 年版，第 202 页。

② 欧阳予倩：《谈幕表戏》，《欧阳予倩戏剧论文集》，上海文艺出版社 1984 年版，第 134 页。

不大清就上去了，有时就弄得很乱。这种情形无论是编戏的也好，演员也好，音乐方面的人也好，都是心里非常难过的。”① 欧阳予倩先生说，在幕表戏中，宣传革命的戏也还有些组织，越到后来就越随便，编剧追求噱头，演员胆子也越来越大，上台后乱扯一通，“甚至于在上台之前，坐上了化妆桌子还不知道上台去应当干什么，编戏的人一面看他化妆，一面把戏的情节说给他听，然后上一场说一场……”不过，在指出幕表戏混乱现象的同时，欧阳予倩也承认，有些幕表戏虽然事先没有剧本，可是，由于演员们“组织得严密一点，编戏的人有比较详细的计划，规定了应当说些什么，不能说些什么这样一个范围；再经过演员们一些共同的研究，这样在台上就不至于任意自由发挥，这样的戏经过多次演出之后，可以由生到熟，由参差到比较整齐，由没有剧本演到好像有剧本……还有一个戏的某些场子，由于演员搭配得好，经过他们相互的研究，想出许多法子，就片段地把戏演好了……这类的地方，从演员的表演看是有些好的经验可以总结的，但不能说这就是幕表戏的优点。如果有剧本，演员还可以做得更好一些”②。

欧阳予倩先生是编过幕表戏，也演过幕表戏的，可是，当他谈到有人要把用幕表演戏称为“幕表制”，要把它作为一种“创作方法”的时候，就明确地表示：“我根本不能理解。”③ 欧阳予倩先生同时反对那种认为“幕表戏可以迅速反映现实”的说法。他指出：“一个正规的戏剧，用活报的方法来处理却不会有好结果……戏剧必须有组织，要有主题思想、贯串动作、恰切的对话和最高任务才成为戏剧。”④ 他认为，“即兴的台词很容易歪曲戏的主题思想，破坏戏的统一，还容易使人物的性格前后矛盾”⑤。

“用幕表演戏，在初期话剧是提供了一些便利的，因为那时候每天要换戏，

---

① 欧阳予倩：《谈幕表戏》，《欧阳予倩戏剧论文集》，上海文艺出版社 1984 年版，第 134—135 页。

② 欧阳予倩：《谈幕表戏》，《欧阳予倩戏剧论文集》，上海文艺出版社 1984 年版，第 136 页。

③ 同上书，第 136 页。

④ 同上书，第 134 页。

⑤ 同上书，第 138 页。

就不得不那样。到了今天，就没有那样的必要了，又何必在这个时候来提倡幕表戏呢？……匆匆忙忙凑起来一个戏，能够保证观点正确吗？演员在台上自由发挥，能够保证不出毛病吗？我们要求一个戏要思想性跟艺术性相结合，要用艺术为政治服务，如果一个戏对话都没有准稿子，又怎么能够做到思想性跟艺术性相结合呢？一个戏没有严格的规定情景，没有明确的贯串动作，没有统一的台词，又怎么能够表达主题思想达成最高任务呢？”①

欧阳予倩先生是在 1957 年 8 月写出这篇文章的。当时，正是我国戏剧界掀起学习斯坦尼体系高潮的时候，同时又是提倡艺术为政治服务和强调作品的思想性与艺术性相结合的时候，这些时代的特点都在欧阳予倩先生的文章中打下深深的烙印。欧阳予倩先生用斯坦尼的贯串动作、最高任务理论来衡量幕表戏，以作品的思想性和政治上的正确性来要求一个戏剧作品，这是必然的，在当时是无可非议的。

但是，幕表戏作为在中国古代与近现代戏剧史上占有一席之地的戏剧品种，在当下是不是还有存在的价值？这个问题值得进一步讨论。

三、浅谈幕表戏的价值

欧阳予倩先生在他的文章中驳斥了几种关于幕表戏的看法，包括下列几种：

第一种是认为幕表戏演员可以帮助作者丰富戏的内容，补作者经验之不足，可以代替作者创造人物形象。欧阳予倩认为：“这样的看法的确想得很美，但事实上这是一种极不切实际的如意算盘……一个演员即使他是个天才，他也无法代替作者来做全面的计划，根据那个计划来创造自己的角色；而且除他之外还有其他的角色，他又怎么管得着？”②他指出，如果让演员在台上自由发挥，就可能出现“八仙过海，各显神通”的混乱局面。③

---

① 欧阳予倩:《谈幕表戏》,《欧阳予倩戏剧论文集》，上海文艺出版社 1984 年版，第 140 页。

② 同上书，第 138 页。

③ 同上书，第 139 页。

欧阳予倩批评的第二种看法是“认为只有用幕表戏才能使演出节目多样化”[①]。他特别提到通俗话剧，指出通俗话剧也不能例外，要演戏，就要演整整齐齐像样的戏，而没有剧本的戏要演得像有剧本的戏那样整齐是非常不容易的。[②]

欧阳予倩先生上面这些看法，都是经验之谈，是符合实际的。然而，我们应该看到，他指出的幕表戏的存在问题，都是有历史原因的，是在特定的历史条件下产生的。正如他在文章中所说，幕表戏之所以衰败，“最主要的原因，就是在辛亥革命失败、政治低潮、局面混乱的那个时候，找不出发展的方向，也没有正确的有力的领导，演员又品类不齐，剧场都抓在流氓买办和唯利是图的商人手里，使演出日趋于粗制滥造，甚至于腐化堕落，因此即使有志之士也感觉一筹莫展。”[③]欧阳予倩认为，如果要使幕表戏复兴，就必须在政治上和艺术上加强领导，并且要请剧作家为幕表戏写剧本，而不能让演员“自己弄一张幕表，到台上去自由发挥”[④]。可见，说到底，欧阳予倩先生是不赞成让幕表戏复兴的，既然不能用幕表而只能用定型的剧本，那么，幕表戏就不成其幕表戏了，这是明摆着的。

综上所述，欧阳予倩先生在幕表戏的评价上是偏于保守的。他批评的是新中国成立之前的幕表戏，在当时混乱的政治环境、社会环境中，不但幕表戏，其他剧种也处于困境之中，有些问题并不是幕表戏固有的或者特有的。欧阳先生所说的“剧场都抓在流氓买办和唯利是图的商人手里，使演出日趋于粗制滥造，甚至于腐化堕落，因此即使有志之士也感觉一筹莫展”是必然的现象，并非幕表戏这一戏剧品种所特有的，不足以成为取消幕表戏的理由。

让我们把眼光放远些，看看外国戏剧的情况吧。我们知道外国有一种和幕表戏相似的戏剧，这就是即兴戏剧。它的历史至少可以追溯到公元前五世纪。古代的即兴戏剧往往在街头上演，事先没有严谨的排演，通常是采用喜剧手法，选择人们当下最关心的、容易产生轰动效应的题材。古希腊的即兴戏剧传

---

① 欧阳予倩:《谈幕表戏》,《欧阳予倩戏剧论文集》，上海文艺出版社 1984 年版，第 140 页。

② 欧阳予倩:《谈幕表戏》,《欧阳予倩戏剧论文集》，上海文艺出版社，第 141 页。

③ 同上。

④ 同上。

统到中世纪的假面喜剧中得到传承，相信我们都知道意大利的假面喜剧是特别有名的。这个传统在西方从来没有中断过，到了 19 世纪，即兴戏剧这一体裁在现代主义流派中获得复兴，俄罗斯的梅耶荷德与瓦赫坦戈夫将即兴表演作为戏剧手法之一，法国的科波与让·路易·巴罗发展了即兴戏剧的艺术。20 世纪意大利曾经获得诺贝尔文学奖的著名剧作家皮兰德娄有个剧本就叫作《今天我们即兴演出》。当代西方的即兴戏剧样式极其多样化，短小喜剧甚至可以非常短小，只有五分钟演出时间，各个短剧彼此间可以没有什么联系，即兴表演者要善于从语带双关的情境中以机智的笑话或者边歌唱边编词的方法来造成滑稽效果。

在西方，即兴戏剧为什么在 19 世纪末获得复兴呢？一个重要的原因是导演的崛起。导演中心主义取代了文学中心主义。导演获得空前的权威之后，往往随意地修改剧本，这种倾向发展成为反文学的潮流。在 20 世纪的第二个和第三个十年，这股潮流在俄罗斯导演界是以梅耶荷德为代表的，后来他被批判为形式主义，和他的反文学倾向有关。梅耶荷德的戏剧实践对瓦赫坦戈夫等一代年轻导演影响很大。在法国，“反文学”的潮流是以阿尔托为代表的，他的“残酷戏剧”主张是在“二战”结束后才被发现并且广泛传播的，影响了整个西方剧坛。问题是，既然剧本可以随意删改，它的权威性和重要性必须会大大削弱。后来沿着阿尔托的道路向前走的有英国的布鲁克、美国的谢克纳、波兰的格洛托夫斯基、意大利的巴尔巴，以及他们的追随者。反对文学中心主义，搞导演中心主义，篡改剧本的内容，仅仅把剧本当作为导演表现个人意志的平台，这种倾向发展得很厉害，但是也遭到过巨大的阻力和抵抗。例如，当美国的谢克纳到印度演出所谓跨文化戏剧的时候，印度人就组织游行，抗议他篡改了印度的经典作品《摩诃婆罗多》。所以，我们发现，不用剧本，或者虽然有剧情大纲，但是可以随意即兴地自由发挥，在这点上，西方的即兴戏剧与中国幕表戏是相通的。

但是，20 世纪西方实验戏剧在反文学倾向碰壁之后又走回头路了。一个典型的例子就是谢克纳。他最终从对正统戏剧的反叛走向与正统戏剧的妥协。在搞环境戏剧时，谢克纳认为，正统戏剧的模式是：剧作家是上帝，剧本是圣经，导演是解释者，演员是主持仪式的教士，观众是信徒。而在环境戏剧中，剧本只不过是用来构成一个演出的借口而已，对剧本，即使是经典之作，也可以任意利用、歪曲、割裂、重新装配。20世纪二三十年代的超现实主义者和阿尔托在戏剧中进行过反文学的革命并没有成功，到了20世纪五六十年代，这场革命一时取得了胜利，剧作家一度遭到排斥。可是，经过多年的实验，谢克纳改变了自己的观点。他承认，没有剧作家，戏剧就会陷入嘲讽和支离破碎。剧作家是言辞的大师，演员是舞台的大师，导演是“总体场景的大师”，所以，剧作家是必不可少的。“戏剧又一次转向剧作家，因为剧作家可以提供一个个人的、达到某种程度独创性的幻象……时代乐意把文学艺术的大师们重又包括进戏剧。”[①] 不过，谢克纳没有否定自己前期的实验。他认为，一个剧团可以用脚本来排戏，也可以不用脚本排戏，还可以把脚本当作素材，或者让剧作家作为剧团的一员来参与排戏，甚至还可以用远方的剧作家寄来的脚本来排戏，所有这些方法都是可行的。谢克纳主张戏剧的多样化，不管是古典的、当代的、拼贴的、即兴的，都应当保留下来，它们都有自己的价值。这种态度的改变说明了谢克纳是一位严肃的、善于总结历史经验的艺术家。

在重温欧阳予倩先生的《谈幕表戏》一文时，应该说，在21世纪的今天，戏剧观念的多样化是可取的。幕表戏的演剧形态和运营方式，确实有其独特的价值，它有利于培养有个性、有独创能力的演员；有利于使演员把自己看作演出的主人而不是导演棋盘上的一个听话的棋子；有利于发挥演员的想象力，调动他的主观能动性和创造性，并且在编排剧情、舞台调度、形体动作、安排唱腔和个性化地念白等多方面主动地发展自己、强化自己。只要有一个科学的、宽松的、自由的创作环境，试验性地排演一些幕表戏，在当代中国还是可行的，这样做可以使我国剧坛早日成为百花齐放的艺术世界。

---

① 〔美〕理查德·谢克纳：《环境戏剧》，曹路生译，中国戏剧出版社2001年版，第264页。

欧阳老与新中国舞蹈艺术

金　浩*

欧阳老，这是中国文艺界对欧阳予倩先生的尊称，也是对他的爱称。我们在纪念欧阳老 130 周年诞辰之际，也迎来了创建价值极高的中国古典舞、中国舞蹈史学研究的 65 年。作为舞蹈工作者协会主席（中国舞蹈家协会前身），中国古典舞、中国舞蹈史学研究的奠基人，他生前几乎从事和经历了我国各种艺术领域的实践活动；从 1907 年到 1928 年当了 21 年的话剧和京剧的职业演员，在京剧表演艺术中获得了“南欧北梅”与梅兰芳齐名的盛誉。从话剧运动的发展史来说，他占有中国话剧创始人之一的历史地位。1928 年后，他离开了演员生涯，开始从事电影编剧和导演；兴办艺术教育事业，先后创办过南通伶工学校和广西艺术馆；1936 年赴苏联和欧洲考察文艺动态，回国后又投身到粤剧、桂剧、汉剧、湘剧等地方戏曲的改革工作之中，同时从事剧作和文艺理论的研究。新中国成立后，一直担任中央戏剧学院院长和文艺界的领导职务。他是在国内外都享有盛名的表演艺术家、艺术教育家和理论家。这样丰富的艺术实践活动集中在一个人身上是不多见的。诚然，舞蹈这一门类对他来说虽然并不是主要的艺术成就，但却是他非常关怀并为之作出了卓越贡献的事业，此次应中央戏剧学院的诚邀，我欣然写下这篇纪念文章，主要是基于两点思忖：一来唐满城先生是我的义父、恩师，而欧阳老又是唐先生的舅父，从情义上要写；二来中国古典舞这一舞种和舞蹈史学的研究理念，确确实实是在欧阳老的倡导下进行构建的，作为先驱者理应要大力颂扬。

中国人是很讲究地域文化的，尤其是名家和伟人。因此，当翻开我的义父唐满城的家史时，我们不禁感到他确出名门，其前代人都对中国的近现代史

* 北京舞蹈学院舞蹈研究所所长。

有着重要的影响，唐氏一家有多位被写进了湖南浏阳县志，成为湘地少有的事情。倘若从地缘学和遗传学的角度来看，唐满城事业上的成功，是承继了其前辈在艺术上的灵性。唐满城的祖父是19世纪末叶20世纪初年踏着谭嗣同血迹，组织自立军，事泄不逃，舍生取义，以鲜血唤醒国人，被公车上书的康有为极口称赞，呼为“挟高世之才，负万夫之勇”的唐才常先烈。他被扣押时曾口占绝句：“新亭鬼哭月昏黄，我欲高歌学楚狂。莫谓秋风太肃杀，风吹枷锁满城香。”其献身革命的英雄气概，不知鼓舞了多少后人。其父唐有壬曾是北京大学教授、南京国民政府外交部常务次长、交通部常务次长，因不屈服于蒋介石的势力，于1935年遇刺身亡。其母欧阳立征是欧阳予倩的胞妹，她的祖父欧阳中鹄是谭嗣同、唐才常的老师。1939年汪精卫投敌叛国后，曾以重金诱其为他的汉奸政府效劳，被欧阳立征女士断然拒绝，并发表了大义凛然的“拒绝汪逆赠金，捐献抗日军民”的全国通电，一时起轰动上海滩。当时，英国泰晤士报为此发出专电。柳亚子先生闻讯曾亲笔题诗相赠：“浮云富贵已无求，天遣松筠劲节留。张楚刘齐都愧死，一篇孤岛有春秋。”这首诗充分说明了她在民族存亡的关头，保持高风亮节，休现出的中国人最可贵的民族骨气。

唐满城虽与他前两代人不属同一时代，并从事不尽相同的工作，但祖辈们的文化积淀与爱国思想的遗传基因，不能不传袭到他这代人身上。而在他们报效祖国、振国兴邦这一点上，可以说是殊途同归的。唐满城就是在这样的优秀门风里成长起来的一代学者，日后当他走上艺术道路，也是始终不忘初心来不断地激励自己向前，认真撰写人生中的每一篇章。

要说唐满城事业上的成功，最大一点要数他有非常扎实、深厚的戏曲底蕴，这与他幼小从师众位戏曲名家，潜心学艺是密不可分的。他曾拜过南昆名宿华传浩、汪传铃为师，整出的学过《石秀探庄》《林冲夜奔》《哪吒闹海》《吕布问探》等许多以身段见长的武戏，他对戏曲知识的掌握与研究，可以说在舞蹈界是数一数二的，就连戏曲界的内行也连连称赞他的戏曲功力确实不俗。戏曲界有句谚诀“男怕夜奔、女怕思凡”，就是说《林冲夜奔》与《思凡》两出戏，是以戏曲舞蹈形式为主的、边唱边舞的“吃功”戏，它动作幅度大，充满着技巧玄机，要求演员技术修养颇为全面。已故京昆表演艺术家侯永奎老先生，早年就享有“活林冲”的美称，他曾手把手传授给唐满城这出戏。随着唐老师对戏曲文化深入地学习与汲取，积累了大量的表演实践经验，但真正引入他走上建设民族舞蹈之路的伯乐，还要算是他的亲娘舅欧阳予倩先生了，这段佳话在舞蹈界已众所皆知，因此这位文艺界泰斗式的人物对于唐满城走上舞蹈之路并形成自己的舞蹈文化观，起着非常重要的影响和作用。

1945年当欧阳老看到唐满城表演他学的这些戏后，非常欣赏，指出在南昆艺术中蕴含着舞蹈的美，强调“外国电影里的那些足尖舞和踢踏舞是外国的舞蹈，中国也有自己的舞蹈，但它散布在各地和各种艺术之中。在很多戏中有种种优美的姿态、动作和技巧，这些就是舞蹈”。这是唐老师第一次听到“舞蹈”这个名词，也是从欧阳老那里第一次知道昆曲这种古老的艺术中蕴藏着丰富的舞蹈。正是基于那次与欧阳老的交谈，才使他坚定了要走上习舞之路的决心。之后，通过表演《问探》加入了中央戏剧学院舞蹈团。

一、创建中国古典舞的当代复兴之路

新中国成立后，在党的文艺方针直接指引下，中国的新舞蹈事业蓬勃发展，人才队伍不断壮大。当时的舞蹈界掀起了轰轰烈烈向民族传统学习的高潮。同时，舞蹈演员的专业素质的提升也已成为一个十分迫切的问题。1949年11月22日中央戏剧学院舞蹈团的成立，标志着新中国有了第一个专业舞蹈团并开始了专业化建设的道路。当时舞蹈团的团长由著名舞蹈家戴爱莲先生担任并亲自授课，还聘请了芭蕾舞教师索柯尔斯基和巴兰诺娃夫妇任教。同时开设现代舞的“舞情”“舞律”（戴爱莲任教）和德国“新兴舞”（陈锦清任教）。由院长欧阳老，专程请来京剧名师刘玉芳和南昆名宿华传浩，传授戏曲程式《起霸》《趟马》等，戏曲片段《霸王别姬》里的舞双剑、《游园惊梦》一折等。之后，中央戏剧学院相继组织成立了以下训练班和研究班。

（一）1951年3月成立了“舞蹈运动干部训练班”（以下简称“舞运班”），由曾经留日的舞蹈大师吴晓邦任教，采用在现代舞基础上建立的一套根据人体自然法则整理的训练方法来进行训练。聘请了京剧“连”字辈高连甲先生给学员上课，除了练习戏曲基本功，还教授戏曲片段《蜈蚣岭》《水帘洞》，女班由刘玉芳先生教授《起霸》等。

（二）1951年3月成立了“崔承喜舞蹈研究班”（以下简称“舞研班”），由朝鲜著名舞蹈家崔承喜主持，她对中国戏曲艺术非常喜爱。她认为，中国戏曲里有非常丰富的舞蹈，力主从中国戏曲中整理出一套舞蹈教材来。她把身法性的训练，按照一定的规律进行组合。首先抓住一个核心动律，从头至尾加以贯穿，注意节奏、路线的变化。她接受戏曲老先生讲的“步为百练之祖”的要诀，以步行贯穿始终。按照戏曲的行当和形象特点来分类整理武生、小生的教材，武旦双枪、武生单刀、男女对剑的教材，以及根据《游园惊梦》《长生殿》整理的小生、青衣对舞的教材。包括徒手的生活程式动作，如开门、关门，上楼、下楼，梳妆等，并结合在花旦表演组合中。青衣是通过水袖来进行训练，也把喜、怒、哀、乐、悲、恐、惊等情绪性格融合在了水袖的练习中。

（三）1953 年 8 月成立“中国古典舞研究组”，舞蹈教育家叶宁带领的这个研究组原本是为了筹建中央戏剧学院舞蹈系的，成员大多是原舞运班和舞研班留下的一部分老师和毕业生组成。他们主张以戏曲传统为基础，从舞蹈的训练出发，把中国古典舞从戏曲中独立出来。

叶宁曾一度在欧阳老领导下工作，接触较多，常被约到他家里，听他唱昆曲，边唱边讲戏曲的表演身法，以及舞蹈和戏曲的历史渊源关系。据叶宁回忆：1950 年是欧阳予倩先生最早提出向戏曲传统学习的。他认为，中国有丰富、优秀的民族舞蹈传统，在古代曾经有灿烂辉煌的历史。但唐之后，迭经五代十国的战乱，国势日衰，作为独立的舞蹈艺术形式日渐衰落。到了宋元，随着中国戏曲艺术的兴起，有大量的舞蹈融入和保留在戏曲中，特别是唐代歌舞的成就，给中国戏曲的形成奠定了基石。他提出：咱们能不能把戏曲中的中国古典舞独立出来？叶宁赞成欧阳老的想法，她主张在继承传统的基础上，借鉴外来艺术经验来整理中国古典舞教材。

当年，中央戏剧学院这些“遍尝百草”的研究与做法，犹如是孵化器对新中国舞蹈事业的开创进行了一系列有益的尝试，而欧阳予倩先生就时任中央戏剧学院的院长，在老院长的带领下一批有志气的新中国舞蹈工作者们，面对历史上古代舞蹈的断代与失传这一现状，本着严谨治学的态度，努力开拓一条重建之路，可谓既是“重”（chóng）建：在中华民族伟大复兴下重新开创的新舞蹈事业；又是“重”（zhòng）建：注重客观事实，不主观猜测与臆想地建设中国古典舞学科。诚然，中国传统文化结构的特有优势，带给中国几千年文化底蕴所形成的钟乳石式的积淀。一切新事物的产生，总不能是一块历史的绝缘体，必有其承继的传统文化基因。他认为，中国古典舞大量保存在戏曲舞蹈中，古代辉煌的歌舞成就为戏曲奠定了基础，它俨然为中华民族优秀传统文化的瑰宝！而最早提出借鉴与整理独立的中国古典舞的首位倡导者，就是欧阳予倩先生。

缘于欧阳老对中国古典舞这一舞种的内涵与外延的深刻理解，1954 年 2 月举办了“文化部舞蹈教员训练班”，其中我的义父唐满城也参加了这个训练班学习。当时他们带着整理教材和培养师资的双重任务，一边整理教材，一边教课。学员们深知自己肩负的历史使命，个个朝气蓬勃，劲头十足。经过了五个月的紧张学习，1954 年 7 月 25 日举行国家级的结业考试（见下图）。时任文化部副部长周扬、刘芝明，文化部领导田汉、马彦祥、周巍峙以及欧阳予倩、吴晓邦、艾青、马可等观看了结业考试。从此，新中国第一代年轻的舞蹈专业教师队伍诞生了！

时任文化部副部长周扬（右三）、刘芝明（右二）、欧阳予倩（右一）观看结业考试

二、脱胎于戏曲舞蹈的中国古典舞成因

纵观中国的传统舞蹈，历史上诸多古代舞蹈，大都已经失传或被历史湮没了。因此，“中国音乐舞蹈，尤其是舞蹈，从宋朝以后逐渐衰落，原有的东西几乎大都丧失，很多已不可考。除了以上的原因，还有就是时间。艺术很难保存，过去除了文字之外，没有足以保存这些东西的工具。特别经过战争，一抢一烧一杀，就把积累下来的艺术财富弄得精光，使我们今天研究舞蹈史的，要

想继承民族文化遗产的人们，不能不从断瓦残砖和仅存的壁画泥俑，零星的文字记载中寻找痕迹”[①]。显然，关于这部分的研究障碍重重，我们只能就考古的角度，找寻到片只静态的姿势。因此，“复活”与“再现”这类的仿古舞蹈（恢复的未必还是那个历史时期的动态原型全貌），只能算是有一定的研究参照价值。

“您（欧阳予倩——作者注）指出文学上记载了很多光辉灿烂的舞蹈篇章，但是都失传了。现在能看得见、摸得着的是戏曲中保留的古典舞蹈。继承传统、推陈出新不从戏曲入手，又从哪里入手呢？”[②] 而欧阳老本人也在《唐代舞蹈》一文中讲道：“唐代的舞蹈艺术，初唐、盛唐最盛，安史之乱以后逐渐衰败。因为集中在宫廷当中的东西，遇到变乱，一经分散，就很难重整旗鼓。大凡开国之君，当其统一天下，就要制礼作乐，一来是夸耀功绩，二来是粉饰太平。唐初有些歌舞，都是很有宣传作用的。国家得到一个时期的安定，皇帝安富尊荣，不免就要讲些享受，觉得天下是自己辛辛苦苦打来的，既是富有四海，得好好地享享福，就不免逐渐流于纵情声色。宫廷或达官贵人家里的舞蹈艺术，除掉技术方面成就之外，可以想见有些东西是不健康的，有意义的东西必然是很少。而在教坊中的那些乐舞艺人，身份都是奴隶，虽然有不少天才者，能创造出许多新的东西，也不过一时取得皇帝的欢心，并不能把艺术作为一个事业保存下来，流传开去，这也就易于衰亡。现在我们来谈一千多年以前唐代的舞蹈，就是说，我国的舞蹈艺术，在历史上有那么一个时期取得很高的成就，也还有些东西遗留下来，我们不能看作过去什么都没有。唐代舞蹈艺术不管如何辉煌灿烂，同我们今天比起来，无论是规模之大，种类之多，色彩之丰富，技巧之精，那是没有法子比的；就内容和意义来讲，那是更无法相提并论。我们今天的舞蹈艺术的成就，是过去任何时代所没有，也不可能有的，而且正在迅速发展，成为更新更美的艺术。我们没有必要慨叹古代舞蹈艺术的消失。就现有民间舞蹈、各少数民族的舞蹈、戏曲中的舞蹈和历史文献（包括文字、图片、考古发掘的文物等）联系起来加以研究，看出从古以来我国舞蹈艺

① 《发扬我国舞蹈艺术的优良传统——在全国专业团体音乐舞蹈会演大会上的报告》，《欧阳予倩全集》第五卷，上海文艺出版社 1990 年版，第 200—201 页。

② 《唐满城舞蹈文集》，中国戏剧出版社 1993 年版，第 201 页。

术的发展过程，从而学习古人的有益经验，吸收其精华，扬弃其糟粕，这对于创造有民族风格、中国气派的新舞蹈艺术，也还是有帮助的。”① 由此可见，中国古典舞的当代创建，绝不能割裂地来谈中国传统舞蹈流变既成的历史事实，摒弃已然蕴藉丰富的戏曲舞蹈和古典审美，舍近求远式地从凭空再造古代舞蹈着手，来建构中国古典舞体系。脱胎于戏曲舞蹈的中国古典舞，正是秉承了中国传统文化的根脉，在继承传统中又有创新发展的创立中国古典舞，乃是历史的必然、时代的最佳选择。

诚然，中国古典舞的发展史，某种程度上说是断代史，新中国成立时，舞蹈工作者们已然寻迹不到纯正意义上的古典舞了。基于戏曲舞蹈是看得见、摸得着、学得来、用得上的传统舞蹈的保留形式。20 世纪 50 年代，由欧阳老最早提出要向戏曲舞蹈继承与学习，建立中国古典舞体系的倡导与建构方针。而今天我们所看到的古典舞，它经过了几代人的努力，已完全从戏曲中分离出来，成为一个脱胎于戏曲、发展于当代的独立舞种。它与戏曲不同的是：戏曲舞蹈主体是戏剧的综合性，离不开戏剧中人物角色观，而“身韵”恰恰是跳脱了戏剧性和行当性，把戏曲舞蹈精华的部分提炼出来，把套路化、程式化改为元素化、共性化教学，依照舞蹈本体进行转化与创新，走出了一条属于自己的发展之路。

三、戏曲舞蹈是中国传统舞蹈的当代遗存

放眼中国传统舞蹈的历史流变，从古至今的承续关系并不是简单的、直接的，这些关系的形成同时经由了各种不同的途径：那些散失后又重新整理的变体，本土的文化基因相互间的重组并与外来艺术的融合等。因此，研究中国传统舞蹈的传承与变异常常是一项复杂而曲折的工程。在具体创建中国古典舞体系时，我们在探究中国传统舞蹈在各个历史时期的变迁与沿革，考察出当今的舞台上被誉为“活的传统”的戏曲舞蹈中，依然可以找寻到一些典型动姿并追

① 《发扬我国舞蹈艺术的优良传统——在全国专业团体音乐舞蹈会演大会上的报告》，《欧阳予倩全集》第五卷，上海文艺出版社 1990 年版，第 247—248 页。

溯其生成的历史传衍风貌。我们似乎感觉到历史犹如是一面镜子，它的形式与内容无不折射出当时的社会面貌。

今天，作为戏曲舞蹈形体训练的腰腿功、毯子功、把子功和身段，也依稀能够找到其历史传承的踪影，像腰腿的柔韧性不能不说汉代百戏中杂技、武术的串演对其的影响；在很多武戏中，手持战器作舞或对打的场面，常常令人叫绝，有许多国外友人也对此产生了浓厚的兴趣。那么，这样精彩的表演，是不是继承了远古《干戚舞》、周代的《大武》、唐代的《秦王破阵乐》等“武舞”呢？像毯子功中的飞脚、旋子、扫堂和蹁、盖、端、跨腿及许多圆圈技巧，难道就没有唐代《胡旋舞》的技术吗？《白纻舞》中“如推若引留且行”有如圆场的舞步和舞袖子，也能在身段和水袖技法中找到其踪迹；而《羽舞》《拂舞》也如同戏曲表演中翎子、雉尾和云帚的砌末运用。这说明戏曲舞蹈作为中国传统舞蹈的遗存形式，其深厚的传统延续性与中国古典舞把它视为可彀中传统舞蹈的重要代表，我们从中不断汲取了丰富的养料，在对中国古典舞当代性的建构中，它是发挥了不可或缺的效用，为探寻民族审美特征与艺术规律，提供了一条行之有效的选择路径。

中国的戏曲舞蹈作为一种独特的舞蹈样式，它是经由了漫长而复杂的创作积累过程，当中蕴含着大量丰富的传统舞蹈、民间舞蹈和武术、杂技等艺术形式的有益养分，逐渐形成了一套从属于戏曲表演规律的舞蹈综合形态。“载歌载舞是中国戏曲的特点。的确，在戏曲当中保存着极为丰富的中国古代的舞蹈艺术。‘天衣无缝’地融化在表演动作里面，随着剧情和人物性格灵活地加以运用，从不为舞蹈而舞蹈（这一点非常重要）所以显得极其自如，可以说中国戏曲里的舞蹈动作是生活化了的。”[①] 中国古典舞的创建者们针对戏曲舞蹈的身法与舞姿，进行了卓有成效的再创造，使之更符合舞蹈化的需要。在传统戏曲中那丰富多变的身段动态和一切都围绕着“圆”的动律，乃是创立中国古典舞极其主要的核心部分，还有诸多民族化的技术技巧、古典化的表现方法等，都是中华民族共通的审美文化要旨所在。

我想，当初欧阳老把中国传统舞蹈的遗存形式——戏曲舞蹈作为借鉴与学

① 欧阳予倩：《一得余抄》，作家出版社 1959 年版，第 313 页。

习的众矢之的，是具有可操作性与现实意义的。而戏曲舞蹈的形成与发展绝不是闭门造车、空穴来风。“有人认为戏曲中的动作不能算是舞蹈，但事实胜于雄辩；戏曲的根源是歌舞，尽管我们在昆曲和京戏当中，成套的单独表演的舞蹈不多，就是跟剧情相结合的舞蹈动作，它那鲜明的节奏、幽雅的韵律、健康美丽的线条、强大的表现力，显然看得出中国古典舞蹈特有的风格，这是世界任何一个地方所没有的。”[①] 戏曲作为一门综合性表演艺术，它不仅容纳了民间舞蹈、宗教舞蹈、杂技和武术中的成分。而且，还有着深厚的传统文化积淀。在中国传统舞蹈的发展进程中，由于缺乏文献资料记载和大多表演艺术的特点所至，特别是迫于社会的动乱或濒于改朝换代，一些宫廷舞蹈，确实已失传绝响了。但值得庆幸的是，戏曲舞蹈中还保留着丰富的传统舞蹈形式，它的一脉相承，在今天看来，是经过专家论证和毋庸置疑的。到了近、现代，特别是以京剧艺术为代表和戏曲全盛时期的到来，表现出“由于戏曲（舞蹈）艺术家们独到的艺术创造及其创造中所蕴含的精神深度将一个民族文化提升到新的高度所至。因此，清代戏曲艺术的成熟，可以说是标志着中国表演艺术的成熟，并且，伴随中国古典戏曲的成熟孕育了中国古典舞蹈的成熟”[②]。

四、中国舞蹈史学研究的开拓者与领路人

欧阳老在晚年把很大一部分精力和时间放在了中国古代舞蹈史的研究上，视其这项工作为培养舞蹈理论研究骨干和带动舞蹈界向学术领域进军，并身体力行在实际研究中示范，写下了《唐代舞蹈》这样一篇极具学术性、资料性的论文。当我每次在舞蹈史学家王克芬先生那里听到欧阳老曾带领她们搞研究时的情景，王先生都心怀感激地对恩师表现出无比尊敬之情！这一点深深地触动了像我这样晚辈的心……

还有一件事情也同样令我感动，记得唐先生讲起 1961 年在他结婚时，大剧作家田汉曾赋诗相赠，头两句是：

---

① 欧阳予倩:《一得余抄》，作家出版社 1959 年版，第 350 页。

② 王克芬、刘青弋:《清代舞蹈的传承与变异》，北京舞蹈学院内部教材，1997 年，第 256 页。

霓裳阿谢飞天乐，

铜面兰陵破阵归。

那时欧阳老已经患严重心脏病住进北京的阜外医院。唐先生去看望他时，聊起了此事，欧阳老问他是否懂得这诗中的意思？当时，唐先生回答说："头两句讲的都是古代舞蹈的典故，'霓裳'是指霓裳羽衣舞，'阿谢'是什么不太清楚，'飞天乐''铜面兰陵'都是古代著名的舞蹈。"欧阳老批评说这叫"一知半解"，并劝其要多读书、要熟悉和研究历史、要提高文化，否则不配称为是从事"中国古典舞"。他讲到，"阿谢"是指唐代的舞蹈家谢阿蛮，还指出"飞天乐"的"乐"字音念错了，应该是音乐的"乐"，不是快乐的"乐"。欧阳老还说不能笼统地把"飞天乐"称为舞蹈，它们是佛教"经变"图中的舞蹈形象，接着又进一步解释为什么叫"铜面兰陵"，因为唐代的"兰陵王破阵乐"这个舞蹈是带着假面具表演的……当时欧阳老已经病得很重了，依然这样兴致勃勃、念念不忘的谈起中国古代舞蹈，始终把舞蹈史的研究工作挂在心上。可惜欧阳老没有能亲自完成这项工作就离开了我们，这的确是一件非常令人惋惜的事情。但庆幸的是他亲自培养了一支舞蹈史学研究的专业骨干队伍，也影响着一批像唐满城先生这样从事中国古典舞教学与创作的重要实践者，更坚定了新中国的舞蹈工作者们学习研究中华传统文化的信念。他们及后来人正以"着意细探前代宝，虚心博采百花精"的执着信念不断地努力完成他未竟的事业！

罪恶是自由的终局

——谈"托尔斯泰主义"与欧阳予倩的改编剧本《欲魔》

卢　暖*

契诃夫在其著名的短篇小说《宝贝儿》中成功地塑造了一个典型形象，这个人物的名字叫作奥莲卡，她的一生经历了三次婚姻，每一次都爱得非常投入，以至于每一次都用丈夫的情感和思想取代了自己的精神世界。严格来说，她没有自己的精神世界，一旦失去所爱，她就会变成一个滑稽的空壳，在空虚中迅速朽坏、迅速衰老，直到新的爱人用自己的生活重新将她的生命填满。当她和剧团经理人库金在一起的时候，戏剧就是她的全部，她和库金一起鄙弃观众的品位，一起操心每晚票房的收入。而等到库金撒手人寰，木材厂经理瓦西里便使她对木材、木料运费等问题梦萦魂牵。后来，瓦西里病逝，已婚的兽医符拉季米尔成了她的挚爱，这时候，家畜的健康又成了她唯一关心的话题。最后，兽医的离去本已使奥莲卡的生命走向了穷途末路，而等到兽医从军归来之时，他那破镜重圆的家庭似乎又断绝了她再次焕发生机的希冀。但是，她竟开始像母亲一样地"爱上"兽医的儿子萨沙，就像此前的经历一样，萨沙的学习和生活占据了她那空洞的世界，而且，这一次的爱比以往更加热烈。

她老得爱一个人，不这样就不行。①

爱，是奥莲卡"寄居"于他人生命的方式。这篇小说的伟大之处便在于生

---

* 北京电影学院讲师。

① 〔俄〕契诃夫:《宝贝儿》，汝龙译，《契诃夫文集》第十卷，上海译文出版社 1993 年版，第 290 页。

动地展示了她这种精神性的“寄居”：她之所以要终生依附于他人，并非因为物质条件的匮乏，而是因为精神的贫瘠。她喜他人之所喜、忧他人之所忧，甚至日常言语均是对他人的重复。她是爱人的港湾，其中包含无穷无尽的慰藉，因而，她成了为人所爱的“宝贝儿”，恰似易卜生笔下震撼欧洲的“玩偶”。当时的人们普遍认为，女性若不能精神独立、自我觉醒，必沦为如此滑稽、如此可悲的附庸。由此观之，《宝贝儿》的立意或许在于讽刺这样的附庸：永远无法自立的奥莲卡是可笑的，恰如易卜生的《群鬼》中未能冲破家庭伦理的阿尔文太太是可悲的。然而，契诃夫的笔法一贯冷峻，细腻刻画表象之时极少显现出鲜明的是非，因而也往往缺乏超然的理想与灼烫的情怀。因此，《宝贝儿》的主旨便给人们留下了更广阔的讨论空间。

二

列夫·托尔斯泰对《宝贝儿》这篇小说的热爱近乎痴狂，他曾在一个晚上向家人和朋友朗诵了四遍《宝贝儿》，并宣称阅读这部宛若明珠的小说可以使人变得更聪明。[①] 而托尔斯泰之所以喜欢《宝贝儿》，却非因为作品讽刺了头脑空洞、知识匮乏、无法自立于世的女性，恰恰相反，托尔斯泰所迷恋的是作品中奥莲卡的光辉形象。换言之，托翁眼中的“宝贝儿”完全不是一个讽刺的对象，而是一个歌颂的对象：她在恋爱和婚姻中失去了自我，恰证明她的爱有着一种纯粹而炽烈的魅力；她全身心地投入到婚姻生活当中，让丈夫成为自己的全部，恰证明她有着一副举世罕见的利他主义的灵魂；最后，她将自己的爱投射到一个孩子身上，又成功地展现出自身伟大母性的华彩。如前所述，契诃夫独特的笔法导致这种诠释亦可成立。因此，奥莲卡不是可笑的，而是可敬的，或者说，她那滑稽的人格中暗藏着令人炫目的崇高。

为了阐明“宝贝儿”的人格中那种令人感动的成分，托尔斯泰首先引述了一段《圣经》故事：摩押王巴勒请巴兰来诅咒以色列人，并许给他极大的尊荣，然而，在他三次设坛诅咒之时，他所说出来的祷文全部都是对以色列人的

---

① 参见《契诃夫文集》第十卷，上海译文出版社1993年版，第528—529页。

祝福，因为上帝愿赐福给以色列人。一开始，巴兰便已经提醒巴勒的使者：即便是得到满屋子的金银，人也无法违背上帝的旨意。而由于巴兰早就知道上帝禁止他诅咒以色列人，所以，他本已明确拒绝了巴勒的邀请。但是，上帝指引巴兰随使前去，并要求他只能传达上帝的话。于是，巴兰初见巴勒时便有下述对话：

巴勒对巴兰说："我不是急急地打发人到你那里去召你吗？你为何不到我这里来呢？我岂不能使你得尊荣吗？"巴兰说："我已经到你这里来了，现在我岂能擅自说什么呢？神将什么话传给我，我就说什么。"①

之所以引用这段故事，是因为托尔斯泰将写作《宝贝儿》的契诃夫，视作祭坛之上无法说出诅咒、只能发出祝福的巴兰。托尔斯泰认为，契诃夫是受到了一些关于妇女解放的时髦思想的影响，因此才决定创作《宝贝儿》来讽刺奥莲卡这样的女人。那些时髦的思想，恰似《圣经》中巴勒对巴兰的要求：巴兰被要求诅咒敌人，契诃夫则被要求嘲讽旧式妇女：

我认为，作者写《宝贝儿》时是根据推理，而不是在感情上对新妇女抱有一种模模糊糊的观念，认为她和男子有平等的权利，认为她有修养，有学识，有独立精神，能够为造福社会工作，即使不胜过男人却也不亚于他。他心目中的妇女，正是提出并支持妇女问题的妇女。而他开始写《宝贝儿》时，就想表现妇女不应该是怎样的。社会舆论这位巴勒请契诃夫去诅咒禀性软弱、百依百顺、忠实于男子的没有文化修养的女性，于是契诃夫来到山上，山上摆好了供祭祀用的牛犊和羊羔，可是诗人一开口，却祝福了原来想诅咒的。②

尽管托尔斯泰始终承认，《宝贝儿》这篇小说中充斥着引人发笑的笔触，而滑稽色彩的背后正是作者契诃夫的某种讽刺态度，但是，托尔斯泰同时指出，作品还是有一种感人至深，甚至催人泪下的艺术力量。阅读之时，托翁感动不已，他看到奥莲卡在每一段感情中那毫无保留的自我牺牲精神，亦看到她

---

① 《圣经·旧约·民数记》第二十二章，第37—38节。

② 〔俄〕列夫·托尔斯泰：《契诃夫的短篇小说〈宝贝儿〉跋》，邵殿生译，《列夫·托尔斯泰文集》第14卷，人民文学出版社2010年版，第361页。

在最后如何对一个孩子、一个未来的人，投射出自身无限的爱。这是属于母亲、属于女性的爱，是妇女独有的精神品质。在托尔斯泰看来，女性相比于男性，最大的优势就在于这种神圣的爱：除了生儿育女的工作为男人所难取代之外，妇女们无可替代的神性还在于爱情，即一种能够使人勇敢地为所爱之人献出一切的伟大情感。

一个女人在其一生的各个阶段之中必须要爱着某一个人，如果失去了爱的对象，生命就会被掏空，进而步入行尸走肉般的僵死。在《宝贝儿》中，从库金到萨沙都有其可笑之处，爱的对象因其偏狭、荒谬，甚至是冷漠、无情，而显得非常不值得去爱，但“宝贝儿”就是那样爱着他们，并且试图去用他们苍白的生活涂抹出自己人生的绚烂，这种徒劳恰是奥莲卡的可笑、可悲之处。然而，一旦她自我生命的空虚被人曲解为崇高的“牺牲”，徒劳之爱便闪耀出宗教伦理的光彩。恰如托尔斯泰所说：“不管爱的对象是不是可爱的，爱的行为、爱的情感本身都是值得赞颂的，同时，无论是专情直至海枯石烂，还是像奥莲卡一样迅速地移情别恋，爱的神圣性都不会有丝毫折损。”① 毋庸置疑，托尔斯泰对爱情的这种礼赞背后，暗藏极为残酷的论调。他赞美“宝贝儿”的爱情，无异于支持妇女在家庭生活中的寄生性。无论这种寄生性可以得到怎样的精神粉饰，它始终都是家庭伦理环境中人压迫人的根源。当相夫教子与自我实现的使命相冲突，易卜生笔下的女性便开始用明确的、有力的，甚至是残酷的行动来拒绝自己为人妻、为人母的身份，同时，亦拒绝身份背后那套社会伦理的羁轭。壮烈的牺牲一旦有违自由的理想，那它就不再是崇高的，而是罪恶的、戕害天性的。

然而，托尔斯泰的观念却与我们熟知的现代观念大相径庭。托翁坚信，出于妇女之爱的自我牺牲是美好的，因为它符合上帝赋予女性的“天职”，这种天赋使命与男性不同：

> 须知按自己的天职，妇女的事业有别于男人的事业。因此，妇女要臻于完美的理想也不可能和男人的理想一模一样。……然而，目前使妇女们步入迷途

① 〔俄〕列夫·托尔斯泰：《契诃夫的短篇小说〈宝贝儿〉跋》，邵殿生译，《列夫·托尔斯泰文集》第 14 卷，人民文学出版社 2010 年版，第 362 页。

的时髦的妇女运动，这种可笑而糟糕的全部活动，却正是为了达到这种男人的理想。[①]

在今日的中国，反抗封建礼教的新文化运动已逾百载，宣扬自由主义理想、批判家庭和社会对个体的压迫的"易卜生主义"业已广为流传，因此，想必没有多少人会赞同托尔斯泰的理论。然而，在充塞渗透了宗教伦理观念的"托尔斯泰主义"的影响之下，托翁正是这样理解妇女问题并捍卫家庭伦理的。他曾在《论婚姻和妇女的天职》一文中明确指出：

一个妇女为了献身于母亲的天职而抛弃个人的追求越多，她就越完美。[②]

众所周知，这种家庭伦理观念是托尔斯泰全部思想体系的一个缩影。在那样一个旧世界行将就木、新世界却尚未诞生的历史变局之中，托尔斯泰用敏锐的眼光看到了有闲阶级荒淫无耻的罪恶生活，也看到了更为残酷的新兴资产阶级在其历史性夺权的过程中所制造的社会失衡与人心丧乱。他用自己的赤子之心和绝世禀赋去思考、表达，无疑这成就了文学史上难于逾越的高峰。但是，他所观察、玩索和表述的社会历史问题，也无疑是他所难以理解的东西。托尔斯泰的费解主要是源于他否定了经济条件对社会关系的决定作用。[③] 可以说，否定马克思主义唯物史观对经济基础、社会存在等问题的表述，正是"托尔斯泰主义"之谬误的起点：当他把抽象的暴力，而非生产方式所导致的阶级斗争视为万恶之源的时候，如何用非暴力的方式去终止暴力，便成为托尔斯泰社会历史思想的核心议题。出于对这个问题的思考，托尔斯泰认定一切暴力的根源是"人们忘记了上帝"[④]。统治者忘记了上帝，故而保持不劳而获的生活并坚持残酷的压迫，被统治者忘记了上帝，故而服从于暴力政权，进而参与到了暴力

① 〔俄〕列夫·托尔斯泰：《契诃夫的短篇小说〈宝贝儿〉跋》，邵殿生译，《列夫·托尔斯泰文集》第 14 卷，人民文学出版社 2010 年版，第 363 页。

② 〔俄〕列夫·托尔斯泰：《论婚姻和妇女的天职》，冯增义译，《列夫·托尔斯泰文集》第 15 卷，人民文学出版社 2010 年版，第 2 页。

③ 〔俄〕列夫·托尔斯泰：《论俄国的革命》，宋大图译，《列夫·托尔斯泰文集》第 15 卷，人民文学出版社 2010 年版，第 495 页。

④ 同上书，第 521 页。

之中。而托尔斯泰所提出的解决这个问题的方法，正是俄国马克思主义思想的先驱普列汉诺夫总结出来的那句话，即通过宗教感化而使“压迫者走上真理的道路”[①]。这就是为什么，托尔斯泰会如此坚持那么保守的家庭伦理，因为它就是“上帝的律法”。

一切的罪恶、混乱、苦难，在托尔斯泰看来，都是暴力造成的，而暴力正是人们遗忘、违背上帝的律法的结果。不可思议的是，残酷的统治者和那些选择奋起反抗的革命者都被他视为犯罪的暴徒。暴力就这样被抽象化了：若是一个思想家无力从社会物质存在的角度剖析社会历史问题，反而将现实问题的根源理解为主观精神内部“忘记上帝”的谬误，那么，试图直接改造世道人心的道德说教在所难免。托尔斯泰认为，道德教化便是要向辛勤劳作、思想朴素、信仰虔诚的农民阶级学习，放弃不劳而获的生活方式，通过净罪获得新生。

然而，资本的入侵直接导致作为“道德净土”的俄国农村陷入罪恶的深渊，懒惰、利己、贪婪、麻木之风甚嚣尘上。这便是托尔斯泰的著名剧作《黑暗的势力》所描写的题材。

阿基姆 我们总是，这就是说，尽为自己着想，而把上帝，这个这个，给忘了。我们以为这是再好也没有了……照自己的意思颠倒黑白，哪知道，一瞧，自己的脖子却让绳子给套住了，这就是说，我们以为这是再好也没有了，可是，要是不把上帝放在心上，那就太糟了。[②]

剧中，阿基姆这个老农民不断重复着这样木讷、浅白，而又正义凛然的台词。这个人物类似于托尔斯泰所有作品中的朴实的农民，他们在罪恶时局中坚守着巴兰一样的虔敬，始终相信人们理当服从上帝的律法，而不该放纵个人私欲去犯罪。私欲导致的罪行即剧本中表现的男女通奸、骄奢淫逸，以及杀人

① 〔俄〕普列汉诺夫：《卡尔·马克思与列夫·托尔斯泰》，曹葆华译，《普列汉诺夫美学论文集》第 2 册，人民出版社 1983 年版，第 742 页。

② 〔俄〕列夫·托尔斯泰：《黑暗的势力，或是“一只爪子被网住了，整个鸟儿就算完了。”》，芳信译、白嗣宏校，《列夫·托尔斯泰文集》第 13 卷，人民文学出版社 2010 年版，第 43 页。

的恶行。可以说，《黑暗的势力》一剧充斥着托尔斯泰那保守的家庭伦理观念，以及那种反对暴力、追求自我道德进益的“托尔斯泰主义”。

二

剧本《黑暗的势力》的构思源自 1880 年真实发生的刑事案件，托尔斯泰原本只是想用这个骇人听闻的罪案题材来表现一个具体的家庭悲剧，因此，剧本原来的题目只是这样一个谚语：“一只爪子被网住了，整个鸟儿就算完了”。然而，随着观察的深入，剧作题材远远超越了罪案本身，进而成为俄国农村更为广阔的社会状况的展示。于是，1886 年脱稿之时，剧名改定为《黑暗的势力》。① 个别人物出于私欲颠覆伦理秩序，最终又洗心革面的犯罪故事或道德故事，正是前述托尔斯泰之道德理想的展示，然而，借此勾勒出来的真实的社会历史图景，却必然含有更为深刻的、社会历史分析层面的意义。由此观之，本剧像托尔斯泰其他的作品一样，既包含宣扬“托尔斯泰主义”的局限性，又包含更为复杂的进步意义。

在这个作品中，一切罪恶便始于阿尼西娅这样一个不愿意做“宝贝儿”的女人。她当年出于财产的考量嫁给了丧偶的富农彼得，由此，便在这个老守财奴的驱使下日日劳作，因而也越发寂寞、烦闷。一个年轻、妖冶，充满生命活力的女人给一个多病的老头填房，私有制之下的婚姻就这样成了罪恶之花的温床：阿尼西娅与彼得家的长工、浪荡子尼基塔通奸了。通奸行为是对婚姻秩序的挑战，是阿尼西娅对托尔斯泰所谓的妇女天职的反叛。

然而，与易卜生笔下那个可以暂时借宿林丹太太家中，并且有工作能力、可以养活自己的娜拉不同，亦与胡适的《终身大事》以及此剧以降的一大批“出走戏”的主人公不同，俄国农村妇女阿尼西娅对伦理秩序的反叛，并未造就荡气回肠的自由。实际上，女性之觉醒与反叛所带来的自由之美是要以经济条件为基础的，没有足够强大的财力，觉醒与反叛只能带来毫无美感的罪恶。在自己的婚姻生活中倍觉压抑的阿尼西娅选择了犯罪。她毒杀了彼得，改嫁给

---

① 王爱民、任何：《俄国戏剧史概要》，中国戏剧出版社 1984 年版，第 281 页。

尼基塔，因而使得尼基塔占有了彼得的钱财和田产。但是，这次可怖的凶杀亦没能给阿尼西娅带来幸福，她很快就成了尼基塔这个花花公子的奴隶，任由尼基塔拿着钱日日夜夜纵酒狂欢。更为残酷的是，尼基塔与她结婚亦在很大程度上出于对财产的觊觎，他在成为有钱人之后，很快便冷落了阿尼西娅，转而与彼得前妻之女阿库林娜通奸，并且还使阿库林娜诞下一子。阿尼西娅在发现自己的努力付诸东流之后，变得日益残忍、疯狂：为了摆脱继女的威胁，她要让阿库林娜嫁人，重新掌控尼基塔和田庄的财产，而其中最大的障碍就在于那个刚刚呱呱坠地的私生子。全剧最恐怖的一幕就这样发生了：阿尼西娅用此前那桩不为人知的凶杀案件来威胁尼基塔，逼迫尼基塔在地窖中用木板压死了那个婴儿。如此一来，阿库林娜便可以在她的安排之下出嫁，由于有丰富的嫁妆，给这个继女找婆家并不困难。但到了剧本的最后一幕，“上帝的律法”终于显现了神性的威权：好吃懒做、荒淫无耻、残忍冷酷的尼基塔由于杀婴而精神崩溃，进而洗心革面，就像《复活》中的涅赫柳多夫公爵一样完成了道德层面上的“浴火重生”。尼基塔在阿库林娜的婚礼上，当众揭露并忏悔了所有的罪行，因而也被警察带走。这样的结局使得阿尼西娅对幸福的追求终究成了一场空梦。

剧情如上所述。很明显，这个由无耻通奸和两场血腥凶杀为核心的故事，首先应该视为托尔斯泰用以推行道德教化的文本。第一，剧本表现了婚姻伦理遭到践踏的严重后果。出于私欲的通奸罪行不仅本身是丑恶的，而且还会引发无穷无尽的犯罪行为，作为罪行的肇事者和推动者，阿尼西娅被处理为一个潘金莲式的妖魔荡妇，令读者不寒而栗。如前所述，她是托尔斯泰理想女性的反面，而且因其不履行“天职”而陷入罪恶的深渊。第二，剧本表现了托尔斯泰对于农业生产劳动的推崇以及对于农民朴素信仰的礼赞。尼基塔之父阿基姆代表了资本浪潮中屹立不倒的道德楷模：他将上帝的圣名挂在嘴边，恰好反衬出罪犯，尤其是其子尼基塔“忘记上帝”的邪恶；同时，其道德修养源自他对劳动的坚持，而罪犯的堕落恰与放弃劳作的人生选择捆绑在了一起。第三，剧本表现了罪犯的道德复活，而这一点正是“托尔斯泰主义”所宣扬的救世之道。在面对彼得临死前的善言之时，尼基塔曾潸然泪下，在荒淫的生活中，他也曾为自己的堕落而悲泣，在杀婴的整个过程中，他的灵魂不断遭遇到最严厉的拷问，直至天赋的良善彻底征服他的心魔。这一切，不正是托尔斯泰面对艰难时世之时所抱有的天真幻想吗？可以说，《黑暗的势力》正是“托尔斯泰主义”的舞台阐释。

1936 年，在《黑暗的势力》写成半个世纪之后，我国戏剧家欧阳予倩将这个剧本改编为《欲魔》，并于同年 11 月搬演。上海业余剧人协会对《欲魔》的排演引发了强烈的社会反响，当然，这种反响或许主要聚焦于我国话剧舞台艺术水平的空前提升，而非作品的思想内容。[①] 实际上，如果我们粗略反观欧阳予倩此前的话剧创作，便很难想象他为什么会对《黑暗的势力》产生兴趣。在新文化运动所催生的社会问题剧风潮中，欧阳予倩曾创作出了《泼妇》《潘金莲》等脍炙人口的佳作，这些作品对待女性、婚姻、家庭等问题的态度，完全不同于那种在伦理观念层面极度保守的“托尔斯泰主义”。如果我们忆起泼妇于素心携子、携受金钱压迫之妾侍愤然出走的英姿，如果我们重新念诵起潘金莲在面对武松寻仇之时所作的那番慷慨陈词，必觉这部照搬《黑暗的势力》的《欲魔》，实在与欧阳予倩思想格格不入。

《欲魔》照搬了托尔斯泰原剧的整个故事，借以讲述故事五幕结构亦未改动。情境设计以及情节推进与原剧基本一致，只因删去了一些冗繁的场面和台词，使得作品更加紧凑而已。欧阳予倩的改编工作主要体现在了中国化的处理上面，譬如，他将原剧背景改到了中国北方的某个农村，又如，将剧中人物的名字改写为了中国人名。彼得改叫张裕福，阿尼西娅改叫花月英，尼基塔改为李奇，阿库林娜改为小金，阿基姆改为李大顺……[②] 此外自然还有细节层面的一些变动，如剧本结尾处李奇之母李洪氏的台词：“想不到诸葛亮会遇见刘阿斗。”[③] 此言意指李洪氏先怂恿花月英行凶杀夫、又帮助花月英解决小金带来的危机，其费尽心机、机关算尽，只是为了让儿子李奇能得到大笔的财富，恰如诸葛亮鞠躬尽瘁，只为报先帝知遇之恩；然而，李奇认罪、自首，放弃了罪行换来的锦衣玉食，这恰如“扶不起的阿斗”断送蜀汉江山。这样的台词借助中国典故，无疑是在表意方式的层面上完成了中国化。

① 田本相主编:《中国现代比较戏剧史》，文化艺术出版社 1993 年版，第 655 页。

② 欧阳予倩改编:《欲魔》,《欧阳予倩全集》第一卷，上海文艺出版社 1990 年版，第 329 页。

③ 同上书，第 394 页。

但是，无论欧阳予倩加入了多少类似的妙笔，《欲魔》对于《黑暗的势力》的改编仍然称不上是“戏剧构作”。由于人物和情节的因循，《欲魔》保留了主题层面的“托尔斯泰主义”，如此，《黑暗的势力》一剧的内在灵魂便重新活跃在了这个中国农村的故事之中。而正是由于背景改到了中国农村这样一个没有基督教文化土壤的地域，所以，托尔斯泰用宗教伦理建构起来的道德说教的力量不免折损。譬如，原剧中阿基姆的善意可以得到基督教精神的支援，可以借助宗教虔敬来完成有效的表达，而《欲魔》中李大顺的良善，似乎只是一种不知因何而生的抽象的性格或人品，而这种良善的表述亦无文化的依托。又如，原剧最重要的道德教益源自尼基塔的转变，他从玩弄女性、自私自利的恶棍，转变成为一个虔心祈祷、认罪悔悟的信徒，这个过程伴随着罪恶日渐深重并如瘟疫般弥漫开来的过程一起发生，进而完成了剧作中“托尔斯泰主义”的图解。原剧中凶手的道德升华已略显生硬，但尚可理解为某种宗教神迹，而《欲魔》中的李奇未受到基督教文化的浸染，其转变就成了无源之水。

张裕福 （站着不动）李奇，搀我进去。

李　奇 （不高兴地）还有别的事没有？

张裕福 我不能再看见你了……就要死的人。就算是我有什么对不起你的地方，你也不要怪我。

李　奇 我哪能怪你，只要你不怪我就行了。

张洪氏 孩子，好好地听着东家的话。

张裕福 啊，完了完了……（哭）

李　奇 家里的事放心吧！（也有些难过）①

恶徒的转变总是需要有一些铺垫。在第二幕，张裕福已经被花月英喂过两次毒茶，马上就要死去。然而，死前他还在关心耕地的事情，并且刚刚为李奇的懒惰而责问过他。但是，人之将死，正要进屋的张裕福心知自己即将与整个世界作别，这时候，他对自己责问李奇、逼李奇干活的事情似乎有些懊悔，于

① 欧阳予倩改编：《欲魔》，《欧阳予倩全集》第一卷，上海文艺出版社 1990 年版，第 356 页。

是便有了上述场面。这个场面在原剧中感人至深，因为我们都知道，彼得最后表达的善意是基督教文化的体现：唯有与自己的弟兄和解，才能坦然面对上帝的召唤。由于《欲魔》抽离了故事中的基督教精神，所以张裕福的态度是有些突兀的。按照特定的情感逻辑，李奇也要像原剧中的尼基塔一样受到感动，并第一次流露出自己内心深藏的良知：他深知自己对不起老东家，而且再也没有机会赎罪，这时候，受害者反而在主动请求他的宽恕，不忍之情因此而生。原剧中的尼基塔一下子就哭了出来，他开始心疼这个被自己欺骗、伤害的将死之人，进而，也趁彼得进屋之前直接向他表达了自己的忏悔，虽隐晦却真诚。但是，如上所示，由于《欲魔》中宗教精神的弱化，这个场面的情感逻辑也有些模糊，所以，最后时刻的李奇也只能用一句“家里的事放心吧”来对东家作出些许安慰，并流露有限的难过，而无力用深刻的忏悔来直面解决自己和东家的积怨。

无论如何，《欲魔》还是照搬了原剧中浪子回头的人物内部线索，并且尽可能地为最后的道德“复活”完成了情感逻辑的铺垫。实际上，原剧中尼基塔的洗心革面主要是通过两次直面死亡的情感触动来完成的，除了上述彼得死前的场面之外，更为重要的就是杀婴之后的精神崩溃。在改编剧本《欲魔》之中，亦表现了李奇在被迫杀害私生子之后的癫狂：

李　奇　不听见了，一定是我疑心的。可怜的小骨头，一根一根在我脚底下嘎吱嘎吱响着。她们让我干的是什么事？（又听一听）还是在哭，这是哪儿说起，妈！[①]

杀婴之后，李奇不断地听到婴儿的啼哭，以及压死婴儿之时骨头碎裂的声音，这自然是一种幻觉，但它生动地表现出了人心中不可见，但却极为强大的道德准则。这种准则同样是源自基督教人道主义精神。在雨果的《九三年》中，小孩的欢叫被譬喻为宗教的赞美歌；[②] 在布莱希特的《高加索灰阑记》中，

---

① 欧阳予倩改编：《欲魔》，《欧阳予倩全集》第一卷，上海文艺出版社1990年版，第387—388页。

② 〔法〕雨果：《九三年》，郑永慧译，《雨果文集》第七卷，人民文学出版社2002年版，第305页。

歌手用诗表达了类似的情怀：谁若假装听不到孩子的啼哭，谁便注定听不到情人的私语、鸟儿的欢唱以及人生中一切幸福的声音。[①]基督教的人道主义情怀常常借助孩子来表达，孩子能让人联想到圣子耶稣的降生以及耶稣基督对孩子的赞美，其中包含有巨大的温情与悲悯。在《黑暗的势力》之中，由于杀婴过于残酷，托尔斯泰特意将第四幕拆分为两景，阅读和演出可以选择其一：第一景直接表现凶杀，第二景则是用长工米特里奇和幼女安纽特卡的对话，从侧面表现凶案。第二景的书写是希望替换此前过于血腥、残暴的场面。然而，改编剧本《欲魔》并未留存这个“温和版”的选项，这一点，恰好又能反映出演剧所处的文化语境的差异：我们对待儿童的态度，相比于基督教精神决然不同。

总之，由于失去了基督教精神的基础，《欲魔》中的“托尔斯泰主义”远比原剧更脆弱：其中的道德教义和原剧一样，在残酷的社会现实面前更显得苍白乏力，同时，充斥人物内心的人道主义情怀一旦失去了宗教文化的支持，其感人至深的力量也注定会大打折扣。

但是，如前所述，托尔斯泰的《黑暗的势力》并不仅仅表现出了带有历史局限性的宗教伦理观念，即“托尔斯泰主义”，伟大的文学家还用这个剧作展示了19世纪后30年俄国的历史环境，这幅社会历史图景既生动、凝练，又广阔、真实。其中矛盾恰如列宁所说：

> 托尔斯泰的作品、观点、学说、学派中的矛盾的确是显著的。一方面，是一个天才的艺术家，不仅创作了无与伦比的俄国生活的图画，而且创作了世界文学中第一流的作品；另一方面，是一个发狂地笃信基督的地主。[②]

可以说，托尔斯泰的所有作品都体现出了上述矛盾，它们是俄国历史上非常独特的农民资产阶级革命的“一面镜子”，既表现了历史进步意义，又表现出了那种“同无产阶级意识形态完全不相容的意识形态领域”[③]的根本局限。

---

① 〔德〕布莱希特:《高加索灰阑记》，张黎译、卞之琳译诗，《布莱希特戏剧选》下册，人民文学出版社1980年版，第275页。

② 《列宁选集》第二卷，人民出版社1972年版，第370页。

③ 〔俄〕普列汉诺夫:《卡尔·马克思与列夫·托尔斯泰》，曹葆华译，《普列汉诺夫美学论文集》第2册，人民出版社1983年版，第755页。

《黑暗的势力》既是如此，它通过尼基塔的犯罪与悔悟，表现了基督教文化中人类的原罪与回归上帝、得到救赎的宗教精神，这种宗教精神自有其摇撼神魂的力量，但若试图将之用于解决具体的社会问题、推动历史的发展进步，则必然暴露其弱点。托尔斯泰在剧作中用“托尔斯泰主义”建构了羸弱的正义、渺茫的希望，以及完全没有现实依托的道德理想，但与此同时，我们之所以能够轻易地看到这种道德理想的脆弱性，恰是因为托尔斯泰把理想的敌人，即俄国社会历史现实问题，表现得那么真实、那么触目惊心。我们此前已经说过，《欲魔》的改编由于脱离了基督教文化语境，所以剧中“托尔斯泰主义”的力量受到了限制。然而，正因如此，托尔斯泰原剧中对资本入侵造成的社会危机和精神危机，也就是作品中具有进步性的思想因素，反而得到了某种强化。

李大顺 照我看起来，这个这个，没有钱是为难，可是这个有钱更为难，真是闹不明白。天生人是应当做工的，不过照你说，把钱存在银行里，只要睡在家里等饭吃，怎么使得？①

这段台词出自一个极具思想性的场面：长工胡大忠，即原剧中的米特里奇，为这个没有跟上时代潮流的李大顺讲解了金钱作为资本的剥削属性，也就是说，为他讲解了钱能生钱的道理。今天，只要谙熟《资本论》便非常明白：钱能生钱，是因为它作为资本，在市场上购买了能够源源不断产出价值的特殊商品，即劳动力。这便是资本主义剥削的根本奥秘。而在 19 世纪后期的俄国，正是资本这股“黑暗的势力”开始登上历史舞台的时代。回顾全剧，所有的现实罪恶和精神堕落，无不和资本紧密相关：阿尼西娅杀夫是为了占据财产，尼基塔之母马特廖娜怂恿凶杀，亦是为了让儿子占有彼得的家财；后来，尼基塔的堕落是因为终于成了有钱人，阿库林娜给阿尼西娅和马特廖娜造成的危机，主要也在于财产的掌控权；甚至剧中所有的婚姻都失去了因爱结合的美好，反而充斥着很多“派生的经济考虑”②。

由此可见，《欲魔》中的“欲”，不仅是两性之情欲，而且是对财产无法

① 欧阳予倩改编：《欲魔》，《欧阳予倩全集》第一卷，上海文艺出版社 1990 年版，第 368 页。

② 《马克思恩格斯选集》，人民出版社 1972 年版，第 78 页。

餍足的欲求。在欧阳予倩这个剧本中，被新文化运动作为反礼教之武器，进而被神圣化了的个人欲求，终于在资本肆虐的社会现实语境中成了恶魔。它催使花月英、李洪氏、李奇等罪犯不断地走入罪恶的深渊，并在犯罪之路上万劫不复。实际上，花月英这样的女性并不是社会的精英统治者，而是可悲的受害者，她不是一个“宝贝儿”，她在不幸的婚姻中感到压抑，并且也采取了某种反抗、夺权的行为，以此来追求自我欲求的实现。尽管她的欲望似乎不合乎自由主义的精神理想，但二者并无本质的差别，因为，她所受的压迫，也是源自家庭伦理秩序、社会道德法则的枷锁，而她所追求的东西，亦可视为对封建夫权的英勇的反叛。但是，我们深知她不是英雄，而是罪犯，甚至是恐怖的魔鬼，因为，在资本带来的黑暗的势力中，任何自我欲求、个人精神理想的实现，都只能通过罪恶的途径。由此，我们可以反观新文化运动时期的社会问题剧创作。在那个反抗封建礼教、“尊个性而张精神”[①]的时代，自由主义思想成了非常时髦的进步思想，它鼓舞人们“发展个人的个性”[②]，以此对抗摧折个性的社会秩序。在此基础上，追求婚恋自由、反对封建主义禁锢，成了当时社会问题剧的一大议题。那时候，个人之“欲”还不是“魔”，而是反封建斗士们高扬的自由主义旗帜。然而，对于精神觉醒、道德进益、个性解放、自由理想的追求，实际上都脱离了对社会现实剖析和研究，社会存在决定社会意识，那么，不改变罪恶的现实，岂能改变腐朽的思想呢？

如果我们认为《欲魔》在弱化“托尔斯泰主义”之局限性，并充分发挥托尔斯泰创作之进步性的时候，正好通过对资本之黑暗的势力的揭示而深化了妇女问题、婚恋自由问题等新民主主义革命的议题，那么，我们可以将其中远远超越自由主义虚妄理想的思想总结为一句话：若不改造社会制度、不触动利益格局，任何抽象的自由追求均会以罪恶为终局。

---

① 鲁迅：《文化偏至论》，《鲁迅全集》第一卷，人民文学出版社1981年版，第57页。

② 胡适：《易卜生主义》，《胡适全集》第一卷，安徽教育出版社2003年版，第614页。

三

在改编《欲魔》之前，欧阳予倩有很多部话剧作品都在探讨家庭关系问题，其中，展示自由主义新思想在现实层面遭遇的困境，可以算是欧阳予倩的一大创作特色。而在所有这些作品中，《回家之后》《泼妇》《潘金莲》，以及两部改编作品，即《空与色》和《欲魔》似可构成一条线索，统观这五个作品，我们能够发现欧阳予倩之新思想发展演变的蛛丝马迹。

1922 年，欧阳予倩创作的《回家之后》表现了新思想与旧思想、新女性与旧女性的某种“彷徨”，留学生陆治平本欲遵循新思想的指导，与腐败的封建家庭划清界限，并且与发妻吴自芳离婚，另娶西洋女子刘玛利。谁知“回家之后”，他发现了吴自芳身上有许多“新式女子所没有的好处”[①]，故而陷入尴尬的处境。这个作品表现了刘玛利这个凶狠的泼妇，她勃然大怒之后的威胁言辞和吴自芳的温良形成了鲜明的对照，似可作为欧阳予倩笔下这一“泼妇文脉”的起点。作为“新式女子”的刘玛利的言论之中，已经存在罪恶的痕迹。

《回家之后》为欧阳予倩探讨家庭伦理问题的话剧作品奠定了一个非常复杂的基调，它使飘在半空中的新思想落到了实处，并且将之放在极其具象、复杂的现实生活境遇之中加以考察。后来很多作品的种子埋藏于《回家之后》，而正因其现实性，新、旧思想乃至新、旧文化的碰撞便不再是一个高度简化的是非问题了。这正像是欧阳予倩对于新剧与旧剧之形式融合的重要思想，其中并无简单的对与错，问题要放在生活与创作的实践中加以检验。

同年，欧阳予倩又写作了情感细腻、微妙的作品《泼妇》，由此便开创出了一条潜在的“泼妇文脉”。《回家之后》的刘玛利虽是设定为新式女子，但其思想与举止绝非为新思想而斗争的新人。而《泼妇》中的于素心却是一个真正的新女性：新思想几乎算是于素心的内在信仰。她凭自由恋爱而与陈慎之结合，并且坚信这样的新式婚姻便是幸福的保障。由于有着这样的信仰，她并不

---

① 欧阳予倩:《回家之后》,《欧阳予倩全集》第一卷，上海文艺出版社 1990 年版，第 24 页。

拒绝履行妻子照顾家庭的责任，她给婆婆做鞋、做衣服，而且还有很好的厨艺，乍一看，我们或许会以为她是个“宝贝儿”。然而，一旦信仰崩塌，于素心就成了让这个腐朽家庭恐慌的泼妇：当她得知赚了钱、有了社会地位的陈慎之准备纳妾时，她便对这个背叛新思想也背叛二人爱情的伪君子展开了批判，而且言语犀利、掷地有声：

于素心 你从前对我是怎么说的？你向来对我是怎么说的？你方才对我是怎么说的？你不是反对一夫多妻制的吗？你不是主张神圣恋爱的吗？你不是自命为主张女子解放的中坚分子吗？你不是绝对以真实不欺为信条的吗？你不是主张“废娼说”，不忍拿金钱去压迫那无辜的女子吗？你始终不能不取掉你那正义人道的假面，到了今天，你证明自己从头至尾全是诈伪！[①]

在此，于素心这个“泼妇”无疑是一个大义凛然的反叛者，她所坚持的自由主义理想在剧本中被表现得极其精彩。这段酣畅淋漓的批判恰证明她的信仰是正确的，而她离家出走的抉择也是正义的。作品难能可贵之处在于表现了社会问题的根源：于素心所面临的婚恋危机主要源自丈夫信仰的动摇，而陈慎之回归礼教的原因，却不在于思想本身的错谬，而在于他社会身份的改变。当他作为被压迫者的时候，他成了秩序的反叛者，而一旦有了钱、成了压迫者，他就自然演变为罪恶的一部分。这样的现象正是源自我们前面说到的黑暗的势力与人心之欲魔的因果联系：人的思想是由社会存在决定的，精神之萎靡与道德之沦丧，本就植根于罪恶的时世，而非冥顽的头脑。同样，进步的思想、觉醒的灵魂若想赢得突破，首先要改造现实社会条件，否则个体的反叛只能通过简单破坏秩序的犯罪行为。

于素心之所以能够离家出走，从腐朽的家庭反叛出去，是因为她受过教育，可以自立。她的生存能力不仅可以养活自己和孩子，而且能够将小妾王氏救出金钱压迫的苦海，这是其精神信仰的真正支柱。如果一个女人成了有钱、

① 欧阳予倩：《泼妇》，《欧阳予倩全集》第一卷，上海文艺出版社1990年版，第51页。

有权的“大户”的奴隶，她的人生必不会有于素心这么自由。1927 年，欧阳予倩创作了《潘金莲》。剧本中，同样在追求自由、追求实现人生幸福的潘金莲，唯有通过犯罪才能满足正常的欲求。这个故事家喻户晓，在此不复赘言。但是，值得注意的是欧阳予倩为潘金莲“翻案”时所抱有的态度：

平心而论，我们对于她的犯罪，应加惋惜，而她最后的被杀，更是当然的收场。①

欧阳予倩笔下的潘金莲可以在武松面前慷慨激昂地历数自己生平的遭际，而从她的言辞之中我们仍然能够看到泼妇的影子。这是一个何其不幸的人，因其不幸而不得不犯罪，从这个角度而言，她也是一个追求自由的斗士。然而，如作者所言，她的死是理所应当的，因为她终究是个罪犯。可以说，《潘金莲》是泼妇从斗士转变为罪犯的第一步。自由的斗士成为无可奈何的罪犯，追求自由的征途最后竟只能以罪恶作为终局。这难道不正是高邈而虚妄的自由主义理想落入黑暗的势力后的必然结局吗？只要我们无力改变张大户对社会的统治，潘金莲这样的罪犯就会不断产生。换言之，只要时代还是张大户的时代，渺小的个体便不可能通过精神层面的理想、信仰来求得自由，一切挣扎只能落入罪恶。

当然，恶魔不一定是丑陋的，它有可能极具美感，但背离良善的行径仍会让人不寒而栗。《空与色》中的泼妇明艳便是这样一个美艳而狰狞的恶魔。她贪恋资财、荒淫无耻，竟无缘无故地害死了高僧境圆，而且面对无辜者的死亡没有任何的悲悯。这个短剧改编自日本“恶魔派”唯美主义作家谷崎润一郎的作品，其中，我们看到了道德秩序颠覆之后，自由露出了狰狞的面容。新文化运动以来，我们的剧作家普遍都在追求颠覆封建主义伦理秩序，然而，当一个社会没有了人伦、道德的管控，自由的理想并没有如约而至，我们看到了无数自私自利的陈慎之通过财权欺压他人的自由，看到了无数心怀理想并在无奈之下残忍造恶的潘金莲，也看到了更多如明艳这般轮廓模糊、面目不清的恶魔。这就是自由的终局。新文化运动中的社会问题剧道法易卜生，而易卜生晚期的

① 欧阳予倩:《〈潘金莲〉自序》,《欧阳予倩全集》第一卷，上海文艺出版社 1990 年版，第 93 页。

作品证明，落入现实社会条件的自由理想未必永远造就娜拉出走的壮举，它还有可能在《野鸭》中害死无辜的人、在《罗斯莫庄》中反噬那些尚未跳脱红尘的理想主义者。唯一的出路在于改造现实社会条件，为社会意识奠定社会存在的基础。这一点，与易卜生同龄的托尔斯泰伯爵似乎更具有现实意义。

从“泼妇文脉”角度看，欧阳予倩改编《欲魔》实际上完成了两个重要的任务，其一即用道德标准严苛的“托尔斯泰主义”来审视那些随意践踏秩序的罪人；其二则是借托尔斯泰的现实主义精神来剖析造恶的根源，也就是那个资本肆虐的黑暗的势力。至此，“泼妇”终究从自由理想的斗士变成了生活中抽搐的罪犯，虚妄的理想也迎来的罪恶的终局。然而，关键的问题还没有得到解决：如果自由的理想不能是人心中无所依托的“欲魔”，而应该是一定的社会政治经济条件，那么，我们该如何终结罪恶、实现我们的社会理想呢？

伟大的英国戏剧家萧伯纳曾这样评价“托尔斯泰主义”反暴力的谬误：

> 托尔斯泰这个娇生惯养的贵族受不了暴力。他本能地避免去思索：根据他的原则究竟如何实际去改造社会，也就是说，如何在我们之间平均分摊为了这样做我们必须承受的负担，不这样做我们只有灭亡。而社会改造，正如列宁说的，要求消灭反抗它的人。[①]

很明显，剧本《黑暗的势力》的伟大作者托尔斯泰伯爵无法理解暴力革命的意义，然而，此剧的中国改编者欧阳予倩先生在写作《欲魔》的六年以前便曾排演斗争性极强的苏联名剧《怒吼吧，中国！》。作为导演的欧阳予倩先生一定能够理解，为了避免万县惨案，不仅要让“全世界听着中国的怒吼”[②]，而且还要真正为革命事业、为社会理想而英勇奋战。

---

① 〔英〕萧伯纳：《托尔斯泰究竟是悲剧作家还是喜剧作家？》，陈馥译，《欧美作家论列夫·托尔斯泰》，中国社会科学出版社 1983 年版，第 176—177 页。

② 〔苏〕铁捷克：《怒吼吧，中国！》，罗稷南译，生活·读书·新知三联书店 1951 年版，第 97 页。

欧阳予倩与戏剧“间离”

贾力芳*

欧阳予倩（1889—1962）在文章《我怎样学会了演京戏》（1953 年）开篇自谦：“行家说学玩意儿有四步：会、通、精、化”[①]四个阶段，而他自己对于戏曲，只能算会。实际上，无论是对戏曲与话剧关系的认识，还是两者的相互借鉴、化用，欧阳予倩的研习与实践，对于中国话剧艺术发展而言，都具有重要且独特的价值，这背后是其开阔包容的艺术视野，同时不断体认戏剧艺术普遍规律的结果。

一、剧作家欧阳予倩与戏剧的“间离”

首先从剧作层面讨论。虽然欧阳予倩一直强调自己重视的是导表演艺术，即使自己写剧本也是看重其“能够在台上演”[②]，但他的早期话剧剧作，虽然在情节、结构的成熟度上还存在讨论的空间，但细节之处对戏曲艺术的借鉴、化用，无论是作为一种技巧还是元素，都值得我们关注与讨论。比如就“潜台词”举例，欧阳予倩的独幕剧《回家之后》（1922 年），讲述留美学生陆治平，在其留学期间抛弃结发妻子吴自芳，与留学生刘玛利结婚的故事。就情节而言，剧中人物性格的刻画稍显单薄，如果加上表演上的刻板，作品就极易被理解为道德观念的简单对峙。但就剧中对话、台词的节奏韵律把握而言，从中不

* 北京第二外国语学院讲师。

① 《我怎样学会了演京剧》，《欧阳予倩全集》第六卷，上海文艺出版社 1990 年版，第 239 页。

② 《自我演戏以来》，《欧阳予倩全集》第六卷，上海文艺出版社 1990 年版，第 56 页。

难看出欧阳予倩对传统文学叙事艺术的借鉴，如剧中自芳说“只顾着说话，耽误了多少光阴，花还没浇，菜还没切，酒还没去倒呢”的节奏，又如下面这段自芳与祖母顾氏的对话[①]：

顾氏：听说你回来了，从荷叶发生就等起，原说是等你回来看荷花。

自芳：（从旁插一句）荷花瓣上好写字。

【治平大吃一惊】

顾氏：什么？

自芳：没有什么。（摇摇头，笑着下）

吴自芳的话，影射的是她此前在陆治平衣服中搜到他与刘玛利花瓣上互写情书的情节。这种带有旁敲侧击、言外之意的“潜台词”，在中国话剧草创时期还未成为一种有意识的方法，欧阳予倩的运用更多是源自其对中国传统叙事艺术的积淀。乔慧斌在《试论戏曲潜台词的挖掘与运用》中对话剧与戏曲的“潜台词”进行比较，认为前者“是在戏剧冲突中运用的一种临时性的含意隽永的话语，从语言的潜台词中可以看到语境的创造功能和填补功能在起作用，话剧语言中潜台词限于一个剧目范围并随着剧情的发展而‘流动’，并随时给台词以依据。而中国戏曲与诗歌、绘画、音乐等艺术都共同遵守儒家忌直露、尚隐秀的美学原则，因此戏曲的潜台词不是太实，而是深化内蕴，留有空白，追求一字一句，皆耐人寻味的写意效果”[②]，类似的例子如《坐楼杀惜》中，阎婆惜步步逼迫宋江给自己写休书时多次重复的“到妈妈房里睡觉去”，或《牡丹亭》中杜丽娘的试探等。戏曲中这种留白、注重详略的优点，并不意在台词写作技巧的自觉，而是服务于戏曲艺术本体，意在丰富舞台的时空流动性，留给观众以想象的空间。这也是我们辨识、讨论戏曲艺术中与话剧近似技巧使用的重要出发点。

欧阳予倩早期话剧创作中，对于传统叙事技法的化用，有不少值得圈点之处。除了上述“潜台词”，又如《回家之后》中两个孩子唱山歌段落与剧情的呼应；或是话剧《潘金莲》中第二幕，加入了瞎眼乞丐的情节，这看似旁枝却

---

① 《回家之后》，《欧阳予倩全集》第一卷，上海文艺出版社1990年版，第12页。

② 乔慧斌：《试论戏曲潜台词的挖掘与运用》，《戏曲研究》2013年第1期。

绝非闲笔，潘金莲说乞丐“绝望还不死，倒是活受罪”与自身命运形成参照；又如笑剧《白姑娘》，欧阳予倩强调这是“经过训练的玩笑”等。欧阳予倩在话剧剧作中的“间离”现象与手法，也是植根于戏曲艺术土壤。对这个问题的讨论，一是有助于我们讨论戏曲艺术“间离”的特点；二是有助于我们进一步廓清对中西戏剧“间离”的比较，及彼此借鉴、化用所需的注意。本文主要围绕以下两点展开讨论：一是欧阳予倩剧作中的“停顿”，二是其创作于 1932 年的活报剧《不要忘了》。

先谈停顿。停顿、静止、打断，是我们讨论布莱希特“间离”总会提到的手法。1931 年布莱希特的好友本雅明在论述布氏“史诗剧”时，认为“史诗剧场就是与动作有关的剧场”，“我们打断别人表演的频率越高，引发的姿势就会越多。所以行动的中断是史诗剧场的前景”①。这在描述“间离”现象的同时，也指出了史诗剧场中的停顿，是出于并且为了打断表演的进程，最终在观众脑中重构角色动作的因果逻辑。然而戏曲不同，戏曲人物对话间的停顿、台上演员动作的定格，是戏曲时空流动的暂停。戏曲时空与话剧时空侧重不同，“戏曲长于在时间的流逝中涵盖多个空间的情节，而话剧则追求在固定空间中表述随时间流逝的情节”②。进一步就讲故事的时序来说，中国古代戏曲“首先考虑的是时间上的先后承接、承接，而非行动、情节上的因果关系”③。戏曲演出中的停顿，并非为了打断、让观众理性思考，而是意在帮助观众对剧中人物关系、角色情感更好的感同身受。提醒沉浸在流动情节、平铺直叙情节中的观众，此处要更注意台上人物关系，或是角色的内心情感与变化。瓯剧《杀狗记》中，演至关键情节时，比如孙华错拜纨绔子弟，或是孙荣受冤等，舞台表演中便会出现停顿与定格，同时由副末（南戏、传奇中负责开场、叙述的戏外之人）在旁解说，让观众注意此处是男主角遇人不淑，我们应该深表遗憾，或是此处主人公深陷困境，我们感同身受一下他的苦闷等。诸如此类，戏曲表演中每至情节、情绪重点，就极易出现这样的处理，又如才子佳人戏中的两人

① Benjamin, Walter. Gesammelte Schriften, Volume 2. Frankfurt am Main, Germany: Suhrkamp Verlag, 2009, p.521.

② 刘艳卉:《戏曲剧作思维》，上海人民出版社 2016 年版，第 2 页。

③ 同上书，第 3 页。

对视，为了让观众有时间体会角色此刻的内心变化情感起伏；或如《杜十娘》《白蛇传》等剧中旦角以定格造型，逼视负心男主；又或《锁麟囊》中，薛湘灵重新遇到锁麟囊时的停顿等。虽然具体需要观众体会的情感不同，但其目的都在于留给观众想象的时间，以更好地与剧情、人物共情。相较而言，欧阳予倩话剧创作中的停顿，如其改译自谷崎润一郎作品的话剧《空与色》（1928 年）中吟江悲伤时“停顿一忽，抽抽噎噎地哭起来”[①]，或话剧《黑奴恨》（1959 年）中解而培的“停顿”[②]等，都与上述戏曲中的现场更为近似，意在让观众更流畅，并且有重点的理解剧情。

欧阳予倩剧作层面与“间离”形似的其他手法，如“打破第四堵墙”或是“第三人称”，形同此理。其创作于 1932 年的活报剧《不要忘了》题为“十六景话剧”，全剧 16 个场景由不同场景、不同类型化的角色构成。其中第 14 景“领队的工人对观众讲话”，或是结尾 16 景群众所喊“看哪！这就是帝国主义的公道！不要做梦了！快些起来！公道是要打倒帝国主义以后才看得见的呢！”，看似是在打破剧场幻觉，然而其目的还是为了让观众更好的理解剧情的连贯性，这也是为什么 16 个看似彼此独立的场景，彼此却并非独立表意，而是穿插了具有“过场戏”特点的“景”，如第 2 景和第 11 景，为的是帮助观众接续前情。这在戏曲中依然是常见的手法，好比瓯剧《打狗记》中保留传统南戏演法，让副末开场，时而与剧中角色对话、与乐队插科打诨，或作为剧中角色参与其中，不过这些往往并非剧中的关键情节，“在戏曲中，对于剧情有关键作用的情节常常在现在时态中呈现而非借第三人之口说出”[③]。而在史诗剧场中则恰恰相反，上述手法无论是演员与观众的交流、叙述人称、时态的改变，或是剧中的分幕分场方式，都是为了明确创作者在每一场的立场与态度。

相较于布莱希特将“间离”作为一种结构全剧的方式，中国戏曲、早期话剧中的这些“间离”现象，都只是承担局部功能，如“‘副末开场’只是剧情介绍，不属于整体结构；‘自报家门’和‘背躬’只是一种局部的叙述手法，也

---

① 《空与色》，《欧阳予倩全集》第一卷，上海文艺出版社 1990 年版，第 103 页。

② 《黑奴恨》，《欧阳予倩全集》第二卷，上海文艺出版社 1990 年版，第 471 页。

③ 刘艳卉：《戏曲剧作思维》，上海人民出版社 2016 年版，第 3 页。

没有上升到结构，更没有通过叙述者来串联情节。”① 上述无论停顿、打断，或是对着观众说话，对于戏曲而言，即使没有“间离”这一概念，这些实际也是戏曲艺术的普遍规律。借用阿甲的话，对于戏曲而言，间离是无处不在的。阿甲先生有意识地比较过布莱希特与戏曲“间离”的问题，在他看来，对于戏曲艺术来说，间离是一种艺术规律，而对于布莱希特而言是方法。欧阳予倩自身对此也有自觉清醒的意识和判断，比如对于早期文明戏中打破“第四堵墙”，演员直接对着观众说法的现象，欧阳予倩就认为这实际更接近化妆演讲②，与艺术、戏剧创作情境无关。这正是其艺术视野与艺术判断力的展现。

二、表导演艺术家欧阳予倩与戏剧的“间离”

无论是在《予之戏剧改良观》③ 中，欧阳予倩提出的戏剧发展所需的两个主要主张“须组织关于戏剧之文字”和“须养成演剧之人才”，还是此后不断强调的台词与表演，或是台词与形体，剧作与舞台可谓是欧阳予倩毕生对于戏剧艺术思考的两条核心线索。就动作，即表演层面而言，欧阳予倩在其一生包括《戏剧改革之理论与实际》《动的艺术》（1929 年）、《导演经验谈》（1937 年）等等在内的大量文章中论述了动作之于戏剧的重要性。

中国戏曲通过演员的表演在有限的舞台上塑造无限的时空。欧阳予倩论述动作，也是将其作为塑造舞台时空、增强戏剧情感的方式，进而讨论动作之于演剧的价值。赵丹回忆欧阳予倩给业余剧社排演《欲魔》（改译自托尔斯泰原著）时，对比了欧阳予倩与洪深的排练方式，认为两者完全不同，洪深讲求“从外到内”，而欧阳予倩排《欲魔》，一方面将作品本土化，将时空移置到北方农村，同时将自己表演花旦的体验与经验，充分调用在排演中。他为演员示范如何演农村妇女，欧阳予倩“形象化的示范，使演员很快能理解角色而开窍”，“他着重在人物相互关系上来找戏。找得细致、准确，从人物关系上再来

---

① 刘艳卉：《戏曲剧作思维》，上海人民出版社 2016 年版，第 86 页。

② 欧阳予倩在《有关戏剧表演导演艺术的两个问题》《话剧、新歌剧与中国戏剧艺术传统》等讨论话剧与戏曲、话剧民族化问题的文章中对此有所讨论。

③《予之戏剧改良观》，《欧阳予倩全集》第五卷，上海文艺出版社 1990 年版，第 2 页。

确定态度、性格，使形象都可以立起来。”[①] 欧阳予倩也曾在文中论述自己导戏不像“洪深先生，他能够在家里对一张平面图决定舞台上的部位。我是只有个大体的轮廓，一定要演员到我面前，我才有决定的主意。”[②] 出于自身的艺术积淀、实践，即使在话剧创作中，欧阳予倩对于戏剧的认知，始终贯穿的源自戏曲艺术的，将其视为一门以表演艺术为核心的综合艺术的意识。这种以表演为中心的剧作导演艺术，并且突出表现为演员“动作”的揣摩与强调，对于中国话剧艺术发展初期而言是非常宝贵的。

对于布莱希特而言，“间离”与表演中的动作也是密切相关的。在具体论述中，布莱希特将其具象为“姿态”（Gestus），用以强调演员以肢体造型、动作反映社会关系的特点。不过这并非意味着布莱希特对动作的强调，意在实现一种完全理性、客观的舞台呈现。布莱希特围绕史诗剧展开的观念讨论中，具有辩证关系的矛盾概念，不仅包括是间离还是共情，还有理性、娱乐与放松，也是观演关系中重要的一组概念。如本雅明所说，布莱希特创造史诗剧“强调戏剧应该使观众放松，应该使观众毫不紧张地跟随情节的发展。”而为达此目的，其在观演中应该实现两点：“首先是情节，在关键的地方它必须能够唤起观众自己的经验；其次是表演，在艺术上它应该达到清澈透明的地步。”[③] 在这一点上，戏曲艺术的“动作”也意在让观众身心愉悦，对于戏曲而言，不仅是上文剧作层面讨论提到诸多便于观众更好理解剧情、人物情感的手法，表演中的“程式”动作更是与观众审美经验直接对应，这使得戏曲舞台塑造人物，既丰富又辩证，同时便于观众清晰、快速地了解剧中人物意图、善恶忠奸的判别。

两者着力点不同，出于不同功能考虑，就容易形成认知判断的偏颇。戏曲表演注重以演员的程式动作塑造舞台时空、讲述故事情节，然而同时也强调“每一个动作应当有其意义，有意义的动作就是必要的动作，没有意义的动作就是不必要的动作。每一个动作有其预备动作，一个动作与其他的动作由必

---

① 赵丹：《地狱之门》，文汇出版社2005年版，第50页。

② 《导演经验谈》，《欧阳予倩全集》第四卷，上海文艺出版社1990年版，第136页。

③〔德〕瓦尔特·本雅明：《写作与救赎 本雅明文选》（增订本），东方出版中心2017年版，第147页。

然的联系，一个关节不通，便会僵住。”[①] 对于欧阳予倩来说、包括田汉、“国剧运动”同人等，所有志在通过借鉴戏曲、发展话剧，实现两者融会贯通的戏剧家，对此问题都多少有所自觉意识。然而在实践层面，又极易忽略戏曲艺术的这些特征与其艺术完整性、与观众的关系密不可分，由此如果忽略了动作与剧本的互动，在话剧剧作层面或舞台呈现中，单纯借鉴戏曲、借用戏曲元素，以快速实现话剧的社会宣传功能，就极易折损艺术审美效果。

欧阳予倩重视戏剧动作，是将其视为剧作与舞台整体的艺术，其背后讨论的实际也是体验与表现的矛盾统一。在戏曲艺术中，这原本就是浑然一体。我们老说戏曲“高台教化”，然而却往往忽视了戏曲讲道理的方法，是“通过剧中人的行动、思想、感情、语言表现出来”[②]。欧阳予倩列举《焚香记》中的桂英，盖叫天饰演《恶虎村》中黄天霸等，用以说明戏曲通过动作塑造人物性格中的丰富与多元。欧阳予倩对于动作“形神兼备”、体验与表现融合的观念，还反映在他对舞蹈艺术的讨论中，比如1952年，舞蹈家乌兰诺娃访华演出，欧阳予倩撰文《我看到了具有高度感染力的舞蹈艺术》，文中评价乌兰诺娃表演的时候，“动作、表情、线条、音乐、节奏、韵律，没有一样不统一在她的思想感情之中；音乐的旋律、节奏和她的表情、动作，完全融合在一起，成为整然浑然极其谐和的一体”[③]，等等。

欧阳予倩对戏曲里不少方法、技巧，包括辩证，间离，时空自由等作为一种普遍艺术规律的认识，使其并未囿于话剧创始初期，对话剧与戏曲界限分明的认识误区中，不仅将其运用到话剧中以更好地实现社会功能，这在推动话剧艺术迅速适应现实，而非流于表层技法临摹上，具有重要意义；并且，这也使其能在话剧艺术草创期，就在作品中展现出不少成熟的艺术审美品质，这其中观演关系上的探索尤其有益；与此同时，这也使其在戏曲现代化的进程中，得以快速将现实内容融入戏曲的编排思维。

---

① 《导演经验谈》，《欧阳予倩全集》第四卷，上海文艺出版社1990年版，第136页。

② 《话剧向传统学习的问题——在中央戏剧学院讲课的记录》，《欧阳予倩全集》第四卷，上海文艺出版社1990年版，第282页。

③ 《我看到了具有高度感染力的舞蹈艺术》，《欧阳予倩全集》第五卷，上海文艺出版社1990年版，第272页。

三、中西比较视野中对“间离”问题的再思考

为了进一步帮我们廓清上述讨论的问题，我们不妨再引入两个视角：一是欧阳予倩如何看待外国戏剧中的体验与表现，二是外国戏剧家对中国戏曲的看法。欧阳予倩留学日本、两入苏联，参加第一次苏联戏剧节，尤其是20世纪30年代他在苏联观看瓦赫坦戈夫、梅耶荷德剧团的演出，欧阳予倩对梅耶荷德《森林》中“这戏当中感觉到最特出的就是演员的动作、台词、化妆，无一不夸张到极度”①这些观察、比较与总结，使其对中西戏剧共通规律的判断有重要的作用，更清晰体认的打通中西的普遍艺术规律，并找到彼此借鉴的可能。

戏曲艺术在20世纪达到了表演艺术的成就高峰，东西方对梅兰芳戏曲表演艺术的讨论，实际是我们讨论上述问题非常有效的比较对象和标识。稍加梳理就不难发现，无论中外戏剧家，大家在对梅兰芳表演的讨论中，但凡出于戏剧艺术规律的体悟，总能得出近似的评价。田汉在追忆梅兰芳的文章《追忆他，学习他，发扬他！》中引用梅兰芳《谈谈京剧的艺术》中“如果我的动作和感情得不到对方的反应和共鸣，就会降低情绪，减弱应有的效果”②，继而讨论梅兰芳演洛神有仙气，与其对生活的观察，从古代名画雕塑，到想象揣摩，对洛神角色性格的拿捏。这实际说的也是戏曲艺术体验与表现的统一。在同本文集中，由梅绍武翻译的美国学者斯达克·杨1930年观看梅兰芳访美演出所写的评论文章《梅兰芳》中，美国学者对于梅兰芳表演的观察：“梅兰芳并不旨在单纯模拟女人一姿一态。他旨在发现和在创造妇女的动作、情感的节奏、优雅、意志的力量、魅力、活泼或温柔的某些本质上的特征，而从这些方面来扮演一个人物，稳妥地富有女性的特征，而以舞蹈方式再现，诗意盎然。”③实际说的也是这个问题与道理。

---

① 《苏联第一届的戏剧节》，《欧阳予倩全集》第四卷，上海文艺出版社1990年版，第159页。

② 田汉：《追忆他，学习他，发扬他！》，《梅兰芳艺术评论集》，中国戏剧出版社1990年版，第9页。

③ 同上书，第699页。

同期收录的《论京剧和梅兰芳表演艺术》一文，记录了由包括斯坦尼斯拉夫斯基、梅耶荷德、埃森斯坦、戈登克雷、布莱希特等人参与，围绕观看梅兰芳表演后的讨论会发言所成的记录。虽然这篇文字的真伪还存有辨析的空间①，但就其中观点，尤其是布莱希特发言中对于梅兰芳表演、中国戏曲艺术的观察，与其《中国戏剧表演艺术中的陌生化效果》《论中国人的传统戏剧》两篇文章参差对照，有助于我们对问题的讨论，我们不妨简要罗列一下布莱希特对梅兰芳表演的观察与体会②：

我们看到他一个人在舞台上，实际上等于同时看到不下于三个人物：一个在表现，另两个给表现出来。让我给你们举一个例子。假定我们看到一个姑娘在按照规定的方式准备茶水，她以精确的礼仪姿态在那样做，那些姿态是完美无缺的。第二方面，这位姑娘表现这个特定的姑娘心烦意乱，或者心情平静，或者情意绵绵。于是在这样做的时候，他在第三方面又表现以为演员怎样凭借这些精确的姿态来表达心烦、平静或者在闹恋爱。

布莱希特所说的，实际是戏曲演员程式技法与表演角色情绪的统一，虽然在理论层面可分为体验与表现，但对于观众而言实际是身心合一的感官体验。布莱希特在文中列举戏曲表演中“面具的使用，以姿态示意的‘省略’手法，舞台装置”③等，正是我们上述讨论欧阳予倩戏剧创作中，与“间离”形似的元素。在布莱希特看来，他认为这些手法在史诗剧可以运用或已经运用，然而却是为了“一种目的相反的戏剧”。所以布莱希特所看重的是中国戏曲对于观众的意义。“对于我们这些已经习惯于西方戏剧艺术的人来说，中国戏剧提供了一种有益的清除错觉的作用”④及其反复强调的“艺术有能力推翻我们看待事

---

① 根据梅绍武在书中的记载，这篇文字是1986年9月，梅葆玖和裴艳玲去参加国际戏剧人类学大会，带回的一份材料。由瑞典斯德哥尔摩大学斯拉夫语言系拉尔斯·布莱堡教授整理而成，围绕1935年在莫斯科举办的京剧和梅兰芳表演艺术讨论，与会者的会发言记录。

② 〔德〕布莱希特等艺术大师:《论京剧和梅兰芳表演艺术》,《梅兰芳艺术评论集》,中国戏剧出版社1990年版，第733页。

③ 同上书，第732页。

④ 同上。

物的习惯性做法，打乱我们感性认识的机械方式而使我们产生一种自由感。”①由此，布莱希特进一步明确了其史诗剧的创作立场。

我们讨论欧阳予倩与戏剧的“间离”，并非个案，在中国话剧创始初期，大多戏剧家都有留学西方，或是考察西方戏剧的经历，无论是对戏曲艺术的体认，或是对西方戏剧的考察与判断，多少都分享着近似的品格。我们讨论欧阳予倩与戏剧“间离”，是希望就此重新梳理中国话剧发展初期，话剧与戏曲之间彼此关系，及为其今天彼此的借鉴、化用拓展更为宽广的空间。比如与其戏剧道路有着颇多相似之处的田汉。田汉与欧阳予倩两人无论私交或是艺术道路，都有不少投缘、共通之处。两人自 1922 年相识，1927 年两人共同参与成立“南国社”，发起中国小剧场运动，1944 年两人共同在桂林倡议发起“西南第一届戏剧展览会”，后来还结为儿女亲家。本文中讨论的欧阳予倩与“间离”，实际对于田汉的戏剧创作与研习，也有不少相似之处，甚至可以进一步展开的空间，比如田汉话剧创作初期提出的“话剧加唱”的方法，在剧作中所采用的“多场次”结构，抗战时期对于活报剧的实践等。

欧阳予倩、田汉等人的艺术视野，对话剧与戏曲的亲身实践、认知包容，使其在新中国成立后，自然过渡到对布莱希特的关注上。然而对于欧阳予倩而言，遗憾的是他于 1962 年病逝，所以错失了对布莱希特在中国第一次传播热潮的实践参与。欧阳予倩逝世后，病中的田汉曾写了一组《挂剑吟·献给欧阳予倩同志》的诗歌。其中涉及两人与戏剧有关的诸多问题，其中第三首“斯氏精神极谨严，晚年卓见有加添。切磋喜得他山石，消化应如入水盐。”结合书下注释②，欧阳予倩曾引用诗歌“水中盐味识诗源”，主张对于戏剧而言，艺术与思想相结合要像“盐在水中”一样，看不见却喝起来有味道，而吸收外来导演方法也同此道。而第四首“新来读破《灰阑记》，布氏聪明信绝伦。养母多情生母狠，醒官昏聩醉官真。才华殆过李行道，胜利都归穷苦人。腐朽神奇随笔转，何当重写《玉堂春》。”从中可见田汉此时对这位德国戏剧家“间离”在剧作中的使用有了新的感受，这不免让人遐想，如若欧阳予倩的生命还在延

① 〔德〕布莱希特等艺术大师：《论京剧和梅兰芳表演艺术》，《梅兰芳艺术评论集》，中国戏剧出版社 1990 年版，第 734 页。

② 田申：《我的父亲田汉》，辽宁人民出版社 2011 年版，第 213 页。

续，两位戏剧家围绕布莱希特的戏剧与“间离”，定会形成更多更为丰富的讨论与艺术实践。

欧阳予倩的话剧创作，是其表导演实践影响之下的产物，而其戏剧导表演实践，又与其剧作联系紧密，更是其话剧与戏曲融合借鉴的实践之作。无论是话剧剧作、表演层面如何借鉴戏曲，或是戏曲表演如何更新创作思维，都是我们今天重新学习欧阳予倩的重要维度。1929 年欧阳予倩在《叫座的戏与不叫座的戏》中讨论怎样去认清戏剧发展努力的路径，提出“第一要知道戏剧的本质，第二要明白世界戏剧的趋势，第三要尊重时代的精神，又要有超越时代的勇气。”[①] 这对于今天看似中西戏剧交流更为丰富多元的当下而言，无论是回顾戏剧发展历史，还是展望其未来，依然具有提纲挈领的作用。

---

① 《欧阳予倩全集》第四卷，上海文艺出版社 1990 年版，第 19 页。

浅谈欧阳予倩在舞台美术方面的贡献

易　艳*

欧阳予倩是我国现代戏剧史上功绩卓越的艺术家。在日本留学期间加入春柳社，此后便开启了他的戏剧人生：先后成为申酉会、新剧同志会成员，组织社会教育团、文社，创办更俗剧场、国民剧场，担任伶工学社教员，建立戏剧研究所，钻过新舞台、大舞台的机关布景，拍过电影写过戏……欧阳予倩最初在东京演戏并没有预定的计划，也没有严密的组织，更无所谓戏剧运动，纯粹出于爱好。然而政治、社会的问题一直与艺术有着密切的关联，中国戏剧之初基础还未坚实，便处处受时局的影响。五四运动后，欧阳予倩接受新思想的启迪，认为戏剧是社会教育的工具，有无上的权能。他通过更俗剧场进行戏剧改革，创建伶工学社、培养京剧演员，借此作爱国宣传、启蒙民众、救亡图存。在中国瞬息万变、民不聊生的时局下一路走来，几十年里曾意气风发，曾一筹莫展，欧阳予倩的步伐丝毫没有乱，工作一刻没有停。虽背负着时代的艰辛，但希望仍旧热烈，心血时常沸腾，为戏剧及戏剧教育事业贡献其一生。以戏剧活动践行“正人心，培风俗，洗涤现在，启示将来，也舍艺术无所归。”①

茅盾曾指出欧阳予倩本人就是一部活的现代中国戏剧运动史。欧阳予倩的戏剧生涯中，对戏曲、话剧、电影作了诸多的探索，对表演、文学、舞台美术作了诸多的尝试。他放眼世界，以现代的眼光重新审视中国旧戏及其背后的文化，认为旧戏所用的方法陈旧，无法满足现实的要求、不能拿来表现新精神新思想，应寻找新的立足点、提倡戏剧革新运动。他在《怎样完成我们的戏剧

---

*　浙江传媒学院讲师。中央戏剧学院舞台美术系博士毕业生。师从刘杏林教授。

①《自我演戏以来》,《欧阳予倩全集》第六卷，上海文艺出版社 1990 年版，第 132 页。

运动》一文中指出："有了好剧本[①]，要有适宜的舞台才能演，所以非改革舞台不可；有了适宜的剧本和舞台，还要有适当的演员去演；其次还有舞台装置。"本文试从演员经历的角度，谈谈欧阳予倩对舞台美术的体验和认识；从导演创作经历的角度，谈谈欧阳予倩对舞台美术改革的思考和探索，试图梳理欧阳予倩对戏曲舞台美术改革的实践活动及其贡献。

一、经历戏剧初期的舞台美术

春柳社是由几个东京留学生发起的文艺团体，戏剧方面有大小三次公演，其中 1907 年 6 月东京本乡座演出的《黑奴吁天录》规模最大、最具代表性，它开启了中国戏剧的第一页。演出布景与服装由春柳社的主要成员李息霜和曾孝谷设计、选定。欧阳予倩在《回忆春柳》一文中描述了布景、服装的置办情况："我们当时把布景、服装、道具开出详细的清单，并对承办者加以说明，就由本乡座的后台包办，所以非常省事。"[②]

当时在日本演戏，布景、服装、小道具都有专门做这行生意的铺子包办。"就服装而言，管戏装的铺子有各种各样的服装，大小长短可以修改，有些必须新做的，也可以想出种种方法，反正新新旧旧，拼拼凑凑，求其在台上好看而又能省钱。演戏用的服装道具只出租金就行。布景比较简单，后台有各种不同尺寸的布景板，可以拼凑应用，非万不得已不必新制。而日本的布景工人最会打省钱的主意，当时日本的布景是用报纸糊在木框上，画的布景板从来没有用整块新布去蒙，他们都是用旧报纸一糊，等干了涂上颜色就行。至于布景、服装、化妆是不是完全合乎南北美战争以前美国人的生活实际情形，我们没有加以考据，事实上不可能那样做。我看见斯托小说上的插图，黑人都是剪发的，那时候我们的戏里汤姆和哲而治等，都披着长头发；跳舞的女孩子也都披着长头发，而且她们都擦着很厚的白粉。当时以为男的黑奴应当涂得黑一点，跳舞的女黑奴擦得白一点也没有关系。可能那时候我们以为戏主要是求其情节

---

① 当时各舞台流行济公封神一类剧本，并不能很好反映现实疾苦。欧阳予倩认为在剧本方面倡导寝馈之功务，努力创作好的剧本。

② 《回忆春柳》,《欧阳予倩全集》第六卷，上海文艺出版社 1990 年版，第 154 页。

动人，演得动人，布景、服装、化妆方面只要大体过得去也就行了。”①

从以上叙述可知，当时戏剧舞台美术用租的方式即可解决，布景与服装并不追求历史的准确性。布景形象和人物形象并不严谨，只求“台上好看而又能省钱”、“大体过得去也就行了”。但春柳社主要成员——东京上野美术专业学校学习西洋画的李息霜和同样是美术学院学生曾孝谷，自然对布景、服装有自己的标准和判断，也会将绘画艺术的审美运用到戏剧演出中。据欧阳予倩的回忆：“只记得李息霜参考西洋古画制了一个连蜷而长的头套，一套白锻子衣裙。……他对于戏剧很热心，但很少在文学作品里去找材料，却往往从画里去找，他很注重动作的姿式。他有好些头套和衣服，一个人在房里打扮起来照镜子，自己当模特儿供自己的研究，根据所得的结果设法到台上去演。”②

春柳社在日本演《黑奴吁天录》的同年，国内王钟声在上海组织了春阳社，上演的第一个戏也是《黑奴吁天录》，“王钟声用灯光作布景，成为国内舞台布景的第一人。”③“尤其钟声，往往自己连夜画布景，写广告，到天亮不睡觉，略打一个盹，他又起来化妆上台。”④虽然此时的欧洲剧场艺术的代表——巴黎安图昂剧院、柏林布拉姆剧院、莫斯科艺术剧院的演出已经把写实布景发展到了顶峰；现代剧场革新先驱阿庇亚正潜心研究“节奏空间”、戈登·克雷正在模型中实验“条屏布景”，意图摆脱自然主义，探索剧场艺术新的可能。但无论是东京留学的李息霜、曾孝谷，还是上海春阳社的王钟声都具备扎实的美术功底，这无疑有利于中国舞台美术的发展。欧阳予倩作为戏剧先驱见证了中国话剧舞台美术的最初形态。

1912 年欧阳予倩参加陆镜若⑤在上海组织的新剧同志会，决定将戏剧作为自己的职业。回国后的春柳社成员与日本美术置景组成的班底在国内继续进行戏剧实践。1913 年欧阳予倩把前新剧同志会的朋友约到长沙，组成社会教育

---

① 《回忆春柳》，《欧阳予倩全集》第六卷，上海文艺出版社 1990 年版，第 154 页。

② 《自我演戏以来》，《欧阳予倩全集》第六卷，上海文艺出版社 1990 年版，第 12 页。

③ https://baike.baidu.com/item/ 王钟声 /3015148?fr=aladdin

④ 《自我演戏以来》，《欧阳予倩全集》第六卷，上海文艺出版社 1990 年版，第 11 页。

⑤ 当时陆镜若正在东京帝国大学文科读书，后来加入了春柳社。春柳社成员里头只有他研究过戏剧文学。

团，并组织演出了《家庭恩怨记》。“布景人员是汤有光和镜若的妻舅藤田洗身，还有一个专干舞台生活的日本木匠，不敷的在长沙招了些。舞台搭在左文襄祠。”[①]“这种戏在湖南是头一次演，有情有节有布景，比旧戏容易懂得多。开演的时候，真是人山人海，挤得两条街水泄不通。”[②] 社会教育团演出没有多久，又另组一社，取名叫文社。欧阳予倩在几位朋友的帮助下，说干就干，“连夜打开府学宫的门，先把明伦堂的屋顶拆了，……借了些木料，连着七晚的夜工，把舞台造好。”[③] 文社期间上演了《热泪》，“当时重演的《热泪》布景比在日本的时候还要弄得好些。照明在那个时候总算也还不错。”[④]1914 年欧阳予倩又加入陆镜若组织的春柳剧场，主要都是忠于艺术，不卖弄噱头的新剧同志会成员。“我们当时的戏，不管好与不好，绝对遵守剧本，剧本不完全的戏，从没演过。就是衣装布景，尽管不十分华丽，决不肯违背戏情，随便乱凑。”[⑤] 回国后欧阳予倩所参与的演出都是较为严肃的新剧，在本质上区别于当时的中国旧戏。因特殊历史时期，戏剧发展经费无着、捉襟见肘、需克服演剧条件短缺，但别开生面的新式写实布景因其具体的形象，比起程式化的旧戏自然令观众耳目一新。

欧阳予倩回国后除了与志同道合的友人践行戏剧理想之外，其间还为着生活加入各大舞台搭班唱戏。1918 年他加入夏月珊兄弟创建的新舞台——上海第一个大规模用布景的舞台。夏氏兄弟改革动机受到王钟声创办的春阳社的影响，“第一次在中国戏曲史上改茶园为新式剧场，将带柱方台改建成半月形的镜框式舞台，并将灯光布景运用到戏曲舞台上来，形成了当时舞台美术的一个新的流派。”[⑥]“他们的布景最初完全仿效日本，他们派人到日本去，由市川左团次的介绍，聘了一个布景师和一个木匠，又照日本造了转台，因此演戏的形式也

---

① 《自我演戏以来》，《欧阳予倩全集》第六卷，上海文艺出版社 1990 年版，第 33 页。

② 同上。

③ 同上书，第 86 页。

④ 同上书，第 87 页。

⑤ 同上书，第 64 页。

⑥ 摘自百度百科：https://baike.baidu.com/item/ 上海新舞台 /12573975?fr=aladdin

就跟着变了。[①] 因新舞台而编新戏，配上新景，使旧剧新剧化，开启从来未有的新面目。当时上演的戏受侦探影片影响，题材偏重侦探，靠化妆和机关布景制造视觉奇观，因此新舞台对于机关布景特别讲究。据欧阳予倩的记载，他们约请了日本布景技师洪野来沪。“中国方面他们请了上海名画家张聿光，又以熊松泉为其助手，使用了有透视的绘画软片布景。”[②]

欧阳予倩于1925年在上海第一舞台搭班。与新舞台侦探戏一样，第一舞台也注重机关布景。据欧阳予倩介绍，当时第一舞台是由周信芳管理后台，他想编些有意义的历史戏和流行的机关布景结合起来，使之有意义又能卖座。欧阳予倩回忆到：“我记得在第二本里我饰的是虞姬；还有一本不记得饰一个什么姬人，和刘邦一同逃走，走到一间庙里，而追兵已至，两个便藏在香炉里面，菩萨显圣，追兵翻转香炉竟是空的，这便是机关的巧妙。人进机关，后台叫作钻机关，当我们钻进香炉里面，仅仅容得下两个人，还要用特别紧凑的方法互相拥抱，所以逼得连气都出不来。我们跑过好几个过场，往炉里一跳，蜷伏下去，和伏酸菜一样，一个木盖从上面压紧，只听得彼此的肺部和外面的锣鼓一样紧张，咙咚咙咚地响个不住；他的汗一点一点地滴在我的颈上，而台下彩声大作。从机关中钻了出来，不免粉黛交下；赶忙拂一拂尘土，改一改化妆，换上一套衣服，如此喘息未定，又匆匆地走出去，大唱其整段的二黄……”。[③]

上海商业戏院盛行的侦探戏、新编历史戏、连台本戏，对应的内容多是封建粗俗的，凭借机关布景为表现手段，除了热闹之外别无可取，一切以看客的喜好为标准，目地只是为了招揽观众挣到钱。“连台本戏都排练得快，布景也做得快，否则就抢不到买卖，争取不到观众，所以舞台画面并不严谨甚至草率。为了抢出制作时间及省钱，布景就必然会粗制滥造，偷工减料，于是凡能凑合用的布景，就用旧的布景代替，所以许多布景只不过是以一大部分旧布景加点新画的东西勉强拼凑而成；在同一个戏里忽而使用布景，忽而又使用‘守旧’，搞得每个戏的布景都没有统一的风格。说到它的创作方法，就更不完整。

---

① 《自我演戏以来》，《欧阳予倩全集》第六卷，上海文艺出版社1990年版，第63页。

② 李畅：《中国近代话剧舞台美术试谈略——从春柳社到雾重庆的舞台美术》，《论舞台美术与戏剧管理》，中国戏剧出版社2003年版，第26页。

③ 《自我演戏以来》，《欧阳予倩全集》第六卷，上海文艺出版社1990年版，第125页。

而且这种写实并没有丝毫现实主义的影子，它只不过是另一种形式的胡编乱造而已……”。[①]

可见当时流行机关布景与戏曲表演结合的目的只是为了制造噱头、吸人眼球。就机关布景本身而言，虽具有一定形象，但往往绘制草率。庸俗化的商业剧场追逐利益，某种程度的刺激了布景在中国剧场的普及，但从戏剧机制健全、布景良性发展的角度并未产生更大的推动力。

20 世纪初两条路径把西方布景方法由日本引入中国：一条是通过春柳社以及春柳社成员回国后的艺术活动。另一条线索是通过上海的新舞台。作为演员的欧阳予倩既经历了以春柳社为代表的新剧舞台，也经历了上海大舞台庸俗的连台本戏的机关布景。经过切身体会深感中国戏剧危机、急需改变现状。欧阳予倩在国民剧场时期，对戏曲改革提出了方向。“新歌剧没有产生以前，旧戏不能废；不过要把舞台装置，表演法，场子，与乎剧情的内容，极力使其近代化。”[②] 长期的实践积累和不断的思考探索，欧阳予倩以一种全局观强调戏剧是综合艺术。他认为的综合不是把文学、舞台技术、表演、绘画、音乐等无政府地组合起来，而是对于各艺术部门进行量的斟酌、质的选择，研究其配置，达到创作统一、符合时代要求。

二、思考剧场空间与舞台美术

1927 年欧阳予倩与田汉筹备国民剧场，当招齐宣传队员、组织好了剧场，却因政局动荡，在开幕演出的第三天便夭折。面对政治低潮的压力他感慨到：“我们作了多少年国家剧场和地方剧场的梦，总没有机会实现，就连一个小剧场，都组织不起来。”[③] “戏是在舞台上演的，无论有什么好戏，没有适宜的舞台，是不能演的。有什么样的戏，便要什么样的舞台，有什么样的舞台，便产

① 李畅：《中国近代话剧舞台美术试谈略——从春柳社到雾重庆的舞台美术》，《论舞台美术与戏剧管理》，中国戏剧出版社 2003 年版，第 29 页。

② 《自我演戏以来》，《欧阳予倩全集》第六卷，上海文艺出版社 1990 年版，第 136 页。

③ 同上书，第 130 页。

生什么样的戏。”[①] 就国民前后的中国情形而论，除几个城市有剧场外，剩下只有草台、庙台和礼堂。“有两回某团体在公园面前搭起一个茅棚，中间布着出将入相的两个门，一定叫我们去演新剧，我们以为不可能，不肯去，以至发生误会，这实在是没有法子的事。”[②] 旧式的戏台，四柱两门、这边进那边出。欧阳予倩认为这种舞台用来演新剧是行不通的。许多新的演剧方法没有完备的舞台是无法进行的。想要从事正规的戏剧演出，其根本条件是建立剧场。

1930 年在广东戏剧研究所欧阳予倩导演了《怒吼吧，中国！》，当时演出的动机是想介绍群众剧。在省党部演过之后，又在警察同乐会演过两晚，在黄埔军官学校演过一晚，演出效果反响很好，欧阳予倩却不满意。“演这种戏非利用机器来装置舞台不可，至少也要有相当的舞台，可以布置运用才好。我们用很短的时间赶着上演，又一连换着几个地点，舞台方面太没有帮助。一剧分九景我们只得当它九幕演，而一、二、五、六几幕之间布景的时间与每幕演的时间相等甚且过之，这实在是最大的缺陷。”[③] 此时话剧布景的通病是：“因无钱、无时间、无足够的专业人员而不得不因陋就简，无固定剧场无法排练布景、灯光而造成演出上的不严谨，尤其是换景时间太长。”[④] 这些问题存在于《怒吼吧，中国！》当中，所以欧阳予倩认为好戏没有适宜的舞台是不能演的，需要有个适宜的舞台进行种种试验。

舞台形式各地各时代都不同，究竟以哪种为好？莱茵哈特于 1905 年担任德意志剧院的艺术指导时，“认识到不同的剧作需要不同的演出环境，他拟定了三个剧场的计划：一个亲密的小剧场演出现代心理戏剧，一个较大的剧场演出古典剧目，一个大型圆剧场用于史诗般规模的演出。”[⑤] 在当时的中国需要什

---

① 《〈怒吼吧中国〉上演记》，《欧阳予倩全集》第四卷，上海文艺出版社 1990 年版，第 107 页。

② 同上。

③ 同上。

④ 李畅：《中国近代话剧舞台美术试谈略——从春柳社到雾重庆的舞台美术》，《论舞台美术与戏剧管理》，中国戏剧出版社 2003 年版，第 41 页。

⑤ 吴光耀：《多样化戏剧革新之必由之路》，上海戏剧学院内部专业资料 1991 年版，第 201 页。

么样的舞台？欧阳予倩认为：“小剧场，大剧场、平民剧场一样不能少——为社会、为民众应当有的。这三种剧场，里面的戏，目的不同，形式、演法也自不同，剧本的组织也应两样。”①

欧阳予倩分别对理想的小剧场和大剧场作了描述：“目下演话剧，只希望有个小舞台，当然用镜框式的。一切只求简单，却无论如何简单，应有的设备总要齐全，尤其先要配置得好。小舞台是专为艺术研究和试验用的。”②“至于大剧场是要能容比较多的观众，所以大剧场的舞台应有较大规模的组织，演较大规模的戏，舞台的式样是镜框式，不过前面的穹窿，应该提高，台前伸出，两边不妨有日本花道式的两条路，这个演歌剧有用处。舞台装置的设备，应当在建筑时有预定的计划，台下至少要深二十尺，屋顶要高，要有四条两层走得通的天桥。舞台用电气高低，钱少了做不到。两旁移动，比较容易些，舞台内部要深要宽，化妆室、衣袋室，设备要宽敞清洁。要有四面装镜子的姿态研究室种种。电器机关在楼上，新式配光机如德国的 Dimmer 各种反光灯，都要齐全。并用种种方法，可以不说话全场可以通消息。前后台完全用新式管理法管理。旧时一切习惯应当完全废除。然后我们可以演演比较完全的戏。”③

欧阳予倩描述的剧场，其空间和设备均有科学的规划，既有演话剧的镜框式小型舞台，也有结合欧洲歌剧舞台和日本歌舞伎舞台空间特征的大舞台，各种剧种均能上演，观演关系灵活，舞台机械能使布景、灯光艺术效果更加严谨、讲究，这样的舞台为设计提供了空间基础。在这样的舞台里演剧，演员也可以全心全意演好自己的角色，不用像旧戏那样讨好看戏的老爷们。在更俗剧场建筑落成时，欧阳予倩审定了舞台图纸，还一手拟定了剧场管理规则。

平民剧场则是供大多数民众欣赏艺术的会堂，还有便是户外的剧场。户外剧场可以容纳很多的人，适合于民众剧。“在现代科学昌明，机械发达，就拿莱因哈特的五千人剧场打比，决不像古代剧场那样单调粗野，虽然在大致上

---

① 《怎样完成我们的戏剧运动》，《欧阳予倩全集》第四卷，上海文艺出版社 1990 年版，第 2 页。

② 《戏剧改革之理论与实际》，《欧阳予倩全集》第四卷，上海文艺出版社 1990 年版，第 65 页。

③ 同上。

好像是复古，其实还是很健全的新时代精神在那里活跃。”[1] 平民剧场既能为民众服务又能容入新时代的精神，这是发展民众剧的目地。当时中国现实物质匮乏，谈不上拥有西方近代户外演剧的剧场，但欧阳予倩积极提倡民众剧的发展，他认为若民众势力膨胀起来，民众剧完成的时候，民间一定会有较好的舞台：“只要他们拿祀神开会的钱积蓄起来，慢慢的就不难建筑新舞台。随时还可以出会，只要有人指导出会，就可以变成很好的户外剧。”[2]

欧阳予倩对剧场类别、功能及其设施均有全面的设想，他认为演一出好戏，剧场作为空间条件必不可少，同时他还考虑了应该如何设计一个好的舞台。“‘舞台装置’是日本人翻译的名词，英文叫 Stage Setting, 中国统称之曰布景。从前就是在西洋也无所谓布景，伊丽莎白时期演莎士比亚剧目的戏台正和我们戏台差不多。在近代呢，因为科学发达原故，布景的进步，真不止一日千里。布景的派别方法也就非常之多。目下如希腊 Sophocle 剧的复活，莎士比亚剧之新演出，都是全靠新的舞台装置，又如俄国的舞蹈剧（Russian Ballet），本来是内廷供奉的艺术，革命以前没人理，以后利用莱因哈特的舞台装置法，加以改良，便成了世界上极有名的舞剧。于此可见舞台装置之重要。”[3] 从以上论述可知欧阳予倩对西方演剧史中舞台美术的演变有全面深刻的认识，意识到戏剧的发展与革新舞台美术发挥着重要作用。经典剧目的创新和经典剧种的变革都需要通过舞台装置来实现，布景进步不仅仅只改变舞台面貌，其中可能包含更深层的意义：西方戏剧观念的转变体现为戏剧审美的演变，演剧形式的变革可表现为舞台形态的改变，而舞台美术是重要的载体。

中国民国时期搞机关布景的画师的主要技艺是由师傅传授，有些人还有自己的粉本和画谱，做的是模本化、程式化的匠活。民国前后进过洋学堂的留学生的审美自然比匠人要高明，但也只是兴趣使然，而非术有专攻。欧阳予倩在戏剧改革问题中关于舞台美术的探讨，他例举了 20 世纪剧场艺术革新运动中

---

① 《民众剧的研究》,《欧阳予倩全集》第四卷，上海文艺出版社 1990 年版，第 12 页。

② 《戏剧改革之理论与实际》,《欧阳予倩全集》第四卷，上海文艺出版社 1990 年版，第 14 页。

③ 同上书，第 24 页。

非常典型的例子："戈登·格雷到了俄国[①]，在莫斯科见着俄国一个最有名的画家苏穆夫，他问他干过舞台装置没有。苏穆夫回说：'我若是在这上面专门研究十五年，我可以冒冒险！'就这句话可见舞台装置并不是容易的事。若普通画家，也不见得就会舞台装置；而且舞台装置不仅是绘画，还要利用建筑。"[②]苏穆夫以现实主义写实性的绘画布景见长，而戈登·克雷则以塑造空间的条屏布景闻名，欧阳予倩认识到舞台美术家不仅只是画家，还应能装置舞台，需具备多方面的素质。推测此时的欧阳予倩已认识到中国戏剧运动中舞台美术的重要作用。

作为导演欧阳予倩把舞台美术视为一个整体，在1929年5月广东戏剧研究所《戏剧改革之理论与实际》一文中对舞台美术特性做了一个总结："舞台装置，不仅是空间的，而且是时间的。所以台上没有人不能装置舞台，没有光不能装置舞台，没有用灯的变化不能装置舞台。舞台装置是整个的，统一的，一切调和的。老实说，连衣服、鞋子、手巾、化妆等无一不和舞台装置有关系。所以就一张相片来批评布景的好坏是不适当的。尤其光是舞台的生命，假如没有光，谁说舞台不是死的？光用得不妥当就和没有光差不多。"[③]欧阳予倩认为舞台美术的各个部门应相互协作、互为调和，营造一个整体而富于变化的舞台画面。"我们再总归一句：戏剧是综合艺术，而所谓综合，不是生吞活剥随便拼演，是在各种创作之统一与调和，就是取各种艺术精华完全戏剧化而统属之于一点。分开看好像各归各，合起来看就是一个完整的个体，丝毫不能分开，然而这个戏剧才能造成浓厚清新的空气（Atmosphene）与美妙和谐的节奏（Temp and Rhythm）。"[④]这一归纳刚好契合当时西方现代舞台美术革新先驱阿庇亚、戈登·克雷的设计理念：强调演出中剧场艺术的整体性，强调舞台美术的时空性，强调舞台空间与演员身体的关系，强调灯光塑造舞台空间的重要性。

欧阳予倩的戏剧观念极俱前瞻性，但面对各种条件落后的戏剧现状时，不

---

① 1908年与莫斯科艺术剧院合作，导演《哈姆雷特》，他使用了大型条屏布景装置舞台。

② 《戏剧改革之理论与实际》，《欧阳予倩全集》第四卷，上海文艺出版社1990年版，第25页。

③ 同上。

④ 同上。

得不先解决当时粗陋的舞台现状：“看戏的女士先生们呵！你们看了中间一幅四不像的胶水画，两边两幅破布的舞台装置满意吗？三四个赤臂的人站在那里拉绳子不难过吗？那种一排排强烈的电灯不刺目吗？所以说，中国现在的舞台是没有生命的舞台。我们要求有舞台的装置，我们要求舞台装置是动的艺术，是每出戏跟着剧情而有不断的新创造的艺术！（与其用现在那种莫名其妙的布景，不如像从前不用布景倒好得多。）”[①] 戏曲以前是不用布景的，所以舞台装置中国从来没有，也就没有舞台美术家。见识了民国时期“大体过得去”的布景和“恶性竞争海派机关布景”，以及为了省钱用旧戏的布景来套用的种种现实，欧阳予倩对舞台美术提出了工作原则：“光、色、线条，建筑的应用，是要就一个一个戏、精密讨论，仔细设计，然后不致闹笑话。”[②]

欧阳予倩理性的认识到：“布景不如欧美，这是时间问题，但决不可与目下上海各剧场的布景去较短长——与那些布景较短长，就立刻要堕落了。”[③]“这样看来，戏剧运动之完成，要相当的时间。头一步哪怕不甚完全，总要在最短期间立一小小的基础，开一个和从前不同的局面。总括一句，我们希望完成真正的综合艺术，要各种舞台艺术家在舞台集中其力于一点，确定戏剧的独立与尊严。”[④] 处在当时的历史时期，替新剧演员预备好剧场、设计好舞台、建立好演出体系确实是平地起楼台，非一日之功。

三、革新戏曲舞台布景

1915 年欧阳予倩成为职业京剧演员，十六年戏曲演员经历，使他对戏曲艺术的形式和特性了然于胸，曾与梅兰芳齐名，有“南欧北梅”之称。[⑤] 他曾大

---

① 《戏剧改革之理论与实际》，《欧阳予倩全集》第四卷，上海文艺出版社 1990 年版，第 25 页。

② 《怎样完成我们的戏剧运动》，《欧阳予倩全集》第四卷，上海文艺出版社 1990 年版，第 3 页。

③ 同上。

④ 同上书，第 4 页。

⑤ 苏关鑫：《欧阳予倩研究资料》，中国戏剧出版社 1989 年版，第 4 页。

力创作剧本，在京剧的表演、唱腔等方面作了多种改良，还在舞台空间和布景上做了大胆的设想和尝试。中国的戏曲有特殊的表演方式，在时空的处理上也有特殊的方法：戏曲原来是在三面看的小舞台上演，不用布景没有幕，舞台上一块守旧，一桌二椅，根据这样的条件，演员用其特殊的艺术表现，使时间空间的运用十分自由。

欧阳予倩在《话剧向传统学习的问题——在中央戏剧学院讲课的记录》第六讲（戏曲表演中的“时间空间的处理”）详细的论述了演员表演的动作对时空的塑造：“宴会只要摆上几个杯子，吹打，入座举杯就行。宴会的细节全部可以略掉”，演员的动作便可交待宴会情境。“从甲地到乙地去办一件事或会一个人，不管两地距离多远，演员可以用下场再上场的方法，即可表示起程和到达，也可以在台上转一个弯就算到了”，演员的动作便可完成空间的转换。“上殿见皇帝，先从殿脚下走到殿上，总是把上场门的台口作为殿脚下，从那里走向台中，再拐个弯，就见皇帝了。拐个弯就表示殿下与殿上的距离，在上殿之先，站在台口，不管是唱也好，念也好，表演思索也好，整顿衣冠也好，反正让观众知道他在丹陛下面就行。”演员的动作便可完成空间的区域界定。“高度提炼和程式化的动作，只要交代出来观众就明白。”①

基于剧场的假定性，戏曲擅长以小见大，以少见多。“戏曲当中虽有很多虚拟动作，但必须用的道具并不是完全可以省略的，一般的开门关门是用虚拟动作，牢监的门或者窑门是用椅子来表示”，“船是虚拟的，可是桨就不能少，马是虚拟的，鞭子不能少”，“车子用车旗来表示，坐轿用虚拟动作表示。但是花轿就用一个红门帘。宴会时的酒杯、书信来往的信，还有灯笼蜡台之类都不能缺少”，“穿针引线是虚拟动作，绣的花鞋要真的”②。“总之，观众只要能明白就不必多加说明，观众能想象到的就留给他们在想象中去体会。台上不必有山、水、楼、门、船、马之类，通过演员的动作和观众的想象，比看见真实的东西更能收到艺术的效果。舞台不管怎么宽，总是狭小的，表演的时间总只有那么一点，演员的表演和观众的想象结合在一起，就可以创造出更宽广更美丽

---

① 《话剧向传统学习的问题——在中央戏剧学院讲课的记录》，《欧阳予倩全集》第四卷，上海文艺出版社1990年版，第317页。

② 同上书，第319页。

的境界。观众来看戏，有看到的，听到的，也有看不到、听不到只能在想象中体会到的东西，交织起来，艺术的境界就更广阔，更能得到美的欣赏。”[①] 自有一套美学原则的传统戏曲，靠演员的动作和台词，偶尔借助一点简单道具，经由观众想象即可跨越千山万水，即可辗转春夏秋冬。人生百态，尽在这一方小小的舞台上展现。

如果戏曲从四方的小舞台移入镜框式舞台，用电灯照明，过场用幕，背景用画片，采用新剧那种写实的布景或者机关布景，配合上虚拟动作，就会出现难以调和的矛盾。“例如台上有窗有门，演员再向台前作开门开窗的手势；后面布着水景，台前作摇船的姿态，布景不变，船走一个圆场，已经到了数十百里外；后面背景是高山，演员在台前对着观众作爬山的动作，诸如此类是不调和的。没有布景，还可以启发观众的想象，有了布景反而不能理解。这得好好想想法子。”[②] 戏曲动作能暗示环境，舞台美术与其那样画蛇添足，真不如保全旧法好。戏曲舞台上如何有效的使用布景，这一问题当时并没得到完满的解决。

欧阳予倩认为戏曲演出中的一些场合，如果表演不做些改变，要求布景来适应，那是很困难的。“像‘十八相送’那样一下子要换好几个地方，那怎么办？像会阵那样，从军帐中走到台口上马，拐个弯就到了战场，这样的做法布景与之配合是怎么也赶不上的。但是如果前后都用了布景，单只会阵一场不用布景，那也不好。所以如果要用布景，某些地方表演方法就要改变。要维持原来的样子一点都不变，那就绝对不能用写实的布景，只能用些装饰性的画片，或想另外一种舞台美术设计。”[③] 原有的空间关系和观演关系被打破，戏曲演出形式变了，编剧、表演的形式相应也得变，服装、灯光、舞台画面和演员的排列，也不应拘泥于旧的格式。欧阳予倩认为“对每个新戏都有不同的处理，于

① 《话剧向传统学习的问题——在中央戏剧学院讲课的记录》，《欧阳予倩全集》第四卷，上海文艺出版社 1990 年版，第 320 页。

② 《关于戏剧表演导演艺术的两个问题》，《欧阳予倩全集》第四卷，上海文艺出版社 1990 年版，第 353 页。

③ 同上。

是可运用新的导演技术，使面目为之一新。”[①] 如何运用新的导演手法，如何创造新的舞台装置使戏曲面目为之一新，这是他一直思考的问题。

1915年欧阳予倩成为职业京剧演员，1916年在笑舞台对戏曲整体进行了一番实验。“那时候笑舞台的新戏从来不用幕外，所以我所编的红楼戏，虽然是照二黄戏编的，却是照新戏分幕的方法来演，因为嫌旧戏的场子太碎，所以就把许多情节归纳在一幕来做，觉得紧凑些，而且好利用布景。双云为了我的戏特意作些新布景[②]：譬如（葬花），便特制潇湘馆景，很为幽雅——回廊下挂着鹦鹉，纱窗外隐隐翠竹浮青，偶一开窗，竹叶子伸进屋里来。我以后在其他的舞台演，都没有像这样的精美。”[③] 欧阳予倩从编剧、导演的角度把握舞台美术，从营造典型环境中的典型人物出发，摒弃写实、凝练形象、传递意韵。舞台布景紧扣戏剧情境，根据具体的剧情规定——黛玉、潇湘馆，撷取庭院环境中竹的元素，诗意的呈现于舞台。这与当时各大舞台上演的带有糊编性质的机关布景相比无疑是一股清流。

对于一个戏或一个剧种的创造，应基于对其性质的认识。当对其艺术形式有足够的思考，尽可能深入艺术特性和规律，舞台空间处理和视觉语言组织的原则终究会柳暗花明。欧阳予倩认为拿写实的眼光来批评戏曲是不恰当的，用歌剧评判中国戏曲的得失更为合适。他对于歌剧布景有以下论述：“歌剧的演法，和话剧完全不同。演法既是不同，舞台装置也应当有特别的意匠，无论其用建筑的方法，用颜色垂幕，用绘画，总之整个的看来要它像画，尤其因剧之形式，组织不同性质自异，舞台装置也随之而有出入，譬如假面剧、无言剧、象征剧的布景，当然与写实剧的不同。歌剧既不是像话剧般写实，舞台装置，不用说也难取张三的帽子给李四戴。”[④] 与新剧相比，传统戏曲无论文词、动作都十分凝炼，可细细揣摩。戏曲词曲的诗意，念白语言的音乐性，字怎么念、

---

① 《后台人语（之二）》，《欧阳予倩全集》第六卷，上海文艺出版社1990年版，第314页。

② 当时排新编戏常常会拿已有的布景套用，但这种方法被动且难以满足审美的需求。

③ 《自我演戏以来》，《欧阳予倩全集》第六卷，上海文艺出版社出版1990年版，第68页。

④ 《戏剧改革之理论与实际》，《欧阳予倩全集》第四卷，上海文艺出版社1990年版，第51页。

音如何发，声音高低轻重、长短缓急以及变换的语调均安排的极为讲究，作为戏曲中的视觉形象也必将脱离于写实风格，形式也非自然形态，与之相对应的舞台画面应当趋于画意，富于神韵、而无多余赘饰。

鉴于戏曲艺术“有声必歌，无动必舞”的歌舞形式，欧阳予倩对戏曲舞台的创新提出了方向“歌剧的舞台装置[①]，如果演历史戏，我的意思求其像画，而且想使其能像中国画，——一种有远近法的中国画。换句话说：就是用中国画的布局、色彩、手法使之近代化，而利用之于舞台。但是舞台装置像画，不一定是整幅的画，也有搭出的，也有只用颜色布幕的。这要看剧的性质如何，而求其调和适当。而且方法时时有变化，不能胶柱鼓瑟。”[②] 关于像画的布景应当是什么样，应如何使之与旧戏的动作和舞台面相调和？这一问题在笑舞台的布景实验阶段没能找出答案。直至欧阳予倩1933年在欧洲各国参考了一些歌剧和Reyue（日本人译作喜歌剧）的演出方法才想到用“图案式的装置，配合雕塑式人物而成舞台画面。”[③] 这一策略来化解戏曲舞台美术的问题。

1938年欧阳予倩在为香港妇女会导演《西厢记》中找到试验的机会。“我用的是几重颜色不同的布幕，和几个图案不同的屏风。好在布匹很便宜，演出费又相当充分，可以自由运用。譬如‘酬咏’一场的花园景，用的是浓淡适宜的绿色布幕。左边放一个画着瓦甍的白色屏风，表示粉墙。右边（从观众席看）向台口是莺莺坐的石凳。所有的花树都是照中国画的图案，用三夹板剪裁，加上原色的描绘。又如花和叶的边沿，一律描金。这种面片疏疏落落，适当地参差布置，颇为美观。又如寺院的殿，挂的是深黄色的布幕，从上面吊下来一些莲花帽幢，配上一个白胡须穿红色袈裟的老和尚，的确是庄严古朴，而艳丽无匹的罗曼斯就在这种地方进行，是一个有趣味的对照。其余如厅堂房舍，都是照着这样的原则设计的。”[④]

---

① 戏曲以歌舞形式为主，欧阳予倩把中国旧戏归为歌舞剧，认为中国旧戏改革属歌剧革新运动。

② 《戏剧改革之理论与实际》，《欧阳予倩全集》第四卷，上海文艺出版社1990年版，第58页。

③ 《后台人语（之二）》，《欧阳予倩全集》第六卷，上海文艺出版社1990年版，第316页。

④ 《后台人语（之四）》，《欧阳予倩全集》第六卷，上海文艺出版社1990年版，第347页。

欧阳予倩在舞台处理中强调特定人物生活的典型环境，用舞台形象对环境做出说明或暗示。图案化的舞台美术构想强调画面构成关系，剧中人物与舞台布景形成画面，人物的服装、位置，行动在画面中起调和作用。欧阳予倩还强调舞台装置是动的艺术：舞台空间和画面在演出中随着剧情变化而变化，发挥视觉与空间的表现力，将光、色、线条，图案、建筑等因素组织应用，将意象化的形象，诗意的呈现于舞台之上。欧阳予倩对戏曲舞台美术设计提出了以下原则："布景无论为平面，为立体都可，只要像画，不宜写实的装置。所谓像画，并不是单挂画片，而是背景与人物相配而成画面。人物便好似活动的浮雕，每一度的移动应成画面；或者就像一群雕像，用适宜的背景把它衬托出来。所以无论是色调、线条、构图都要鲜明简洁，而且要适宜于旧戏独有的特殊风格。"①

欧阳予倩注重剧场艺术的整体性，注重剧种艺术形式的特殊性，将演出形式和布景样式的探索一直贯穿于创作中，不断思考反复推敲，阶段性的认识变了，答案也就不是一成不变的。经历日本留学，欧洲、苏联游学，通过大量观摩剧目，进行剧种对比研究，欧阳予倩对于改革戏曲布景逐渐思路明晰并且通过实践得出一套戏曲舞台布景的方法。戏曲从最初不用布景到加入布景，镜中看影般的写实布景走不通，进而追求具有意韵的中国画、图案的平面布景，同时把戏曲人物纳入舞台画面中，人物好似活动的浮雕，每一度的移动皆成画面，这一认识过程均体现在欧阳予倩的创新作品中。

对于舞台与表演空间关系的问题，欧阳予倩曾提出一个具有启发性的设想："将来舞台的构造是不是简单的镜框式舞台就行了呢？这是一个颇为有趣的问题。我以为舞台能伸出到观众席中，三面能看最好。旧戏对于时间空间的处理颇为自由，如果有伸出的舞台，那便更好自由运用。而且'花道'的装置不妨同时采用——花道，是日本旧戏所常用的，从舞台一直通过观众席到舞台的对面的小房间里，如送别之类的场面，行者即从花道下场，送行者站在舞台口扬巾。"② 因戏曲中演员的唱一般要对着观众，唱的时候还得站在离台口较近

---

① 《后台人语（之二）》，《欧阳予倩全集》第六卷，上海文艺出版社 1990 年版，第 314 页。

② 同上书，第 317 页。

的地方，如果把布景门窗安排在后面，有时就会造成表演上的困难。演员面对布景，背对观众又会影响歌舞效果。而欧阳予倩的设想使戏曲突破了镜框式舞台，打破封闭重回三面开放的观演关系中，但又不同于旧戏戏台的演剧习惯和面貌，为舞台设计和观众带来新的挑战和体验。这种多空间多功能的舞台是一种新形式的实验，更是一种革新精神对传统戏曲艺术的挑战。随着社会变化我们如何以时代精神看待传统戏曲？应在它未僵化成历史遗产前重新寻找创新的立足点，挖掘潜能，让其既保留中国传统美学价值，又看上去不是一副老面孔，这是欧阳予倩思考的问题，也是值得我们深入思考、不断探讨的问题。

结语

任何艺术都离不开创造，认识是创造的前提，认识并非凭空而来。在政治巨大变革的动荡时代，欧阳予倩把新剧带到中国，回国后学习吸收悠久的戏曲文化精华，集传统与前卫于一身。他当演员、导演，写剧本，作研究，投身于话剧、歌剧、地方戏；他见证舞台布景各阶段的形态，发现其中的种种问题和憋病，研究剧种剧目的艺术特性，关注世界舞台布景的演变进程；他以现代革新者的眼光重新看待传统，学习国外先进经验，接受近代西方演剧新思想；他以演员、导演身份出发，立足戏剧艺术整体性，对舞台美术革新展开实践。

欧阳予倩一生践行戏剧之理想，摒弃陈规、博采众长、树立新风、积极推动戏剧运动，为中国戏剧书写了坚实的篇章，是中国戏剧的引路人。如今，在欧阳予倩诞辰一百三十年之际，谨以不成样的拙文来缅怀他为戏剧事业的贡献。借欧阳予倩所作的《60 自寿放歌》做为结语与君共勉。“我诞丑年湖南牛，毕生苦干不抬头，食草挤奶一无惜，唯有穿鼻之绳不可留。穿鼻之绳何所拟？譬如尘封故纸压心头。少年飞跃向真理，垂老愈为牛步忧，五十年来何惨淡，浮沉磨折无自由！愿为川上桥，愿为渡口舟，彼岸风光和且丽，夕景未云短，何妨继之烛！尚堪与君携手共遨游。”[①]

① 苏关鑫:《欧阳予倩研究资料》，中国戏剧出版社 1989 年版，第 53 页。

欧阳予倩电影中的女性形象研究

倪 骏 刘 婧*

欧阳予倩是我国著名的艺术家，一生横跨了戏曲、戏剧、舞剧、电影四大领域，为我国艺术事业的繁荣和发展作出了不可磨灭的贡献。他将自己的从影经历，比作“半路出家”，却成为一位集编导于一身的高产艺术家。其作品不论谈古还是说今，都能紧扣时代命脉，多选取女性视角切入叙事，抒发他对家国的深刻忧思。本文旨在对欧阳予倩电影创作中的女性形象作出归纳梳理，利用女性主义电影理论，去触摸其作品散发出的悠长意蕴。

一、绪论：从剧场舞台到影院银幕

1889 年 5 月 1 日，欧阳予倩出生在湖南浏阳县一个书香世家，自幼对戏曲着迷，后拜师学戏。留学日本期间，他加入了春柳社参加一系列的话剧创作及演出。可以说，欧阳予倩与艺术的结缘最早源于舞台之上，经过他刻苦钻研在京剧界与梅兰芳并誉为“北梅南欧”，在话剧界堪称中国现代戏剧的开拓者。

而他在电影界的成就却总是被前两者的光芒所掩盖。欧阳予倩自称是“半路出家”的电影人，但从 1925 年进入上海民新影片公司编写《玉洁冰清》开始，至 1949 年《恋爱之道》最后一次手执导筒，在这 24 年中，他或编、或导了十三部作品。其中，不少影片在当时还引起了轰动性的效果，欧阳予倩不可

---

* 倪骏：中央戏剧学院电影电视系副教授。刘婧：中央戏剧学院电影电视系研究生。
该文为基金项目《中国早期女明星的银幕生存法则（1905—1949）——重写女性电影史》阶段性成果，项目编号：YNZD1802。

不谓之是一位“高产高效”的电影大家。笔者将欧阳予倩编导的电影作品总结如下表

欧阳予倩创作年表

时间	片名	职务	主角	职业
1926 年	《玉洁冰清》	编剧	钱梦琪（女）	地主小姐
1926 年	《三年以后》	导演、编剧	慧珍（女）	家庭主妇
1927 年	《天涯歌女》	导演、编剧	凌霄（女）	歌女
1935 年	《新桃花扇》	导演、编剧	谢素芳（女）	名优
1936 年	《清明时节》	导演、编剧	春兰（女）	女仆
1936 年	《小玲子》	编剧	小玲子（女）	舞女
1936 年	《海棠红》	编剧	海棠红（女）	评剧名伶
1937 年	《如此繁华》	导演、编剧	陶春丽（女）	家庭主妇
1939 年	《木兰从军》	编剧	花木兰（女）	英雄
1948 年	《姊妹劫》	编剧	高礼芬（女）	寡妇
1948 年	《关不住的春光》	编剧	梅春丽（女）	歌咏队员
1948 年	《野火春风》	导演、编剧	方华（女）	明星
1949 年	《恋爱之道》	导演、编剧	钱兰英（女）	家庭主妇
1963 年	《桃花扇》	编剧	李香君（女）	名妓

注：1963 年《桃花扇》改编自欧阳予倩的话剧剧本。

从上表中我们可见，在欧阳予倩的电影创作中，他选用女性视角切入叙事，女主角的身份定位多为艺人、家庭主妇、下层妇女，其中还有女英雄。欧阳予倩作为一个男性导演，为何会如此钟情这种叙事方式？这是首先应该探究的问题。笔者试从当时的创作环境、艺术家的人生经历，这两个方面去寻求答案。

20 世纪前半叶，是中国电影观念逐渐明晰并确立的时期，特别是“文以载道”的影戏观从兴起走向成熟。并且电影与戏剧、戏曲关系密切，相互渗透。欧阳予倩正是在此时开始电影创作，其风格的形成与当时的大环境息息相关。

除此之外，艺术家个人的艺术观、价值观是决定其作品在影史留名的关键。

欧阳予倩在《自我演戏以来》中，回忆起十岁时观看《梅龙镇》的场面，

他被台上表演的花旦深深吸引，回家后不仅心里生出了唱戏的念头，更是东拼西凑的扮上了女装。

这次幼时对舞台的凝望，在欧阳予倩的心中刻下了对旦角强烈的身份认同，直接影响了他后来的从艺道路。

在话剧舞台上，欧阳予倩也出演过女性角色。还曾点评李叔同饰演的茶花女，扮相、声音、表情动作都不尽完美，“倘若叫我去演那女角，必然不会输给那位李先生……”[①]，虽是简短的几句话，足以看到欧阳予倩对如何演绎女性角色有着非常全面、具体的感悟和要求。

舞台之外，脱下戏服的欧阳予倩，更是关注到女性的现实困境，由衷的同情女性，身体力行的去推动妇女解放运动，特别是在教育上给予了女性深切的关照。

1919 年，欧阳予倩受张謇之邀前往南通创办伶工学社。欧阳予倩在办学方针中特别提出男女平等。并且他还主张男女同台表演，1922 年“戏剧协社”演出话剧《泼妇》，是中国话剧第一次男女同台表演，大受欢迎。[②]

1929 年，欧阳予倩在广东成立戏剧学校，他更是摒弃封建传统，公开招收女学生。

综上所述，笔者认为在欧阳予倩的电影作品中，女性始终不可撼动的居于主角，不仅是时代影响的结果，更重要的是源自欧阳予倩自身的担当与自觉。

纵观欧阳予倩作品中的女主角，我们不难看出，她们大多都颇具反抗精神，且观念超前。下面，笔者将根据这些女主角的身份，将她们分成三个类别，即女艺人、女英雄、新派女性，并通过相应的文本分析，从中把握欧阳予倩电影作品的主题表达、叙事策略，以及视听语言的运用。

二、女艺人，关于电影主题的言说

G.C. 斯皮瓦克在《属下能说话吗？》一文中，提出了这样一个观点，即社

---

① 欧阳予倩:《自我演戏以来》，上海三联书店 2014 年版，第 9 页。

② 常晓晔:《欧阳予倩戏剧作品中的女性形象研究》，山西师范大学硕士论文，2017。

会、性别、阶级等处在属下位置的人有没有说话的权利。[①] 在中国传统社会语境中，女艺人的生存，甚至同时受到这三个层面的夹击，毫无疑问她们是最没有话语权的存在。

在欧阳予倩的十三部作品中，竟有六部都选用了“女艺人”作为主角。在塑造她们的过程中，“女艺人”的意义并非止步于银幕内外的欲望对象，而是用症候的方式，给她们残酷的人生经历切脉，在社会环境中、意识形态里寻找发病的根源。女艺人被压抑的话语，在走投无路的时刻，发出了最歇斯底里的呼喊。欧阳予倩怀抱着对女性最大的善意，在影片中给予了她们说话的舞台，借她们的口来言说自己想要表达的主题。

《天涯歌女》的创作意图是为了讽刺和揭露当时黑暗的军阀统治。歌女凌霄的人生经历了觉醒、出逃、毁灭三个阶段，但始终无法脱离男性的凝视。导演在塑造凌霄的过程中，通过人物的抵抗和反击，意在唤醒女性意识的觉醒，人们去直面生活的现实，正视女性的社会地位。

《新桃花扇》中欧阳予倩借谢素芳发泄他对 20 世纪 30 年代中期国民党倒行逆施的控诉。相较凌霄而言，谢素芳的斗争对象是复杂多样的，有军阀、买办、不自爱的知识分子，她的反抗程度也更强烈。素芳深知，倘若自己想要成功，那么她必须变成一个具有进步性的铁娘子。

《小玲子》《海棠红》的影像资料遗失，我们只能从本事中勾勒出两位女主角的形象。小玲子从农村姑娘变成上海舞女的经历，承载着欧阳予倩对当时社会、人性最精准的把握，即人性在物欲中扭曲，城乡矛盾不断激化。而名伶海棠红，凭借自己的努力成为家中的顶梁柱，却扛不住丈夫嗜赌、官员欺凌，甚至痛失爱子精神失常，沦为阶下囚。这两位女性，都面临着一个消极无解的难题，欧阳予倩不忍心以悲剧收尾，用小玲子的重回乡村、海棠红母子相认，理想化地实现了矛盾的解决。

《关不住的春光》创作于 1945 年，日军投降内战爆发，梅春丽身上肩负了新的时代任务——反帝、反封、反资。影片开始展现的艰苦逃难，吞噬了这

---

① 〔印〕G.C. 斯皮瓦克：《属下能说话吗？》，高建平，丁国旗编《西方文论经典》第六卷，安徽文艺出版社 2014 年版，第 656 页。

位看似进步的女性。与投机商人的结合，暴露了她身上存在的问题。随着夫妻间矛盾的升级，梅春丽迷途知返，最终通过逃离小资家园奔向农庄重获自由。“春光”是梅春丽，更是欧阳予倩对革命道路的选择以及解放必胜的一种表达。

《野火春风》是一部具有史诗性质的影片，方华和李克丽在时代的洪流里颠沛，一个深陷泥潭，一个追随光明。片尾两位女性重遇，方华殒命但她幡然醒悟，看到了一个时代燎原之火；而以李克丽为代表的青年人就是星星之火。方华这位女艺人的眼界和格局较之前的作品得到了进一步的提升。

《天涯歌女》是欧阳予倩创作的首部有关“女艺人”的影片，其电影理念在此时还处在初生期，创作手法上进步性与保守性并存。笔者希望通过对本片的读解，让我们更好地去把握欧阳予倩主题表达使用的方法。

影片中的保守性表现在，欧阳予倩对电影镜头具有先天的凝视主体性的掌控，迎合了男性化的观看方式。

第一，女性作为男性的欲望对象。歌女凌霄出现在银幕上的那一刻起，她就和所有女性形象一道成为被男性观察的客体。同时，使得凌霄不仅成为故事里类似张嗣武这类男性的色情对象，更成为幕布前影厅内观众的色情对象。

第二，女性是男性阉割焦虑的象征，是被符号化的。画师陆沉余借《聊斋》中美女蛇与书生的故事，暗喻凌霄是借姿色引诱异性的危险人物。陆沉余在银幕内完成自身观看动作的同时，还引导了观众与他的视线产生认同，在银幕外完成了从对凌霄的集体窥视。

第三，女性是被社会构建的，是“意义的载体而非意义的创造者”①。高绍游为凌霄编戏，英雄救美以身相遇的桥段，再现了父权社会对女性的编码过程，女性的存在就是为了证明性别的差异，成就男性永恒拯救者的身份。

第四，女性是被物化的。张嗣武胁迫凌霄出席祝寿时，说道，“她若不是红角儿就长得再好些我也不要”，这代表着在张眼中，凌霄只有身为歌女卖唱助兴的价值，而无视其作为女“人”的本体存在。

第五，女性是被捕获的。凌霄身上的未来无处可寻，映射了女性被压抑的

① 〔英〕劳拉·穆尔维：《视觉快感和叙事性电影》，杨远婴主编《电影理论读本》，北京联合出版公司 2017 年版，第 523 页。

欲望。葛锐夫本可以成为凌霄的欲望对象，但他的死证明该类男性角色在父权书写中是没有生存空间的。正如，玛丽·安·多恩所言，死亡是“一切不可能的符号的归宿”[①]。

通过对以上五点的剖析，可见凌霄成为一个供男性消费的对象。但欧阳予倩要讲的还是“关于对抗矛盾的故事，而不是一个顺从的故事”[②]。在凌霄的命运的三次转折中，我们能看到欧阳予倩进步性的主题诉说。

第一，陆沉余和高绍游与凌霄的关系，并非绝对的二元对立。二人甚至充当了凌霄的精神导师，一个触发凌霄的觉醒，一个促成凌霄的抵抗。即凌霄不顾张嗣武的反对，请陆沉余来生日会画像；高绍被张嗣武枪崩之际，凌霄主动伸出援手。凌霄有了这两步的积累，才会走向出逃。

第二，同性之间的关系，表意更加丰富。姐姐吴依意既表现出了妥协性，也有灵光一现的进步举动。

吴依意多数时候都表现出对“父与法”的臣服。不同于凌霄的主动觉醒和反抗，总是为凌霄打圆场的吴依意，看似对现有体制没有个人态度。

但是她却在凌霄逃婚中扮演了重要的角色，吴依意这样说道：“妹妹，可怜的妹妹，如今的世界是不让我们干净的。……你不要问，我只好混到哪里是哪里。”由此看来，吴依意并非没有凌霄的女性意识觉醒，只是她比凌霄更深入地看到了社会大时代下作为歌女的身不由己。

吴依意的消极恰恰说明了广大女性在现实生活中的被动与无奈。虽然影片并未交代吴依意的结局，但生逢乱世，如一叶浮萍的吴依意，避免不了凌霄街头横死的下场。

第三，并非所有的男性角色都能在叙事中占据主动地位。葛锐夫可以说是一个完美形象，不仅为挚友两肋插刀，更因心中的大义对凌霄无私相助；他从未看不起凌霄的歌女身份，反而尊重她的选择，鼓励她开始新生活，但却落得

---

① 〔美〕玛丽·安·多恩：《电影与装扮：一种关于女性观众的电影理论》，李恒基，杨远婴编《外国电影理论文选（下）修订本》，生活·读书·新知三联书店2006年版，第673页。

② 〔英〕休·索海姆：《激情的疏离：女性主义电影理论导论》，艾晓明、宋素凤、冯芃芃等译，广西师范大学出版社2007年版，第86页。

坠崖身亡的结局。欧阳予倩这一笔，将两性全部划拨在社会黑暗的阴影之下。从而，最大限度地号召银幕外的观看者不论男女都应对当下的环境进行深思。

尽管在这部影片中，主题呈现相较欧阳予倩后期的作品而言，存在着很多的局限性。特别是凌霄的逃离，透出一种无处遁形的窘迫，凌霄空有女性的觉醒意识，但没有女性的反抗力量。

但是，欧阳予倩表达主题的方式的在此片中以初具规模：塑造一个充满矛盾的女性角色，并将其放在叙事的主体位置上，主动去对抗矛盾，寻找出路；激发观众认同角色，引导他们意识到现实社会构建中存在的问题。

《天涯歌女》中，社会的黑暗面虽然得以呈现，但是人物却只能束手无策。这种绝望在 1931 年欧阳予倩加入左翼剧作家联盟之后，找到了一条出路：女性不只是逃离，而是要投身革命。所以，欧阳予倩此后塑造的女艺人，她们或是自身多了一股积极的力量，或是在绝境之中看到了希望之光。

三、女英雄，形象塑造的两种策略

20 世纪 30 年代，日军大举侵华。欧阳予倩作为“左翼剧联”的成员，积极投入宣传抗日的工作。在这一时期的艺术作品中，女性形象多展现出铁骨铮铮、不惧牺牲的爱国气节。

电影作为一种意识形态的表达手段，在国家危难之际，如何快速的使人民团结起来，是一名电影工作者的首要任务。欧阳予倩根据当时的社会语境和人民的审美需求，在银幕上塑造出全新的女性形象——女英雄。

尽管欧阳予倩已经在戏曲、戏剧的舞台上成功树立了不少女英雄，但大银幕上可见的女英雄，唯有花木兰和李香君二位。欧阳予倩在塑造这两位女性角色时采取了完全不同的性别叙事策略，如果说《桃花扇》中的李香君，还拥有清晰的女性气质；那么，《木兰从军》中的木兰，则是一个性别具有流动性、模糊性的角色。

在此，我们可以借用玛丽·安·多恩的“装扮”理论，来分析李香君的人物特色。李香君，虽是秦淮歌妓，但她的见识和勇气从一开始就高于男性，敢于和权贵阮大铖、马士英做正面斗争，可谓“风尘女杰”。

名妓的身份、姣好的容貌让李香君拥有着浓厚的“女性气质”[①]，她看似是男性的欲望对象。但欧阳予倩将她安置在影片话语的主体位置上，“女性气质”的掩饰下，呈现出李香君对男性凝视机制的割裂。她的观看方式是主动、积极的，在男性角色犹疑不决时，李香君总表现得当机立断；面对男性权贵的压榨，李香君以死明志，既是表层叙事抗婚的胜利，也是她拒绝沦为欲望对象的胜利；结尾处，李香君断然与侯方域的分道扬镳，谁是真正的“失节者”不言自明。

谈及《木兰从军》，我们首先要对影片的制作背景做一点了解，制片方是深耕“孤岛”的张善琨；影片的受众是“孤岛”民众；创作意图是宣传抗战、鼓舞人心，最大限度地动员“孤岛”人民加入抗日救亡运动。

基于以上创作的定位，欧阳予倩在叙事策略的选择上，必须要最大化的引导观众产生对角色的认同。

根据麦茨的说法，电影摄影机通过透视法在银幕上为我们还原了一个真实的世界，与此同时也将观众按在了“他”预设的观看位置上。当银幕中的镜像呈现和观众的自我投射无法完全吻合时，观众的认同就会产生转移。所以，在观影过程中，观众的认同感是流动的，他们在寻找一个完美的自己。

首先，欧阳予倩用“兴味”[②]吸引观众，木兰初次亮相就是一个充满活力、热情奔放的女性形象；配合众星捧月式的人物关系构建，木兰一枝独秀始终沐浴在全剧的高光下。

剧中的男性人物，都有被弱化和诙谐化处理的迹象。欧阳予倩这一妙笔，使看 / 被看呈现出了对男性中心主义窥视关系的讽刺，让木兰在一定程度上有了突破了传统女性角色樊笼的可能。最关键的是，断绝了观众对其他人物产生认同的可能。

同时，木兰亦步亦趋模仿男性的言谈和行为的“易装”方式，成功地解决了男性观众的观看问题，木兰的生理性别被模糊，社会性别被强化，最大限度

---

① 〔美〕玛丽·安·多恩：《电影与装扮：一种关于女性观众的电影理论》，李恒基，杨远婴编《外国电影理论文选（下）修订本》，生活·读书·新知三联书店 2006 年版，第 654 页。

② 欧阳予倩：《影戏脚本采择之标准》，民新公司特刊，1926 年（《玉洁冰清号》）。

地整合了两性对木兰的认同。

玛丽・安・多恩认为，女性穿上男性服装时所能得到的怡悦，是因为那一性别允许她对图像加以操控，并且有可能把凝视与欲望加以接合。[①] 所以，女性观众对木兰产生的视觉快感并不是认同一个消极的、受虐的女性形象，而是自我力比多作用的结果。

那么，男性观众是否愿意对一个女子的观看，从窥淫转向认同呢？欧阳予倩并没有把木兰形象彻底的去性别化，而是以退为进，缝合了男性观众对木兰的视觉快感：窥视与恋物的结合。

典型的一幕就是木兰深入敌区刺探军情，利用自己的女性身份迷惑敌军。这个桥段对女性观众来说，她们可以脱去“异装癖”的外衣，利用女性气质去摧毁男性构建的社会，成功获得情报。而对于男性来说，木兰的“女性气质”对于敌军和银幕外的男性观众而言，他们窥视到是一个充满诱惑力的蛇蝎美人；但木兰为了战时才“男扮女装”的行为，让男性观众产生一种“大丈夫能屈能伸”的认识。特别是木兰女装后，用官阶对刘元度的“油腔滑调”进行批评，将银幕外想要沉浸在窥淫癖中的男性观众点醒。

当战争平息，木兰参与政治生活的舞台也随即消失。木兰的荣光和社会尊重都得益于她的戎装。当木兰脱去帅甲，最终还是要回归到传统女性结婚生子的轨道上去。影片结尾，一派欢声笑语，但是细细品味一下，便能感受到劳拉・穆尔维所说的那种，以压抑女性欲望为代价的大团圆[②]。

在当时的历史背景之下，叙事需要强调的是“男女皆兵”，而非独属女性的胜利，我们便不难理解欧阳予倩如此结尾的原因。同时，他不忘给这种僵局照进了一束光，强调木兰是自由恋爱选择了刘元度，而非木兰文献中，不知所以的就许配了人家。

《木兰从军》在上海获得了空前的成功，创造出连映 85 天的奇观。在 1939

---

① 〔美〕玛丽・安・多恩：《电影与装扮：一种关于女性观众的电影理论》，李恒基，杨远婴编《外国电影理论文选（下）修订本》，生活・读书・新知三联书店 2006 年 11 月版，第 669 页。

② 〔英〕休・索海姆：《激情的疏离：女性主义电影理论导论》，艾晓明、宋素凤、冯芃芃等译，广西师范大学出版社 2007 年版，第 85 页。

年2月17日的《大晚报》上，还刊登了有14位影评人署名的《推荐〈木兰从军〉》一文，指出《木兰从军》“尽可能地透过历史，给现阶段的中国一种巨大的力量，它告诉我们怎样去奋斗，怎样去争取胜利……上海电影界只有循着这条路，才能保证斗争的胜利，确立坚固的基础”[①]。可见，欧阳予倩采取的叙事策略是成功的。

四、新派女性，胶片上的光影写作

纵观欧阳予倩的电影作品，在塑造了各式的女艺人、完美的女英雄之外，他将更多的关注对准对了日常生活中的女性，例如，太太、小姐、寡妇等。不同于鸳鸯蝴蝶派的哀婉女性，也非好莱坞式的将女性欲望化，欧阳予倩另辟蹊径，顺应中国国情，创造出了进步、革命的时代新派女性。

在其处女作《玉洁冰清》中，其实已经初见雏形。主角钱孟琪是地主小姐，一直喜欢青梅竹马的黄伯坚，而黄伯坚却因她的阶级身份而疏远和拒绝她。

在感情的问题上，钱孟琪具有超越一般人的大度和无私。先是默默地帮黄伯坚解决事业和经济上的困境，又助他和喜欢的素仙重逢。在思想觉悟上，钱孟琪耐心规劝代表封建地主阶级的父亲，放弃高利贷生意，把借据归还给乡亲，受到大家的称赞。

钱梦琪一角的塑造，可能存在理想化的因素，但最关键的是欧阳予倩将女性角色从视觉中心、欲望载体的困境中解放了出来。

《如此繁华》《恋爱之道》是欧阳予倩编、导的关于“新派女性”的两部重要影片。《如此繁华》作为讽刺喜剧，《恋爱之道》则是史诗情节剧，两部影片在影像风格上都呈现出写实主义色彩，摄影造型具有纪录性。

下面我们将通过这两部影片，去感知作为电影导演的欧阳予倩，是如何在胶片上进行影像写作的。

---

① 转引自史博公《不可忽视的传世经典：重读卜万苍版〈木兰从军〉》，《当代电影》2011年第8期，第63页。

欧阳予倩虽然是从舞台转向银幕的艺术家，但是他并没有过度的依附戏剧的拐杖，对于电影本体有很深刻的认识和探索。1928 年于《电影月报》发表《导演法》，欧阳予倩明确提出电影在本质上与戏剧完全不同“已经渐渐地成为一种独立艺术”[①]。在文中他指出电影的三大特长：表现自由、光影结合、传播便利。电影与戏剧具有本质的区别：“戏剧注重言语，电影专门注重动作，戏剧注重光与色，电影便注重光于影。”[②]

在传统秩序中，女性身体被召唤他人的欲望对象。《如此繁华》中，陶春丽在房间等待礼服，她只穿着内衣坐在镜前化妆（如下组图）。镜头从其足部向上摇，呈现陶春丽扣吊袜带的私密动作，并在这一段落中，男仆人开门提醒陶春丽与李四维客人等候。男仆人的闯入，无疑是强调了将陶春丽作为色情对象的凝视。

这个充满情色的段落，与“软性电影”不无关系，电影作为眼睛吃的冰激凌，女性躯体成为商业消费的对象，她承受观看，迎合并意指着男性的欲望。[③]笔者认为，这组镜头看似落入沉疴，但正是因为女性被如此呈现，反倒是加重了男权社会中女性被物化的视觉表意。与在结尾处，陶春丽“弃暗投明”的农妇打扮形成了一种呼应。

在《恋爱之道》里，欧阳予倩也将女主角钱兰英先放置在他者的欲望炙烤下。钱兰英与张鸿昌参加宴会，钱兰英的位置始终处在画面左侧（如下组图），当客人进屋，摄影机跟随张鸿昌的迎客动作向右摇，将钱兰英排除在画面之

① 欧阳予倩：《导演法》，《电影月报》1928 年第 1、2、3、5、6 期。

② 同上。

③〔英〕劳拉·穆尔维：《视觉快感和叙事性电影》，杨远婴主编《电影理论读本》，北京联合出版公司 2017 年版，第 523 页。

外，在张鸿昌的介绍下，官商对钱兰英的女学生身份产生兴趣。随即张鸿昌将话题转移至军火买卖，钱兰英被冷落陷入思忖，转身走入一片黑暗中，独自倚在窗边。

同一女性困境，两种不同的表现方式，《如此繁华》戏剧化、直接，而《恋爱之道》更为电影化、更为深沉、暧昧，这种变化离不开欧阳予倩对于女性境遇更加深入的理解和同情。

困境呈现之后，女性应如何挣脱男性社会的桎梏？欧阳予倩给出的策略是用空间的转变，完成女性身心的双重成长。

在《如此繁华》中为数不多的室外空间，均是陶春丽余张玉成相处的段落。导演用两个叙事空间，洋房公馆（家）乡野、花园（外部世界），强化陶春丽"走出去"这个动作。陶春丽在革命宣讲活动上歌唱《我爱自由》，被张玉成拒绝后乔装打扮等上张玉成离开的火车，此时陶春丽的表演已经不再是情色凝视的对象了，其装扮也不是取悦于男性中心文化，而是自我认同的一次进步，也是对"首饰是女人招牌，老婆是丈夫的招牌"有力反驳。

在《恋爱之道》中的叙事空间更为复杂，钱兰英与周家浩在20年中，辗转上海、广州、广西。通过剧中人物，介绍了从1925年大革命，经历北伐、抗战直到成为知识分子夫妇的生活历程，指出了恋爱与工作的种种关系，也对恋爱的正确道路有所启示。

五四以来，女性人格的独立和自我命运的把握，都是觉醒后的女性所面对的问题，欧阳予倩借由革命精神给予女性独立力量，在银幕上给予了女性一条出路。

五、结语

欧阳予倩的每一部电影作品中都渗透着他与时代的对话，其中的女性角色更是力与美的结合体。她们具有自主意识、要求个性解放，她们大胆的反封建精神，是处于时代前沿的女性。

欧阳予倩在谈及《恋爱之道》时，有这样一段话，笔者认为可以由此洞见其电影作品中塑造女性人物的初心，以此作为本文的结束。

"《恋爱之道》固然也告诉我们一些恋爱上的正确的认识，但它的主题，我绝不是这样简单，所以与其说它在讲述恋爱的道理，倒不如它在告诉我们一个做人的道理：贫贱不移，威武不屈，这是我们中国人做人的一副起码的骨头，没有这一骨头，中国人民绝没有胜利的今天。这部片子确是以恋爱为名而主题不是谈恋爱，谈的是意志和节操。”①

① 欧阳予倩：《电影半路出家记》，中国电影出版社 1962 年版，第 57 页。

五、史料与文献研究

欧阳予倩赴香港时间辨正与佚文研究

景李斌*

欧阳予倩赴香港的时间辨正和失收文章

欧阳予倩曾多次路过香港，比如1932年10月20日下午，欧阳予倩和陈铭枢在上海悄然乘考白伦司号轮船赴香港，然后赴欧洲考察；再如1938年4月12日，欧阳予倩迫于险恶的形势离开上海，在香港短暂停留后赴广西。

与这样的“路过”不同的是，1938年9月至1939年9月、1948年1月至1949年4月，欧阳予倩曾在香港生活和工作过较长时间，对香港的文艺尤其是戏剧和电影产生过很大的影响。遗憾的是由于资料的匮乏，内地学者对欧阳予倩在香港期间的文艺活动缺少关注和研究，《欧阳予倩全集》遗漏了很多欧阳予倩香港时期所写的文章。吴伦霓霞、余炎光编著的《中国名人在香港——30、40年代在港活动纪实》（香港教育图书公司1997年版），对欧阳予倩在香港时期的某些文艺活动有所提及，谈到了欧阳予倩的几篇集外文章。然而，该书同样存在很多遗漏，仅仅提及欧阳予倩1948年底至1949年初的数篇文章，对欧阳予倩1938年9月至1939年9月在香港期间所写的文章并未关注——大

---

* 景李斌，本名李斌，汕头大学文学院校聘教授。本文系汕头大学科研启动金“民国报刊话剧史料研究”（编号STF18016）阶段成果。

概是因为作者不清楚欧阳予倩在香港工作和生活的时间。

《中国名人在香港》一书说："欧阳予倩曾多次在香港短暂居留。1938 年他从桂林来港，是时'文协'香港分会刚成立，他被推为首届理事，但不久后即返回桂林。"[①] 其实，欧阳予倩的这次停留并不短暂，时间 1 年有余。1938 年 4 月 12 日，欧阳予倩离开上海经香港并在香港停留一段时间后赴广西，5 月经梧州、南宁到达桂林。8 月底，欧阳予倩与马君武在戏曲改革方面产生很大的分歧，于是离桂赴港，9 月 1 日，欧阳予倩抵达香港，长久在香港工作和生活，直到 1939 年 9 月 28 日，欧阳予倩应广西省政府主席黄旭初约请离港抵桂林，同行者有吴晓邦。吴晓邦是 8 月在上海接到欧阳予倩的香港来信，邀他同赴广西工作。[②]

对于欧阳予倩 1948 年赴香港的时间，学术界的认定或模糊或有误，如苏关鑫编撰的《欧阳予倩年表》就没有给出具体时间："（1947 年）10 月 27 日，蒋介石亲自下令解散'中国民主同盟'。欧阳予倩是'民盟'的理事，随着'民盟'的南撤，他也到了香港。"[③] 欧阳敬如、董锡玖编写的《欧阳予倩年表》认为："（1947 年）在伪国大召开时，民盟被迫撤退，他被迫去香港。冬，他受聘于香港永华影业公司任编导。"[④]《欧阳予倩全集》中的年表沿袭了这一说法。《中国名人在香港》认为"欧阳予倩于 1948 年底由上海到达香港"。以上说法均不确切。事实是，1948 年 1 月，卜万苍从香港来上海，约欧阳予倩、周贻白等人到香港永华影业公司任编导；1 月 27 日，周贻白、欧阳予倩、顾仲彝，由上海乘轮一同赴香港。[⑤]

经过搜集，笔者发现欧阳予倩在香港时期所写的 10 余篇文章，《欧阳予倩全集》失收，关鑫编撰的《欧阳予倩研究资料》（1989 年版、2009 年版）中的"欧阳予倩著译系年目录"也没有记载，《中国名人在香港》一书的作者也鲜有

---

① 吴伦霓、余炎光编著：《中国名人在香港——30、40 年代在港活动纪实》，香港教育图书公司 1997 年版，第 223 页。

② 吴晓邦：《我的舞蹈艺术生涯》，中国戏剧出版社 1982 年版，第 40 页。

③ 苏关鑫编：《欧阳予倩研究资料》，中国戏剧出版社 1989 年版，第 52 页。

④ 欧阳予倩：《欧阳予倩戏剧论文集》，上海文艺出版社 1984 年版，第 480 页。

⑤ 刘桂秋编：《无锡国专编年事辑》，中国大百科全书出版社 2011 年版，第 440 页。

提及。这些文章有《一年以来的编导生活》《〈前夜〉与〈西厢记〉》《剧人的私生活》《舞台导演的养成》《新年杂感》《我所期望于中艺者》《从旧剧改革运动谈到金素琴》《一团和气：关于〈黄花岗〉的联合演出》《怀念沪上友人》《“中艺”在现阶段的态度》《阳光中的艺术》《祝〈白毛女〉上演成功》《岁末杂感》《平剧漫谈》等，发表于香港版《申报》《东方画刊》《星岛日报》《中国艺坛画报》《文艺生活》《华商报》等，主要是文艺理论文章或评论，也有文艺散文和杂感，内容涉及旧剧改革、演员修养、导演理论、剧团发展、戏剧与电影评论、文艺与政治杂感等。这些佚文对于我们全面了欧阳予倩的文艺活动、文艺观念和当时香港的文艺状况都具有重要作用，故而将其主要内容予以评述。

岁末编导总结

《一年以来的编导生活》写于1938年9月24日，载于1938年第1卷第8期《东方画刊》，在这篇文章中，欧阳予倩对自己一年以来的编导经历和艺术观念进行了总结、说明。

正当欧阳予倩替联华拍好电影《如此繁华》、开始剪接时，“八·一三”闸北的炮声响起，欧阳予倩像其他艺人们一样，为抗战积极贡献才力，“我也跟着众人后头，做一些指定的工作”。[①] 电影界救亡协会、戏剧界救亡协会都积极动员起来，在电影器材缺少的情况下，戏剧成为艺人们积极参与抗战的武器。对于这次抗战，欧阳予倩很激动，表现出炽热的爱国之情：“最初听见炮声的时候，我们真是兴奋得很。就我个人而论，每天除讨论些紧急问题写些短文而外，无论如何没法坐下来写剧本。”[②] 而缺少合用的剧本几乎是救亡演剧队面对的最大困难，“抗战以前缺乏意识正确而能公开上演的剧本，抗战开始便缺乏通俗、易演而又能够充分解释抗战意义的剧本”。[③] 在这样的情形下，欧阳予倩的写作有些“急就章”色彩，1938年8月下旬，欧阳予倩撑持着疲倦的身体，用三天的工夫，写成了三幕剧《青纱幛里》。因演剧需要得太急，欧阳予倩连

① 欧阳予倩:《一年以来的编导生活》,《东方画刊》1938年8月。

② 同上。

③ 同上。

再看一遍剧本的余裕都没有——1939年6月在桂林替国防艺术社排演的时候，才加以改正，第三幕完全从新编过。《青纱幛里》写成没有多久，欧阳予倩又写独幕剧本《曙光》，从着笔到脱稿，只费了两天。剧本所写的人物都有模型，“他们所说的话全是我在上海战时所常听到的，没有一个字出于想象”。① 像这样写戏，欧阳予倩还是头一次经历。

《曙光》写完以后，欧阳予倩渐渐能够分出多点时间来构思剧本，不久便以七天的时间赶起了二黄戏《梁红玉》。在《一年以来的编导生活》中欧阳予倩重申了自己关于旧戏改良的主张，欧阳予倩认为大多数中国人对二黄戏久已习惯，一般民众比较易于接受，“就是它的本身也简劲美丽”②。然而二黄戏的内容，存在极为浓厚的封建色彩，迷信、颓废、淫靡和奴隶道德、汉奸思想的成分异常多，所以不能放任不顾。如果想根本推翻二黄戏，也不是用行政力量和舆论制裁能够做到，除非有真正可以替代的东西。而话剧还不能十分普遍，新歌剧方始萌芽，因此改良旧戏刻不容缓。欧阳予倩不十分赞同用旧戏改成抗日的故事、照原有的唱白改填新词句的做法，认为这样做很容易牵强，而且填一出戏并不比编一出戏省事。欧阳予倩对于旧剧改革有自己的方案：

> 最要注意的当然是一个戏的中心思想。有了正确的思想，便要有一个完整的故事，使这思想具体化。有了故事，便将它分幕分场，排列而成在一定的时间内可以演完的剧本。有了剧本，然后研究上演法。上演法决定了，便配置适当的音乐、布景、灯光以及道具化妆之类，与演员的表情、动作、歌唱、道白贴切配合而成一个整体。这就是戏剧——宣传的利器，教育的工具……
>
> 我改革旧戏的主张是整个的，不是片段的。换句话说：就是从编剧一直到全剧演完吹尾声为止是整个的。同时现代戏剧应有的条件必求其一一具备。③

他的这种旧戏改革方案有舞台演出与导演的实践为基础，除音乐外，欧阳予倩都在舞台上试验过，“大体都有了肯定的答复，证明我的方案是可以行

① 欧阳予倩:《一年以来的编导生活》,《东方画刊》1938年8月。
② 同上。
③ 同上。

的”。[①]欧阳予倩曾经抱着他的方案和剧本《渔夫恨》去找过梅兰芳，梅兰芳颇表示赞同，说想试演一下，但是梅兰芳因有种种困难，未能实现。欧阳予倩也把自己的主张和周信芳（麒麟童）商量过，周信芳“部分地赞同，整个地怀疑”。在上海伶界联合会所组织的国难后援会里，欧阳予倩认识了金素琴女士。金素琴领衔成立了中华剧团，开场演的第一个戏就是《梁红玉》。这个戏估定了旧戏改良在抗战中的价值，同时证明了欧阳予倩的改革方案可行。接着《梁红玉》上演的是《渔夫恨》，碍于租界当局对戏剧审查严格，《渔夫恨》被删去了好些辞句，但是上演的成绩很好。《梁红玉》和《渔夫恨》这两个戏给旧戏界一些刺激，内行来看戏的很多，尤其是打动了一些青年演员们的心弦。欧阳予倩说：“这里用事实来证明旧戏也可以负起时代的使命，而与现代社会融洽无间。历史戏只要处理得当，观点没有错误，便也能够充分激发革命的情绪，与抗战新中国成立的工作相配合。”[②]后来欧阳予倩以一个半月的工夫，写成《桃花扇》。这个戏又和《梁红玉》《渔夫恨》的结构有些不同，其中有些部分曾作较新的尝试。1938 年 3 月《桃花扇》在更新舞台上演，成绩很好，连演了十几天，正在观众座客增多的时候，欧阳予倩接到汉奸警告，被迫离开上海取道香港赴广西。

欧阳予倩在桂林住了三个半月，曾为五路军政治部的国防艺术社担任两次公演：第一次是 1938 年 7 月 7 日，演的是我的《曙光》和《青纱幛里》。第二次公演是在 8 月 13 日，演的是阳翰笙先生的《前夜》。除了以上的两次公演而外，欧阳予倩还利用桂戏的形式，排演了一次《梁红玉》。《梁红玉》在桂林上演，因为旧的习惯和主持的老板们不甚明了改革的意义，曾经有过许多不必要的阻碍；然而演出却很成功，一连十四天满座，于是视听大变。

欧阳予倩关于改革旧戏的方案没有能够普遍推行，他自己总结了这样五点原因：“（一）编剧的方式没有别人用惯，只有我一个人是那样写。（二）须要有兼容并包能运用许多方法的导演。（三）新剧本中的人物各自有鲜明的人格与个性，因此演员们要较深的体验才能演。（四）表演时需要的技术比以前多得

---

① 欧阳予倩：《一年以来的编导生活》，《东方画刊》1938 年 8 月。

② 同上。

多。（五）舞台画面的组织尚不为旧演员所习惯。”[①] 然而，欧阳予倩对自己的戏剧改革充满信心：“只要假以时日，必能集其大成，毫无疑义。”[②] 尽管对于旧剧改革运动用力较多，但是欧阳予倩导演的话剧数目并不比二黄戏少，比如，离开上海前曾经为青鸟剧社导演过，在桂林还替省府职员所组织的“二一剧团”排过《自卫》《最后的胜利》。

1948 年 12 月 25 日出版的《文艺生活》海外版 1948 年第 9 期，有一《岁末杂感》栏目，郭沫若、茅盾、欧阳予倩、胡仲持、静闻、于伶六人分别写了自己在岁末的感受。欧阳予倩在文章的开篇就表达出对旧时代的不满和对新的时代的展望：“没有再比‘胜利’以后所过的几个年更不愉快的。今年的除夕仍旧在惨痛之中，可是明年的展望就大不同了！光明在迎接着我们。”[③] 欧阳予倩紧接着提醒大家要有斗争意识：“不要忘了，自由的欢笑是人民用血争取来的啊。”回顾这一年的工作，欧阳予倩感觉不甚满意：导演了两部影片，写了一个剧本，发了三次脚痛病，一共有三个多月不曾下楼。在这一年的工作当中，欧阳予倩每每感觉精力有些减退，朋友们要他写些短文，都耽误了，如司马文森叫他写作家自白，始终没有写成；他曾经答应过赵家璧写自传，一年了也没有写成。而造成精力不济的状况和政治环境有关，欧阳予倩批评说，“政治不上轨道，社会没有相当的安定。艺术工作者无法专做自己的本行，为着应付恶劣的环境，许多精力消费在‘曲线’迂回之中，只看胜利以后戏剧创作少得可怜，旧戏改良也干不起来，便可明白。”[④] 欧阳予倩鼓励艺术工作者参加解放斗争：“不获得自由解放，艺术工作者无由真正发展其才能，所以每一个人都应当积极参加自由解放运动。”[⑤] 他告诫艺术工作者，“市侩是艺术工作者的大敌人”，不能向市侩妥协。他指出埋头苦干，绝不是消极的独善其身，而是为着斗争挺身而出。欧阳予倩也对新年进行了展望，希望用比较充分的准备，拍部略为像样的片子，写个把剧本，尝试一下改良平剧。在文章最后，欧阳予倩对“突

---

① 欧阳予倩：《一年以来的编导生活》，《东方画刊》1938 年 8 月。

② 同上。

③ 欧阳予倩：《岁末杂感》，《文艺生活》（海外版）1948 年 9 月。

④ 同上。

⑤ 同上。

击”与“磨光”之说进行了议论。他自己曾被看作磨光派而加非议，实际并非如此，欧阳予倩在编剧和导演方面常常处于“赶”的状态中，他也感到苦恼：“我生平为着赶戏将就，应付，受尽了辛苦。”① 他希望自己能够静下来想一想，细细地研究一下。

戏剧与电影评论

1938 年 9 月欧阳予倩离桂抵港后，协助唐槐秋的“中国旅行剧团”导演《前夜》，为香港妇女会排了一出英文的《西厢记》，《〈前夜〉与〈西厢记〉》这篇文章，是欧阳予倩导演《前夜》的得失总结，载于 1938 年 11 月 11 日《星岛日报》。欧阳予倩在文章开篇就说明，他是第一次同时导演两个性质绝不相同的戏:《西厢记》是中国的戏剧名著，是旧式的爱情戏；与之相比，阳翰笙的四幕剧《前夜》更具有时代意义。欧阳予倩对《前夜》充分肯定：剧本写的是神圣抗战的前夜，天津的青年除奸救国的工作。阳翰笙写这个剧本是在七七事变前不久，题材和戏名都非常恰切。欧阳予倩认为这个戏在艺术上并不受时间的限制，就是在抗战胜利以后演，也还有价值，因为这个剧本“已经不仅是口号式的宣传，也没有为公式所束缚”②。

欧阳予倩最欣赏的是《前夜》的第一幕：人物介绍极为详细，人物的个性、彼此间的关系，都很充分地在很自然的对话和动作当中曲曲传出。欧阳予倩认为，“这不是很容易的事，足见作者费了相当的苦心”。③ 有些人认为爱情气味太重，几乎有妨碍主题的危险，欧阳予倩不赞同这一说法，他认为在白次山那种人家里，除了罪恶和有闲阶级的罗曼斯之外谁想到还有热情和正义的存在？阳翰笙对于五四运动以来有些青年的变节行为颇为感慨，故而在第二幕里借白次山说了一大段话。欧阳予倩尽管认真这段话很有趣，但是一般观众不甚了解，就会觉得太长，因此欧阳予倩剪裁了一下，当时欧阳予倩颇感割爱之痛。欧阳予倩认为第三幕里送炸弹的一节，衔接不够紧凑，“似乎气散一点”，

① 欧阳予倩:《岁末杂感》,《文艺生活》(海外版)1948 年 9 月。

② 欧阳予倩:《前夜》与《西厢记》,《星岛日报》1938 年 11 月 11 日。

③ 同上。

而且与前后紧张的场面不甚统一，故而删除。欧阳予倩认为第四幕颇有可讨论的问题，他首先承认阳翰笙把那一批党人写成失败是对的，并检讨了自己在广西排演《前夜》时，因为想鼓舞观众的情感，而把结局写成民众的胜利——白次山被带去受民众的审判。欧阳予倩认为，这虽然比较兴奋，比较配一般观众的胃口，但不是阳翰笙的原作，原作显然“深切沉痛”，而且没有“公式化”的嫌疑。前星期中旅在香港利舞台上演《前夜》，第四幕出场的先后弄错了一点，欧阳予倩认为与原作有差距。欧阳予倩希望在白次山的出场问题上，阳翰笙能够给一点意见，以便下回导演时更有把握——并明确表示很希望能尊重作者的意见，事先没能够和阳翰笙详细商讨，是演出的损失。

1939年5月3日，香港戏剧界在太平戏院联合义演《黄花岗》，为各界赈联会筹款。演出很成功，戏剧工作者精诚团结，极大地鼓舞了观众，欧阳予倩于是写有《一团和气：关于〈黄花岗〉的联合演出》一文，载于1939年5月7日香港版《申报》。这次义演本来预定在3月29日，因为排练的问题、角色的问题、上演和销票的问题、戏院接洽的问题等等，推迟到5月3日才演出。这次《黄花岗》联合公演有极其重大的意义，“至少大部分打破了各自为政、互不相谋的情状，表现着留在香港的戏剧工作者同站在一条战线上”。[①] 这次公演，克服了很多困难，但是没有人事的纠纷，欧阳予倩对此非常高兴，认为这是中国青年们的大进步。这个戏用的演员很多，有好几个群众的场面，群众演员又是由好几个不同的非职业剧团来担任，然而演出中严肃整齐而活泼。欧阳予倩到香港导演过许多戏，觉得还是头一次得到演出成功所带来的愉快。不过他也认为《黄花岗》剧本还有几点小地方可以讨论，下次重演一定可以更整齐。

莫斯科电影制片厂1947年出品的《西伯利亚史诗》，曾于1949年初在香港上映。欧阳予倩观看了这部苏联彩色电影一个月后，写了《阳光中的艺术》一文，来谈自己的观感，文章发表于1949年3月10日《华商报》。欧阳予倩称赞这部喜剧电影自然、贴近生活，把握了生活的真谛，“没有夸张，没有做

① 欧阳予倩:《一团和气：关于〈黄花岗〉的联合演出》,《申报》(香港版)1939年5月7日。

作，没有故意的描写，没有公式化的八股，没有哪一点一滴不是生活的”。[①] 欧阳予倩高度肯定巴拉索夫在生活实践中寻找创作灵感，巴拉索夫并不为写《西伯利亚史诗》而到西伯利亚，他和人民生活在一处，从集体生活的实践中得到启示，得到灵感，写成伟大的作品，“还是值得我们反省和学习的”。欧阳予倩对这部影片中的人物塑造、都市和乡村、恋爱场面等予以肯定，赞赏剧本“编得真好”，“贴近人情，趣味丰富，处处引人入胜而处处都能促进人们向上之心，增加活力，这是最难得的。这就叫健康的艺术。”[②] 对于导演，欧阳予倩也很赞赏，“看得出是费过相当苦心”，“他赋予人物的个性都很适当，而相互间的联系，情感的交流，心情的进展与变化，细针密线而不流于纤巧，照顾周到而不流于枝蔓，施展全力而不流于卖弄，处处把握主题而不陷于公式，这是写实主义的上乘”。[③] 文章最后，欧阳予倩还把苏联的电影和美国的电影进行了比较：苏联影片无突飞猛进，有特殊的成就，如《乡村教师》、如《西伯利亚史诗》都是新的里程碑；美国电影尽管在摄影声音和洗印的技术方面还胜一筹，从艺术的价值说，早已落后。

对演员、导演与剧团的思考

《剧人的私生活》载于1938年12月6日香港版《申报》，探讨的是演员的修养问题。欧阳予倩认为在抗战时代，艺术工作者都是斗士，为国家为民族为全人类求自由求平等求和平幸福而与一切恶势力斗，所以他们的生活是严肃的，有规律的。他们要在艰难困苦中负起使命，精神是献身的、服务的，绝不容有丝毫自私自利的心存乎其间，更不容耗费他人的血汗来供自己的享乐。欧阳予倩指出，决没有一个真艺术家甘心在堕落的路上自鸣得意，他认为演员除了保养身体，还要培养技能，要有智识的修养。私生活不仅仅是个人的事，而是会影响到整个的艺术前途：“一个演员在台下要积累技术的和智识的修养，在台上又有相当时间的表演，试问还有什么余裕可以任情胡闹？如果浪费自己的

① 欧阳予倩：《阳光中的艺术》，《华商报》1949年3月10日。
② 同上。
③ 同上。

精力，是不是会因私生活的不检点而影响到整个的艺术前途呢？”[①] 显然，欧阳予倩极为注重戏剧作为教育社会的工具，尤其是在当时严重局势下，他对演员私生活的批评就是希望把戏剧的教育社会作用发挥到最大限度，不赞成演员把时间浪费在无谓的享乐中。

《舞台导演的养成》载于 1938 年 12 月 18 日香港版《申报》，谈的是培养舞台导演的问题。抗战以来，出于戏剧宣传的需要，产生了许多剧团，而导演人才显得缺乏。欧阳予倩想来想去，觉得导演的技术实在不能速成。欧阳予倩肯定导演的重要作用："导演的任务不仅是一个剧本的再现，而是新的创造，他不仅传达剧本的内容，并且能使剧本的内容更鲜明更有力地呈现于观众之前。戏剧在舞台上和在纸上完全不同，经过导演的组织而形象化之后，便成为导演的创作。”[②] 导演不仅要了解剧本、分析剧本，还要运用特殊的技能和创造力而使之形象化。欧阳予倩认为目下的导演技术日新月异，做导演的，只晓得一两个方法是绝对不够的，要时时将各种方法消化运用。欧阳予倩强调，导演要像其他艺术家一样，建立内在的精神，然后技术的运用才有根据；导演首先要有对于其他艺术部门的了解力，如文字、绘画、音乐、舞蹈，不仅是在技巧方面，其内容的分析和解释尤为重要，“导演要有明了的政治见解和普遍而深切的社会经验，而舞台技术的熟练更不用说”。[③] 欧阳予倩认为一个导演不能在短时间养成，因为急于要用，只好选择比较有些舞台好经验而又爱好文艺的人，跟住能干的导演，先从一个戏照抄入手，长期训练。导演要会处理演员和其他舞台工作人员，“诚恳的心意，严肃的纪律，温和的态度”，[④] 都是导演必须具备的。

1938 年 12 月 9 日晚，中华艺术剧团在香港铜锣湾圣玛利亚堂举行成立大会。在“中艺”困难之时，欧阳予倩伸出援手，帮助排戏，文章《我所期望于中艺者》载于 1939 年 1 月 15 日香港版《申报》，表达了欧阳予倩对“中艺”的关心与期待之情。“中艺”系脱离中国旅行剧团而成立，成员都很年轻，一

① 欧阳予倩:《剧人的私生活》,《申报》(香港版) 1938 年 12 月 6 日。

② 欧阳予倩:《舞台导演的养成》,《申报》(香港版) 1938 年 12 月 18 日。

③ 同上。

④ 同上。

筹莫展的时候，请欧阳予倩相助，欧阳予倩不忍心使一群有着熟练演技的青年四分五裂，流落异乡，答应替他们排戏。欧阳予倩赞赏“中艺”青年积极的生活态度、严肃认真的工作纪律和强烈的求知欲——阅读书报，请人演讲，留心社会事态，一步一步趋向着社会人生实际的体验。欧阳予倩说，戏剧是集团的艺术，演员不能自命不凡，否则会关了求进步的大门，有能力减退的危险，个人英雄主义的势头必须克服，不能有丝毫自私之念，否便会把自己、把事业都破坏了。欧阳予倩希望中艺的青年能够随时注意这些最容易养成的弱点，极力建立自我批判，用以增进能率，争取技术的最高标准，逐步达到预定的任务。欧阳予倩还提出，一个好的演员，除了诚诚恳恳练习演技，还要有文学和政治的修养。

《“中艺”在现阶段的态度》写于“中艺”第六次公演之后，载于《中国艺坛画报》1939 年第 53 期、54 期。1939 年 6 月 28 日香港版《申报》刊载的欧阳予倩的《中艺第六次公演感言》，是《“中艺”在现阶段的态度》的删减版。“中艺”的经济状况很艰难，每次公演都要经过许多的艰难筹划，第六次公演总算借借当当又演成了，大家都不胜快慰。欧阳予倩对“中艺”的戏剧工作态度非常赞赏：“只要在可能范围当中，把应做的工作作了也就是了，一次次公演，一步一步把工作推进，这是中艺在现阶段所取的态度。”① 欧阳予倩指出，“中艺”的戏剧工作是长期的，要做长期的准备，认定一个理想的目标，要以不断的努力贯彻主张。“中艺”在香港成立，工作自然会从香港作起，要在香港演几个比较有意义的戏，多给香港的观众一点安慰和刺激。欧阳予倩提出香港和内地的戏剧工作者联合的主张，认为如果有人发起和组织，“中艺”必定跟随。欧阳予倩说，义演本来不是戏剧工作者本身主要的任务，可是为了救济，也是应当作的。“中艺”第六次公演之前，有两次义演，公演之后，紧接着又要义演，能够多服务社会总是好的。文章最后，欧阳予倩指出，“中艺”成立未久，工作做得并不十分少，内容还不能说十分健全，每一次演出成绩的互相比较和逐一地严密检讨也是必要的，他希望观众能够随时不吝赐教。

① 欧阳予倩：《“中艺”在现阶段的态度》，《中国艺坛画报》1939 年第 53 期。

关于旧剧介绍与改革

欧阳予倩曾有过多年的旧戏演出生涯，也深入思考过改革旧戏的方案，曾在《申报周刊》上发表过《二黄戏改革的可能性》《再谈旧戏的改革》等数篇谈旧戏改革的文章。抗战时期，欧阳予倩也写过旧戏，对旧戏改革一直关注和思考，《从旧剧改革运动谈到金素琴》就是欧阳予倩所写的旧戏改革中的一篇文章，载于1939年3月12日香港版《申报》。"八·一三"抗战以后，旧戏作为宣传的武器受到文艺界的重视，得到重新的评价，1938年在武汉成立了戏剧界救亡协会，长沙、重庆成立了分会，汉戏、湘戏、楚戏、川班一同加入，气象很蓬勃。欧阳予倩在旧戏改革中遇到的最大困难，就是很难找到同人把他的改革方案搬到舞台上去试验一番。欧阳予倩新编的戏因为有些革新意味，有些演员便不敢尝试，欧阳予倩分析其原因："并不是我因为近来写的戏有好些地方破坏了旧戏的习惯和组织，而是改革运动与商业市场的宗旨和做法不相符合。"① 而金素琴是帮欧阳予倩试验的先驱者。金素琴从小就学唱戏，在生活的磨炼中演剧技术的修养也逐日进步。因为受着种种刺激和压迫，金素琴想就演剧本身找寻正确的新路线，所以她很容易接受改革理论。金素琴对于剧本的了解力相当丰富，演过比较有意义、有组织、词句通顺的剧本后，便不愿再演胡闹的戏。欧阳予倩认为，目下的旧戏改革要解决的问题是：戏本要多，要物色一班比较了解的演员来组织健全的团体，极力争取观众却也是不宜忽视的事。数年后，金素琴在桂林演《梁红玉》，欧阳予倩于1943年4月25日桂林版《扫荡报》，发表了《〈金素琴〉与梁红玉》一文，对金素琴赞赏有加。

1949年2月20日、3月6日，《华商报》分两次连载了欧阳予倩近6千字长的文章《平剧漫谈》。这篇文章分"平剧的组织"和"平剧的构成"两部分。在谈"平剧的组织"前，部分中，欧阳予倩大体谈了下元杂剧和昆剧的组织。欧阳予倩分析了南戏作为传奇剧比元剧受人欢迎的五点原因：如情节复杂、曲折离奇，容易引起观众的兴趣；四折的规律被打破，运用比较自由；打破了一

① 欧阳予倩：《从旧剧改革运动谈到金素琴》，《申报》（香港版）1939年3月12日。

个人唱的限制，有两个或两个人以上的对唱，有许多人齐唱；曲子不限于抒情，有时是互相倾诉，或彼此对话；腔调新鲜。欧阳予倩指出昆山曲集各种曲调之大成，加以精炼，彩色绚烂，花样翻新，昆剧盛行之际元曲很快成为陈迹。昆剧以压倒的优势称霸二百余年，平剧取而代之，欧阳予倩指出，昆剧取胜元曲的种种优点都变了成硬化血管的灰质：如曲折离奇的情节变成了陈腐的俗套，而平剧比较简单明了，干脆爽利；篇幅变成冗长，一本戏有长到四十出的，显得拖沓，因为“十项角色”的规定，有许多不必要的场子夹在中间，而平剧的角色运用是很自由的，正场戏与过场戏分得很清楚，正角与配角，轻重之间，颇得适当的配合。昆剧的组织，其几支曲子成为一套是有一定的，每一支曲子的句数和板数也有一定，词句力求文雅，却很多难于了解，节拍缓慢，昆腔因而被称为“困腔”；平剧没有曲牌和套数的限制，每段唱调应长应短可以自由斟酌，而节拍明快，词句又通俗，调腔又高爽。

对于平剧的组织，欧阳予倩从平剧的分类、角色、上下场谈起，然后谈到剧本。欧阳予倩把平剧分为文戏和武戏，文戏又分为唱工戏和做工戏，武戏则分为长靠戏、短打戏、靠把戏和刀马戏。

平剧的角色分为生、旦、净、丑四个行当，之外还有就是“武行”。武行分“上手”和“下手”，还有种专扮侍卫、太监、兵丁的叫作“龙套”；另一种专扮宫女丫鬟的，就叫作“宫女”。欧阳予倩说，近来因为新编的戏增多，角色的型渐趋复杂，起了变动，有朝写实的方向发展的样子，若谈平剧改革，这是一个重大的问题，有详细讨论的必要。

在“平剧的构成”部分，欧阳予倩的阐述也很详细。平剧是以二黄西皮两种曲调为主，配以昆山曲，弋阳腔，山西梆子等而成的。平剧的板路分为慢板、原板、倒板、摇板、四平调，欧阳予倩分别予以详细介绍。如慢板专用于抒情；原板则抒情兼以叙事，有时用以代替对话；倒板，地方或称为“起板”，或称为“首板”，无论二黄西皮都是一样，总用在一段唱的头一句；摇板也称散拍，虽然没有板的限制，却有个自然的节奏，可长可短，可快可慢，有很多唱法，可以自由运用。构成平剧的材料，唱很重要，“白”也很重要。还有最重要的就是动作。平剧动作的构成，武戏最占重要，武戏在平剧中是一根强有力量的支柱，忽略武戏便不足以谈平剧。此外，欧阳予倩拟对武戏、动作另撰文进行详细的评述。

这篇文章欧阳予倩详细阐述了平剧的有关知识，列举了一些具体的例子，并且比较了几种戏曲的不同特点，也指出了平剧改革需要讨论的问题，不论是对专业人士还是对出入门者，都有裨益。

文艺杂感

《怀念沪上友人》载于《中国艺坛画报》1939 年第 27 期，这篇散文写了欧阳予倩离开上海前的险恶形势、文化界救亡协会的抗战工作、于伶等友人的送别情形。欧阳予倩指出，目下是正义人道与恶魔总决斗的时代，工作要认清对象，认清客观环境，任劳任怨，铢积寸累地推进以求深入，不能愤发牢骚。他以别人的行为来鼓励自己，在别人的后方，在沦陷区，在孤岛上工作的青年们，“其艰苦卓绝的精神，其担当烦闷与压迫的忍耐力是值得我们时时纪念而引以自励的”。[①]

1948 年春天，在洪遒的联络下，夏衍赞同在香港演出《白毛女》：“香港不但能演这个戏，而且应该尽快争取在香港演出。”[②] 夏衍指示新中国成立剧艺社要和新音乐社、中华音乐学院、中原剧艺社联合演出，并研究安排如何联合演出的具体问题。1948 年 5 月 29 日，经过两个多月的排练，《白毛女》在九龙弥敦道普庆大戏院开始首场公演。欧阳予倩的文章《祝〈白毛女〉上演成功》写于 1948 年 5 月 23 日，公演两天前即 1948 年 5 月 27 日发表于《华商报》。这篇文章显然是为宣传《白毛女》演出而作，此外，演出前还有郭沫若、茅盾、邵荃麟、顾仲彝等人著名文艺界人士介绍和评论《白毛女》文章。欧阳予倩认为，民间戏忽然盛行起来，是和时代的变化有关，过去被统治阶级所禁演的戏如秧歌、蹦蹦戏、采茶戏、花鼓戏之类，现在可以演出了，“民间艺术跟着农民们的抬头而兴旺起来，这是有深切的革命意义的”。[③] 欧阳予倩也从剧本的内容上指出了《白毛女》的政治意义：“这个戏用民间的传说和现实生活巧妙地联

---

① 欧阳予倩:《怀念沪上友人》,《中国艺坛画报》1939 年第 27 期。

② 巴鸿:《忆 1948 年〈白毛女〉在香港的演出》，任文主编《永远的鲁艺》(上)，陕西师范大学出版社 2014 年版，第 232 页。

③ 欧阳予倩:《祝〈白毛女〉上演成功》,《华商报》1948 年 5 月 27 日。

系起来，极富于戏剧性；有力地暴露着豪绅地主的残虐。当然也富于政治性。这已经不是单纯的秧歌。”[①] 欧阳予倩对于香港观众是不是能够接受《白毛女》这一秧歌剧并没有把握，但是他从剧本内容的高度，认为这个戏“是人民的呼声”，观众应当会接受。

《新年杂感》是欧阳予倩为1939年的新年而作，载于1939年1月1日香港版《申报》。

欧阳予倩在这篇杂感中谈到反抗侵略战争的必要：过一次新年，人类多进化一点，而野心家往往因个人的私利，极力想阻止时代的进展，便不择手段肆行其残酷的主张。欧阳予倩批评了数千年来的愚民政策，“把中国人的阿Q性格造成了”，[②] 民族成为一盘散沙，使得民族被侵略。可是中国的民众已经在战争中逐渐觉悟了。欧阳予倩对反法西斯战争充满了自信：“今年的这个新年，是一个大转机的新年，人人都认清了中国反侵略的战争是长期的战争，同时世界反法侵略的战争，也酝酿到了相当的热度，历史堆积下来的垃圾污秽，将要作一次总扫除”。[③] 而“伟大的时代”显然不能只赞叹一声完事，要人人行动起来，要有付出和奉献精神，“我们只要问自己健全不健全，在职位上站得稳不稳，不必问炸弹落下来，会不会打到身上”。

结　语

欧阳予倩的上述佚文，发表于抗战初期与20世纪40年代后期，是香港文艺发展的重要见证。鉴于抗战形势的急迫，欧阳予倩极为注重文艺的功利性作用，他赶写剧本，对于《前夜》《白毛女》高度肯定，对于演员私生活的严肃要求等，就是出于这一点。然而，欧阳予倩也注重文艺自身的发展规律，苦于赶写剧本的状态，希望自己能够静下来细细研究；对于演出做严肃地检讨；肯定剧本《前夜》不是口号式的宣传，也没有为公式所束缚；认为演员要提高表演技能，注重政治和文学的修养；指出导演没有法子“速成”，导演要时时将

---

① 欧阳予倩:《祝〈白毛女〉上演成功》,《华商报》1948年5月27日。

② 欧阳予倩:《新年杂感》,《申报》(香港版)1939年1月1日。

③ 同上。

各种方法消化运用，等等。对于旧戏，欧阳予倩认识到旧戏在抗战中具有重要的宣传教育作用，可以负起时代的使命，与现代社会融洽无间。对于旧戏改革，欧阳予倩提出了自己的主张，其主张不是片段的，而是从编剧一直到全剧演完吹尾声为止整个的改革，而且欧阳予倩的旧戏改革方案有舞台演出与导演的实践为基础。欧阳予倩所指出和提出的问题，基于实践而生的文艺理念，不仅对当时的文艺有积极的指导作用，就是现今文艺的发展，也可从中得到有价值有意义的借鉴。

原载《戏剧》2019 年第 4 期

欧阳予倩与广西省立艺术馆

——抗战桂林文化城系列论文之四

黄伟林 *

坐落在解放西路西南侧的广西省立艺术馆，是如今桂林市中心尚存的屈指可数的几座民国建筑之一。由于其南侧和西侧有许多建筑的遮挡，使得这座无论造型还是色彩都很别致的建筑并不引人注目。然而，时间回溯七十多年，这座建筑却是中国“第一个伟大戏剧建筑”①。

中国戏剧人对这座艺术馆的热爱从当年西南剧展的亲历者张客 1982 年的回忆中可见一斑：

> 这是当时西南各省唯一专供话剧演出用的剧场。欧阳予倩同志为建造这座剧场，煞费了苦心；话剧工作者都把这里当成自己的家，每当走进这座剧场时，踏进家门的心情便油然而生。当时不少话剧工作者向往着抗战胜利后，能多建几座专供话剧演出用的剧场，以利于推动话剧运动。有的说等自己年迈苍苍演不动戏了，就去看守剧场，甚至再来桂林看守这座艺术馆剧场，为话剧事业再尽绵薄之力，也就于愿足矣。②

---

* 广西师范大学教授、广西文艺理论家协会副主席。本文为广西第三批特聘专家“广西师范大学广西抗战文化暨桂林文化城研究”岗位（编号 2014B014）、广西人文社会科学发展研究中心哲学社会科学服务地方经济社会发展特色基地桂林抗战文化研究与教育实践基地阶段性成果。

① 《盛会盛举盛况空前　西南剧展开幕》,《大公报》1944 年 2 月 16 日，收入漓江出版社《西南剧展》上册，1984 年 2 月第一版，第 86 页。

② 张客:《忆西南剧展》，收入漓江出版社《西南剧展》下册，1984 年 2 月第一版，第 361 页。

一个艺术馆，通常包括三个方面的形式内涵：一是艺术馆作为建筑本身的物质实体，二是艺术馆作为组织机构的建制职能，三是艺术馆开展的文化活动。在中国现代文化史上，广西省立艺术馆在这三个方面均堪称卓异。一是其建筑本身，如上所述是中国第一个伟大戏剧建筑，二是其职能体制在全国尚属创举[①]，三是因其新厦落成而举办的西南剧展为“中国戏剧史上空前盛举”[②]。

广西省立艺术馆能够在中国现代文化史上享有如此重要的地位，与一个人有关，这个人就是戏剧大师欧阳予倩。欧阳予倩是广西省立艺术馆机构的创始人、艺术馆馆厦的创建人及西南剧展的创办人。下面我们分头述来。

一、创始广西省立艺术馆

1938 年 5 月，欧阳予倩应广西戏剧改进会会长马君武的邀请到桂林改良桂戏。到桂林后，欧阳予倩为南华戏院排桂戏《梁红玉》，为国防艺术社排话剧《曙光》《青纱帐里》和《前夜》。之后离开桂林去了香港。

1939 年 9 月，欧阳予倩再次应邀来到桂林。这时武汉和广州均已沦陷，桂林已经成为文化中心，欧阳予倩出任广西戏剧改进会会长，对原“戏改会”所属的桂剧团进行了整顿，命名为“桂剧实验剧团”，欧阳予倩兼任团长。

1940 年 3 月 3 日，广西省立艺术馆成立。据陈珂的《欧阳予倩评传》，广西省立艺术馆最初是徐悲鸿创立的美术馆，因徐悲鸿要去重庆创办美术学院，他便委托欧阳予倩承接该馆。欧阳予倩接手后，于美术部外，为该馆增设了戏剧部和音乐部。

1946 年出版的《桂政纪实》对广西省立艺术馆的成立有较详细的记录：

二十四年，广西即有筹设“美术院”之动议；迨二十五年，省政府迁桂后，进行设计规划，更为积极。二十六年，即于桂林中山公园内，建筑“美术学院”；虽因抗战军兴，未能按照原定计划全部完成，而鉴于抗战时期，需要艺术教育之迫切，乃利用其已成部分，对于艺术教育工作人员，施以进修之训

① 《西南剧讯》,《戏剧春秋》1940 年第 1 期，第 39 页。

② 《西南首届剧展 今日隆重开幕》,《大公报》1944 年 2 月 15 日。

练。二十七年，开办“省会国民基础学校艺术师资训练班”及“中等学校艺术教师暑期讲习班”，以加强各级学校之艺术教育工作。二十八年，复筹设“音乐戏剧馆”，并继续办理“艺术师资训练班”。二十九年，以艺术教育原包括美术、音乐、戏剧三部分，不必分立，遂将音乐戏剧馆改组为“广西省立艺术馆”，其组织，分美术、音乐、戏剧三部，于是年三月成立，开始工作。①

根据这段记录，可知广西省立艺术馆与徐悲鸿原拟创办的桂林美术学院有某种渊源。如今的广西省立艺术馆给人的印象似乎只有演出功能，相当于一个剧场。但根据上述文字，可知广西省立艺术馆建立的初衷为的是艺术教育。对此，《桂政纪实》还有明确说法：

二十九年三月，始设置省立艺术馆，以为艺术教育之研究、改进、辅导、推广之机关。②

欧阳予倩本人当年在文章中亦写道：

广西省政府设立艺术馆本有两重意思：一来是为了适应“抗建”宣传的需要，二来是要想建立一个艺术教育的基础。所以艺术馆一方面极力注重研究与训练，同时于当前的宣传工作，也努力从事，从不曾忽略一点。大体说来，艺术馆担负的全部任务是——

（一）培养推行艺术教育的干部。

（二）从实际行动，有系统地研究各艺术部门的理论和技术，以及推行艺术教育的方法。

（三）利用各种艺术做抗战新中国成立的宣传。有人说艺术馆不完全像个研究机关，又不是宣传队和政工队，这种情形在目下自属不能避免。③

艺术教育不仅包括戏剧艺术教育，还包括美术和音乐教育。广西省立艺术

---

① 《桂政纪实》，广西省政府十年建设编纂委员会编印，1946 年 4 月出版，第 311 页。

② 同上书，第 310 页。

③ 欧阳予倩:《省立艺术馆的工作概况》，原载《建设研究》1941 年第 5 期，《桂林文史资料》第四辑收入该文。

馆成立之初的新闻报道，不仅明确表明了广西省立艺术馆艺术教育的功能，而且对戏剧、美术和音乐三部的情况皆有所说明。请看下面两则新闻：

广西省立艺术馆之成立，在国内尚属创举。计分戏剧、美术、音乐三部。由欧阳予倩任馆长兼戏剧部主任。美术部主任由徐悲鸿氏担任。音乐部主任将由陈洪氏担任。戏剧部下属话剧实验剧团与桂剧实验剧团。话剧方面，曾演出《国家至上》，闻现正排演夏衍氏之新作《心防》。桂剧方面曾演出《桃花扇》《人面桃花》《搜庙反正》《胜利年》诸剧。最近又有欧阳氏所作《渔夫恨》及《忠王李秀成》《木兰从军》等剧上演。又，新建之广西剧场，不日即可落成。①

广西为提倡艺术教育起见，特创办省立艺术馆，业经省府修正通过，并已委任省府顾问欧阳予倩氏为馆长。该馆内共设美术、音乐、戏剧三部，美术部由张安治等负责，其下设绘画、雕塑（拟缓办）、工艺图案三组，音乐部部长经聘马思聪充任，该部分声乐与器乐两组，至戏剧部部长则由欧阳自兼，其下分话剧组与歌剧组，并拟附设舞蹈班，话剧组正在组织话剧实验剧团，歌剧则已有桂剧实验剧团。此外早已开办之艺术师资训练班，亦辖于艺术馆之下。全馆经费，年约国币十万元。最近据欧阳表示，艺术馆之组织，注重在艺术的实地研究，馆内人员，分工合作，各贡所长，与一般艺术工作队不同，异日范围扩大后，将举办戏剧、美术、音乐等学校，造就大批干部，俾展开艺术工作云。②

这两则当年的新闻表明，当年的广西省立艺术馆，在全国属于首创。对此，欧阳予倩的继任，党明在回忆文章中也曾谈到。

艺术馆的组织，在本省来说，还是一种创举，因为本省的首创，黔、粤两省也相继成立了。③

这个全国首创的艺术馆，其功能为艺术教育，分戏剧、美术和音乐三部。艺术馆馆长为欧阳予倩，下设三部的主任，戏剧部主任由欧阳予倩兼任，美术

---

① 《西南剧讯》,《戏剧春秋》1940 年第 1 期，第 39 页。

② 《广西省立艺术馆近况》,《教育通讯》（汉口）1940 年第 16 期，第 8—9 页。

③ 党明:《六年来的广西省立艺术馆》，原载《广西省立艺术馆开幕纪念特刊》，1947 年 1 月 1 日桂出版，收入《桂林文史资料》第四辑。

部主任由徐悲鸿担任，音乐部主任由马思聪担任。三个部的主任均为相关领域的大师。不过，事实上徐悲鸿并未就任美术部主任之职，美术部的负责人实为张安治；马思聪亦未就任音乐部主任之职，音乐部的负责人为胡彦久。由此可见，只有欧阳予倩，他既是广西省立艺术馆的创始人，又是名副其实的首任馆长，而且还兼任戏剧部的负责人。而美术部和音乐部的实际负责人，一位姓名萧痕的作者 1943 年发表的一篇文章《略叙广西省立艺术馆》曾专门写道：

美术部名誉部主任是徐悲鸿，实际代拆代行的是代主任张安治。有十三太保担当着这一部的重任，桂林十字路口有一块观众最多最被人注目的广告牌，那上面贴的是美术部出版的“每周画刊”，而今已出到八十期，从未间断。在书店则可以买到他们出版的《收获》和《克敌》木刻集，《战时素描画册》《战时美术论丛》等书。以前还可以经常在《扫荡报》上看到《美术专页》，而今因该报改组而停刊。

绘画研究会是为便利爱好美术人士业余进修和研究而设的，毕业生有二百人。工商美术供应社专门协助各界设计图案，受惠者有更生磁器厂等。①

音乐部前主任是胡彦久，新主任是陆华柏。②

张安治是美术界知名人士，徐悲鸿的学生，陆华柏是音乐界知名人士，其到桂林与徐悲鸿有关联；胡彦久是音乐界知名人士。他们主持广西省立艺术馆美术部和音乐部，亦是一时之选。

二、创建广西省立艺术馆馆厦

严格地说，1940 年 3 月成立的广西省立艺术馆，只是一个组织机构，但其馆厦尚未建设，其工作处于借地办公的状态。对此，当年广西省立艺术馆美术部的工作人员朱锡华有文章回忆：

艺术馆由欧阳予倩先生任馆长，原定下设戏剧、美术、音乐三个部。建馆

① 萧痕：《略叙广西省立艺术馆》，《艺丛》1943 年第 2 期。

② 同上。

初期，戏剧、美术两部最先同时成立（音乐部由于当时条件不成熟暂未设立，延至后期才成立）。戏剧部主任由欧阳馆长兼任，美术部主任由张安治先生兼任（张同时在广西艺术师资训练班任美术教师）。艺术馆馆部与戏剧部办公地址设于三多路马房背；美术部租赁太平路十八号李宅为工作室（后迁至榕荫路）。住地十分接近，联系方便，每星期一照例还到馆部举行“纪念周”活动。①

当年桂林新中国剧社的理事长瞿白音写于 1958 年的回忆文章中专门谈到广西省立艺术馆的建设：

广西省立艺术馆成立于 1940 年 3 月，馆址在桂林榕荫路后面一条陋巷里的一所破旧民房，经常演出时，需要以高价租用戏院，对于工作的开展，是非常不便的。因此，艺术馆本身有建筑馆址的迫切要求。广西省政府对于艺术馆所提出的要求虽然同意，但只拨了一块地而不给建筑费。于是，艺术馆只好采取了募捐建馆的办法。在欧阳予倩馆长苦心筹划之下，一方面广发捐册，向社会募集建筑基金；一方面设计兴工，进行建筑。工程是在 1942 年开始的，由于经费的短绌，战时物力的艰难，曾经一再受阻，进行得很不顺利，直到 1943 年冬，工程才算是大体上完成了，预期 1944 年 2 月全部落成的希望，可以实现。②

当年桂林文化城重要的本土文化人李文钊 1964 年专门有文章回忆欧阳予倩建设艺术馆：

艺术馆规模虽不小，但馆址是借用的，设在榕荫路转角的一小巷马房背内，房屋破旧局促很不相称。尤其是当时演唱活动较多，自己没有剧场，每次演出需向其他剧场或电影院租用，极感不便。因此，包括一个剧场在内的馆址是十分需要的。但建筑新馆，伪省府并未拨款，欧阳是以贷款方式来筹建的。在得到当时中建公司张复初先生赞助之下，以相当快的速度在预定的期限

---

① 朱锡华：《广西艺术馆美术部在抗战时期的美术活动》，收入杨益群编著《抗战时期桂林美术活动》，漓江出版社 1995 年版。第 633 页。

② 瞿白音、田念萱：《回忆西南第一届戏剧展览会》，原载《中国话剧运动五十年史料集》第 2 辑，收入《桂林文化城纪事》，漓江出版社 1984 年版。

内——一九四四年二月十五日落成。[①]

广西省立艺术馆剧场，据李文钊的回忆文章：

一九四四年二月十五日，广西艺术馆的落成典礼举行了。西南剧展的开幕式举行了。这不仅是艺术馆的喜事，不仅是桂林戏剧界的喜事，同时也是全国话剧界的喜事。因为当时在全国还没有一个专供话剧的剧场，话剧的演出要向其他剧院租用，不仅不适合而且受一定的剥削，有时还受到剧院老板的冤气，话剧演出受到的限制是很大的。广西艺术馆落成，在桂林话剧界说有了专供话剧演出的、新型的、自己的剧场，在全国话剧界说，这也是一个很大的鼓舞。所有桂林的剧人，所有来参加西南剧展的几十个剧团的朋友，都为中国第一个话剧场的出现，感到由衷的高兴。[②]

桂林文化城研究专家魏华龄的文章中说得更为详细：

艺术馆刚成立时，没有基建拨款，也没有馆址，办公暂时租用马房背小巷的一间民房，欧阳馆长则租住在榕荫路 13 号，离办公地点很近。艺术馆不是机关，它是一个文艺活动团体，经常要演出，要举办展览等等，自己没有剧场，每次演出要租用私人剧场，不但要付出一笔很大的租金，而且剧场不适合话剧演出和音乐演奏的要求，直接影响到演出效果，怎么办？在欧阳馆长的多方筹划下，当时的广西省政府不得不拿出一笔钱，但是不够，决定自力更生。为了筹募新馆建筑基金，欧阳馆长发动戏剧界明星，在广西剧场举行联合义演，这次义演持续了 9 天，收获不小。艺术馆新馆址于 1943 年春开始筹建，由著名建筑工程师钱乃仁设计，中兴建筑公司负责承建，3 月开工，1944 年 2 月竣工。艺术馆剧场的设计是按话剧演出的要求，使舞台布局和剧场音响效果都比较理想，共有 800 多个座位，是当时全国仅有的一座新型的话剧剧场。[③]

① 李文钊：《广西省立艺术馆》，《桂林文史资料》第四辑收入该文。

② 同上。

③ 魏华龄：《欧阳予倩与广西省立艺术馆》，收入魏华龄编著《桂林文化城人物选辑》，《桂林文史资料》第 54 辑，桂林市政协文史资料委员会编。

李文钊、魏华龄所说不虚，不妨看看当年的记者如何看这座剧场：

艺术馆剧场建筑设计都是新颖的，容有两个舞台面，舞台上预备装设轨道，使得舞台面可以灵活推动，可以节省布景时间。舞台面（口）也增高到二十五尺，布景较大的戏也可以上演了。

演话剧的，现在总算自己有个地方了。[①]

无论是当时的新闻还是后来的回忆，都表明这座剧场是当时中国第一座专业的话剧剧场，而且，这还是一座建筑风格上融贯中西，美轮美奂的剧场：

桂西路的末端，一座渠渠的大厦，作赭红色，栋宇辉煌，美轮美奂，有古代宫室之华，得西洋建筑之粹。[②]

田汉在回忆文章中也说道：

予倩费了很大的气力也听了无数的闲话，在桂林中学对面建筑了一座艺术馆，有办公厅，有宿舍，更有画廊和一个很摩登伟丽的剧场。[③]

遗憾的是，这座栋宇辉煌、摩登伟丽的剧场，建成不到一年，即在战火中沦为废墟。据当年亲历者所见："复员归来，艺术馆经过敌寇的淫略，只剩下一片瓦砾之场。"[④]"我们从昭平回到桂林，触目是破墙败瓦，以前的巍峨艺术馆，只剩下一堆灰烬了。"[⑤]"作为本部工作据点的剧场，已经被毁于炮火，失去了剧

---

① 默寒：《西南剧展开幕前后》，《新华日报》1944年3月2日，收入《西南剧展》上册，漓江出版社1984年版。

② 云在华：《纸上银幕——桂林的戏剧节》，《大公晚报》1944年2月19日，收入《西南剧展》上册，漓江出版社1984年版。

③ 田汉：《欧阳予倩先生的道路》，原载1946年9月12日《文萃》第47期，收入苏关鑫编《欧阳予倩研究资料》，中国戏剧出版社1989年版。

④ 党明：《六年来的广西省立艺术馆》，原载《广西省立艺术馆开幕纪念特刊》，1947年1月1日桂林出版，收入《桂林文史资料》第四辑。

⑤ 殷之濂等：《广西省立艺术馆三十五年度各部工作报告》，原载《广西省立艺术馆开幕纪念特刊》，1947年1月1日桂林出版，收入《桂林文史资料》第四辑。

场，也就像作战失去了堡垒……”[①] 田汉的文章亦写道：“桂林被围，经过自己放的和敌人放的大火，艺术馆和广西剧场同样是‘片瓦无存’了。”[②]

据陈珂《欧阳予倩评传》：“1945 年 10 月 20 日，（欧阳予倩）率领广西艺术馆的工作人员返回桂林。昔日文化城，经过日寇的浩劫已面目全非。欧阳予倩所苦心经营筹建的艺术馆和广西剧场，也已茫然无存，只剩下一片瓦砾了。”[③]

“欧阳予倩没有被这悲哀击倒，胜利后居然第三次又建剧场……”[④]1946 年 2 月 15 日，欧阳予倩主持广西艺术馆重建的奠基仪式。[⑤]

1945 年 10 月返回桂林，1946 年 2 月就开始重建，前后不到 4 个月的时间，欧阳予倩究竟有什么样的能耐获得重建的经费？一篇题为“欧阳予倩先生离桂内幕及今后动向”的文章涉及了欧阳予倩重建广西省立艺术馆的经费来源：

那个辛辛苦苦由欧阳先生一手创造出来的“艺术馆”却给敌人毁坏得什么都没有了；要重建又得要经费，而省政府很穷，拨不出钱来。后来欧阳先生和省政府商得两全的方法，就让全馆报 90 个工作人员的名额而实际用 35 个人，空下 55 人的薪水虽然有限，但连同生活补助费一起留下来，数目也相当可观，重新盖造“艺术馆”的经费就可由此得来了。[⑥]

魏华龄的文章也谈到艺术馆重建的一些情况：“重建新馆仍由原建筑设计师

---

① 殷之濂等：《广西省立艺术馆三十五年度各部工作报告》，原载《广西省立艺术馆开幕纪念特刊》，1947 年 1 月 1 日桂林出版，收入《桂林文史资料》第四辑。

② 田汉：《欧阳予倩先生的道路》，原载 1946 年 9 月 12 日《文萃》第 47 期，收入苏关鑫编《欧阳予倩研究资料》，中国戏剧出版社 1989 年版。

③ 陈珂：《舞古今长袖 演中外剧诗——欧阳予倩评传》，上海古籍出版社 2012 年版，第 237 页。

④ 田汉：《欧阳予倩先生的道路》，原载 1946 年 9 月 12 日《文萃》第 47 期，收入苏关鑫编《欧阳予倩研究资料》，中国戏剧出版社 1989 年版。

⑤ 苏关鑫：《欧阳予倩年表》，收入苏关鑫编《欧阳予倩研究资料》，中国戏剧出版社 1989 年版。

⑥ 俞晨：《欧阳予倩先生离桂内幕及今后动向》，原载《西南日报》1946 年 11 月 11 日，收入苏关鑫编《欧阳予倩研究资料》，中国戏剧出版社 1989 年版。

钱乃仁设计，华夏建筑公司承建。……广西省立艺术馆的重建直到 1946 年 12 月底才竣工。"①

这个重建的艺术馆，据俞晨文章，"可以使许多朋友要演戏有剧场，要开画展有画廊，要谈天有小屋子，要集会有会议厅，是一个多么值得保存的地方呀"②。

可惜的是，正当广西省立艺术馆重建之时，1946 年 7 月，欧阳予倩到上海看望母亲兼医治足疾，在上海期间参加了文艺界悼念李公朴、闻一多的会议并慷慨陈词，1946 年 8 月，当欧阳予倩重返桂林，发现环境氛围对他很是不利，遂辞去广西省立艺术馆馆长职务，于 1946 年 9 月离开了他生活长达 7 年的桂林。壮士一去兮不复回，从此欧阳予倩似乎再也没有到过桂林，这也就意味着欧阳予倩没有亲眼见过落成后的付出了他大量心血的广西省立艺术馆。

三、创办西南剧展

西南剧展全称为西南第一届戏剧展览会。西南剧展是一个包括戏剧演出展览、戏剧资料展览和戏剧工作者大会三大内容的戏剧活动。从 1944 年 2 月 15 日开幕至 5 月 19 日结束，历时 90 多天。据 1944 年 5 月 19 日的《大公报》，西南剧展演出单位 30，演出节目计话剧 23，歌剧 1，京剧 29，桂剧 8，及民谣舞蹈、傀儡戏、魔术、马戏各项，总演出场数 170 场，观众数量达 10 万人以上；戏剧资料展览为期半月，展出团体 22 单位，参观人数 3 万多；戏剧工作者大会达 15 天，分专题演讲、工作报告、提案讨论等项。③

1944 年 2 月 13 日《力报》引用赖贻恩神父的话："这次剧展能集半个中国

---

① 魏华龄:《欧阳予倩与广西省立艺术馆》，收入魏华龄编著《桂林文化城人物选辑》，《桂林文史资料》第 54 辑，桂林市政协文史资料委员会编。

② 俞晨:《欧阳予倩先生离桂内幕及今后动向》，原载《西南日报》1946 年 11 月 11 日，收入苏关鑫编《欧阳予倩研究资料》，中国戏剧出版社 1989 年版。

③ 参阅丘振声、吴辰海《旌旗此日会名城——西南剧展概述》，收入漓江出版社《西南剧展》上册，1984 年版，第 2 页。

的戏剧团体于一地，在中国史上可以说是伟大创举。”①

1944年5月17日《大公报》转引美国权威戏剧评论家爱金生在《纽约时报》刊登的文字：“如此宏大规模之戏剧盛会，有史以来，自古罗马时代曾经举行外，尚属仅见。中国处于极度艰困条件下，而戏剧工作者以百折不挠之努力，为保卫文化、拥护民主而战，迭予法西斯侵略者以打击，厥功至伟。此次聚中国西南八省戏剧工作者于一堂，检讨既往，共策将来，对当前国际反法西斯战争，实具有重大贡献。”②

这个在开展之初即被当时各种媒体皆称之为“中国戏剧史上的空前盛举”③的西南剧展，究竟是因何发起、由谁发起？自然值得一说。

《当代文艺》1944年创刊号发表了欧阳予倩《关于西南第一届戏剧展览会》一文，欧阳予倩在文中说道：

这回的展览会，不是少数人号召起来的，是大多数戏剧工作者的要求。最初几个朋友谈起的时候，并没有打算大规模地举办，只想就广西省立艺术馆新建馆址落成的机会，邀请近邑几个团队连续演几个戏，恰好“新中国剧社”回到桂林，四队的同志也来了几位，大家一谈，展览会的组织就被提出，恰好九队副队长刁光覃同志也到了桂林，各方面的朋友相聚商讨，办法就大体决定了。瞿白音同志自告奋勇拟“通启”和“简则”，有的便私人写信征求各团队的意见，四队、七队、九队，首先决定参加，曲江方面也托朋友来问，充分作参加的准备。为着办事的简单便利起见，推“省艺”主办，这在省艺同人是引为荣幸的……④

---

① 《在剧展招待会上欧阳予倩报告筹备经过》，1944年2月13日《力报》，收入漓江出版社《西南剧展》上册，1984年版，第79页。

② 《西南剧展的荣誉》，1944年5月17日《大公报》，收入漓江出版社《西南剧展》上册，1984年版，第158页。

③ 《戏剧史上的空前盛举西南剧展开幕》，原载1944年2月25日《新华日报》，收入漓江出版社《西南剧展》上册，1984年版，第93页。

④ 欧阳予倩：《关于西南第一届戏剧展览会》，原载《当代文艺》1944年创刊号，收入漓江出版社《西南剧展》上册，1984年版，第42页。

这篇文章专门附录了欧阳予倩致戏剧工作者的信，其中写道：

我们应该承认，在这些战斗的日子里，我们彼此间还没有充分的联系，缺乏相互观摩和借镜的机会，缺乏分享彼此得失忧乐的愉快。这在我们的工作上，是一个不容忽视的损失。为了迎接更艰辛的战斗，更繁重的任务，我们必须弥补这些损失。桂林的戏剧工作者有鉴于此，拟就广西省立艺术馆新址落成之机会，于民国三十三年二月十五日戏剧节，在桂林举行戏剧展览会及戏剧工作者大会，推本馆主办。诚挚地向敬爱的同志们邀请，请同志们热烈参加。为了地方辽阔，交通不便，我们想暂以粤、湘、桂、黔、滇西南五省及其邻省闽、赣、鄂等八省为基本单位，定名为西南戏剧展览会和西南戏剧工作者大会。①

从欧阳予倩当年的文章，可以清楚地看到，西南剧展最初的动议是就广西省立艺术馆新馆落成的机会而举办的一个庆祝会，主办单位是广西省立艺术馆，但由于戏剧界各路精英的思想碰撞，竟然形成了西南剧展这样一个中国戏剧史上的空前盛举。

田汉当年的文章与欧阳予倩的说法基本相同：

这次西南剧展的发起，一半是偶然的。广西省立艺术馆建筑新馆，包含一颇为精美的剧场。为着这剧场的开幕，主持者欧阳予倩先生想邀一些团队来热闹一番。但在筹备中意义和规模逐渐扩大，成为今日这样包含西南八省戏剧工作者一千余人集中桂林互相观摩的盛会。这在中国戏剧史上是创举，同时替将来更盛大的中华全国戏剧工作者年会奠定了一个重要的基础，实在值得注意。②

两年后，田汉在《新中国剧社的苦斗和西南剧运》一文中回忆道：

《金玉满堂》的上演期，桂林的戏剧界在商量着如何迎接行将到来的新订

---

① 欧阳予倩:《关于西南第一届戏剧展览会》，原载《当代文艺》1944年创刊号，收入漓江出版社《西南剧展》上册，1984年版。第44页。

② 田汉:《戏剧节与西南剧展》，原载《中学生杂志》第74期，收入漓江出版社《西南剧展》上册，1984年版，第47页。

的戏剧节——二月十五日。某日我在中正大桥的东堍遇瞿白音兄。他和我谈到西南戏剧展览的计划。他已经和予倩先生谈过，我也极赞成他的旺盛的企图心，答应尽量帮助这一理想的实现。①

根据西南剧展两位重要领导人的回忆，可见，西南剧展最初的构想是为广西省立艺术馆的落成而策划一个戏剧活动，但当欧阳予倩与新中国剧社瞿白音、田汉等人商量他的想法时，方案逐渐扩大，最后形成了中国戏剧史上的空前盛举西南剧展。

作为广西省立艺术馆馆长，欧阳予倩是西南剧展常务委员会主任委员，当时《大公报》记者写道：

艺术馆在剧作家欧阳予倩的领导下，始终是站在西南剧展的宝座上，领导西南剧运的展开的。艺术馆不是一个纯粹为艺术而艺术的剧团，他们乃是一支文化军。事实上，桂市各校任何一次上演话剧，艺术馆的工作同志，都应邀前往导演和担任演出顾问的。这次剧展的展出，十分之八以上是欧阳予倩先生在苦心策划的，虽然报纸上筹委会的名单是那么一大片。②

作为剧作家的欧阳予倩，不仅是西南剧展的策划人、组织者，而且是西南剧展几个重要戏剧作品的作者。综合《桂林文化大事记》和《旅桂作家》两书的记载：

1944 年 2 月 16 日，西南剧展首场演出为广西戏剧改进会桂剧实验剧团演出欧阳予倩编导的桂剧《木兰从军》。

1944 年 2 月 17 日，广西省立艺术馆演出欧阳予倩编导的话剧《旧家》。

1944 年 2 月 18 日，桂剧实验学校演出欧阳予倩的桂剧《人面桃花》。

1944 年 2 月 19 日，广东省立艺专实验剧团用粤语演出法国剧作家福墅洼作的三幕名剧《油漆未干》，该剧由欧阳予倩翻译。

---

① 田汉：《新中国剧社的苦斗和西南剧运》，原载《评论报》（上海）1946 年 1—2 期，收入吴辰海、丘振声、唐国英编选《戏剧运动》，广西人民出版社 1992 年版，第 180 页。

② 《剧展中的话剧团》，原载 1944 年 2 月 16—17 日《大公报》，收入漓江出版社《西南剧展》上册，1984 年版，第 252 页。

1944年3月11日，柳州四维平剧社演出欧阳予倩新编平剧《梁红玉》。

1944年4月18日，欧阳予倩早期话剧《屏风后》演出。

以上6个剧作有话剧、京剧、桂剧，还有外国话剧，足见欧阳予倩在西南剧展中的重要作用。

1946年，田汉写有《欧阳予倩先生的道路》一文，文中录入了他为欧阳予倩写的一首长歌，这首长歌写的是欧阳予倩在广西奋斗的经过，谨录以下作为本文的结尾：

泛舟直向吴淞口，又聚梅龙举美酒。
当时剧坛几少年，相看半成头白叟。
抗战经年多慷慨，间关入桂竟怒吼。
戏剧展览到苗瑶，此盛前古良未有。
敌人长驱过黄沙，桂林岌岌不可守。
尽携文物入昭平，群把心防筑敌后。
女日百里妻五十，其为人民效奔走。
胜利欢呼动桂江，山城岁月已非旧。
楼阁如云林荫香，存无一二毁八九。
瓦砾成堆歌舞歇，掩涕为之吊良久。
壮哉南杰湖南牛，不畏万难掣其肘。
为引春风入芜城，再把锄头种新柳。
新柳成行春风来，桂林文化又登台。
但教春草绿天下，何惜秋风老霸才？①

---

① 田汉:《欧阳予倩先生的道路》，原载《文萃》1946年9月12日，收入苏关鑫编《欧阳予倩研究资料》，中国戏剧出版社1989年版。

欧阳予倩与《桃花扇》的多维演绎

臧　杰*

自1935年为新华影业公司编导电影《桃花扇》后，欧阳予倩与《桃花扇》结缘二十余年——1937年“八一三”之后改编了京剧《桃花扇》，在上海更新舞台演出；1939年二次入桂林后复改为桂戏；1947年随新中国剧社赴台湾演出改编为话剧；1956年，苏联专家列斯里和他分别执导排演话剧版，由中央戏剧学院导演干部训练班和实验话剧院演出①……

在他去世的五天前，由耿震执导、中央戏剧学院实验话剧院演出的《桃花扇》还在北京做了第四度公演；在他故去16个月后，西安电影制片厂根据其剧作改编的电影《桃花扇》获准出厂——于1964年1月21日正式获得批准输往东南亚、香港、澳门、朝鲜、日本等地放映。

经由史料梳理可以发现，这些与他紧密关联、跨媒介的《桃花扇》，绝非一般意义上的改编。每次改编，几乎都有一定的复杂性：或夹带着时代征候与艺术本体汇融交织、影响催化的多重信息，或透散着不同时代不同艺术面相的呈现与演绎，有的甚或关涉了中国电影戏剧进程中的一些重要问题。

电影版《桃花扇》：市场与政治的二度选择

按照欧阳予倩自撰《电影半路出家记》里的说法，新《桃花扇》的题目是

*　青岛文学馆馆长，青岛市文艺评论家协会副主席。

①　列斯里执导导演干部训练班初次演出《桃花扇》的时间为1956年1月27日；欧阳予倩着手复排的时间为1956年12月26日。

张善琨出的，主要角色也是由张善琨选定的。出于谋生的需求，欧阳予倩答应了这个要求，并拍摄了他电影生涯中的第一部有声片。

作为新华影业公司的老板，张善琨的出发点是商业票房。新《桃花扇》片名响亮，延请欧阳予倩作导演，既可以借助他在上海文明戏和旧剧界的影响，又兼及他“刚从国外避风回来，能引起社会上的注意”①。

演员阵营方面，则新老兼顾，既有金焰、胡萍式的新星，又有张织云这样的老牌。而此三者的身份也颇多回味，金焰是朝鲜族的硬汉小生，胡萍是会写文章的女明星，有“作家明星”的时誉；张织云则刚刚经历了恋人唐季珊移情阮玲玉而复出影坛。这些演员的现实经历与影片中的角色作对位对照，也很具叫座的意味。

对此时的欧阳予倩而言，创作与执导这样一个剧本颇为相宜，甚至可以说有些正中下怀。他将历史剧《桃花扇》的剧情移植于军阀混战的年代，意在抒发胸臆——想“借李香君写对封建势力摧残的女性，借侯朝宗写知识分子的无用，借吴三桂写媚外的军阀”。曾深入广州北伐革命现场的他，经历过大革命激越与纷争，裂变与失败。他对军阀、买办、不自爱的知识分子，以及革命青年均有着深入的了解，也积聚了想发泄的情绪。虽然为了替公司躲闪电影审查在写作上有所收敛，但还是在痛伐现实积弊的同时，深切把握了“幸福是在继续奋斗的道路上”的主题。

新《桃花扇》的主题歌也一如它的商业性与革命性，“口味”一软一硬，以适应于不同需求的观众。而影片在首轮放映时，选择了专映外国片的影院，以便于借助好的放映设备掩盖部分制作上的不足；同时还在报纸上大搞竞猜活动，猜对的观众可获赠折扇一把，扇面是上海名家张聿光画的桃花，还有参演明星们的亲笔签名。

由这些信息不难看出，新《桃花扇》的拍摄，基本处于一种商业语境之下，虽然题材是有指向的，也隐含了政治审查的局囿，但直接的诉求还是与投资相对应的票房。就出品方而言，以有意味的题材、有意味的阵营、有策略的

① 指欧阳予倩 1932 年到欧洲，1933 年两到苏联。参见《电影半路出家记》，中国电影出版社 1962 年 1 月版，第 17 页。

放映，寻求商业价值则是制片的目的地；而对作者来说，寄居于这种商业模式下，尽可能把自己想讲的故事讲充分，则也算是各取所需，各有所得。

与新《桃花扇》的商业片形式相比，1963年的“西影”版《桃花扇》是新时代情境下的艺术片，涵括了“制作形式完美，编导演精湛，情感真挚，思想内容健康明朗，政治指向积极进步，能唤起广大人民群众的审美感情”等价值指向。

在拍摄这部影片时，欧阳予倩已于1961年9月24日辞世，故而通常被认为与他关联不大，事实上也不尽然。

1961年6月，中宣部、文化部在北京新侨饭店召开了全国文艺工作者座谈会和全国电影故事片创作会议，为“反右”和三年自然灾害阴影中的电影界重新赋予了活力。1961年9月20日，由中央戏剧学院实验话剧院排演的《桃花扇》（耿震导演）在北京作第四次公演[①]，“北影”与“长影”均有意改编拍摄该剧，遂向文化部电影局提请了拍摄意向，“西影”闻悉后表示早有酝酿，要力争拍摄。

从“西影”在“文化大革命”中印行的《桃花扇》批判资料[②]中可以看出，“西影”酝酿《桃花扇》应该是在这一年的初春。陈荒煤到“西影”做了创作动员报告。在此后主创人员座谈中，孙敬提出了拍摄《桃花扇》的动议。此时的孙敬已完成了秦腔《一文钱》《三滴血》的拍摄。在1955年5月，陕西省戏曲剧院也对《桃花扇》作了秦腔改编；1960年中国唱片公司灌制发行了由西安市秦腔剧院伴奏、张咏华演唱的唱片。因之，在戏曲片拍摄的基础上继续改编《桃花扇》，成为孙敬的应有之意。

在三家电影厂竞拍的局面下，还是经陈荒煤协调，“西影”取得了拍摄权。“文化大革命”印行的《大毒草〈桃花扇〉出笼内幕》里说，1961年10月，孙敬被西影派往北京，一方面“千方百计找原话剧本作者欧阳予倩改编电影剧本，因欧阳予倩在病中，争取到由孙敬改编”；另一方面“积极与当时上演《桃花扇》话剧的实验话剧院联系，为邀请演员建立关系”。

---

① 公演时间据《中央实验话剧院建院三十周年纪念册》（一）附录。

② 参见《水银灯下的变天梦》，西安电影制片厂鲁迅兵团1967年1月印行。

也就是说，《桃花扇》改编为电影剧本，是欧阳予倩在病中首肯授权的。而争取多使用实验话剧院演员的动议，后来则发生了变化，主要是因为耿震版《桃花扇》的李香君——郑振瑶在筹拍时已有孕在身，后才改拟由上海戏曲学校昆大班的学生张洵澎出演。然而当时张洵澎还是在校学生，按戏校规定，学生未毕业不能参加职业演出，戏校副校长言慧珠遂婉拒了西影的要求。[①] 最终，在西影厂厂长钟纪明的建议下，改邀王丹凤出演该片。由于王丹凤生于 1924 年，时年已经三十有八，已选定饰演侯朝宗的北昆演员丛兆桓比她年轻七岁，王丹凤认为不太妥，男主角遂换成了正由“珠影”向“峨影”办调动的冯喆。据丛兆桓说，冯喆进组后，还一度建议丛兆桓到“珠影”替代他空出的小生位置。冯喆认为，演电影要比昆曲的路子宽很多。

正是这些具体的调整，才使得“西影”版《桃花扇》的最终呈现看起来与欧阳予倩及中央戏剧学院实验话剧院关联不多。

因为 1962 年 9 月中共八届十中全会已经召开，对阶级斗争、路线斗争和反修正主义的强调全然明晰；1963 年 1 月，柯庆施在上海文艺界新年联欢会上提出的“大写十三年”要求着重提倡写新中国成立后的十三年，要写活人，不要写古人、死人。这一倡议与三个月前江青所及的“舞台上、银幕上，帝王将相、才子佳人、牛鬼蛇神泛滥成灾”有“严重问题”不谋而合。此论一出，即得到江青盛赞。而 1962 年 11 月才建组开拍的“西影”版《桃花扇》，拍摄期间的形势压力可以想见。

《桃花扇》虽未在国内公映，但在“社教运动”中即开始做检查。及至“文化大革命”，成了受批判的对象，被指做着“水银灯下的变天梦”，开列有“极力抒发牛鬼蛇神的兴亡之感”“大肆鼓吹反革命气节”“号召反革命复辟”等罪状。因为影片中的一些批判性话语，而被指为“颂古非今，恶毒攻击三面红旗”；对明朝的捍卫，则被指为“借情抒感，怀念蒋家王朝”……

由之引发的“文化大革命”中的批判与武斗，对《桃花扇》核心创作人员的伤害是巨大的，导演孙敬自杀未遂，主演冯喆在成都被批判时往往还要被迫

---

① 参见陈均《义兼崇雅 终朝采兰：丛兆桓评传》，上海古籍出版社 2001 年版，第 118 页。

穿上戏装、手持写有“桃花扇”的折扇。女诗人翟永明在少年时代曾在成都八宝街电影院门口目睹冯喆的被批斗经过，若干年后写下了《哀书生——因绝调词哀书生而忆冯喆》一首，诗中道：

活在 1699 年
你就是一介书生
风流倜傥美人缘
活在 1969 年
你就是一个罪人
披发散衣 掩面低首
密封在一套古老戏装
被批斗 被游街
被角色演绎你
成为你演绎过的角色
……

“西影”版《桃花扇》的再现，尽管在艺术表达的追求上，在努力适应时代上，有了更为“积极”的一面——试图让侯朝宗的贰臣之选变成了爱情的权宜之计，试图更进一步突出李香君在气节上的高洁，试图将马士英、阮大铖所代表的地主官僚典型化以突出他们的丑恶与凶恶的面目，但最终还是没有办法消除故事所固有的文化语境和情感肌理，改造与“升华”适应不了“突出阶级斗争”的标准要求，从而沦为时代的牺牲品。

在整个过程中，“西影”版《桃花扇》所依据参考的话剧母本，其实已由欧阳予倩在 1957 年作了适度改写。改写中，已经修正了像李贞丽等风尘女子的形象。值得注意的是，这份改写在 1956 年印行《欧阳予倩剧作选》时尚未发生。在 1956 年 3 月为剧作选写《附记》中，欧阳予倩还说：“《桃花扇》和《忠王李秀成》在演出的时候，曾经有些增删和修改，在这里我还是保持原来的样子。”①

---

① 参见《欧阳予倩剧作选》，人民文学出版社 1956 年版，第 404 页。

至 1957 年 10 月，中国戏剧出版社印行《桃花扇》单行本时，“改写”发生了。比较典型的例子是李贞丽的一些话被删掉了。比如，李香君要将首饰和衣服还给杨文聪时，删掉了李贞丽说的“头上戴的，身上穿的，很多都是自己的啦”。见杨文聪不快而去，李贞丽对李香君说的“我现在不跟你说话，要有一个风吹草动，我就把条命给你拼了”，也被删除了。

被删除的这些言语，其实较贴切地反映了李贞丽作为风尘中人求生存、顾自我的一面。而删除后，无疑可与后续强调李贞丽舍身代嫁有更正面的呼应。这些细节，在“西影”版的《桃花扇》中均有了更充分地发挥。在李香君面临逼嫁时，一种姐妹间的“情深义重”被呈现出来，李贞丽作为鸨娘“世故”的一面荡然无存，甚至多了几分凛然之气。此间的因由不难理解，这是与讴歌底层人民经由压迫、欺凌，依然大义永存相贯通的。

促成欧阳予倩作改写的原因，应该源于他在进入病弱的暮年时，陆续为自己的创作作“归位”的意图。中国戏剧家协会也在 1957 年年初发出了倡议，说将于是年第四季度举行话剧运动五十周年纪念活动，由夏衍、田汉、欧阳予倩、阳翰笙联署的《举办话剧运动五十年纪念及搜集整理　话剧运动史资料出版话剧史料集的建议》也在《戏剧报》上刊出。这无疑也催促了欧阳予倩作自我整理的进程，六七月间他在无锡大箕山开始做自我清理，既写下了《回忆春柳》等文字，也为《桃花扇》的单行本写了新的序言。

大凡改写，毕竟是有限的。这与“西影”《桃花扇》剧组的改编努力一样，显然执拗不过时代的激进。

戏曲版《桃花扇》：旧剧革新的呼应与延亘

欧阳予倩编剧的戏曲版《桃花扇》有京剧和桂戏两个版本。

京剧版《桃花扇》是 1937 年上海“八一三”事变之后，欧阳予倩费了差不多一个月的时间改编的，用他的话说，是带着满腔忧愤之情，毫无顾忌、不拘格律、一气呵成地把剧本写了出来。在工部局中国职员的帮助下，排了不到三天就匆匆忙忙搬上了舞台，仅仅演出了两场就被迫停演了。

这部戏出台的另外一重原因，缘于《梁红玉》的主演金素琴要接手更新舞台。更新舞台系由三星舞台改造而来，原老板因经营不善，想把戏馆和班底转让给金素琴。欧阳予倩不太主张金素琴接手，但金素琴还是有条件地接收了过来。作为好友，欧阳予倩只好帮忙编剧。

对于京剧《桃花扇》的演出质量，欧阳予倩不算满意：“一班不甚听话的新演员，一套红红绿绿东拼西凑的布景，辞句还没有念熟就搬上了台。”但由于这部戏在特殊的历史时间里显现出了特别的情绪，“的确引动了观众许多的热泪”①。

在这部戏中，欧阳予倩突出赞扬了秦淮歌女、乐工、李香君、柳敬亭的崇尚气节，“对那些两面三刀卖国求荣的家伙，便狠狠给了几棍子”。这是因为他看到，当时有不少知识分子看着局势大变便左右摇摆，在发挥其两不得罪的处世哲学，这令他十分愤怒。

演出的第二天，作为神秘观众，来自汉口“中央”的特务彭寿通过递纸条约欧阳予倩见面。在谈话中，彭寿请欧阳予倩与日本人新设的新闻检查所主任金子中佐见见面，并许诺以五十万元资助办电影公司。欧阳予倩面露难色，彭寿遂要挟说不愿见面就马上离开上海，否则被当街枪杀的刘湛恩博士即是榜样。谈话后，欧阳予倩迅速召集家人与朋友开会合议，决定离开上海。京剧《桃花扇》当然也就没再演下去。

自离开上海后，欧阳予倩经由赴港，又先后两次入桂。第二次入桂是1939年9月下旬，在接受《救亡日报》的采访时，他表示要为桂戏改良做点儿工作。两个月后，他出任广西戏剧改进会会长，并整顿改进会剧团，正式将之定名为“桂剧实验剧团”。遂后他就自编自导了桂戏《桃花扇》，于当年12月5日演出。

这次桂剧《桃花扇》的改编，是从京剧剧本衍化而来，台词对现实的影射更加激烈，诸如开场即有这样的对白——

伶工：我大明朝一个唱小丑的便是。
内声：你是明朝人，今年多大岁数了？
伶工：不折不扣，三百三十多岁。

---

① 参见欧阳予倩《后台人语》(一至四)，《欧阳予倩与桂剧改革》，广西人民出版社1986年版，第42—43页。

内声：你怎么活得那么长呢？

伶工：因为我脸皮厚。

内声：你从哪里来？

伶工：我从南京来。

内声：南京怎么样了？

伶工：和三百年前一样了。①

而桂戏《桃花扇》的演出时间，已逼近大明王朝覆亡三百年，以梁鸿志为首的伪中华民国维新政府正统治着南京，其现实指向不言而喻。有资料说，其首演开始后，就连演了三十三场。后经桂林市政当局干预才停演。

对于桂戏改革，欧阳予倩有一句话说得极为明晰："我改革旧戏的方案是把所有的地方戏都打算在里边的。我怎样去改革平剧，也同样去改革桂剧。"

在《改革桂戏的步骤》一文中，他写道："旧戏的改革，不仅是生吞活剥把新的意思嵌进去，而是要全部予以新的组织、编剧、演出法、表演法、音乐、舞台装置、灯光、服装、化装都要予以统一的处理。"②

在欧阳予倩看来，桂戏虽然比话剧的设备简单些，但是戏班子却相当难办。旧戏班的不良习惯甚多，一面改革戏剧，一面又要改革他们的习惯，这双重的困难，必须对他们施行新的教育。③

当时的欧阳予倩一定也未曾想到，他的《桃花扇》会在多年以后再度成为京剧革新的一个媒介。而革新的一些策略，与他的桂戏改革方案有许多旨趣相近的地方。这场平剧革新的发起者就是当年《桂剧之整理与改进》的作者焦菊隐。1948 年，焦菊隐在《何谓"旧剧革新"》一文中写道："北平艺术馆的新平剧《桃花扇》公演以来，承蒙各界赐给很多宝贵之批评。我们走在摸索、创造的路程上，感到庆幸，感到兴奋，感到不孤单、不寂寞，同时，也怀着极大的

---

① 陈建军：《欧阳予倩与中国现代戏剧》，人民出版社 2016 年版，第 131 页。

② 欧阳予倩：《改革桂戏的步骤》，《欧阳予倩与桂剧改革》，广西人民出版社 1986 年版，第 8 页。

③ 欧阳予倩：《关于旧形式的运用》，载《广西日报》（昭平版），1945 年 6 月 16 日。

感谢之忱，更加努力地往前迈进。”①

焦菊隐这段话说得似乎很乐观，但新京剧《桃花扇》所掀起的风浪是巨大的。一方面，被北平国剧公会认为是“摧残国剧”，一些旧戏班甚至直接开除了参加新平剧演出的演员；另一方面，平剧内部也打出“旧剧革新”的幌子，以改唱词、改唱腔、捧旦角等方式，模糊焦菊隐实施的“新平剧”概念。

焦菊隐就“旧剧革新”提出了五点：第一是革新伶人的生活；第二要先革新后台组织；第三要从剧本的意义上做起；第四要建立真正的导演制度；第五要不断学习，要不断地改进，不断地创造。

与欧阳予倩省立属性的广西艺术馆相比，焦菊隐在 1947 年创办的北平艺术馆，其实是一个民间职业剧团，是他卖掉了北平大沙果胡同的老宅子和家藏的《四部丛刊》，召集原来中华戏曲学校的学生创办的。自燕京大学政治系毕业的焦菊隐极具新剧人的底色，他 1931 年创建中华戏曲学校，1935 年赴法国进入巴黎大学攻读文学博士学位。自 1938 年归国后，焦菊隐虽然有桂林、江安、重庆参与戏剧的教学和执导经历，但一直缺乏长时间和职业剧团合作的机会，这也使得他的理论学习难以有一个坚决的实践。应该说假借北平艺术馆对欧阳予倩版京剧《桃花扇》的排演，部分实现了他的旧剧改革理念。

焦菊隐的《桂剧之整理与改进》刊发于 1940 年 1 月印行的《建议研究》第 2 卷第 5 期上。在文章初始有一段作者按语：“作者对于桂剧，认识肤浅。兹文之作，本为研究大纲，深确探讨，尚有待于异日。然当广西戏剧改进会积极推动桂剧之际，略供管见，未始不可用为参考。为此不揣简陋，谨就教于马君武博士、欧阳予倩先生及全桂林时贤。”

在文末，焦菊隐亦不忘向欧阳予倩致敬：“改良桂剧，最初的步骤，必更实际而且计划分段实行，这其实不是一年两年所能完成的伟大工作。欧阳予倩先生为戏剧界的先进，理论与实践，均有独到之处，最近主持改进桂剧，计划周密而且实用，行见桂戏有显著的进步，实全国戏剧界的幸事也。”

经由《旧剧构成论》《旧进的科班》《旧剧新诂》《桂剧之整理与改进》的

---

① 《何谓“旧剧革新”？》，《焦菊隐文集》第二卷，文化艺术出版社 1988 年版，第 368 页。

文章可以看出，焦菊隐对桂剧改革的认知很具学理性，他甚至为此研究了“桂剧演员之幼年教育”并撰有专文。

或也可以说，欧阳予倩的实践，对于焦菊隐的旧剧革新是有先导性影响的。在西南期间，焦菊隐通过耳濡目染地面对桂剧改革，增益了对旧戏改革现实路径的理解。这或也是他回归北平后，以《桃花扇》实践自己改革理论的因由之一。在焦菊隐的认知中，旧剧革新，京剧的革新是关键，这种革新的本质正是“京剧的现代化”。经由了自己的《桃花扇》排演实践，以及平剧内部“旧剧革新”舆论攻击，大抵焦菊隐也会明了当年欧阳予倩在桂剧改革时，所面临的与马君武等人的分歧与处境。

当时的焦菊隐大概不会想到，他和欧阳予倩所秉持的“伶人生活革新”，会随着时代的变化很快实现。1949 年 12 月 16 日，欧阳予倩获任国立戏剧学院院长，他主政下的学院演出机构——话剧团、舞蹈团、歌剧团等很快有了演职员生活作息安排，对起床、练声练舞、业务学习和政治学习、读书读报、工作排戏，以及自由活动时间和熄灯休息的时间，均做了明示。

对欧阳予倩来说，旧剧革新显然又有了新的可能。尽管此时的他，在精力和体力方面已无法再支撑更深入的实践了。

话剧版《桃花扇》：演出体系与民族化问题

欧阳予倩改编话剧版《桃花扇》与新中国剧社有关。1941 年 10 月在桂林成立的新中国剧社，由田汉、杜宣等创建，作为民间职业剧团，他们也是 1944 年西南剧展的参与者。湘桂大撤退后，新中国剧社避走贵州、云南。

欧阳予倩在抗战胜利后回到上海后，新中国剧社分为两支：一支由瞿白音率领，以新中国成立剧社名义去了广州；一支则回到了上海。

光复后，台湾省行政长官公署宣传委员会“为加强宣传工作，介绍祖国文化，发展本省剧运”，邀请内地剧团到台湾演出。新中国剧社成为受邀者，他们又邀约了在上海的欧阳予倩，于 1946 年 12 月乘坐台南号轮船前往台北。

新中国剧社在台北中山堂连续公演了一个月，最初演出了三个戏《郑成功》《牛郎织女》《日出》，并不算成功，甚至一度遭遇过质疑。大家认为最好再演一个历史戏。欧阳予倩就把《桃花扇》改写成了话剧。这次改写，“是在一个有温泉的旅馆里完成的，用了十天工夫改好的，排了七天，演出了四场”。

相较于京剧剧本，话剧剧本在结构和形式上做了调整。全剧定为七场，短的场次十五分钟，最长的场次四十五分钟。布景只有简单的屏风，并无门窗；有一个平台，地位是固定的，所以换景很快。最初，演员们觉得台上空空洞洞，不好做戏，又顾虑地位不好找，一度演“过”。渐渐地，他们才觉得做起戏来很便利。

在这部戏的演出过程中，演员们每天演完，都互相检讨，演到后来，随时有着新的发展，越演越熟，越演越好。因此而成为四个戏中最受欢迎的一个。这部戏，还印行了演出的台本，以低廉的价格出售，以减少因为语言隔阂而产生的不便。

戏的核心，也还是表彰气节。同时多少为老百姓说点儿话，加上故事通俗，更容易看懂，就尤其受到欢迎。[①]

后台湾“二二八”运动突起，新中国剧社即于是年 3 月返回了上海。同年 6 月 10 日，在新光戏院演出了一次后即停演。

1954 年 1 月 17 日，苏联专家普·乌·列斯里受邀来中央戏剧学院担任顾问，并立即着手兴办导演干部训练班，训练班于 3 月 20 日开学，录取正式生二十三人、试读生二人。[②] 在这个班上，列斯里将欧阳予倩的《桃花扇》列为学员排演学习、毕业演出的三个剧目之一，另外两个剧目分别为喜剧《一仆二主》和正剧《柳鲍芙·雅洛瓦娅》。

在列斯里的指导下，《桃花扇》由“七场传奇剧”被确定为三幕八场悲剧。训练班结束前不仅做了毕业演出，还在第一届全国话剧观摩演出会上展览演出。

在三个剧目的演出说明书中，欧阳予倩作有《庆祝与感谢》一文。文中说：“列斯里专家以他高度的艺术修养，为我们树立了导演艺术的楷模，通过这三个戏我们就会进一步懂得如何处理不同风格的戏、如何使一个戏的风格调和、如何集中地突出一个戏的矛盾冲突，如何塑造鲜明的人物形象突出主题思

---

① 欧阳予倩：《剧运在台湾》，《戏剧》2008 年第 2 期。

② 参见《导演干部训练班开学》，《戏剧报》1954 年第 4 期。

想。在《桃花扇》这个戏里，专家使用了音乐，强烈地烘托出尖锐的斗争和悲剧的气氛。就在布景化装方面充分运用了中国民族的特点，也显得十分谐和、一点不生硬，这就解决了以前以话剧的形式表演历史的一些困难问题，并可供戏曲改革参考。我们从专家学习到的东西是异常丰富的，我们将在实际工作中逐渐地消化运用。史坦尼斯拉夫斯基体系将正确地与中国戏剧运动的实际相结合而不断地发展。专家所撒的一批种子，将会在中国的艺术园地里开出美丽的花朵，我们对他的感谢的心情将是永远的。”

欧阳予倩所写的这段话，除却肯定了列斯里版《桃花扇》的音乐应用和对中国民族特点的吸收外，更重要的是，提出了一个隐性的问题——包括史坦尼斯拉夫斯基体系在内的苏联表导演体系，如何和中国戏剧相结合并不断发展？

在列斯里排演《桃花扇》期间，欧阳予倩曾几次到导演干部训练班的排练场观摩，比如 1955 年 8 月 26 日晚排演侯朝宗与李香君结婚一段，11 月 24 日下午的连排也到过现场。[①]

在结婚一段，列斯里认为香君和侯朝宗结婚是“那样大的幸福”，她的女朋友们参加这个婚礼都是嫉妒的。而欧阳予倩则认为：“在中国历史看，不是那样的情况，香君和侯公子结婚是不是幸福，谁也不敢想。一个歌女嫁给一个公子，这并不是怎样的太不平常，有的歌女往往就嫁给一个有钱、有势的，所以我想她嫁给一个公子不一定就是得到最大的幸福。”

在连排时，欧阳予倩提出了系列意见，认为最后一场香君晕倒三次，太多了。侯公子抱起香君，太洋化了。香君指门要侯公子走，也太洋化了，不合乎中国人的习惯。

不难看出，列斯里版的《桃花扇》虽然获得了一定范围的成功，但欧阳予倩对排演的把握还是有些不同意见的。这也是他在 1956 年末，借中央戏剧学院实验话剧院成立之际，再次亲自执导该剧的缘由。

1956 年 12 月 26 日，孙维世和欧阳予倩到排练场宣布复排《桃花扇》，是剧于 1957 年 5 月 23 日再次公演。因为导演干部训练班学员已经毕业，演员除耿震、李丁、贺昭、石一夫外也均做了调整。而耿震和贺昭后来也成了 1961

① 参见《列斯里专家排演记录》，中央戏剧学院导演干部训练班印。

年版《桃花扇》的正副导演。

1958年10月印行的《戏剧学习资料汇编》第5期，刊出《桃花扇》排演札记，据文中所记，欧阳予倩在现场说："我认为专家排的《桃花扇》基本上是好的，只某些地方大家看了有引起意见，这也是不可免的，因为专家对中国风俗不熟悉而我们帮助的也不够。但专家好的地方我们是不舍得丢掉的，当然有些地方也是可以更动的。这个戏好在好几个地方演出都有些争论，我想我们的演出也会引起争论的，这些争论对我的排演是有好处的。"

从排演札记中可以看出，欧阳予倩非常强调《桃花扇》作为古典戏与现代戏在形体动作上处理的不同，强调台词表达的回味和含义。对一些人物的表现，也重视抓住人物的性格特质，比如之于杨文聪，欧阳予倩就认为不要把他简单地表演成坏人和狡猾的"狗腿子"；他实际上是自认清高的；李香君气愤地脱衣服、摘首饰，他并不发火，缘于他认为香君是非常低贱的人，身份不配；在杨文聪等人眼里，女人就是玩物。

欧阳予倩在导演的过程中，极其重视从戏剧传统和中国的风俗文化出发，这也显现了他对列斯里及苏联表导演方式的思考。这份思考，对中国话剧在异文化改造下作有效地自我审视，极具现实意义。

1955级中戏学生赵健曾完整见证过《桃花扇》自1956—1961年间的四度演出，他有文章说："欧阳予倩是以纯粹的中国风格亲排此剧。"①

一如欧阳予倩提及的"好几个地方演出都有些争论"，列斯里版的《桃花扇》在导演干部训练班毕业展演和第一届全国话剧观摩演出会上演出后，不仅被导演干部训练班的学员带回了各自的剧团，其他一些地方剧团也纷纷仿照排演该戏。

在排演该剧的导演干部训练班学员中，华南话剧团的马孟平、四川人民艺术剧院的杨树声是其中的代表，杨树声在列斯里版《桃花扇》里还饰演过阮大铖的家丁小五。而这两个剧团的《桃花扇》演出说明书封面上，都标明了"原导演：普·乌·列斯里"。

---

① 参见赵健《喜看桃花四度开——看中央戏剧学院实验话剧院第四度公演〈桃花扇〉》，《戏剧报》1961年第21、22期合刊。

从现存的一些演出说明书中可以明确，黑龙江省话剧团（导演纪镇）、云南省话剧团（导演肖崎）、山西人民话剧团（导演王夫之）、广州话剧团（导演许超然）、沈阳市话剧团（导演陈列）、鞍山话剧团（导演张再虞）等地方话剧团也都排演了该剧。

据青岛话剧团的李香君扮演者张坤权说，青岛话剧团是在 1957 年年初排演的该剧，导演任豪在来青岛前曾到导演干部训练班旁听。她说，这部戏在青岛的演出反响也是相当热烈，而且久演不衰。她在随后的反右斗争中被打成了右派，一段时间被取消了演出资格，但由于本地观众对她的演出呼声甚高，以至于她一度被批准“戴帽”演出。①

由这些演出亦可认识到，这个剧目的盛极一时，无疑也会在客观上促动斯坦尼斯拉夫斯基的体系以及苏联表导演体系在中国话剧界的普及。毕竟，只有有了相当数量场次的演出实践，才会有更深入的体系锤炼，也才会从根本上促进表导演体系的理解与建构。

作为列斯里版和欧阳予倩版共同的“舞台美术设计”，李畅也认为，列斯里对于立体布景、与音乐相协调的色彩意识以及历史细节真实的强调，都使得这部戏充满了设计的魅力，也大大提升了他的舞台设计观念。②

1962 年，话剧界的元老朱端钧甚至也带领上海戏剧学院话剧团排演了该剧。

而这样一个剧目能够如此集约地被排演，能够受到如此广泛的欢迎，或许也是欧阳予倩未必能够预见到的。

经由如上考察或可以说，一部好的作品必然是经得起反复诠释，甚至是跨时代诠释的。在电影、戏曲、话剧的多元演绎下，《桃花扇》不仅有了历史的、多维度的呈现，更为重要的是，它在时代的演绎过程中，还一度被媒介化与符号化了，潜藏在它身上的隐性价值，已经无法用一部普通作品的改编来衡量。

---

① 青岛市话剧团老演员沙漠（张坤权）访谈，2012 年 3 月 19 日。

② 参见李畅《设计〈桃花扇〉的体会》，《舞台美术研究》，中国戏剧出版社 1957 年 3 月版，第 55—64 页。

欧阳予倩与广东戏剧研究所《戏剧》系列期刊研究

李　歆*

欧阳予倩早年加入过春柳社、南社、南国社等，活跃于艺术舞台，热忱坚持于戏剧创作、戏剧教育、戏剧改良、戏剧运动事业。1929 年 2 月，他接受广东省政府的委任，担任广东戏剧研究所所长一职，并制订研究所工作计划。其中之一，即是出版戏剧期刊和丛书。

20 世纪二三十年代，国内报刊业万紫千红、蒸蒸日上，其中戏剧刊物也大量涌现，成为近代报刊出版业和戏剧发展史的一道独特的风景。但作为一个戏剧团体或者戏剧机构，能够独立创办一份刊物已是不易之事，能持续几年坚持更是难上加难，可能面临各种困难而随时停刊。尽管如此，在配合戏剧运动的进程中，戏剧刊物作为戏剧传播和发展的重要载体，在戏剧发展各阶段和文化传承中都扮演着重要的角色。针对这一方面的工作，欧阳予倩先生独具眼光和水准。

1. 广东戏剧研究所《戏剧》系列期刊的创办概况

《戏剧》系列期刊的创办和发展，除了欧阳予倩对戏剧出版工作的高度重视外，亦与一个人的关系密不可分，这个人便是胡春冰。

胡春冰（1906—1960），浙江绍兴人，笔名春英红雨，著名报人、文学家、戏剧家。毕业于北京大学，后留学美国专攻戏剧。1925 年，还在学生时期的胡春冰就被主编《世界晚报》《世界日报》副刊《夜光》和《明珠》的张恨水聘为特约撰稿人，与张友渔、马彦祥、朱贻荪、吴秋尘一起，当时的新闻界称之为“明珠党”。而后，胡春冰又被退出《世界晚报》另办《大同晚报》的龚德柏聘为编辑，主办文艺版。1928 年，胡春冰与田汉同时执教于上海艺术大学，

---

*　上海戏剧学院副研究员。

后来应欧阳予倩邀请来到广州参与筹备广东戏剧研究所，担任编纂股主任，负责戏剧期刊和戏剧丛书的编辑出版工作。

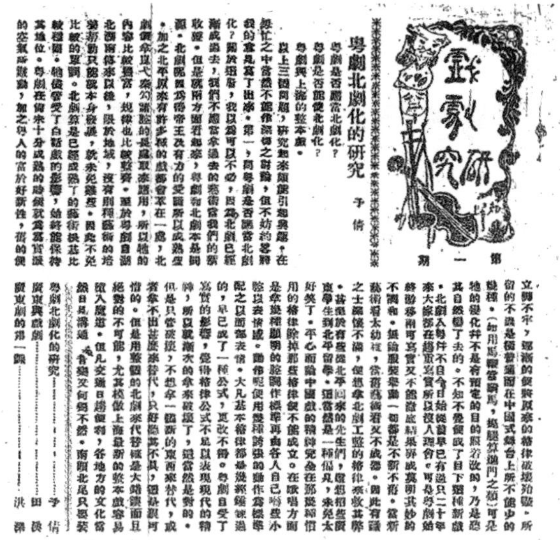
戲劇研究
第一期
粵劇北劇化的研究　予倩
粵劇是否應當北劇化？
粵劇是否能使北劇化？
粵劇與上海的整本戲。
粵劇北劇化的研究……予倩
廣東與戲劇……田漢
廣東劇的第一課……洪深

《戏剧研究》周刊第一期

研究所最先创办的是《戏剧研究》周刊，1929 年 2 月 16 日研究所成立当日，《戏剧研究》也在《广州民国日报》副刊《晨钟》位置创刊出版，至 1929 年 5 月 5 日，《戏剧研究》共出了 12 期，随着研究所第一次被裁撤而停刊。《戏剧研究》的主要撰稿人有欧阳予倩、胡春冰、洪深、田汉等，登载有欧阳予倩《粤剧北剧的研究》《演剧是艺术还是娱乐？》《改良戏剧之理论与现实》、洪深《广东戏的第一课》《从中国的新戏说到话剧》、田汉《广东与戏剧》等重要理论研究文章和胡春冰剧作《爱的使命》。在南国社 3 月来穗公演时期，还有田汉与左明的通信《南国来矣》。

《戏剧》月刊 1 卷 1 期

而后《戏剧》月刊于 1929 年 5 月创刊出版，但由于第一期发行随后研究所即遭遇战事环境及省政府的裁撤决议，杂志的编辑出版工作也不得不停顿，直至同年 7 月研究所恢复建设了一段时期才出了第二期。之后的出版时间也无周期和规律可循，有时一个月出一期，有时两个月出一期，有时几个月才出一期。《戏剧》开始在广州出版发行，由于广州印刷不便、发行困难太多，从 2 卷 2 期起，《戏剧》移至上海，交由上海神州国光社出版发行。到 1931 年研究所最终结束时，《戏剧》杂志一共出版了 2 卷 12 期，主要撰稿人有欧阳予倩、胡春冰、赵如琳、唐槐秋、马彦祥、顾仲彝、关存英等，其中登载了大量高水平的中外戏剧剧作、理论研究、戏剧音乐知识及精美插图，如欧阳予倩、胡春冰、顾仲彝等人的剧作，欧阳予倩、胡春冰、赵如琳等的译作，欧阳予倩、易秋霜、易健盦等对民众剧、粤剧改良、音乐改良的探讨，还包括欧阳予倩重要著述《自我演戏以来》的首次连载及其早期不多见的剧照图片。此外，《戏剧》杂志也反映了广东戏剧研究所的一些演出情况和相关戏剧运动消息等。

《戏剧周刊》创刊于1929年8月，时值广东戏剧研究所恢复建设不久，“我们便自己印刷发行，出了十五期”①，又与《广州民国日报》合作成为其副刊，在研究所最终停办时，据欧阳予倩先生自述“周刊出至一百一十一期停版”。《戏剧周刊》创刊时刊名亦同《戏剧》月刊，名为《戏剧》，出至74期时，《戏剧》周刊改版，由原先占报纸的一版变为两版，且在内容上添设了新栏目，如“戏剧讲座”“戏剧批评”“艺术论文”“剧本翻译”“戏剧消息”“书籍介绍”等。出至84期时，《戏剧》周刊改名，直接定名为《戏剧周刊》。《戏剧周刊》还含有几个专刊，其中第71期为《〈有家室的人〉专号》、第78期是《学校戏剧运动专号》，第84期是《广东戏剧研究所第十一次公演专号》。1931年7月，《戏剧周刊》出至100期时，由于研究所被裁撤解散，以“广东戏剧研究所”名义出版的周刊结束，从第101期开始，《戏剧周刊》以“戏剧周刊社”名义出版。关于本刊是否出到了111期才停刊，遗憾的是，笔者未能找到101期之后的《戏剧周刊》，无从证实。《戏剧周刊》的主要撰稿人有欧阳予倩、马彦祥、严工上、胡春冰、唐槐秋、赵如琳、陈洪、唐

廣東戲劇研究所編輯
戲劇
第十期
目錄
廣東戲劇研究所第一期的工作

《戏剧》周刊第十期

① 《广东戏剧研究所的经过情形》，《欧阳予倩全集》第六卷，上海文艺出版社1990年版，第434页。

凡等，发表有欧阳予倩独幕剧《再见》、顾仲彝独幕剧《刘三爷》、胡春冰独幕剧《女儿，到哪里去？》、易永铭独幕剧《晴雯之死》等剧作，以及《民众剧运之路径》《对于艺术的漫想》《音乐革新运动的路径》等关于戏剧、音乐发展的探索与研究。改版后的《戏剧周刊》内容更为丰富，涵盖研究所动态及公演消息、剧社介绍、剧坛近况与剧运报道、戏剧概论、知识讲座等方面内容。

2.《戏剧》系列期刊的内容和特色

《戏剧》系列期刊办刊宗旨明确，内容丰富多彩，它声称：“艺术是人生的反映，戏剧是艺术，不是娱乐。”[①] 开设栏目有剧作发表、戏剧理论、戏剧批评、戏剧消息、照片插图等，秉承“戏剧是艺术而非娱乐”的宗旨，《戏剧》在同时代同类型期刊中属于专业性较强的戏剧期刊，且只谈戏、论戏、学戏，没有小说、散文、诗歌等其他文学。尤其是《戏剧》月刊，一期内容多达两三百页，大约十万字，包括剧本创作与研究、戏剧理论与探索、粤剧、音乐、编导、舞台基本知识，涉及现代戏剧思潮、戏剧美学等领域。而《戏剧周刊》则出版发行了一百多期，依托这样一个持续不断的重要阵地和平台，新的戏剧理论和实践探索汇聚一处，形成了一股蓬勃涌动的新力量，打开了一个欣欣向荣的新局面。

戲劇週刊
第八十四期
廣東戲劇研究所第十一次公演專號
「幻滅」 予倩

《戏剧周刊》第八十四期

《戏剧》系列期刊的内容分类而述主要有：

（1）登载欧阳予倩、胡春冰、马彦祥、顾仲彝等戏剧家的剧目创作、译作及改编作品，反映他们的艺术主张和创作活动，尤其集中反映了欧阳予倩的作品和艺术观。主持广东戏剧研究所这段时期是他的创作喷发期，写出了六个话剧剧本和两个戏曲剧本。

① 欧阳予倩：《卷首语》，《戏剧》1929 年 1 卷 1 期。

欧阳予倩一直强调戏剧尤其要注重现实，这一主张首先体现在他的剧作中，他的《车夫之家》《屏风后》就是两出粤语表演的话剧，最早在南国社到穗公演上与观众见面;《小英姑娘》《国粹》《买卖》写的也都是广州的事，大部分创作内容都表现了对下层劳动人民悲惨命运的关注，深刻揭露了社会的黑暗现实。《杨贵妃》《刘三妹》则是欧阳予倩创作的新歌剧，以旧戏为基础，加以近代剧的分幕，用意也不同以往的旧戏，像《杨贵妃》意在揭示唐明皇把误国责任推在女人身上，并非真爱杨贵妃，结构近似小歌剧;《刘三妹》是以中国民间的刘三姐为题材创作的第一个戏曲剧本，是歌剧形式，这些都是欧阳予倩探索京剧歌剧化的创作实践。而出生于北京的胡春冰自来到广东后，就一直活跃在南方剧坛，这里可见他早期的戏剧创作《詹夫人的职业》《Z字病室里的麻烦事》《妒》《到城里去》《爱的使命》等，既有反映都市女性的家庭琐事，又有描绘底层平民尤其是妇女的不幸遭遇，是研究胡春冰早期戏剧创作和贡献的重要资料。这些颇成规模效应的剧作一扫当时广东话剧界低迷、沉寂的气氛，有力影响且改变了粤地话剧的发展方向，促使话剧在广东脱离了文明戏、幕表戏的路径，使话剧创作走上了更加专业、职业化的道路。

（2）提倡和探索戏剧改革，探讨戏剧理论，提倡“新音乐运动”。在广东时期，欧阳予倩一直致力于对戏剧改革的探索和研究，号召社会各界“合着去建设粤剧的新生命”，在《戏剧》期刊上发表了《戏剧改革之理论与实际》《民众剧的研究》《怎样完成我们的戏剧运动？》等诸多重要论述和研究。他一再重申戏剧不是娱乐是艺术，阐述了戏剧艺术的方方面面。他在广东提出了“平民戏剧运动”，反对传统戏曲的宫廷化和文人化倾向，“使戏剧从特殊阶级手里解放出来，回复到平民间去”①，培植民众自由、平等、民主的现代意识。平民戏剧运动在艺术上的表现是改造二黄戏，但他认为不能拿上海的新本戏和北平的新剧做标准，经过改革的戏曲应当是平民的、整个的、中国的、世界的，他在《戏剧改革之理论与实际》对上述各点做了详细阐述，提出要把戏剧作为真正综合的艺术，与世界戏剧接轨，“综合世界共同信仰的各种戏剧论来作我们

① 欧阳予倩:《民众剧的研究》,《戏剧》1929年1卷3期。

研究的标准”[①]，比较全面地探讨了中国戏剧的改造与革新问题，既要借鉴西方艺术的精华，同时保持中华民族文化的特点。虽然当时广州已有话剧表演，但对于用粤语演话剧还是遭到不少质疑，而粤剧是否应北剧化，又该向何方向发展，欧阳予倩自南下后就留意这些问题，为此撰写了《用粤语演话剧》《粤剧北剧化的研究》等文，提出非国语不能演戏是错误的，并在实践中多用粤语排戏，促进粤语话剧的发展；他支持粤剧改革，但粤剧自不必向北剧效仿。《戏剧》期刊还登载了其他戏剧家、艺术家讨论戏剧改革、粤剧改良、音乐革新的文章，联系广东戏剧的实际，结合中国音乐发展的历史与现状提出具体的改革建议，如易秋霜《对于粤剧里的音乐之研究》、易健盦《怎样来改良粤剧》，这些理论探讨扩大了粤剧宣传，关于粤剧音乐的优劣也做了较为全面分析，提出了粤剧革新中的若干重要问题，对发动社会各界力量共同建设新粤剧起到了积极作用。陈洪发在《戏剧》期刊上的一系列《音乐革新的理论与实际》《音乐革新运动的路径》《新音乐的基本理论》等文章，则论述了新音乐与新音乐运动的观点，他通过理论探讨、教学和演出活动，热情积极、身体力行地推行了广东的新音乐运动。

（3）首次登载欧阳予倩的重要自传《自我演戏以来》。1929—1930 年《戏剧》月刊上连载的欧阳予倩《自我演戏以来》是这份自传的首次发表，这是欧阳予倩先生前半生的自我记录，讲述了他儿时、少时、留学、归国、创艺等经历，以自身经历反思了中国戏剧发展和现代化建设中业余演剧、职业演剧等方式的不足。自传涉及春柳社、申酉会、新剧同志会、社会教育团、文社、春柳剧场、南通伶公学校、南国国民剧场，可从中一窥欧阳予倩艺术人生各阶段的经历、变化与选择，了解中国戏剧现代化进程的一些概况，是非常难得珍贵的史料。《自我演戏以来》1933 年由上海神州国光社集结出版，后来又多次再版重印。

（4）报道广东戏剧研究所的工作、演出情况，介绍其他剧社、演出团体及广州学校、国内各城市相关戏剧运动情况。《戏剧》系列期刊中报道了广东戏剧研究所演剧系和管弦乐队的多次公演情况和所内建系、招生、毕业、创立

---

① 欧阳予倩:《戏剧改革之理论与实际》,《戏剧》1929 年 1 卷 1 期。

“第一剧团”等一些重要消息，对公演过的《茶花女》《怒吼吧，中国！》《有家室的人》等剧都有较为详细的介绍，包括剧目的内容梗概、相关评论与思考。《戏剧周刊》上还有《〈有家室的人〉专号》《广东戏剧研究所第十一次公演专号》两个公演专刊。期刊中还有很多关于其他学校剧社或社会剧团的介绍及演出消息的报道，如《广州学校剧团调查报告》分别介绍了私立岭南大学、中山大学附中星星社、培正四二六剧社，也有白云社、中大阳光社、省立二中怒吼剧社等。关于剧运情况和讨论亦是该刊的重点内容，中外多个城市地区、社会上或学校内的无一遗漏，如《首都的学校戏剧运动》《汕头剧运的一页》《镇江剧运的三个时期》《美国的三幕剧比赛》等，对上海戏剧运动联合会成立、广东学校戏剧运动协会成立的情况也均予以了关注和报道；78 期《戏剧周刊》是《学校戏剧运动专号》，欧阳予倩、胡春冰、赵如琳分别撰写文章，讨论戏剧运动与学校戏剧的关系，指出戏剧运动有着积极推进的必要，而学校剧运正是这一进展的表征。此外欧阳予倩还注意到陕西的易俗社，对易俗社及其演艺人才十分肯定。他多次观看易俗社的戏，在《陕西易俗社之今昔》中，他这样介绍：“中国有几个易俗社，天津山东都办过，只有陕西办的最有成绩，支持也最久，颇有可介绍的价值。”[①] 严工上的《梅花少女歌舞团》则介绍了民国时期上海著名的梅花少女歌舞团，长篇连载于《戏剧周刊》近二十期。

（5）翻译引介外国优秀戏剧作品，向读者普及西方戏剧知识，介绍西方戏剧发展状况、欧美戏剧家、剧作及先进的戏剧理论。包括欧阳予倩、胡春冰、赵如琳、马彦祥、顾仲彝等人翻译的《皮格马林》《玩具骚动》《有家室的人》《西杰门王与无名战士》等多部外国剧作。胡春冰所译《现代戏剧大纲》是美国作家 Thomas H. Dickinson 所著，书中对梅特林克、霍普特曼、易卜生等戏剧大师的艺术主张和创作进行了较为详细的介绍，是民国时期较为重要的美国戏剧文论译介。对西方戏剧的关注有《美国剧场的昨日》《英美剧坛的今朝》《德国与法国的国立剧场》《法国的民众剧运动》《欧洲之国际戏剧运动》《苏维埃政府下之戏剧》等文章。关于西方戏剧家的介绍和研究更是丰富而深入，俨然可以成为一个系列，如《梅特克林评传》《史特林堡评传》《梅叶荷德印象

① 欧阳予倩：《陕西易俗社之今昔》，《戏剧周刊》第 30 期，1930 年 3 月 3 日。

记》，诸如此类还有《包多丽许研究》《倍那文德研究》《卡尔生研究》《勃拉梭研究》《白里欧研究》《高尔基研究》《凯石研究》《易斯当研究》等。

（6）插图与广告也是《戏剧》期刊不可小觑的一部分。《戏剧》期刊中登载了大量插图，不少是欧阳予倩不可多见的早期精美珍贵的剧照。如欧阳予倩《宝蟾送酒》《馒头庵》等早年多幅舞台剧照、春柳四友合影、陆镜若剧照遗影等，以及外国戏剧家、音乐家照片或肖像画，如小山内薰、贝多芬、瓦格纳等的肖像。也有一部分西方剧场、舞台照和外国戏剧演出剧照。出版戏剧期刊外，广东戏剧研究所也自行编辑戏剧丛书，并在《戏剧》期刊上发布丛书预告广告，通常分为戏剧理论、戏剧创作、舞台技术、翻译剧本等类别，主要作者为欧阳予倩、胡春冰、赵如琳、寒光等。《戏剧》期刊还对其他优秀的戏剧书籍进行了推介。

3. 作用和意义

《戏剧》系列期刊的目的，欧阳予倩在《广东戏剧研究所第一期工作》中早就指出："一以记录研究的过程；一以和社会同消息，而促其注意；再则以沟通世界戏剧之声气。"①

《戏剧》月刊在创刊号《卷首语》中亦高声呼吁：广大艺术家要负担起时代重任，创造优秀作品以安慰民众。欧阳予倩与他的广东戏剧研究所同人，与他的一批志同道合的老艺术家战友们正是这样身体力行、以身示范的。通观《戏剧》系列期刊，其上的文章十之七八都出自欧阳予倩、胡春冰、赵如琳三人笔端，欧阳予倩、胡春冰两位自不必说，而赵如琳当时乃是中山大学一名学生，因爱好戏剧艺术，外语水平很好，最初利用业余时间到研究所帮忙编辑期刊、翻译稿件，他在毕业择业时，舍弃了一条"当教师、做学者"看来似乎更为平坦体面的道路，毅然加入了研究所编辑部，正式成为研究所的一员，还参与话剧演出，从此与戏剧事业分不开关系。可见，热爱艺术、革故鼎新、为振兴中华戏剧文化不懈努力，欧阳予倩身上的这种精神与实际行动，始终感染、影响着身边人。

创办一种杂志不易，何况几种杂志的编辑出版工作同时在进行，《戏剧》

---

① 《广东戏剧研究所第一期的工作》，《戏剧周刊》1929年第10期。

期刊的出版与维持同样也困难种种，比如经费不足，稿费较少；比如所内职员身负多职，事务繁忙；比如印刷、发行上也存在地域性的难题。但可喜的是“全所教职员有一致的决心和丰富的兴趣，决不因经费不充而有退却之意；或者因为经费不敷，大家的团结力更是加倍的坚固。”①

欧阳予倩先生曾在杂志上表明，如果这个期刊“能够多少引起人们对于戏剧一些兴趣，多少能够给爱好戏剧的人们一些帮助”②，那么他们干这些工作也就值得了。事实上，《戏剧》的销路不错，也很有影响力，同时期上海的《梨园公报》就多次转载过《戏剧》和《戏剧周刊》上的多篇论文，如欧阳予倩独幕剧《小英姑娘》(原载《戏剧》1卷2期)、《民众剧的研究》(原载《戏剧》1卷3期)、《出席八和工会的演词》(原载《戏剧周刊》26期《八和剧员总工会与上海伶界联合会》)等，足见其与所办戏剧期刊的高水平与影响力。

《戏剧》系列期刊不仅完整保存了广东戏剧研究所创立期间的工作成果，记录了其发展的每一阶段的面貌，反映了欧阳予倩、田汉、洪深、马彦祥、唐槐秋、顾仲彝、胡春冰等戏剧家的艺术主张、作品实践，还向更广大戏剧爱好者及普通读者、观众传播了戏剧文化和知识，是了解当时进步戏剧家探索中国戏剧发展、了解世界优秀戏剧文化的宝贵文献资料。

---

① 《广东戏剧研究所的经过情形》,《欧阳予倩全集》第六卷，上海文艺出版社1990年版，第435页。

② 欧阳予倩:《开场白》,《戏剧》1929年1卷2期。

广东戏剧研究所大事简编

向 前 叶洁纯*

厘清史实是深入研究的前提和基础。欧阳予倩先生创办的广东戏剧研究所极大地推动了 1920 年代末和 30 年代广东和整个华南地区戏剧教育、研究、创作、表演的发展，对于当时广州地区的音乐教育、理论研究和演出实践也产生了十分重要的作用。由于运行时间较短、时局纷乱等诸多原因，研究所留存下来的史料较少，学界研究成果也较为有限。本文系统收集整理相关报纸、档案和回忆录等史料，梳理广东戏剧研究所筚路蓝缕、集聚和培养艺术人才的艰辛历程，为近现代戏剧史、艺术史研究提供更多基础材料。

1928 年

11 月 17 日，欧阳予倩先生随同李济深和陈铭枢从上海乘坐“布以介”号邮轮取道香港前往广州，因筹办广东戏剧研究所（以下简称“戏剧研究所”）尚未正式公开，故以考察粤剧名义赴穗。同船者还有万籁天、万籁声兄弟。万籁天为南国社成员，之后参与了 1929 年初南国社在广州的公演。万籁声系万籁天之七弟，在武术比赛中被李济深看中，应邀赴广州，后出任两广国术馆馆长。

12 月 19 日，继李济深之后，陈铭枢就任广东省政府主席。

12 月 31 日，《中央政治会议广州分会月刊》（1928 年第 13 期）刊载《广东戏剧研究所设计概略》（署名李济深），分为“本所之事业”“本所之组织”“本所经费之概算”三部分，阐述了筹办戏剧研究所的大致设想。

---

* 向前，广州市国家档案馆编研部副部长；叶洁纯，广东第二师范学院音乐系讲师。

1929 年

1 月 2 日，欧阳予倩、易剑泉等前往中山大学语言历史研究所参观，表示戏剧研究所与语言历史研究所有极大关系，并拟抄录复制该所收藏二百八十余本曲本，以供研究之用。①

1 月 29 日，戏剧研究所拟聘专家严工上、唐槐秋、邵知归等乘坐“林肯总统号”邮轮到达香港。

1 月 31 日，戏剧研究所拨定地址，以回龙桥土地裁判所旧址作为所址，开始兴工装修，拟于春节前竣工，春节后举行成立典礼。拟聘专家严工上、唐槐秋、邵知归等已到达广州。

2 月 1 日，戏剧研究所小舞台开始建筑，预计 3 月中旬竣工。鉴于服装在戏剧中具有重要地位，欧阳予倩先生决定请中山大学、岭南大学史学教授共同研究各时代服装，以为改良戏剧服装准备。

2 月上旬，田汉和洪深乘坐“德利亚号”邮船从上海到香港，转抵广州。

2 月 14 日，戏剧研究所正式开始办公，定于 2 月 16 日举行成立典礼。欧阳予倩任所长，周贵菁、唐槐秋和胡春冰分别任总务股、剧务股、编纂股主任；研究所附设演剧学校、大剧场和小剧场。

2 月 14 日，《广州民国日报》刊载《本报重要启示》：“从本星期起，每逢星期六，广东省立戏剧研究所借《晨钟》地位出版《戏剧研究》，该日《晨钟》即停刊。”

2 月 16 日，午后一时，戏剧研究所举行成立典礼，欧阳予倩所长宣誓就职。参加典礼者有广东省政府代表龙思鹤、省政府孙秘书长、王钟尔秘书、省党部代表、建设讨论会委员彭一湖、总指挥部副官处长李青、十一军办事处代表、第四军代表、教育厅代表、两广国术馆长万籁声、财政厅代表、交涉署秘

---

① 易剑泉（1897—1971），广东鹤山县人，粤乐名家，创作过脍炙人口的二胡名曲《鸟投林》。1924 年旅居北京期间，易剑泉结识了京剧大师梅兰芳和戏剧家欧阳予倩等。1928 年底，协助欧阳予倩筹办广东戏剧研究所，后任歌剧部主任。除了排戏和创作之外，易做了大量研究和探索南方各大剧种改革的工作。

书易健全、教育局代表、各机关代表，暨省商民协会、广东全省工联会、中山大学、海外同志社、八和总工会等各团体代表来宾共二百余人。欧阳予倩所长报告筹备情形和计划，省政府代表龙思鹤训词，省党部代表、市党部代表、教育厅代表和教育局代表等发表演说。

2 月 16 日，《戏剧研究》（第 1 期）出刊，发表《粤剧北剧化的研究》（作者予倩）、《广东与戏剧》（作者田汉）和《广东剧的第一课》（作者洪深）。

2 月 19 日，南国社在沪部分社员唐叔明、艾霞、黄大琳、吴家瑾、左明、田洪、徐志尹、赵铭彝、宋小江、左天锡等一行 9 人乘坐“广大轮”赴粤，拟会同之前赴粤社员举办公演，为戏剧研究所“打一套开场锣鼓”。

2 月 20 日，欧阳予倩所长分函各机关，告知戏剧研究所正式成立开始办事。

2 月 20 日，根据省财政厅和教育厅的呈复，省政府批准所长薪水确定为四百八十元。

2 月 20 日，鉴于省立戏剧研究所成立，广州市教育局决定停止筹办广州市立戏剧学校。

2 月 25 日，戏剧研究所连续多日发布《广东省立戏剧研究所附设广东演剧学校招考》，拟招收正科班学生五十名（四十名专习演剧，十名专习音乐），特别班学生五十名，均为男女生兼收。

2 月 26 日，下午五时，中央公园放音台邀请欧阳予倩、方行僧、朱嘉乐、洪心、邵知归、严工上、唐槐秋、王文友、沈凌云等表演。

2 月 28 日，唐叔明、艾霞、黄大琳、吴家瑾、左明、田洪、徐志尹、赵铭彝、宋小江、左天锡等一行 9 人抵达广州。南国社公演地点确定大佛寺国民体育会，筹备活动陆续开展。

3 月 1 日，戏剧研究所和南国社同仁开会，确定可以出演创作或翻译的话剧和歌剧十余出，排练布置均由田汉负责。

3 月 2 日，确定南国社公演一周，由 3 月 6 日起，第一日试演招待各界，7 日起正式公演。欧阳予倩先生允诺登台表演。

3 月 5 日，南国社公演剧目公布，田汉负责舞台监督，田洪、邵知归负责舞台装置及灯光；演出地点大佛寺国民体育会，日期为 3 月 7—12 日，每晚八时起，票价一元至两元。

3月6日，戏剧研究所举行入学试验，试题分国文、三民主义和社会常识，报考者百余人，合格者只得三十余人。

3月6日晚，南国社在广州首演（试演），观众达四百余人。演出剧目为《古潭的声音》《生之意志》《苏州夜话》《湖上的悲剧》和《车夫之家》。最后，欧阳予倩和洪深合作表演昆剧《刺虎》。

3月7日晚，南国社正式公演，演出剧目同6日。因剧目达六出之多，故演出从7日晚八时持续到8日凌晨一时。

3月8日晚，南国社公演，演出剧目为《颤栗》《未完成之杰作》《空与色》和《苏州夜话》。

3月9日晚，南国社公演，演出剧目为《强盗》《空与色》《生之意志》和《名优之死》。

3月10日晚，南国社公演，演出剧目为《人面桃花》、音乐（严工上、方航僧等）和《刺虎》。

3月11日，凌晨二时四十五分，香港德辅道中雪厂街交界处的英皇酒店发生火警。陈铭枢及夫人下榻该酒店，因事出突然且火势猛烈，陈铭枢从楼上跳下负伤，后留港就医。

3月11日，广东戏剧研究所附设演剧学校招生揭晓，录取正科生三十七名，特别班十二名，并拟在开学两星期内随时考取新生。正科录取生：朱剑明、黎伯晖、王宝君、谢如天、陈赛凤、高伟兰、李恩求、缪墨兰、缪艺雄、谢震万、陈博、陈一峰、吴耀、韦方平、容宇宙、潘余、周渭贤、罗振柔、张光雄、蔡家嵩、章镇藩、谢文生、胡研、陈舞阳、杨道葵、邓灿安、袁遇春、李豪、谢驺、区芝云、周颂南、张继慈、万瑞芳、万瑞英、区爱、屈维楚、伍婉卿。特别班录取生：伍岳、丁兆灵、陈觉先、杨觉觉、杨柳、陈玄、麦剑、黄昭影、杨垂影、胡整肖、刘雄举、何挺生。

3月11日晚，南国社公演最后一天，演出剧目为《古潭的声音》《生之意志》《未完成的杰作》《湖上的悲剧》《车夫之家》《苏州夜话》《名优之死》等。南国社公演期间，每晚都用粤语演出短剧，或是《空与色》，或是《车夫之家》。因缺少粤语演员，故由广州本地的呼唤剧团担任演出。《车夫之家》由卢暾演车夫，李丽莲演车夫之妻，吴回和陈有名分别饰演警官和警察。《空与色》由孔雪莹、谭新风演出。卢暾、吴回、孔雪莹均优先录取成为演剧学校学生，陈有名先是进入戏剧研究所在编纂股工作，负责协助抄誊和校对，后免试入学。

3 月 16 日和 17 日晚，应中山大学时代艺术研究社邀请，南国社缓期返沪，在中山大学大礼堂加演两晚。演出剧目为《古潭的声音》《湖上的悲剧》《苏州夜话》《名优之死》《未完成之杰作》和《生之意志》等。

3 月 18 日，下午五时，中山大学时代艺术研究社在财厅前太平支馆举行欢送南国社大会。[①] 中山大学时代艺术研究社、南国社和戏剧研究所成员共五十余人出席，由林霖宣布开会理由，钟贡勋致欢送辞，田汉、唐叔明、左明、唐槐秋、欧阳予倩等分别发表演说，后由音乐专家合奏数曲，欧阳先生唱昆剧等，直至晚九时，宾主尽欢而散。

3 月 21 日，因不同意蒋介石提出的讨伐武汉案，李济深被囚禁于南京汤山，由此引发两广军阀对峙。广东陈铭枢、陈济棠、陈策等，与广西李宗仁、白崇禧、黄绍竑等剑拔弩张，战争一触即发。

3 月 25 日，戏剧研究所附设演剧学校第二次招生考试。

3 月 28 日，下午二时，举行教职员全体会议，决定 4 月 1 日开学及其他重要事项，启动小剧场运动，确定第一次公演剧目为《屏风后》《潘金莲》等。

3 月 29 日，戏剧研究所附设演剧学校第二次入学考试录取名单公布。正科录取男生班：黄碧桐、苏浪珊、潘震球、吴远平、魏泊生、卢瞰、李晨风、梁颂颐、苏灿然；女生班：苏绍英、孔雪莹、朱惠贤、唐映冰、李月卿、黄碧霞、唐美芳。特别班录取男生班：覃□葛、林寒流、黄威霖；女生班：源梦兰、陈爱莎。[②]

3 月下旬，马思聪于 2 月 7 日启程由法国回国，抵达香港。

4 月 1 日，戏剧研究所附设演剧学校举行开学典礼，所长欧阳予倩、教务长唐槐秋、教授厉庵樵、何勉仲、严工上、胡春冰、邵知归、麦君博等，以及全体学生，共七十余人参加。欧阳予倩、唐槐秋训话，易秋霜、厉庵樵发表长篇演说，至下午一时结束。定于 4 月 8 日起正式授课。因校长洪深已于公演结

---

① 太平馆为广州第一间中国人开的西餐厅，财厅前太平支馆即太平馆在广东省财政厅前的分店。

② 因报纸字迹模糊，难以辨识，故以□代替——笔者注。

束后返沪，由欧阳所长兼任校长。[①]

4 月 8 日，戏剧研究所附设演剧学校正式开课，开设课程项目十余种，正科班和特别班学生共计八十余名。

4 月 25 日起，《广州民国日报》连续多天发布《广东戏剧研究所附设小剧场开幕》消息，内容为戏剧研究所附设小剧场定于 5 月 11 日正式开幕，11—12 日公演《屏风后》和《潘金莲》，以后每月公演两次，观众采用会员制，概不临时售票，会员人数限五百人。

5 月 4 日，正午十二时，改良戏剧研究会在九曜坊教育会举行成立大会，并于 4 日和 5 日两晚在教育会表演各种游艺助兴。其中，中乐合奏邀请中山大学农霞社、民镜音乐社，以及戏剧研究所严工上、何勉仲、林铸荣、梁子安、麦君博、梁以忠、蔡保罗、盛献三、谢瑞灼、黄龙炼、李焕维、彭植三、邓景垣、刘瑞珩等表演。

5 月 5 日，粤桂战争爆发，桂军入粤。

5 月 12 日，《广州民国日报》发布《演剧学校宣告解散耶》消息，称 5 月 10 日下午五时，"该校忽谓经费无着，仰各生回家、静候设法等语，宣布停课"等。

5 月 16 日，《广州民国日报》第五版发布《戏剧研究所停办》消息，称财政厅长范其务以"当此军事时期，库款非裕，政府无暇兼顾"为由，在省务会议上提出并通过决议停办戏剧研究所。

5 月 16 日，《广州民国日报》第十四版发布《演剧学校并未停办》消息，称"前传宣告解散一节，实系误传，查该校现仍继续开办，并有种种新计划力求实现云"[②]。

5 月 20 日至 21 日两日，粤桂双方在广州以北的花县白坭、赤坭等地激战两昼夜，广州危及。21 日，桂军全线溃退，随后退回广西。

---

① 据《聂耳自传》载，1929 年 4 月，聂耳曾以聂守信之名入剧校一月，5 月退学返回云南。查《广州民国日报》3 月底公布的两批录取学生名单中并无聂守信之名。综合分析，可知当时有免试入学等情况，报纸公布名单并未包括全部入学学生。

② 5 月 16 日，《广州民国日报》第五版和第十四版所刊报道存在矛盾，在此一并照录。

5 月 24 日，陈铭枢伤愈由香港返回广州，随后约见欧阳予倩所长，表示支持继续开办戏剧研究所。

5 月 25 日，《戏剧》杂志第一期出版。胡春冰在该期杂志《编辑后记》中写道："难，难，难！广州出版之难，难于上青天！当这杂志付印的时候，广东戏剧研究所还是在黄金时代；而今杂志是出了版，但是戏剧研究所呢，早已停办，演剧学校也弦歌久辍了"；"本期四月十日发稿，在'战争与贫穷'中挣扎，到现在才能出版，印刷期计为一个半月，实在打破从前所有印月刊的纪录。而其间我们自己之焦急与烦闷，读者当可以想象得之？！"

6 月 21 日，省政府决定续办戏剧研究所，于该日训令欧阳予倩所长遵照，经费由四千余元缩减为二千余元。

7 月初，因经费缩减，戏剧研究所将演剧学校暂停，专授研究班学生，并多招艺术人才入所练习，新创各种歌剧话剧，并以学生为演员，排练《生之意志》等剧目。

7 月 20 日，戏剧研究所拟与八和工会合作，改良粤剧，扩大戏剧运动。戏剧研究所拟着手调查统计全省戏班及剧员数目、所在地点、所演剧本内容、性质类别等，编定适宜剧本，由各戏班自由采择，或到戏班排演，或由各剧员业余时到所研究；并讲习戏剧理论，训练基本演员等。省政府同意戏剧研究所计划，令行公安局和八和剧员总工会等遵行。

7 月 21 日，广州市无线电播音台下午时段（七时起）播音，邀请潘绍桓、蔡保罗、盛献三、盛军武、黄龙炼、连海山等到台奏曲。

7 月 25 日，《戏剧》杂志第一卷第二期出版。

8 月 2 日至 4 日晚，戏剧研究所在所小剧场举行第一次公演。2 日演出招待职员、学生亲属和艺术界人士。演出为研究班学生第一次实习演出。剧目有《丈夫之本相》《未完成之杰作》《小英姑娘》和《屏风后》等。欧阳予倩、唐槐秋、吴家瑾、严工上、方航僧、徐志尹等参加演出。3 日招待报界人士，到场观众一百余人。4 日演出招待党部和军政界人士，剧目同 3 日。陈铭枢及夫人、伍观淇、欧阳驹及夫人、许崇清、陆幼刚等军政要人，以及省政府各厅、市政府各局、各机关职员二百余人到场。戏剧研究所音乐团麦君博、林寿朋、胡博泉、苏荫阶、方航僧、徐志尹等演奏《霓裳曲》《夜深沉》《到春来》《走马》《卧马摇铃》等曲。其中，麦君博以新发明扩音箫参加演奏。

7—8 月暑假期间，陈洪由法国留学归国回到广州。

9 月 5 日，《戏剧》杂志第一卷第三期出版。

9 月 7 日，播音台下午时段（七时起）播音，其中中乐节目有：（1）戏剧研究所教授严工上三弦、徐志尹二胡合奏古调《欢乐歌》；（2）学生苏绍英唱粤曲《潇湘琴怨》，教授苏荫阶京胡、严工上三弦、黄薄天二胡，学生陈国英横箫，黄碧桐打鼓，潘震球打锣，罗兆鑑打钹合拍；（3）严工上三弦独奏《霸王卸甲》。

9 月 13—15 日晚，戏剧研究所在所内小剧场举行第二次公演。剧目有《男人》《贼》《最后的拥抱》，均为唐槐秋导演，研究班学生演出。13 日演出招待报界、政界、各职员和学生亲属。14 日和 15 日公开表演，以备各界人士参观，售卖门票，每张小洋四角。学生章镇藩、卢暾、吴回、王梦云、高惠兰、李月卿、苏绍英等参加演出。同时，《戏剧》杂志第三期出版。

9 月 14 日，晚八时至十二时，国民体育会于大佛寺礼堂举办西乐大会，由奏士狂管弦乐队担任音乐，并请马思聪演奏小提琴。

9 月 17 日，省政府拨发戏剧研究所经费，由 9 月起每月发给经费二千元。

9 月 18 日晚，国民体育会邀请马思聪到会表演。

9 月 19 日，晚九时，马思聪应邀在播音台奏曲。

9 月 21 日，晚八时至十时，欧阳予倩所长在所内开会招待马思聪，马思聪到会演奏小提琴。

9 月 27 日，戏剧研究所将演剧学校重新恢复，发布《广东戏剧研究所恢复演剧学校招生》，拟招收话剧班十五名，歌剧班十五名，音乐班十名，男女兼收，一年半卒业。

10 月 8 日，戏剧研究所举行招生考试。经过 5—7 月的停办波折，3 月入学的学生有的自行退学，有的甄别离去，有的开除，继续留校和此次补充招考的约有三十余人。

10 月 10 日，粤秀山公园举行盛大游艺会，戏剧研究所欧阳予倩和严工上合演《女起解》，蒋永兹表演《捉放曹》，学生表演《贼》《最后的拥抱》等。

10 月 23 日，广东省政府同意戏剧研究所组织管弦乐队。《广东省政府公报》（1929 年第 36 期）刊载《准戏剧研究所组织管弦乐队案》确定以下事项：（1）乐队定名为长风乐队；（2）乐队以建设新音乐新歌剧为宗旨；（3）乐队附设于广东戏剧研究所内，即为所中歌剧系之乐队；（4）戏剧研究所聘马思聪任歌剧系主任，乐队即归其指挥管理。

10 月 26 日晚，为提倡国乐，戏剧研究所邀请潮梅音乐家何育斋①、罗九香②、饶碧初③、饶淑枢④等来所演奏，曲目有管弦合奏《迎仙客》《万家春》，罗友梅长笛独奏等。陈铭枢、陈策、欧阳驹等军政要员到场。

11 月 14 日晚，戏剧研究所在中山大学操场演出《小英姑娘》《伤兵之妻》等，观众达两三千人。

11 月 15 日，《戏剧》杂志第一卷第四期出版。

11 月 19 日晚，戏剧研究所在省教育会大礼堂演出《小英姑娘》《伤兵之妻》等。

11 月 30 日，晚七时半起，长堤青年会举行音乐会，演奏名曲约二十余种，观众达千数百人。欧阳予倩所长赴会。其中，中乐有陈越二胡独奏古调《絮花落》，黄龙炼提琴独奏《连环扣》，以及二人合奏《雨打芭蕉》，盛献三七弦琴独奏古调《释谈章》，严工上三弦独奏《霸王卸甲》，以及与苏荫阶合奏《霓裳曲》。西乐有李玉叶钢琴独奏，聂雅德夫人小提琴独奏和陈洪小提琴独奏等。

12 月 9 日，《戏剧》周刊（第 19 期）出刊。周刊改以《戏剧》为刊名，接续之前《戏剧研究》出刊的期数，从第 19 期开始恢复以《广州民国日报》副刊形式出刊。⑤

---

① 何育斋（1886—1949），广东大浦县人，广东汉乐大师，少年时习二胡、三弦，成年后专攻古筝，编著《中州古调》和《汉皋旧谱》等。1930 年开始，先后创办潮梅音乐社、广州音乐社等。

② 罗九香（1902—1978），广东大浦县人，广东汉乐乐师。中学毕业后曾在乡村小学任教，喜爱汉乐，爱奏古筝，二十二岁师从何育斋学艺，演奏技艺大进，后被誉为岭南派的古筝代表。

③ 饶碧初（1887—1964），广东大浦县人，人称“琵琶王”。

④ 此处《广州民国日报》中原文为“饶淑桓”，系印刷错误，应为“饶淑枢”。饶淑枢（1905—1981），广东大浦县人，广东汉剧乐师，操琵琶、笛子、古筝、头弦等乐器均有较高的演奏水平。

⑤ 戏剧研究所主办的周刊，以《戏剧研究》为刊名，以《广州民国日报》副刊形式于 1929 年 2 月 16 日创刊发行第 1 期。5 月 5 日，第 12 期出刊以后，因停办波折等，自行印刷数期。

12 月 14 日，晚七时半，青年会邀请戏剧研究所表演戏剧，剧目有《最后的拥抱》《贼》《街头人》和《屏风后》。

12 月 15 日，《戏剧》杂志第一卷第五期出版。

12 月 27—29 日，每晚七时起，戏剧研究所举行第三次公演，剧目为《可怜的裴迦》《再见》《同胞姊妹》《抚儿难》和《屏风后》。票价小洋四角。

1930 年

1 月 2 日下午，省教育会举办各校学生独幕剧比赛。省立女师、中大附中、东山培道女中、市立国语补习所和市立商业学校等五校学生参加比赛。戏剧研究所唐槐秋、马彦祥和戏剧研究会韦碧魂、区声白担任评委。省立女师的《婚期前的一天》得七十九分，为第一名；东山培道女中的《体面》得六十分，为第二名；中大附中的《芍药与蔷薇》、市立国语讲习所的《梦后》等其余各校学生所演之剧均不及格。

1 月 10—12 日，戏剧研究所在所内小剧场举行第四次公演，剧目为《一百廿五两银子的脸子》（卢暾、马惠馨等参加演出）和《女店主》（胡一军、陈有名、章正凡、苏绍英等参加演出），票价毫洋四角。

1 月 23 日，广东八和剧员总工会召开会员大会，欧阳予倩代表上海伶界联合会参会并发表演说。

2 月 10 日，《戏剧》周刊（第 27 期）出刊，刊出《广东戏剧研究所之管弦乐队将成立》的消息："戏剧研究所为改革音乐起见，组织管弦乐队，前者特派马思聪氏赴沪接洽队员并购置乐谱乐器等，现已办理就绪，一俟队员抵粤即正式成立。该队主任即以马思聪充之，预备招生教授以为将来组织音乐学校之基本。"

2 月 16 日晚，戏剧研究所举行成立一周年纪念游艺会。

3 月 17 日，《戏剧》周刊（第 32 期）出刊，发布《戏剧》杂志（第一卷第六期）发售预告，"本期内容较前数期格外丰富"，每册三毫。

4 月 1 日，《戏剧》杂志第一卷第六期出版。

4 月 7 日，《戏剧》周刊（第 35 期）出刊，刊发《戏剧第六期出版》消息，称该期为第一卷特大号，全书近三百页十五万字，售价毫洋三角。

4 月 16 日，上海《时事新报》刊登《广东戏剧研究所附设演剧学校特别班招生》，学额“暂定二十名，男八，女十二”，要求年龄“十二至二十五，且能说国语者”，定于五月二日在粤考试。由于上海、两广等地报名投考人数太少，该特别班最终未能开办。

4 月 24 日，《广州民国日报》副刊《晨钟》（第 438 期）发表《“茶花女”未演之前》（作者金工），表示得知戏剧研究所拟公演《茶花女》，十分期待。

4 月 25—27 日，广东戏剧研究所附设演剧学校举办第五次公演，每晚七时半开始，剧目为《茶花女》，票价小洋六角。导演唐槐秋，演员除严工上、钟启南外，其余都是学生，如高伟兰、李月卿、彭国华、区爱、卢暾、陈有名、黄迪、何础、张光雄、李晨风、潘震球、潘余、何洁冰、章正凡等。

5 月 4 日，正午十二时，五四运动十一周年纪念大会在中山大学大操场举行，各界团体代表和中山大学、中山大学附中、国民大学、省立女师、执信中学、戏剧研究所附设演剧学校等十余校学生，共计千余人参加。晚七时，在中山大学大操场举行游艺大会，演剧学校演出话剧《一致》和《光荣之日》及音乐滑稽双簧等。省立女师演出《弱小者》《打倒帝国主义》《一百二十五两银子的脸子》，以及单人舞、女子歌诗、跳舞等节目。

5 月 11—13 日，《茶花女》加演三晚。4 月底公演《茶花女》以后，观众反响热烈，但因研究所内小剧场限制，除预先购票者外，每晚均有数百人不能入场。后拟 2—4 日加演三晚，但因学生参加 5 月 4 日五四运动纪念活动不能如期举行，故推迟至 11—13 日。

5 月 18 日晚，欧阳予倩所长和唐槐秋应岭南大学中学部之邀，出席戏剧比赛担任评判员。当晚参赛的剧目有《如此》《爱之末日》《父子亲情》《换个丈夫罢》和《谁是贼》等。

5 月，《广州民国日报》先后发表《看〈茶花女〉演后的一点印象》（作者金工），《〈茶花女〉既演之后》（作者宜君），《〈茶花女〉——我们对它的批评》（作者陈绍哲），《看〈茶花女〉的三次比较》（作者夏天），《〈茶花女〉中的几个配角谈》（作者杨静波），《看过〈茶花女〉公演而谈到戏剧的种种》（作者寒山）等，对戏剧研究所《茶花女》公演进行了诸多讨论。

6 月 15 日，《戏剧》杂志第二卷第一期出版，发表《演过了茶花女》（作者唐槐秋）等文章，介绍公演筹备、演员和演出等情况，同时对报刊上的评论文章有所回应。

6月16日，《戏剧》（第45期）出刊，发布戏剧研究所为纪念“沙基惨案”将公演《怒吼吧，中国！》的消息，拟于6月21—23日公演，“惟角色多至五十余人，该所除演剧学校全体学生外，全体职员教员，亦加入表演。详细办法及地点时间，将在广告商露布。”

6月21日，《广州民国日报》发布公演消息，《怒吼吧，中国！》21—23日连演三晚。

6月22日，《广州民国日报》发布公演消息，《怒吼吧，中国！》改为21—22日连演两晚。

6月21—22日，每晚七时半起，戏剧研究所全体在当时的国民党省党部礼堂（即现在广州市烈士陵园内的革命历史博物馆）公演《怒吼吧，中国！》。欧阳予倩亲自导演并兼演买办，严工上学了广州话跟钟启南演市长的A、B角，钟启南还演外国商人，潘余演英国舰长，黄迪演舰长的副官，章正凡演为市长翻译的大学生，黄凝霖、卢暾、陈有名、李晨风、张萍、陈洪等分别演码头苦力和江上船夫，李月卿演苦力的妻子，万瑞英演苦力的女儿。该剧演员人数众多，影响很大。后来，欧阳予倩先生发表在《戏剧》杂志（第二卷第二期）的《〈怒吼吧，中国！〉上演记》一文对该剧公演有所记述。

6月，戏剧研究所管弦乐队正式组建成立，由马思聪、陈洪负责主持。

7月4—5日，每晚七时半起，在西瓜园警察同乐会礼堂，戏剧研究所第六届第二次公演，剧目为《怒吼吧，中国！》，票价小洋二角。

7月12—13日，每晚七时半起，戏剧研究所在所内小剧场举行第七届话剧公演，剧目为《茶花女》，票价小洋六角。

7月16日，戏剧研究所连续多日发布《广东戏剧研究所附设音乐学校招男女生》公告，音乐学校分专修科和师范科，定于8月10日和20日考试，9月1日开学。

7月20日，戏剧研究所连续多日发布《招聘音乐队员》公告，招聘小提琴奏者二人至三人，中提琴奏者一人，大提琴奏者一人，低音提琴奏者一人。自1929年底，省政府同意戏剧研究所组织管弦乐队后，马思聪、陈洪等着手筹备，多方招兵买马。后来，在广州招到几位管乐手，在上海招到几位弦乐手，其中有原慈禧太后宫廷乐队的单簧管穆志清（后改拉中提琴），还有广州本地音乐家何安东、黄金槐等，共约二十人。因经费有限和音乐人才难求，只能将管弦乐队的组织极力缩小。

7 月 23 日，戏剧研究所连续多日发布《广东戏剧研究所附设演剧学校戏剧文学系招男女生》公告，招生名额二十名，8 月 22 日和 23 日考试，考试科目国文、国语、外国语、常识、体格，9 月 1 日开学，不收学膳费，书籍文具及支付自理，两年毕业。招生公告特别提示："因个人一时兴会者，欲以演剧作自己之广告者，因失意而求避难者，趋于颓废而态度消极者，误认戏剧生活为漫浪者，不能苦学者，请不必来！"同时，还发布了《招聘书记及图书馆管理员》启示："本所演剧学校拟招书记一名，须善楷书而又有写讲义之经验，英文有相当之程度且能打字者，资格不论"；"图书馆管理员须有图书馆学之常识并兼通外国语者，亦不论资格。"

8 月 1 日，戏剧研究所附设音乐学校招生采用新的启事："本校为新音乐运动之前锋，南华唯一音乐学校，教授皆中外音乐专家，宗旨在养成音乐专门人才，创造新时代音乐，促成中国新歌剧之实现，待遇不收学费，班别专修师范各一班。报名即日起，考试第一次八月十日，第二次二十日。"

8 月 15—16 日，戏剧研究所继续发布《广东戏剧研究所附设音乐学校招男女生》公告。21—29 日，发布《广东戏剧研究所附设音乐学校继续招生》："报名八月廿九号截止，试验八月三十号上午十点钟，开学九月一号。"

8 月 20—21 日，戏剧研究所继续发布《广东戏剧研究所附设演剧学校戏剧文学系招男女生》公告。

8 月 22 日，上午九时，戏剧研究所在泰康路回龙下街九号广东戏剧研究所第二院举行第一日考试，科目为国文、外国语和常识。

8 月 23 日，上午九时，戏剧研究所举行第二日考试，科目为国语，并检验体格。

9 月 1 日，戏剧研究所附设音乐学校和戏剧文学系同时开学。演剧学校改称戏剧学校，分为两系，原话剧班和歌剧班属戏剧表演系，新设的戏剧文学系录取学生二十余人，其中有袁文殊、吴业岷、刘洪沛、胡影尘、马和德、黄元祥、陈惠民、丘东华、施君强、任颖辉、童泽恩、徐明正、陆东亚、邓铁等。

9 月 15 日，《戏剧》周刊（第 58 期）出刊，发表《广东戏剧研究所附设管弦乐队第一次公开演奏宣言》，其中写道："西洋音乐之介绍不过是我们的附带工作之一种。我们的目的是在‘中国的新音乐之创造’。我们深信新音乐兴趣之后①，旧的自然淘汰，然而这不是一朝一夕的事情，在先须把进步的西洋音乐悉心研究，以为他山之助。”

9 月 16 日，戏剧研究所发布管弦乐队第一次音乐会预告。

9 月 19—20 日，每晚七时半起，戏剧研究所管弦乐队在长堤青年会礼堂举办第一次音乐会。

10 月 10 日，晚七时起，戏剧研究所管弦乐队在文明路中山大学校礼堂举办庆祝双十国庆音乐演奏会。

10 月 24—26 日，每晚七时半起，戏剧研究所在所内小剧场举行第八届话剧公演，剧目为歌德名著《史推拉》，票价毫洋六角。

10 月 28 日，晚七时半，戏剧研究所招待广东省教育会第二次代表大会各代表，欧阳所长致开会辞，管弦乐队奏乐，表演《一百廿五两银子的脸子》《贼》和《屏风后》，观众百余人。

12 月 5—6 日，每晚七时半起，戏剧研究所管弦乐队在长堤青年会礼堂举办第七次音乐会，陈洪、何安东、黄金槐、穆志清、谢剑生、严焕堂等参加演出。

12 月 8 日，《戏剧》周刊（第 70 期）出刊，发表《音乐革新的理论与实际——为广东戏剧研究所管弦乐队第七次演奏会作》（作者陈洪）。

12 月 17 日，戏剧研究所在所内小剧场试演《有家室的人》。演剧学校章正凡、彭国华、高伟兰、马慧卿、潘余、李月卿、陈有名、黄迪、蔡师嫄、卢暾、李晨风、邱桂鹏、张萍、吴曜、吴回、潘震球、区爱、万瑞英等学生，以及唐槐秋的两个女儿参加演出，扮演两个小孩子。

12 月 19 —21 日，每晚七时半起，戏剧研究所在所内小剧场举行第九届话剧公演，剧目为《有家室的人》，票价毫洋六角。各校学生、教授，各机关职员，以及商人、工人等观众达到一千五百余人。

1930 年底，因加办音乐学校、管弦乐队和添设戏剧文学系，经费紧张，戏

---

① 根据上下文推测，此处为报纸印刷错误，文中“新音乐兴趣之后”应为“新音乐兴起之后”——笔者注。《广东戏剧研究所附设管弦乐队第一次公开演奏宣言》，载于《广州民国日报》副刊《戏剧》（第 58 期），1930 年 9 月 15 日。

剧研究所呈请省政府加拨经费，每月经常费从原来二千元增至六千元。

1931 年

1 月 1—2 日，每晚七时起，省教育会组织市内中等以上学校，在教育会大礼堂举行独幕剧比赛，中山大学附中、市立一中、省立二中、省立女师、私立青年会中学等十余所学校报名参赛，欧阳予倩所长、胡春冰、陈良烈担任评判员，陈铭枢、陈策、欧阳驹等到场观剧。比赛结果，第一名省立二中（73.5 分），第二名市立一中（67 分），第三名省立女师（66.5 分），第四名市立职工学校（66 分），第五名私立岭峤女子学校（61 分），其余学校不及格。

1 月 6 日，省教育会和戏剧研究所在省教育会大礼堂组织戏剧音乐演奏会，招待出席国民党广东省第四次全省代表大会的代表，所演剧目：（一）市立职工学校《特许证》，（二）省立女师《婴儿杀戮》，（三）省立二中《怒吼》，（四）市立一中《贼》，（五）戏剧研究所《有家室的人》。全省各县党部代表及各机关职员等观众达一千余人。

1 月 12 日，《戏剧》周刊（第 74 期）出刊，计划自 1931 年起，采取分栏的方法，所设栏目有戏剧讲座、戏剧论文、戏剧消息、戏剧批评、名剧介绍、电影、剧本、戏剧团体调查统计之报告和其他。

1 月 28 日，戏剧研究所发出通函九十余封，召集广州学校团体于 2 月 1 日下午一时在该所开联席会议，共同讨论扩大戏剧运动事宜。

1 月 29 日晚，戏剧研究所管弦乐队在所内小剧场举行第八次音乐会。

1 月 30 日和 2 月 1 日，晚七时半起，戏剧研究所管弦乐队在长堤青年会大礼堂举行第九次音乐会。

1 月 31 日，戏剧研究所在青年会大礼堂演出《有家室的人》，观众达一千五百余人。

1 月底，真光小学全体教职员因建筑新校舍拟演剧筹款，请唐槐秋担任导演，剧本为易卜生的《娜拉》，预计 2 月公演。

1 月 26 日—2 月 2 日，《广东戏剧研究所之现在与将来（附图表）》一文写就，发表于 2 月出版的《戏剧》杂志第二卷第 3—4 期合刊。1931 年底，欧阳予倩先生在该文后加了一段注释，说明“这篇记事是所里一个职员写的，1931

年2月发表”，并简述了戏剧研究所和杂志、周刊、音乐学校、管弦乐队停办等情况。该文后以《广东戏剧研究所的经过情形》为题，作为附录收入《欧阳予倩全集（第六卷）》。文内有“今年以来加办音乐学校、乐队，演剧学校又添设文学系”，以及周刊“现在不断地出到第七十六期了”等表述，显示该文动笔于1930年底，同时《戏剧》周刊（第76期）出刊时间是1931年1月26日，第77期出刊时间是2月2日，故断定该文完成于1月26日—2月2日之间。文中还谈到，此时演剧学校有学生五十余人，三十余人属演剧系（其中二十余人半习歌剧半习话剧），二十人属于戏剧文学系；音乐学校有学生三十人，学习钢琴的占大多数，学习小提琴的次之，学习管乐的又次之，学中提琴的仅一人。

2月1日，下午一时，为扩大戏剧运动，戏剧研究所在所内召集全市学校剧社召开联席会议，共同讨论扩大戏剧运动事宜。文梦琴（私立复旦中学剧社），陈守仁、冯玉权、张履祥（四二六剧社）、戴丽琳、梁海仑（市立职工学校雅典娜剧社），詹德汉、黎明（市立一中剧团），吴钦尧、郑建楠（中大剧社）等参会，欧阳予倩所长、唐槐秋、胡春冰、赵如琳等。由于会议日期正值考试后各校放假，各校学生多因放假离校。故参会者仅有五个剧团，故改作谈话会。经一致议决，联合组织定名为“广东学校戏剧协会”，当日出席会议的市立一中、市立职工学校、私立复旦中学、培正中学四二六社、中大剧社为发起人，先行组织协会筹备委员会（筹备委员为文梦琴、张履祥、戴丽琳、詹德汉、吴钦尧），并定于2月15日召集市内各校剧团第一次代表大会，各剧团代表三人。

2月3日，下午七时，省立女师请戏剧研究所附设戏剧学校全体员生到该校礼堂演戏，剧目为《屏风后》《未完成的杰作》《自由了的范西》。

2月6—8日，戏剧研究所组织二十一个剧社在省教育会礼堂连续三天举行联合公演，不收入场券。

2月7日，下午三时，在戏剧研究所召开“广东学校戏剧协会”第二次筹备会议，审议协会章程和组织宣言等。

2月11日，戏剧研究所登报通告，因“不守校规屡戒不悛”，开除附设戏剧学校演剧系学生苏绍英学籍；因“行为恶劣屡戒不悛”，开除附设戏剧学校演剧系学生张萍学籍。

2 月 15 日，广东学校戏剧运动协会筹备委员会在戏剧研究所召集市中等以上学校剧团代表开会，讨论组织剧运协会事宜。中大阳光社，市一中剧团、四二六剧社、中大剧社、雅典娜剧社、中大附中星星社、光华剧社、岭南附中剧社、一中艺术馆、复旦广州中学剧团、明远中学剧社等十一个剧团的二十三名代表出席。讨论结果：（一）追认协会筹备委员会；（二）中上学校剧团始有资格加入协会；（三）限筹备委员会于三月底以前，将各剧团调查登记事项，办理完竣，并随即举行本市学校剧团第一次代表大会。

2 月 16 日，戏剧研究所举行成立二周年纪念茶话会。

2 月 24 日，省政府议决资助马思聪赴法留学，拨助一万元，先发五千元，一年后再给五千元。随后，马思聪第二次赴法留学。戏剧研究所附设音乐学校和管弦乐队由陈洪负责。

2 月 26 日，晚六时，市一中在改小礼堂表演白话剧，招待戏剧研究所师生，剧目为《女人与法律》《一对小说家》和《抚儿难》。严工上等演奏音乐助兴。

3 月 2 日，《戏剧》周刊（第 81 期）出刊，其中《戏剧消息》（作者如琳）中有《欧阳予倩先生的近著》，内容为“欧阳予倩先生近积极努力从事剧本的创作。现已完成者有《买卖》，或名《他未必肯罢》，一幕社会戏剧；《国粹》，一幕六幕剧。将完成者有《走马灯》。三剧在形式及内容方面均有新的展开。现拟将三剧合成一 Program。由本所职员表演。欧阳先生自行导演”。

3 月 15 日，广东学校戏剧运动协会筹备委员会正式成立，在戏剧研究所举行筹备委员会第一次代表会议，修正会章及选举，市一中、省立女师、四二六社、中大、复旦等剧社为执行委员，市女职、执信为候补执委，阳光、星星、中华等剧社为监察委员，省立二中为候补监委。

3 月 15 日，晚七时半起，戏剧研究所管弦乐队在所内小剧场举行第十次音乐会。

3 月 16 日，戏剧研究所“戏剧丛书”编辑就绪，拟陆续出版，书目有《戏剧论文集》（欧阳予倩作）、《自我演剧以来》（欧阳予倩作）、《走马灯》（欧阳予倩独幕剧创作集）、《歌剧集》（欧阳予倩作）、《现代戏剧大纲》（胡春冰译）、《欧美独幕剧集》（胡春冰译）和《近代戏剧史》（赵如琳编）。

3 月 20—22 日，戏剧研究所在所内小剧场举行第十届第四次公演，剧目为

《茶花女》，票价六角。

3月23日，《戏剧周刊》（第84期，广东戏剧研究所第十一次公演专号）出刊，将刊名由《戏剧》改为《戏剧周刊》。该期发表《幻灭》（作者予倩）、《由无名战士说到邓逊尼》（作者春冰）、《关于邓逊尼片语》（作者予倩）、《邓逊尼小传》（作者如琳）、《写于导演〈无名战士〉之前》（作者春冰）、《无名战士本事》（作者春冰）和《广东戏剧研究所第十一次公演》等。

3月27—29日，每晚七时半开始，戏剧研究所在所内小剧场举行第十一届公演。剧目为：（一）27日《忘了的礼帽》，参演学生有李晨风、赵如林、潘震球、邱桂鹏、吴曜等；（二）28日《幻灭》（即《皮格马林》），参演学生有卢暾、万瑞芳、李月卿、吴回、万瑞英等；（三）29日《无名战士》，参演学生有章正凡、陈惠民、李晨风、刘洪霈、吴回、袁文殊、黄元祥、徐佳、施君强、童泽恩、卢暾、徐名正、潘余、潘震球、高伟兰、李月卿、区爱、彭国华、马和德、吴业岷、丘东华、丘实华、陆东亚、胡影尘、任颖辉等。《幻灭》和《无名战士》两剧音乐由戏剧研究所管弦乐队队长陈洪选制，由乐队全体合奏，在配乐方面作出了新的探索和尝试。

4月3—5日，每晚七时半开始，戏剧研究所在所内小剧场举行第十二届公演。剧目为：（一）《白姑娘》，参演教职员有邵知归、顾曼庄、徐志尹、吴家瑾、欧阳予倩、唐槐秋和严工上等；（二）《国粹》，参演学生有李晨风、张锦裳、刘逸清、万瑞芳、高伟兰、区爱、蔡师嫄、潘余、彭国华、马慧卿、李月卿、卢暾、万瑞英、章正凡、潘震球、邱桂鹏、吴回等；（三）《买卖》，参演教职员有钟启南、唐槐秋、顾曼庄、唐叔明、邵知归、吴家瑾、赵如林、刘洪霈、徐名正、徐志尹、童泽恩等。此次公演，因为是创作，题材又与社会有密切关系，故而反响热烈。

4月6日，《戏剧周刊》（第85期）出刊，发表《贝多芬》（作者陈洪）、《北平的戏剧消息》（作者卢子）和《本市的戏剧消息》（作者唐凡）。《本市的戏剧消息》有《本所管弦乐队将举行盛大的音乐会》预告，内容为："本所管弦乐队，自成立以来，已举行十次音乐演奏会。目下队长陈洪先生暨全体队员，准备于两星期内举行第十一次宏伟盛达的音乐会。节目中最重要者为演奏乐圣裴多汶的第一交响乐全部。在中国音乐队中，从不有全部地演奏裴氏第一交响乐者，故此次实为全国空前的创举。又该队第十一次音乐会结束后，即赴港澳各地演奏云。”

4 月 14 日，广东学校戏剧运动协会召开第一次代表大会，十五个剧社代表参会，讨论章程并选举市一中剧团、中大剧社、女师戏剧组、四二六剧社、复旦中学剧团等为执行委员（总务：市一中剧团，研究：女师戏剧团，常务：中大剧社，组织：复旦剧社，宣传：四二六剧社），中大阳光社、中大星星社、中华中学剧社为监察委员。

4 月 20 日，戏剧研究所附设戏剧学校演剧系第一期学生完成毕业考试，于是日上午十时半举行毕业典礼。到会者有省政府代主席许崇清、省党部代表林植夫、警官学校代表韦秋生，以及来宾、本校职员、学生、管弦乐队队员等共百余人。欧阳所长致开会辞，演剧系主任唐槐秋报告成立经过。颁发文凭后，许崇清训辞，林植夫和韦秋生分别致辞。演剧系第一期学生毕业后，初定经过一个月的研究班，组成第一剧团隶属戏剧研究所，组织筹备一连十二天的大规模公演。

4 月 24—25 日，每晚七时半起，戏剧研究所管弦乐队在长堤青年会大礼堂，举行第十一次音乐演奏会。

4 月 28 日，广东政局变动，陈铭枢离开广州赴香港。陈济棠掌握广东军政大权。

5 月 1—2 日，每晚七时起，市一中剧团在长堤青年会礼堂举行戏剧演出，剧目为《夫人学堂》，由唐槐秋担任导演。

5 月 16 日晚，戏剧研究所在附设小剧场举行文艺同乐会，邀请全市文艺界及戏剧界知名之士，聚首一堂，共同讨论艺术上各种问题，借以融洽情感，去除隔膜。该晚有戏剧学校演剧系女同学表演跳舞及音乐，男同学表演戏剧，教职员表演欧阳所长近作《买卖》，及胡春冰先生近译《夏娃与苹果》。此外，还有四二六剧社表演赵如琳翻译的《无名尸招领处》。

5 月底，陈洪先生文集《绕圈集》由广州万人社出版部出版，广州泰山书店发行。

6 月 1 日，戏剧研究所第一剧团成立，原定 6 月 3—14 日一连十二天公演，改为 6 月 4—14 日十一天公演，每晚七时半开始，地点省教育会礼堂，券价小洋一元，学生半价。

6 月 1 日，戏剧研究所附设戏剧学校戏剧文学系招生，决定下学期在粤、沪、平招收自费生，平沪各十名，广州二十名。

6月4—14日，戏剧研究所第一剧团举办连续十一天的大型公演。剧目分别为：6月4日《月亮上升》《怒吼吧，中国！》，6月5日《千方百计》《幻灭》《忘了的礼帽》《未完的杰作》，6月6日《有家室的人》，6月7日《屏风后》《国粹》《买卖》，6月8日《可怜的裴迦》《同胞姐妹》《自由的范西》《熊》，6月9日《茶花女》，6月10日《一对小说家》《贼》《父归》《白茶》，6月11日《一百廿五两银子的脸子》《女店主》，6月12日《国粹》《屏风后》《买卖》，6月13日《茶花女》，6月14日《有家室的人》。

6月25日晚，应省立工业专门学校全体员生之请，戏剧研究所第一剧团在小剧场公演话剧，剧目为《买卖》《贼》和《白茶》。

6月29—30日，戏剧研究所管弦乐队在长堤青年会礼堂举行第十二次演奏会。

6月，戏剧研究所第一剧团第一次公演结束后，拟在短期内出发各地旅行演剧，计划先到香港，公演约五天。戏剧方面，筹备排演法国雨果的作品《欧那尼》（赵如琳导演），计划7月25日前排练完毕，在未出发往香港演剧时，先在广州演出。同时，还决定排练莎士比亚的《罗密欧与朱丽叶》和曷斯当的《西哈诺》，拟于年底前演出。相关计划后均未能实施。

5—6月，省政府主席由当时的民政厅长许崇清临时担任，许与欧阳予倩所长颇有交情，多方庇护，戏剧研究所不致在陈铭枢离粤后马上停办。6月8日，林云骇接任广东省主席一职，6月底裁撤戏剧研究所，8月起停发经费。

7月3日，《广州民国日报》发布《杨贵妃》公演公告，内容为："它是欧阳予倩氏最近杰作，是一出根据史实、编制新颖、情节哀艳、曾经两年长时间排练的历史大歌剧，此剧用分幕法演出，与旧戏完全不同，全部歌曲皆新制，每曲悉合乎戏中情节，唱工以粤曲为本融合北曲昆曲之长，腔圆字正，高唱入云，演员动作表情细腻妥帖，力矫旧戏中之常有不合情理及随意胡闹等恶习。剧中舞蹈有杨贵妃舞宫女舞及安禄山番女舞等，各种式样不同，舞台全用新式布景，配用特式灯光，余如服装化装等等都有特别研究。它确是戏剧运动期中之革新之大歌剧也。七月十五号起海珠戏院正式公演。"

7月6日，戏剧研究所发布管弦乐队第十三次演奏会预告，定于七月中旬举行。

7 月 8 日，之前戏剧研究所发布的音乐会预告改为“临别音乐会”之名，称“广东戏剧研究所管弦乐队最后表演”，定于 7 月 14 日下午八时在长堤青年会举行。

7 月 14 日，戏剧研究所自经省政府命令停办后，欧阳予倩拟在原所址内继续筹办私立广东艺术院，呈请省教育厅备案。

7 月 14 日，晚八时，戏剧研究所管弦乐队在长堤青年会礼堂举行“临别音乐会”，发表的“临别宣言”称：“在相处一年后的今天，是我们不得不暂时分离的一日。这分离并不是由于我们的自弃，而是外力使然”，“此次本乐队的解散，不过是机关名义的取消，而新音乐运动的阵营并不因此溃散。音乐革新的力量本来是野生的，有时靠政府的提携，但大部分还在于民众的需要与努力。民众不死，新音乐运动便不会夭折。这次的骊歌便是革命的新生之曲。”

7 月 15—17 日，戏剧研究所第一剧团在长堤海珠戏院公演歌剧《杨贵妃》。

7 月 20 日，《戏剧周刊》（第 100 期）出刊，发表《转变期中的音乐艺术》（作者陈洪）、《杨贵妃公演以后》（作者唐凡）、《广东戏剧研究所管弦乐队临别宣言》和《重要消息》《编者的话》（作者赵如琳）等。《重要消息》一是私立广东艺术学院将成立，二是戏剧第二卷第六期已出版。《编者的话》写道：“广东戏剧研究所已奉令于本年六月底结束。所以，用广东戏剧研究所名义编辑之戏剧周刊，编至一百期止，便告一段落。我们等着机会再见。”

7 月 26 日，《戏剧周刊》（第 101 期）以“戏剧周刊社”名义编辑出刊，继续刊发之前未刊完的文章和最新的戏剧信息等，发表《戏剧的结构》（中）（胡春冰讲，童泽恩记）、《最近的爱尔兰剧坛》（作者如琳）、《四川的一九剧社》（作者杜味涩）、《关于北平小剧院》（作者如琳）、《歌剧杨贵妃重演讯》和《编者的话》等。《歌剧杨贵妃重演讯》内容为：“第一剧团，现定于本月二十八二十九两晚，在长堤海珠戏院重演歌剧《杨贵妃》，券价仍旧，即日开始定座。”《编者的话》内容为：“本刊决继续出版，惟编辑名义，改由‘戏剧周刊社’负责。又剧本作法讲座未完稿，继续刊登。”此后不久，因戏剧研究所陷入困境，周刊停办。

7 月 28—29 日，以“广东第一剧团”名义在长堤海珠戏院重演《杨贵妃》。据卢暾回忆，《杨贵妃》不为观众接受，卖座惨败，剧团经济出现困难。

8 月 8 日，晚七时半，以“广东第一剧团”名义在长堤青年会礼堂举行助赈水灾公演，剧目为《茶花女》。

7—11 月，欧阳予倩先生自行筹款，开办私立广东艺术院（没有公开挂牌），维持了四个月左右，终因经费无着，难以为继，第一剧团被迫解散。

10 月，欧阳予倩离穗赴港，拟返沪。

11 月，广东省政府收回私立广东艺术院院址（原戏剧研究所所址），广东戏剧研究所彻底结束。

1932 年

年初，马思聪由法国留学回国。

2 月，中国第一所现代私立音乐学院——私立广州音乐院正式成立。发起人是马思聪、梁冰弦、陈伯华、胡春冰和陈洪，董事有金曾澄①、许崇清②、林直勉③、伍大光④、刘纪文⑤、黄金槐等。梁冰弦、金曾澄、伍大光为常务董事，马思聪任院长，陈洪任副院长。最初的院址在广州市白云路，一个月后搬迁至惠福东路一百四十六号。

1933 年

马思聪赴上海并定居，此后未再回广州音乐院。陈洪代理私立广州音乐院院长，全权负责。

冬，私立广州音乐院第一届 15 名学生毕业，其中钢琴专科高级（四年）为林声翕、萧振鸾和黎萍仙三人，小提琴专科高级（四年）为李擎天一人。陈洪在 1936 年发表的《四年来的广州音乐院》中回忆道："回溯本院开办不过二年，四年毕业的学生是从前由戏剧研究所的音乐学校——本院的前身——转学

① 曾任广东省政府委员兼教育厅厅长、中山大学校长等职。

② 曾任广东省教育厅厅长、广东省政府代主席、中山大学校长等职。

③ 曾任孙中山秘书、西南政务委员会委员、军事委员会西南分会委员等职。

④ 曾任广州市教育局局长等职。

⑤ 曾任广东省政府委员兼农工厅长、南京市市长等职，时任广州市市长。

而来的。”可见，在陈洪心目中，认定戏剧研究所附设音乐学校是私立广州音乐院的前身，自己从事的音乐教育是戏剧研究所音乐教育事业的延续。

注：文中相关人士姓名较难处理，主要有几种情况，说明如下：

一是当时报纸、杂志及相关回忆录中对有关人士姓名常用同音字，或是繁体字、异体字等，如易剑泉（易健全）、邵知归（邵之归）、陈有名（陈酉名，著名粤剧导演）、章正凡（章镇藩，即后来的中央音乐学院教授章彦）、罗肇鉴（罗兆鑑，即后来的粤剧名家罗品超）、吴曜（吴耀）、潘震球（潘正求）、吴业琨（吴业崐，后改名吴光华）、何礎（何楚）等。

二是报刊等排版印刷出现错误，如卢暾误为卢瞰，黄梦云误为王梦云，饶淑枢误为饶淑桓等。

三是少数人后来改名，导致回忆录署名和曾用名不同，如卢暾后改名卢敦，黄梦云后改名黄铿等。为尊重历史原貌，本文对容易引起歧义、确系排版印刷错误的，在文中直接予以更正；对于使用同音字但不会引起歧义的，按照原文照录。

此外，少数戏剧的名称也有多种表述，如《一百二十五两银子的面孔》《一百廿五两银子的脸子》《一百二十五两银子的脸子》等均为同一出戏剧，考虑到不会导致误解，故原文照录未予改动。

参考资料

[1]《广州民国日报》(1928—1933 年)。

[2]《广州民国日报》副刊《戏剧研究》《戏剧》《戏剧周刊》(1929—1931 年)。

[3]《戏剧》(广东戏剧研究所发行)(1929 年第 1 卷第 1—5 期，1930 年第 1 卷第 6 期，1930 年第 2 卷第 1—2 期，1931 年第 2 卷第 3—6 期)。

[4] 李济深:《广东戏剧研究所设计概略》,《中央政治会议广州分会月刊》1928 年第 13 期，第 144—148 页。

[5]《准戏剧研究所组织管弦乐队案》,《广东省政府公报》1929 年第 36 期，第 16—17 页。

[6] 欧阳予倩:《欧阳予倩全集》(第六卷),上海文艺出版社 1990 年版。

[7]《马思聪全集》编委会编:《马思聪全集》(第七卷),中央音乐学院出版社 2007 年版。

[8] 俞玉姿、李岩主编:《中国现代音乐教育的开拓者陈洪——陈洪文选》,南京师范大学出版社 2008 年版。

[9] 陈铭枢:《陈铭枢回忆录》,中国文史出版社 1996 年版,第 140 页。

[10] 中国戏剧家协会广东分会、广东话剧研究会编:《广东话剧运动史料集》(第一集),东莞市印刷厂印刷,1984 年。

[11] 中国戏剧家协会广东分会、广东话剧研究会编:《广东话剧运动史料集》(第二集),东莞市印刷厂印刷,1987 年。

[12] 广东省地方史志编纂委员会编:《广东省志 · 文化艺术志》,广东人民出版社 2001 年版。

[13] 广州市政协文史资料研究委员会,粤剧研究中心合编:《粤剧春秋》(广州文史资料第四十二辑),广东人民出版社 1990 年版。

[14] 欧阳予倩:《粤游琐记》,《南国月刊》1929 年第 1 期,第 173—185 页。

[15] 苏关鑫:《欧阳予倩年表(1889—1962)》,《广西师范学院学报》1984 年第 4 期,第 41—42 页。

[16] 包明:《南国社的"卖花女"尚在人间》,《上海戏剧》1982 年第 2 期,第 50—51 页。

[17] 康建兵:《"官办"之名,"在野"之实——欧阳予倩主持广东戏剧研究所性质考论》,《戏剧》(中央戏剧学院学报)2015 年第 1 期,第 71 页。

[18] 周仁成:《胡春冰的戏剧人生、创作与理论》,《戏剧》2016 年第 4 期,第 86—88 页。

附媒体报道

“好比春风微雨精室温衾之中，做一个极甜酣的梦”
——欧阳予倩的戏剧人生

《南方周末》记者　石岩 发自北京

87 岁的马惠田至今记得六十年前的一件事：上课铃响，苏联专家列斯里、院长欧阳予倩、副院长曹禺、校党委书记沙可夫一起走进教室。列斯里怒不可遏：“你们控告我！”

这是派驻到中央戏剧学院的第一位苏联专家，他的课堂以严格著称：课堂小品一次不过可有二次机会，第二次不过，训斥是少不了的。学生们仅能听懂的两个俄文单词是“哈拉硕”（Хорошо，好）和“肚辣克”（дурак，傻瓜），听到前者的机会极为稀少；听后者是常事。班上原有 25 人，第一学年淘汰 8 人，第三学期淘汰 4 人。一名女生被淘汰后，早起就不见了踪影，到晚上，同学们才循着嘤嘤的哭声，在堆积着景片的杂物屋里找到她。讲台前的列斯里怒气未消：“有意见可以跟我谈，为什么要写控告信？”“我严格要求你们，是希望你们早日成为合格的导演。”“那些小品，我十几分钟就可以构思出一个”……

这时，一直没有发言的欧阳予倩和风细雨地开了腔：“你是专家，他们不能跟你比。因为语言不通，他们只好给学校写信，但他们对专家还是非常尊重的。他们很刻苦，但常常被否定，精神压力很大，睡眠很少，吃饭也不规律，我真担心他们身体受不了……”一席话说完，列斯里的态度缓和下来。欧阳予倩适时起身：“今天的课到此结束，下课！”快走出教室时，他还不忘跟身后的学生开玩笑：“从今天开始，作业加倍！”

2019年6月19日，在中戏纪念首任院长欧阳予倩130周年诞辰的研讨会上，马惠田的回忆引发一串笑声。几位两鬓如雪的中戏校友，在笑声中偷偷揩着眼泪。“50年代我是个学生，和老院长接触的机会不多，每次看见他，就是给他鞠个躬，老院长对我祥和地一笑。”马惠田告诉《南方周末》记者。

“祥和”用于形容人很特别，如果把“祥和”换成“温和”，那就是中戏头几届学生对老院长一致的记忆了。

作为晚清世家子弟、一代名伶、剧作家、戏剧理论家和教育家的欧阳予倩，经历了天翻地覆的时代变迁。在同时代人不断“以今日之我否定昨日之我”的时候，他是一以贯之的。“他的一生不矛盾，没有颠来倒去。他真真为了戏剧运动奋斗了一生。虽有困难，但他百折不回，湖南牛嘛”。这是欧阳维对外公的观察。“湖南牛”也是欧阳予倩的诗中自况，诗中还有这样的句子，“唯有穿鼻之绳不可留”。

文明戏出身

欧阳予倩在最有青春光华的时候和话剧结缘。那时他18岁，是日本早稻田大学的学生，也是一个受酒神眷顾的世家子弟，白兰地一次能饮一大瓶，啤酒“半打起码”。

在留日学生的戏剧小团体春柳社和申酉会中，一班年轻人以“过瘾”为宗旨，排演新剧。他们中有日后出家的李叔同、日本商业学校的中文教员、学习美术的清国留学生、清廷的游历官、无国籍者、经历复杂的革命者……这些人虽是票友，却相当投入。从写剧本、筹钱、准备道具服装、化妆、租借剧场到卖票、上演全由他们自己完成。盐商的儿子曾孝谷为《黑奴吁天录》里的一个角色做百余元的戏装；王钟声“自己连夜画布景，写广告，到天亮不睡，略打一个盹又起来化装上台”；为了饰演女优杜司克，欧阳予倩和陆镜若躲在一间小小的屋子里，每天练习化妆，并到郊外的草地上练习哭和。他们的剧本多从小说或歌剧改写而来，编排上借鉴日本刚刚出现的“新派戏”，多少带些“志士剧”的色彩。志士剧是明治维新时兴起的借戏剧宣传变革的新样式，常有大段议论。欧阳予倩对那些脱离剧情的大道理颇有微词，但舞台仍让他大过其瘾："化好了装穿好了衣服，上过一场下来，屋子里开着饭来，我们几个舞伴挨得紧紧地一同吃饭，大家相视而笑得那种情景，实在是毕生不能忘的！"在《自我演戏以来》中，有很多类似的记述。

1907 年，欧阳予倩初次登台，演《黑奴吁天录》的一个配角。1909 年，他已是《热泪》里的女一号。法国剧作《托斯卡》在 1900 年被普契尼改编成歌剧，很快又被改编成日本"新式剧"《热血》，《热血》之后有欧阳予倩和陆镜若、谢抗白改编的《热泪》。这出异国爱情悲剧产生了出其不意的效果：几天之内，四十多人加入同盟会，都说是受了《热泪》的感动。对此，欧阳予倩淡淡地说："我却不大相信。"

欧阳予倩与革命本有特殊的渊源，但他似乎始终对盲目的激情和从众保有警惕。欧阳予倩的祖父欧阳中鹄早年中举，曾任清廷内阁中书，平生服膺王船山的学问。在欧阳中鹄身上，士的本色远大于官僚气。宦游生涯中，他曾担任幕僚和塾师，谭嗣同和唐才常都是他的学生。欧阳予倩称谭嗣同为"谭七伯伯"，唐才常则是他的蒙师。谭、唐相继就义后，欧阳家将谭嗣同写给欧阳中鹄的部分书信保留下来。欧阳予倩的妹妹欧阳立征嫁给了唐才常的儿子唐有壬。1942 年，在抗战的烽烟中，欧阳予倩将谭嗣同写给祖父的书信辑成《谭嗣同书简》出版。在序言中，他写道："谭先生十岁就跟我祖父读书，以后每次回浏阳，在我家里往来很密……我小时候常常看见他。当时浏阳士子以为他走过的地方最多，是邑中最能通达中外形势的人……他曾经秘密地把《大义觉谜录》《铁函心史》一类的禁书介绍给我父亲读。"1898 年，谭嗣同、梁启超齐聚长沙，欧阳中鹄在浏阳办起传播新知的算学馆。此事对欧阳予倩的影响是：家中私塾"除经史外，加增了天文和地理的读本，大家都要背诵行星、恒星和五大洲及各大国的名称。不久又请了个从上海回乡的英文先生，开始读《华英初阶》"。谭嗣同就戮，与其有往来者把他的墨迹一概烧毁，《谭嗣同书简》收录的几十封信也是欧阳予倩母亲留下的"余烬"，因此被格外珍视。祖父过世后，这批书简由欧阳予倩保留。他辗转各地，书简常常带在身边，以免遗失。

受谭七伯伯和老师唐才常的影响，少年欧阳予倩"专爱高谈革命"，初到日本，他最想进的是陆军学校。但他与戏剧相遇，却纯粹是被戏剧本身所吸引：借装扮变成另外一个人，揣摩她的哭与笑。他在自传里说得坦诚："我们在东京演戏，本没有什么预定的计划，也没有严密的组织，更无所谓戏剧运动，不过大家高兴好玩。最高的见解也不过是戏剧为社会教育的工具……我因为和镜若最为接近，就颇有唯美主义的信仰，然而社会教育的招牌是始终不能不挂起的”。

戏剧从欧阳予倩的业余爱好变成志业是1912年之后的事情。此前两年，他的父亲和祖父相继过世，家中有可能反对这位世家子弟成为职业伶人的只剩下祖母和母亲。欧阳予倩的母亲刘倚霞是刘人熙之女。刘人熙曾任广西道台和民初的湖南督军兼省长，和欧阳中鹄一样，是王船山的信徒。

出身名门，又有日本早稻田大学的毕业证，欧阳予倩本可以像其他世家子弟一样在军政要津拾级而上，他却演起戏来。在晚清到民国的巨变中，这样的选择虽属另类，却也吾道不孤。欧阳予倩留日时的好友陆镜若，回国后放弃了都督府秘书一职，另一位同好马绛士则辞了实业厅科长的肥缺，几个人组成戏剧同志会。同志会的巡演方式是这样的：到一个地方，就先说妥一个资本家（当时舞台老板是资本家的不多，中国工商业现代化程度低，能称为资本家的不多），请其赞助，只要勉强够开销就演出。

在堂会仍有相当市场的年代，同志会却搬演起《家庭恩仇记》《猛回头》《社会钟》一类的剧目。国民党元老吴稚晖曾为《社会钟》撰写说明书，但这并不等于戏剧同志会的票房担保。一行人因为衣着寒酸偏又面孔庄严为赞助人怠慢，或是因为没有“拜老头子”，被流氓砸场子，是常有的事。类似的事情被温和的欧阳予倩冷眼看在心里，他早早明白名利场的虚妄：一切附丽于戏剧之外的虚荣都不值得。1912年大半年的时间里，欧阳予倩与戏剧同志会的伙伴辗转于无锡、上海一带。旧历年底，家中催促得紧，他只得回到湖南，但回乡不久，就把同志会的人马拉过去，在湖南演起新剧。一时观者如堵，大雨天也不肯散去。

演戏之余，欧阳予倩与人豪饮、组党。他们视共和党、进步党为仇寇；听说某前清官员杀过革命党，欧阳予倩曾提着手枪到官员家中质问，并令其捐款。不过他很快就将这视作荒唐之举。当时正逢湖南省议会选举议员，各党奋力拉票，“请洗澡、请吃饭、请花酒、请打牌，那些被拉的便一扭一扭地不肯去，可始终还是去了”。欧阳予倩身边亦有不少穷朋友在辛亥革命后突然住起大房子、娶上姨太太。他以竞选乱象为背景，和“暴富娶妾的志士织成一片”，写成剧本《运动力》。从那时起，温和的欧阳予倩似乎就有绕到冠冕堂皇的背后一探究竟的能力。

亲历海派京剧

欧阳予倩的嗓音有本钱。少年随祖父宦游北京时，偶然学两句杨小朵的说白，“颇为侪辈所惊叹”，他自己也觉得自己的嗓音“比戏台上的花旦好得多”。留学日本时，与人同席闹酒，被朋友听到猜拳的声音，便怂恿他学青衣。回国后，同志会无戏可演的时候，欧阳予倩认真学起京剧来。在上海，他向京剧艺人筱喜禄学戏。又因为筱喜禄的介绍，认识了江紫尘和琴师张葵卿，又因江紫尘的介绍，认识了林绍琴。时代巨变中，社会阶层被出其不意地颠倒置换。江紫尘原本是南京的一个知县，辛亥革命后到上海，和旧时同事张葵卿合作，唱起京剧，一时曾执上海青衣界牛耳。林绍琴是世家子弟，据说他的三哥做过宣统皇帝的师傅，四哥则是有名的京剧票友。向这些颇有身世飘零之感的人学戏，不可能像科班一样从头至尾，只能一鳞半爪，集腋成裘：这里听唱几句，那里听唱几句，回去极力揣摩。老师最初只肯半不负责地约略指点。欧阳予倩却听得认真，回去后把经人指点处“一连唱它几十遍”，下次唱给老师听，使对方大为惊奇，慢慢“和盘托出”，“一无所隐”。这种吃百家饭式的学艺方式，让欧阳予倩不受流派所限。

“有人问我，欧阳予倩是什么派？我说他是‘没派’。”欧阳维笑说。

欧阳予倩学京剧的时候，他的朋友陆镜若在国民党元老张静江和吴稚晖赞助下，在上海重新挂起春柳社的招牌。在日本时，春柳社成员多有家庭的荫蔽与赞助，上海春柳社则要艰苦许多。几十个会员同住一处，铺板挨铺板，饭食每人四块钱包月。欧阳予倩是其中一员。当时，上海的新剧剧团已不止一家。别家不用剧本，表演上用“激烈派正生”“言论派正生”“风流小生”“风骚派”“闺阁派”“徐娘派”等新式行当去套角色，常有长篇大套的议论或者脱离剧情的插科打诨。春柳社初期坚持每戏必有剧本，剧情要近人情、切事理，不追求过分的滑稽与意外的惊奇。在新戏演员因为吊膀子、轧姘头名誉很坏的时候，春柳诸君独善其身，这让他们落下不善交际的名声。虽然春柳的生意一直不佳，欧阳予倩却从频密的演出中悟得表演的真谛：

“做戏最初要能忘我，拿剧中人的人格换去自己的人格谓之‘容受’，仅有容受却又不行，在台上要处处觉得自己是剧中人，同时应当把自己的身体当一个傀儡，完全用自己的意识去运用去指挥这傀儡……戏本来是假的，做戏是要把假戏做成像真，如果在台上弄假成真，弄得真哭真笑便不成其为戏。”

演戏之余，他在张家花园的草地上练哭、练笑，练到胸口发痛，始得一点经验：哭最难的是一缕很细如游丝般地摇曳而出，缠绕在说白当中，似断似续；笑要像银铃一样，一声一声如粒粒滚动而出的珠子，其诀窍在善用丹田之气。

一边在舞台上演新戏，一边私下研习京剧，欧阳予倩很快就能唱出整出的《玉堂春》。不仅唱，而且编，他将《红楼梦》中的若干片段，编成十出京剧小戏。小戏虽小，却已经有了戏剧文学的考量：“我从前在《莫里哀全集》里读过一个剧本，日本译名为《奸妇之夫》，我在头一次演宝蟾的时候，就想到莫里哀的这出戏，我也不是存心模仿，可是我的这出戏完全是那个戏引出来的。”在结构上，欧阳予倩的“红楼戏”按照新剧分幕，将零散的情节删减归并，使得戏剧性更为集中。“红楼戏”渐渐为欧阳予倩在旧剧界创出名声，“北梅（兰芳）南欧（阳予倩）”之说即从此来。

在当时的上海，旧剧也不得不新演。夏月恒兄弟经营的“新舞台”从日本聘了布景师和木匠，以新剧的形制装潢京剧舞台，上演《新茶花》《明末遗恨》《波兰亡国惨案》之类，以迎合正在觉醒的民族主义情绪。侦探戏受追捧时，他们又大排侦探戏。欧阳予倩既在“新舞台”挂牌唱“西装京剧”，又在另一个剧场“第一台”与周信芳同班唱旧戏里的青衣花旦。

职业伶人的生活，他并不喜欢。伶人到一个码头，总要去拜当地的绅士、报馆和江湖大哥，但“请你多捧”这句话欧阳予倩却无论如何说不出口。遇到套近乎的失意官僚，他的反应也清淡至极：“他们当我是世家子弟，风尘漂泊，一方面对我表些同情，另一方面是要借戏子来寄他的感慨；还有一种认为我是前清遗少，唱戏是披发佯狂之意，他们各凭自己的意思来找我，我时时听见许多有趣的议论，也不过是笑笑。”伶人的尴尬，在《自我演戏以来》中毫不避讳，“那时候，时常有许多女人包围着我。包厢看戏，当然很普通，每逢演完戏出来，常有些女子后面跟着，每天总要接几封情书”。

京剧名角收入颇丰。1926年，欧阳予倩在南京国民政府政治部做艺术指导员，月薪二百多元，他说不过抵演剧薪水四分之一。不过这收入并不稳定。

1920 年代，欧阳予倩到大连一带演出，戏班不给钱，间或送他十几二十块零用钱。在大连，吃冷馒头，用小破脸盆烧几块炭取暖，大年初一，戏馆的包厢里坐的都是娼妓，这些他都不甚介意。闲时，他读王尔德的 *A Woman of No Importance*（《无足轻重的女人》），翻译了易卜生的一个剧作，并写了几篇论文发表在奉天的报上。

对欧阳予倩来说，舞台自有其魅力：

“我觉得天底下的事，再没有比演绎出好戏更快乐的……凡属一个自爱的伶人，当然认定舞台是他生命的归宿地。”

“在人声嘈杂之中，走出台去，上下一静，一举一动都为人所注意，演到情节最紧张的地方，差不多台底下的呼吸都听得见，这比全场喝彩还要有趣。”

“我演戏不专求我一人出风头，要注意整个的平均”，“一定要照顾全场，而对手角色的动作，尤其处处都要使之与自己的动作相应组织成一种自然的谐和……只要已得到了这些谐和，那真是舒服，音乐没有这样的风韵，美酒没有这样的香醇，好比春风微雨精室温裘之中，做一个极甜酣的梦”。

了解当时的戏剧环境，才能体会这梦的奢侈。上海的戏班需不断有新戏供应，否则无法立足。“大家欢迎神怪，便匆忙赶一本神怪戏；欢迎皇帝，便来一出真命天子；怕他们看短了说不佳，便从六点钟唱到一点钟；怕他们说少了不值，便将两本的材料紧缩一夜演完。”在市场的饕餮胃口下，艺人忙着推新。周信芳排演《汉刘邦》，可谓煞费苦心：“周信芳是个喜欢读些中国书的人。他一面求卖钱，一面又想把他的书放进戏里去，于是不得不把正史、稗史咬文嚼字和机关戏法拼凑一处。”欧阳予倩帮周信芳一起搜集材料，饰演虞姬，跟演刘邦的周信芳一起唱对手戏，不过，他志不在此。

在写于 1929 年的《戏剧改革之理想与实际》中，欧阳予倩对他所亲历的海派京剧做过一番总结陈词：

“辛亥革命以后，几出旧戏渐次成了机械式，不行了。上海新舞台的配景新戏，应时而起，这种专讲舞台美丽，情节离奇的 Melodrama（情节剧）式的戏剧，就给专讲唱工谈格律务求齐整，不重情感的旧戏一大打击。于是个个人都想出奇制胜，有的在白里加些教训，用演说式的表演，以夸他的有意义；有的就用真刀真枪，打出新花样，来显示他有工夫；有的卖情节；有的卖花腔；有的措手不及，就任意迎合中流以下的心理，胡乱卖弄专求卖三层楼，起码座的钱。欺世殉俗者，当然在所难免。至于北边的伶工，有的极力保持旧剧规模以相抗衡，知识界的先生们，前清遗老之类，大家推波助澜，想要捧出几个京角来。最初欲凑些效果，可是慢慢地又不行起来。北京角色也要唱新戏才能卖钱，于是海派兴起。”

戏剧不强迫人家信从，所以没有命令

欧阳予倩作编剧的历史可以上溯至日本春柳社时期。20 世纪 10 年代，包括那些叫座的红楼戏在内，他“历年所编的二黄剧本很多，从来没有发表过，因为我没有想到要把剧本给人看，我只求我能够在舞台上演”。1924 年，欧阳予倩的剧作《回家以后》发表在以温和的精英阶层为主要读者的《东方杂志》上。此后，他有多部剧作发表在《东方杂志》《新月》《现代》等杂志上。

“如果用激进的意识形态去看他，他可能有点立场不坚定，《回家之后》讲一个男的出走后，又回来了，反过来去赞扬老式婚姻和贤妻良母。他似乎想说，新式婚姻不见得多好，我觉得他反映了一种社会的多样性。”欧阳维告诉《南方周末》记者。

北伐和新兴的电影工业给厌倦了戏班生涯的欧阳予倩新的机会。1927 年 5 月，陈铭枢出任国民革命军总政治部主任。田汉及南国公司的班底到南京总政治部艺术科筹办戏剧及电影两股并将欧阳予倩介绍到南京作艺术指导员。在南京，欧阳予倩短暂地实现了十年的夙愿：组织一个国民剧场和一个演剧宣传队。关于演剧队，他曾有种种设想：用相当的时间授以演剧的技术，到各地巡演，不打旗帜，不标主义，像普通的江湖戏班一样，让人容易接近。每到一处，就将当地的风俗、民生、民情记录下来，随时发表，为学者提供研究素材。在革命形势急如星火、希求宣传立竿见影的时候，这些想法被人认为迂缓。加之南京政局不稳，剧场和演剧队很快成为泡影。

1929 年，欧阳予倩应广东任省政府主席陈铭枢之邀，赴广州创办了广东戏剧研究所。研究所下设戏剧学校和音乐学校，出版大型刊物《戏剧》。1932 年，陈铭枢赴法参观，欧阳予倩是随行者之一。“他参加过几次法共的集会，还去了英国、德国、意大利，并且两次在苏联停留。”欧阳维告诉《南方周末》记者。“在苏联，欧阳予倩参加了苏联第一次戏剧节，并在那时对斯坦尼体系有了初步的了解。1933 年，陈铭枢回国，与李济琛等发动福建事变，邀请欧阳予倩在拟建的福建人民政府中出任文化部长，设计福建人民政府的国旗。”欧阳维说。很快，福建事变失败，一切计划均成泡影。

在大革命风起云涌的时代，欧阳予倩对宣传仍抱有警惕。写于 1929 年的《戏剧改革之理想与实际》陈义甚高：一个时代有一个时代的戏剧，旧剧已经落伍。处于审美上青黄不接的时代，有志做戏的人更该对戏剧有清醒的认识。欧阳予倩援引德国舞台艺术家哈格曼（Girl Hagem）和美国诗人惠特曼的话，道出他心目中戏剧应有的品质：“戏剧是文化的会堂”，“文学要能帮助人类生长，才算伟大”。文章虽开篇就提出“戏剧是群众面前的艺术”，但通篇都是从戏剧本体的角度一一剖析戏剧的诸要素：动作、剧本、故事、性格、戏剧结构、对白、舞台装置……作者视野甚广，说明一个道理，往往古今中外的例证对举。在说明“编剧在舞台上有创造，演剧家在舞台上也有创造”时，以意大利名女优杜翠和谭鑫培为例，前者总能演出剧本中蕴含的深意，后者使《战太平》和《买马》一类平常的戏，变成名剧。

讲到戏剧诸要素，作者的真知灼见随处可见：

“什么人物说什么样的话，一字一句不能苟且，一句话限定是什么人说的，绝不能到第二个人口里。要恰与其身份性格相符，要能前后照应，整个的将剧中人的外部生活、内部生活烘托出来。所以不宜过强，不宜过弱，不宜滥，不宜拘，不宜直率，不宜枝蔓，要恰如其分，乃为得体。不要看、简明，二字容易，往往一简就难明，求明就不能简，能得体，自然就有力量。”

“编剧的结构如看人钓鱼，起端见钓竿在水面，渐进见水纹浮动，浮漂起伏，顶点就是鱼已上钩而且拼命挣扎，鱼的着急和钓鱼者求得的精神都到了顶点。于是转降而见钓者一收一纵，鱼力渐竭，鱼入人手。”

欧阳予倩强调：“思想是文学的要素，自然也就是戏剧的要素……戏剧应当拿思想渗透在艺术里面。看起来要不露棱角，按起来要有骨气。”“戏剧不是贩卖知识，所以没有教训，不强迫人家信从，所以没有命令。”

从伶工学社到戏剧学院

欧阳予倩有一个比建国民剧场更久远的愿望：建一所俳优养成所或一个伶

工学社。1918 年，这个愿望第一次有了实践的可能。在南通，实业家张謇和欧阳予倩合作，建起了更俗剧场和伶工学社。

“张謇认为‘教育为父，实业为母’，也认识到戏曲对开启民智有特殊作用，他有意模仿上海‘新舞台’，在南通建造剧场，培养伶工。”欧阳维说，最初，张謇瞄准的合作伙伴是梅兰芳，“张謇在北京看了梅先生的戏以后很喜欢，两人成为忘年交，但是梅兰芳有自己的戏班子，他也不搞戏剧教育，于是张謇就把欧阳予倩请到南通来。”

两人的合作很快就遇到了问题，分歧主要在伶工学社的办学模式上。欧阳予倩的想法是“伶工学社是为社会效力之艺术团体，不是私家歌童养习所”，他要求学生先能读书识字，因此“把一切科班的方法打破，完全照学校的组织”。戏剧课以京剧为主，用昆曲打基础。文化课包括国文、算术、历史、地理、英文、体操……又买很多新杂志和新小说奖励学生看，“《新青年》《新潮》《建设》等抽空都讲解些”。南通方面更希望学生能尽快学成、登台唱戏。南通三年，欧阳予倩说：“张季直四先生待我不错……不过思想相去太远，他到底不失为状元绅士，我始终不过是个学生。”

更俗剧场也许是两人合作的最大成果。为建剧场，张謇派助手陪欧阳予倩到日本、到上海考察，“当时最先进的声学原理都用到了”，欧阳维说。欧阳予倩也欣慰地写道：剧场落成后，“在楼上、楼下最后一排都听得清楚”，比上海的哪一个舞台都适用。旧式剧场的种种陋习也被一气革除，更俗剧场凭票入场、对号入座、没人能白看戏、场内不售食物，看客不许吐痰、吃瓜子，后台禁止喧哗……

“欧阳予倩和张謇虽然在理念上有所不同，但另一个重要的原因是南通后来逐渐衰落了，财力不济，不能支持欧阳予倩那种从根上做事的方式。”欧阳维说。

欧阳予倩办伶工学社的愿望没有就此泯灭。1940 年代在广西，他出面筹建了广西省立艺术馆，艺术馆设戏剧部、美术部和音乐部，戏剧部附设实验话剧团，其培养模式是对南通伶工学社的延续。战时，被称作“中国第一个伟大的戏剧建筑物”的广西省立艺术馆被日军炸毁，战后，欧阳予倩又张罗重建。

欧阳予倩的办学理念真正较为从容地展开是在 1949 年之后。他郑重地请毛泽东为中央戏剧学院题写了校名。草创时期的中戏没有系的设置，只有话剧、歌剧、舞蹈三个团，学生即是三个团的团员，他们大多有在抗战演剧队或文工团的经历。中央戏剧学院 1955 级表演干部训练班学员蓝天野记得，1951 年，三个团在操场上支起三摊，表演节目，为学院成立一周年庆生。相比歌剧团、舞蹈团，话剧团现成的节目不多，濮存昕的父亲苏民说了一段绕口令，被欧阳予倩慧眼识珠，聘为学校的台词教员。话剧团的节目出现空场时，在一旁观看演出的欧阳予倩走上前去："救场如救火啊，我来一段吧。"他随即清唱了一段京剧。一曲终了，在师生的掌声中含笑离开。

在 1950 年代"一边倒"的氛围中，欧阳予倩在他治下的学校里尽可能兼容并包，中国传统戏曲是他用以"平衡"斯坦尼体系的一个支点。

中戏导演系 1956 级学生罗锦鳞记得，开学不久，欧阳予倩就在导演系的课堂上说："你们到中央戏剧学院来学习导演，你们将来就是中国的导演。要知道作为一名中国导演，不懂中国的戏曲艺术，就没有资格叫中国导演。"欧阳予倩亲自出面，从北京昆曲院请来名角侯永奎和马祥麟给导演系的学生上身段课。"老先生亲自给我们讲云手、山膀、舞台步子，最后是卧鱼"，罗锦鳞回忆。戏曲课为时两年，学完身段、折子戏，还要学戏曲的文武场——文场是曲牌子，武场是锣鼓经。每天早晨七点，从中国京剧院请的退休老艺人到校，给学生们上课。一三五学文场，二四六学武场。罗锦鳞在文武场课上，学了小锣和京胡。1961 年，罗锦鳞毕业留校任教，按照学院规定，每个青年教师都要"认领"一家戏曲院团，有时间就去观摩、学习。罗锦鳞认领的是北京河北青年梆子剧团。在学校上的戏曲课和在梆子剧团见习的经历，让罗锦鳞一生受益。1989 年，罗锦鳞与河北省梆子剧院合作，搬演《美狄亚》。梆子高亢的唱腔和希腊悲剧的嫁接产生了奇崛的艺术效果，一时轰动中外。这种嫁接从此成为罗锦鳞的专利。此前多年，因为毛泽东曾在延安整风时曾批评教条主义者"言必称希腊"，而且希腊悲剧中的"命运"与唯物主义"人定胜天"的理念相冲突，希腊戏剧一直是中国戏剧人的禁区。罗锦鳞的父亲、希腊语翻译家罗念生因此多年开会不说话，小心躲过所有运动。"文化大革命"后期，罗锦鳞研读了父亲早年翻译的希腊剧作，大为折服。1985 年，他在中戏带的毕业班要排演毕业大戏，当时的两个选择，一是《哈姆雷特》，一是《俄狄浦斯王》。学生们都想排后者，因为《哈姆雷特》已经被太多人演过。罗锦鳞向院领导请示希腊戏剧是否可排，得到的答复是："戏剧老祖宗的戏早就该排！" 1986 年由中戏毕业生演出的《俄狄浦斯王》成为当年的文化事件。但真正为罗锦鳞赢得世界性声誉的是他从 1980 年代末起，用中国戏曲的方式搬演希腊戏剧。他把这归功于老院长的远见："不懂中国的戏曲，就不能被称作中国的导演。"

1957 年，欧阳予倩主持修订了中戏台词课的教学大纲。他认为，台词若想说得有节奏、有美感，大可向民间曲艺学习。中央戏剧学院表演系 1957 级学生梁伯龙记得，台词课上，老院长不仅聘请了北京人民艺术剧院的名演员刁光覃、朱琳、于是之、苏明、董行佶、梁菁进校授课，还请了著名单弦演员谭凤元和京韵大鼓名家骆玉笙。取法传统并不是欧阳予倩办学理念的全部。梁伯龙记得："当年很少由国外剧院来北京演出，但每有著名的剧团或是芭蕾舞团来演出，学院都会组织同学们坐着那解放战争中缴获来的'道奇'车去观摩。"

1956 年，中央戏剧学院戏剧文学系学生丁扬忠赴东德留学。在莱比锡戏剧学院学习三个学期之后，丁扬忠给欧阳予倩写信，汇报自己在德学习情况，并说未来想以莱辛、歌德、席勒、布莱希特为研究重点。一个月后，丁扬忠接到欧阳予倩的回信：两页信纸，清秀的毛笔字，结尾盖着蓝色的名章，他在信中建议丁扬忠以布莱希特为研究重点，因为相比其他三位古典作家，中国急需知道布莱希特的情况。1960 年，中苏交恶，被派到十几个社会主义国家的中国留学生被悉数召回，接受形势教育。丁扬忠借这次回国机会，到欧阳予倩的寓所，汇报自己在布莱希特剧院实习的见闻。"他一再问我：你的感觉是什么？"丁扬忠告诉《南方周末》记者，欧阳予倩对布氏戏剧的兴趣主要在舞台呈现方面，而非附丽于其上的各种意识形态理论。丁扬忠起身告辞的时候，欧阳予倩立在屋外台阶上送他，并一再叮嘱：需要什么研究资料，在回国前一定设法补齐，回国之后要立刻开始对布莱希特的译介工作。1960 年代初，丁扬忠写过一系列介绍布莱希特的文章，但他的研究真正在舞台上开花结果是 1979 年的事情：那一年，由丁扬忠翻译、黄佐临和陈颙联合导演的话剧《伽利略传》在北京连演 80 场。"文化大革命"刚刚结束，需要一部新的戏剧刷新中外对于八个样板戏的观感，丁扬忠在"文化大革命"被批斗时，一字一句译出的《伽利略传》正当其时：它迥异于被简化的苏式斯坦尼体验体系，在 1940 年代被创作出之后，经过 30 年的搬演，它已经成为现代戏剧的经典。布莱希特本人既属社会主义阵营，又被现代戏剧界所接受。欧洲和美国的广播电台都播报了"文代大革命"结束后的北京上演《伽利略传》的消息。此剧上演时，恰逢北京召开科学家大会，到会科学家集体去看《伽利略传》。中场休息时，丁扬忠听到科学家的议论："300 年以前追求科学需要勇敢。今天追求科学也要特殊的勇敢。"

斯诺的夫人海伦·福斯特·斯诺访华，中方安排的行程之一是看《伽利略传》。在剧院的休息室，海伦·福斯特·斯诺问丁扬忠是怎么知道布莱希特的。丁扬忠告诉她，自己在 1950 年代到 1960 年代曾在德国学习戏剧，并在布莱希特剧院实习过三个多月。海伦·福斯特·斯诺睁大了眼睛："那时候，中国居然派人学这个！"

首发于 2019 年 7 月 18 日《南方周末》

后　记

一部形象的中国戏剧史

高　音*

2019年5月是我国现代著名戏剧艺术家、戏剧教育家、中央戏剧学院首任院长欧阳予倩130周年诞辰纪念。欧阳予倩毕生从事戏剧艺术和戏剧教育工作，是中国话剧运动的开路先锋，在戏曲改革、电影创作和舞蹈艺术研究方面都有显著成就，对我国文艺事业作出了卓越贡献。2019年中央戏剧学院从教学演出、学术研讨、艺术实践、成就展览逐一落实对欧阳予倩的纪念。为了纪念这位中国话剧的开拓者、新中国高等戏剧教育的奠基人，2019年6月19—20日，由中央戏剧学院主办、戏剧艺术研究所承办的“纪念欧阳予倩130周年诞辰”学术研讨会在中央戏剧学院昌平校区图书馆学术报告厅隆重举行。此次研讨会齐聚中国戏剧教育界各路精英，汇集了学术翘楚，更吸纳了年轻有为的后辈新秀。在追思与回顾中，交流探讨欧阳予倩在戏剧教育思想、现代剧场观念、戏曲改革、戏剧史论建设、电影实践、舞蹈研究多领域的成就，并分享最新学术成果。很多学者的发言和论文随即成为重要报刊和学术期刊的头条内容。应该说，参加和参与这次学术研讨，已经成为2019年中国戏剧历史与理论界的重大事件。欧阳予倩的崇高地位、深远影响和无尽声望，以及他奠基中国戏剧学的开创性建树，在中国戏剧学界能起到一呼百应的作用。有关欧阳予倩研究的各项课题的提出、确立和论证，更让我们看到了从欧阳予倩出发，确立中国戏剧学学科建设的可能性。

* 中央戏剧学院戏剧艺术研究所副所长。

我们的老院长欧阳予倩 1889 年 5 月 1 日出生于湖南浏阳，祖父欧阳中鹄是船山派著名学者，谭嗣同、唐才常皆为其弟子。1901 年跟随祖父到北京读书。1902 年冬入日本东京成城中学。1907 年进日本明治大学商科，一年后转入早稻田大学文科。同年在日本参加春柳社，与李息霜（李叔同）、曾孝谷等演出话剧《黑奴吁天录》。1912 年赴上海参加陆镜若组织的新剧同志会。从 1913 年开始参加社会教育团，组织文社，1915 年为春柳剧场编写新剧《神圣之爱》，同年加入集聚新剧名角的民鸣社。1916 年春，在上海搭第一台，和周信芳等同台唱戏。在笑舞台演红楼戏，1918 年转上海新舞台，成为挂头牌的旦角，获“北梅南欧”的美誉。1919 年受清末状元、民族企业家张季直所邀创办南通伶工学社，建更俗剧场，旨在革除戏剧行业的陈规陋习。1921 年欧阳予倩回到上海，与郑振铎、沈雁冰等十三人组成民众戏剧社。1922 年加入戏剧协社，结识田汉、洪深，开启三人分分合合、共同为中国戏剧运动奋斗的征途。1925 年冬参加民新电影公司，自此之后跨舞台与银幕两界，为中国电影早期重要的编导之一。1927 年受邀田汉到南京办国民剧场，后因战势中断。冬参加田汉在上海组织的南国社，在 1928 年 1 月成立的南国艺术学院担任戏剧系主任。1929 年 2 月 16 日，受广东省政府李济深、陈铭枢之邀筹建的广东戏剧研究所成立，任所长。并创刊《戏剧》杂志。1931 年 7 月研究所停办。1932 年秋到 1933 年夏秋，赴欧洲，到法国、英国、德国、苏联进行个人的戏剧观摩与考察。1934 年参加十九路军抗日反蒋活动被通缉，流亡日本。后重返上海，进入新华电影公司，拍摄影片《新桃花扇》。1935—1936 年在明星公司拍摄由评剧明星白玉霜主演的电影《海棠红》，工作之余为复旦剧社导演话剧《雷雨》《日出》。1937 年淞沪抗战后，与郭沫若、田汉、夏衍、周信芳等组织上海戏剧界救亡协会。在租界组织中华京剧团，演出新编爱国京剧《梁红玉》《桃花扇》。1938 年至 1939 年，往来于香港、桂林两地，改革整理桂剧，为在香港的中国旅行剧团和中华艺术剧团排戏。1940 年任广西省立艺术馆馆长。其间导演夏衍的《心防》《愁城记》。1941 年创作新编历史剧《忠王李秀成》，1942 年编辑出版《谭嗣同书简》。1943 年开始筹备“西南剧展”，任筹委会主任。1944 年与田汉合作，成功组织“西南剧展”。此次剧展历时 90 天，集结 60 多个剧目，观众达十万人次，参加的戏剧工作者近千人，为全面抗战以来进步戏剧力量的一次空前规模的会师。抗战胜利后的 1946 年 8 月，辞去馆长职务回到上海。卖稿度日，并在上海戏剧实验学校授课。同时任新中国剧社的编导。年底随剧社赴台湾演出。1947 年冬到 1948 年，作为电影编导相继受聘香港永华、大光明等电影公司。1949 年 3 月欧阳予倩受中国共产党邀请，参加人民政治协商会议筹备会，参与政协第 6 组国旗国歌组的讨论。7 月，参加第一届文代会，负责大会演出工作。会上当选为全国文联常委，中华全国戏剧工作者协会常务理事。7 月底中华全国戏曲改进委员会筹委会成立，任主任。欧阳予倩感慨：以前的文艺，总是在知识分子的小圈子里打转，现在拓展到广大的农民、士兵和工人间。1949 年 11 月成立中央戏剧学院筹委会，欧阳予倩被任命为中央戏剧学院院长。1950 年 4 月 2 日，中央戏剧学院成立，欧阳予倩函请国家主席毛泽东为学院题字“国立戏剧学院。”如田汉所言：“我们半生以来寤寐以求发展祖国戏剧事业，现在以国家规模逐步在实现了。在南通、在广州、在桂林，予倩惨淡经营而成果有限的戏剧教育事业，于今作为党和国家的文化教育的一个组成部分在大力进行了，而党把这一部分的责任交给了予倩。”

自学院成立以来，欧阳予倩在戏剧教育中投入了全部的精力。1954 年，欧阳予倩当选为第一届全国人民代表大会代表，他感言：“我的才能十分有限，但是有为人民献出一切的决心。希望我能在国家机器中，起到一个小螺丝钉的作用。”欧阳予倩是一位“追求真理的艺术家”，1955 年，六十六岁的他加入了中国共产党。

1956 年中国科学院制定的《哲学社会科学十二五远景规划》中，明确了中国舞蹈史的研究为重点项目。在 10 月组建的中国舞蹈史研究小组中，欧阳予倩担任研究古代舞蹈的艺术指导。1957 年与田汉、夏衍、阳翰笙一起发起举行话剧运动 50 年纪念及收集整理资料集的倡议。1958 年在戏剧跃进的潮流中，为田汉赶出的《十三陵水库畅想曲》大声喝彩。他领导的中央戏剧学院实验话剧院“用集体的力量完成集体的艺术”，在 1960 年演出了《英雄列车》《为了六十一个阶级兄弟》《桑洋河畔喜事多》。在 1960 年 7 月召开的中国戏剧家协会第二次会员代表大会上欧阳予倩当选为剧协副主席。同年还当选为中国舞蹈家协会主席。

中国现代戏剧史上，像欧阳予倩这样集话剧、京剧表演于一身，兼顾创作、导演、管理、教学、艺术研究的人物真是绝无仅有的国家财富。他在广东话剧研究所主编的《戏剧》杂志上连载的《自我演戏以来》是他从 1907 年第一次登台到 1928 年脱离舞台生活为止的自述。从春柳社的开场到新剧同志会、社会教育团、文社、春柳剧场、作为京戏演员时期、南通三年、国民剧场的经历等，是研究中国现代戏剧史的珍贵文献。自 1916 年正式下海搭班唱戏之后，欧阳予倩自排自演的京戏共 24 个。欧阳予倩的 9 个红楼戏在当时独树一帜。最受观众欢迎的是《黛玉葬花》《宝蟾送酒》《馒头庵》。其次是《晴雯补裘》《黛玉焚稿》《王熙凤大闹宁国府》。在第一台演《黛玉葬花》，宝玉的扮演者是大名鼎鼎的周信芳。作为中国话剧的开拓者，欧阳予倩兼具创作和表演两方面的实践。1928 年在南国社鱼龙会上与周信芳、高百岁合演的话剧《潘金莲》是他自编自演的最后一个戏。关于此戏，郭沫若曾即兴赠诗："吃人礼教二千年，弱者之名剧可怜。妙笔生花翻旧案，娜拉先辈续金莲。"此外，还配合时事，创作改编了《荆轲》《梁红玉》《桃花扇》《木兰从军》《胜利年》《孔雀东南飞》《玉堂春》《渔夫恨》共 8 个京剧剧本。周信芳这样评论《桃花扇》："用李香君的高洁的想象，和丧失民族气节的侯方域作了鲜明的对照"。在欧阳予倩半个多世纪的艺术生涯中，据不完全统计，先后创作了 50 多个话剧、戏曲和舞剧剧本，导演了话剧、歌剧、京剧和地方戏曲共 70 余出。

欧阳予倩是中国话剧当之无愧的元老，是中国话剧"开天辟地的功臣"（张庚语）。欧阳予倩为话剧新歌剧剧本创作表演导演领域的先行者，更因其十五年京剧职业演剧经历，积累了丰富的舞台实践经验。他对戏曲改革有深刻的认识，最注重中西戏剧观的融会贯通，因此，在其实践基础上建立的戏剧观自有海纳百川的气概。欧阳予倩经历了五四以来话剧运动的所有过程，在他自身的戏剧实践中也不可避免地经历着话剧中国化的过程，夏衍把这个过程概括为"中与西、新与旧，创新与传统，艺术与政治任务之间的撞击和斗争"。在上海搭班演京戏，遇事留心，无所不学。编写剧目，修改唱词。用与他合作的周信芳的话说："他给我国的旧剧带来了新思想、新剧目以及新的表现方法"。登载于《新青年》1918 年第 5 卷第 4 号的《予之戏剧改良观》为欧阳予倩在新文化运动风潮中蓬勃而出的大胆激烈令人耳目一新的雄文。一年后到南通办伶工学社，就是要培养一批有知识的演员。他为伶工学社立下的宗旨："是为社会效力之艺术团体，不是私家歌童养习所。是要造就改造戏剧的演员，不是科班。"

1929 年至 1931 年是欧阳予倩主持广东戏剧研究所时期，他意识到戏剧是社会的反映，有什么社会，便有什么戏剧，要打破因袭的观念，扩充研究的范围，明确提出民众戏剧观："内容以民众为标准，形式一切以世界戏剧共通的趋势为标准。总而言之，要民众的，中国的，世界的。"这一时期对旧剧改革的认识和作为综合艺术的整体戏剧观集中体现在他在《戏剧》第一卷第一期上发表的长篇论文《戏剧改革之理论与实际》。

身为戏剧实践者，欧阳予倩对旧剧改革围绕剧本的改编与创作、演出法、表演术、乐曲四个方面进行全面论述。抗战期间他创作演出了《桃花扇》《梁红玉》《新玉堂春》等一批新编京剧，"不拘泥于旧的格式，而应有新的布置或创造"。从歌舞、动作、道白、音乐、布景等各个方面进行了一番有取舍的建立在现代剧场观念基础上的艺术处理。早在1938年5月，欧阳予倩应留日老同学、广西大学校长马君武的邀请到桂林主持广西的桂剧改革。1940年至1946年广西省立艺术馆时期，他全力以赴改革桂剧。欧阳予倩以为若想保存旧戏，必须顺应时代的需要，从根本上加以改革，使其成为一个新的结构，能够充分反映现在社会；必须不断地注入新的血液，必须综合本身以外的各种腔调、表演方式、演出方式。他为桂剧创作新剧目，整理传统剧目；打破地域观念，克服保守思想，帮助艺人学习文化和锻炼武功；为桂剧建立了一系列新的合理的制度；废除台上唱戏台下摆酒的恶习。

1952年10月全国第一届戏曲观摩演出大会期间，欧阳予倩负责调查研究组的工作。身兼剧协戏曲与歌剧部部长的他还多次组织"戏曲的艺术改革问题座谈会"。1956年结集出版的《中国戏曲研究资料初辑》为第一阶段的成果。把京剧、汉剧、湘剧、粤剧等各剧种的源流、变迁、现状做了概略的介绍。欧阳予倩亲自撰写了其中的两篇长文《谈粤剧》和《京戏一知谈》。对传统戏曲遗产的收集和整理，直接推进了欧阳予倩融合古今的现代剧场观的确立。

"戏剧的民族形式问题"是欧阳予倩逐渐成熟的戏剧观的内核。欧阳予倩身上"就具体地体现了发扬民族戏剧传统和借鉴外来戏剧形式相互促进的关系"（欧阳山尊语）。主持中央戏剧学院教学过程中，欧阳予倩礼聘了戏曲和曲艺界的老艺术家、中国科学院的语言专家，收到了很好的效果。老友马连良评价："这也看出他有意识地用传统表演艺术来充实并提高话剧的表演艺术，加强话剧的表演力，为促进话剧民族化所作的努力。"

欧阳予倩一向认为戏剧教育要和创作、演出、研究结合起来。1956年，由苏联专家指导的中央戏剧学院导演训练班和表演训练班行将毕业，院长欧阳予倩、院党委书记沙可夫、副院长李伯钊、导演训练班班主任孙维世、在职学员欧阳山尊联名给周恩来写信，倡议利用有效资源，建立一个实验性的示范性的国家话剧院。

欧阳予倩认为传统就是经验的积累，积累不是罗列，而是辩证发展的过程，经过批判加工——否定——肯定——否定的过程。1957 年 1 月，欧阳予倩与田汉、夏衍、阳翰笙联名发起“举办中国话剧运动 50 年纪念及收集整理话剧运动史资料出版话剧史料集的建议”。他率先撰写的《回忆春柳》《谈文明戏》既是对辛亥革命前后初期话剧运动一次弥足珍贵的文献记录，又是一次中国话剧发展的历史研究。在与欧洲各国的文化交流中，中国戏剧家协会主席田汉深刻地意识到欧洲戏剧家对中国戏剧传统有极高的兴趣和尊敬，要求中国戏剧家在传统戏曲和现代话剧之间建立一座金桥。欧阳予倩本身就是这样一座金桥。

关于继承传统与学习斯坦尼斯拉夫斯基体系，欧阳予倩有强大的目的性，他希望看到的是斯坦尼斯拉夫斯基体系和中国的艺术实践相结合，建立起以民族形式表现社会主义内容、为中国劳动人民喜闻乐见的新的戏剧艺术。在 1960 年 8 月与上海戏剧学院的一次交流会上欧阳予倩明确表示：在研究斯氏体系的同时，也要注意研究世界各国的先进演剧传统与经验，从而为我们服务，让我们以革命现实主义与革命浪漫主义相结合的原则，努力创立我们的新体系。

欧阳予倩的戏剧观散见在他的文章、采访、谈话与教学中，并在不断地自我否定与更新中发展，是在多年的身体力行中探求、摸索、验证出来的卓见与箴言，体现在对导演与表演、舞台与观众，角色与扮演、心理内容与形体表现等方方面面。欧阳予倩在实践和论述中不断地阐明戏剧的中国学派，从中可以得见其关于中国新剧场艺术的心愿。“演员既要忘掉观众，也要随时不忘掉观众。我们不为观众表演又是为谁表演呢？有时我们常说某某导演非常熟习舞台，实质上是他非常熟习观众。”

欧阳予倩主持文化部艺术科学研究领导小组的工作期间，主抓《中国戏剧史论》和《中国舞蹈史》研究，他以为研究中国艺术史是当务之急的工作。必须总结历史经验，从中探求艺术规律，升华为科学理论，指导艺术创作实践。他认为研究工作应具备现实性，要充分利用活资料。针对艺术研究中“史”与

"现状"脱节的问题，他指出："研究中国戏剧史不懂京戏、昆戏，不懂地方戏，不研究当前在创作和演出方面的许多实际问题，那就是把全部杂剧传奇装在肚里也不起什么作用。"他主笔拟定的艺术科学重点研究规划，明确要求各专业机构、专业学校完成几种主要专著的编写，例如中国戏剧史、中国话剧运动史、中国电影艺术发展简史、中国近代音乐史纲、中国曲艺概论、中国美术史（近代、现代）、中国戏曲概论、中国舞蹈史纲要、中国戏剧的表演艺术等。他本人则广泛地收集资料，进行去粗取精、去伪存真的鉴别和整理工作，分门别类地考订弋阳腔、昆山腔、梆子腔和皮黄四个声腔系统的源流与变迁。

最初学院组织相当庞大，除了普通科和本科话剧、歌剧和舞台美术三系，还有歌剧团、话剧团、舞蹈团、管弦乐队和一个剧本创作室，承担着有全国意义的教学、演出、创作和研究任务。欧阳予倩强调戏剧教育应该逐渐正规化，开办戏剧教育需要的是合理的制度、精密的筹划、科学的方法。进入1953年，经过改革整顿，学院正式招收五年制本科生，改为专业的话剧学院，演出团队和创作组织由学院分出，设表演、导演、舞台美术和戏剧文学四个系。开设多门专业课的任务使得欧阳予倩在领导和组织教学工作之余，主动与中国科学院语言研究所寻求合作，亲自筹备台词课并兼任台词教研组组长。在民族共通语的前提下，确定话剧舞台语以"北京音系"为基础。1953年秋，身患严重关节炎的欧阳予倩躺在床上草拟中央戏剧学院正规化五年制的教学大纲，并为五年制的教学准备台词课讲授提纲。欧阳予倩认为，话剧在中国有五十年的历史，但是台词的问题还没有得到很好的解决，这是外部技术不可缺少的课程。他从字音、词和句的重音轻音、语句的分解与气口、间歇、节奏、台词的贯串与交流、台词与动作表情结合、声音的运用、关于潜台词、性格化十个方面进入讲解。为纯正语音的课，学院请了语言所吴晓铃、周殿福两位先生。读词技巧课，请来各剧院有经验的演员如刁光覃、叶子、于是之、朱琳、石羽、耿震等。

为解决教学实习的需要和加强艺术实践成立的中央戏剧学院实验话剧院成为欧阳予倩践行"话剧向传统学习，建立民族化表演体系"观念的教学平台，话剧演员形体训练一向有限，对形体的要求是老院长示范表演的重点和难点。"要重视节奏变化，没有节奏变化，这就说明演员没有心理上的变化。""我是很重视身段的，如果演员的外部动作不准确，那就不能够准确的传达内心的动作。”民族、民间优秀传统逐渐成为重要的教学内容，1958 年以后，为了掌握传统的训练演员方法，开设了戏曲表演课。1960 年 4 月，欧阳予倩在学院出版的《戏剧学习》发表《中央戏剧学院十年》。经过十年的培育，从建院初期的只有专任师资十余人，发展到教师 92 人。编写的教材有中国戏曲史、西洋戏剧史、舞台动作、声乐、台词、舞台美术设计、化妆、灯光、布景技术等十余种。

1961 年 12 月 11 日，得知老友周信芳到北京举行舞台生活六十年纪念活动，并将在北京做示范演出，在家养病的欧阳予倩给周信芳发了贺信。

信芳我兄同志：

当举行你舞台生活六十年纪念的时候，我作为一个戏剧工作者，你的老朋友，过去和你配过戏的演员，向你致以衷心的祝贺。听说你到北京来做示范演出，并把你的卓越的表演艺术传授给青年，这是非常有意义的事，戏剧界的一桩大喜事。我和中央戏剧学院和实验话剧院的同志们一致表示热烈的欢迎。

作为中国艺术史极罕见的通才大家，欧阳予倩毕生献身于戏剧教育，认真编写讲义，不顾年迈，亲自给教师授课，孜孜不倦，为人师表，“愿为川上桥”，“愿为渡口舟”。1962 年 9 月 21 日，欧阳予倩在北京病逝，享年 73 岁。田汉赋诗悼老战友：“艰难尝尽不回头，俯首甘为孺子牛。何必栽培计丰歉，芬芳桃李满神州。”欧阳予倩的戏剧教育实践和学术建树在新中国达到了高峰。

本纪念文集以“中国戏剧的现代形象——纪念欧阳予倩 130 周年诞辰学术研讨会”的内容为主体，同时收入了中央戏剧学院戏剧艺术研究所纪念欧阳予倩 130 周年诞辰征文中的一些见解独到、具有新角度和新认识的文章和文献资料。纪念文集分为“缅怀与继承”与“学术研讨”两个部分，“缅怀与继承”部分，是欧阳予倩的后人、晚辈、学生追思中传承和体会欧阳予倩这位中国艺术史罕见的通才大家的戏剧精神。“学术研讨”则集结了全国高校与学术机构的三十余位专家学者的研究成果，内容包括欧阳予倩生平史料与舞台艺术生活与道路研究、欧阳予倩戏剧思想研究、欧阳予倩戏剧教育研究、戏曲改革与舞台形式研究、艺术理论与创作实践研究、剧目研究等。借用欧阳予倩老院长在《中国戏曲研究资料初辑》序言中的说法：“我们所发表的文章，体例并不求其相同，见解也不强求一致。在尊重遗产和探讨真理的共同基础上，保证学术研究的充分自由，有不同的意见不妨展开辩论，以期逐步接近真理。”

本纪念文集辑录的文章都不同程度地在成果分享和对话交流中提供了对于当下戏剧发展、理论研究与教育实践的新思路。在打开眼界的同时，更极大地推动了欧阳予倩研究的具体、多元和深入，也是沿着欧阳予倩的学术事业继续往前走。